公共人力資源管理

理論與實務 2023年修訂版

中國行政學會／總策劃
詹中原、林文燦、呂育誠／主編
王俊元／執行編輯
詹中原　熊忠勇　黃煥榮　林文燦　黃榮源　程挽華　呂育誠　林怡君　蘇偉業
呂易芝　胡至沛　葉俊麟　趙達瑜　沈建中　莫永榮　王俊元　白佳慧／著

五南圖書出版公司 印行

主編序

　　要如何區分「公共人力資源管理」與「人事行政」呢？近日參加了一場人才發展論壇（Talent Development Forum），主講人給了清楚說明，令人印象深刻。他認為人事的主要內容是「行政」，而人力資源管理的價值是「人性」。並以組織推動 KPI 制度為例，人事是追求設定回收 KPI 指標的時限達標，但，人力資源管理重視如何落實 KPI 指標的內容精神，以完成組織目標。

　　西方學者強調人力資源管理心理目標（psychological goals）的實踐，也就是人本管理哲學為手段，達成人文精神的組織關懷目的。中國歷史上的科舉制度，雖亦有其國家統治之目的，但所蘊涵的公平、公正、公開精神，亦可謂為一種較合於人性的普世價值，亦因此得以走法千餘年。

　　總言之，對於組織內最重要資產——「人」的安排，當然應該是一種人性的資源管理工作，而不是文字法規的行政任務。這是本書定名的思考背景。

　　中國行政學會於民國 32 年創會於重慶，為一純粹專業學術研究團體。後於 43 年在臺復會，當年，時任大會主席之我國行政學之父張金鑑教授致詞中表示，學會成立宗旨在於：一、推動科學化之行政管理，提高行政效率；二、研究科學辦事方法，使成為具體方案以供實行；三、研究中國歷代行政原理與哲學及行政制度，俾能鑑往以察來，援古以御今；四、介紹現代英美各國有關科學管理的新知識與新方法；此四項學會發展精神方向，歷經半世紀以上，持續「傳承」至今，再行檢視，亦未失其舊而能歷久彌新。

　　本書承續中國行政學會創會精神：科學、務實、歷史及國際之傳承，與各界對「本土」公共人力資源管理個案教科書期盼的雙重需求及啓示之下誕生。雖其發想超逾多年，並經無數前輩老師提醒，但實際放手執行卻也僅半年數月。此種效率合理推測與正值百年未遇之疫情隔離有關，當然作者群專業知識之底蘊深厚、胸有成竹，更是不可或缺條件。主編團腦力激盪，商定全書架構，至各章作者落筆成章，均打破「秀才行事光說不練」的眼高手低刻板印象。

　　全書計十三章，共有 17 位作者，學術界八位，實務界九位。當然多位作者同時兼備學術、實務界特性，但亦更顯現全書的周延完整。章節分配基本構想均採每章「兩界共著」的兼備安排，最重要目的期能達理論印證解釋實務個案，而實務個案亦均能檢視理論的方法目的。

　　謹以本書發表誌慶中國行政學會二十一屆年會暨新書發表，併代表我會精神傳承及創新。

中國行政學會理事長

詹中原 謹識

2020 年 10 月臺北木柵

作者群簡介

主編簡介

詹中原

前考試委員,國際行政協會(IASIA)理事,亞洲國際培訓總會(ARTDO)國際副主席,台灣公共行政與公共事務系所聯合會(TASPAA)榮譽會長。

研究專長:公共人力資源管理(PHRM)、社會物理學、循環經濟與永續發展CE & SDGs。

林文燦

國立臺北大學公共行政暨政策學系兼任副教授、臺北市立大學社會暨公共事務學系兼任副教授、中央警察大學警察政策研究所兼任副教授、中國文化大學行政管理學系兼任副教授。曾任銓敘部常務次長、銓敘部政務次長、行政院人事行政總處公務人力發展中心主任、行政院人事行政總處主任秘書、交通部人事處處長、行政院人事行政局處長、參事。

研究專長:人力資源管理、人事行政、待遇管理、績效管理、領導。

呂育誠

國立臺北大學公共行政暨政策學系教授。曾任淡江大學公共行政學系副教授、國立臺北大學公共行政暨政策學系副教授、國立臺北大學公共行政暨政策學系系主任。

研究專長:地方政府、市政學、人事行政、行政學。

執行編輯簡介

王俊元

中央警察大學行政警察學系教授兼通識教育中心主任，國立政治大學公共行政學系博士。曾任台灣公共行政與公共事務系所聯合會（TASPAA）理事、美國公共行政學會華人分會理事、考試院研發會委員，並參與多項國家考試命題及閱卷工作。

研究專長：危機管理、公共人力資源管理。

作者群簡介

熊忠勇

國立政治大學公共行政學系博士。任公職二十餘年，均服務於人事行政機關，期間同時取得政大公共行政學系碩士及博士。

研究專長：公共人力資源管理、公務倫理。

黃煥榮

臺北市立大學社會暨公共事務學系專任副教授，國立政治大學公共行政學系博士。曾任臺北市立大學社會暨公共事務學系主任、台灣公共行政與公共事務系所聯合會（TASPAA）理事、中華國家競爭研究學會理事。

研究專長：人力資源管理、組織理論與行為、性別議題與公共政策。

黃榮源

中國文化大學行政管理學系教授，英國艾塞克斯（Essex）大學政府學博士。曾任開南大學公共事務管理學系主任、國家文官學院講座。

研究專長：各國人事制度、英國地方及區域治理。

程挽華

國立臺灣師範大學科技應用與人力資源發展學系博士。經公務人員高等考試及格，曾任職考選部、行政院人事行政總處等機關，均於公部門人事行政領域服務。

林怡君

銓敘部特審司副司長，國立臺灣大學國家發展研究所碩士。86 年高考及格，歷任內政部科員、中央選舉委員會編審、高雄市政府建設局科員、銓敘部專員、科長及專門委員、中央研究院人事室主任等職。

蘇偉業

國立政治大學公共行政學系教授，澳洲國立大學太平洋及亞洲研究院政治學博士。
近年研究興趣：東亞地區文官制度、績效管理及跨國政策學習。

呂易芝

新竹縣政府人事處副處長，國立政治大學公共行政學系碩士。曾任職於教育部人事處，擔任幹事、專員及科長等職務，任職期間參與「教師待遇條例」及「公立學校教職員退休資遣撫卹條例」等法律制定案，具豐富推動教育人事制度之實務經驗。

胡至沛

中華大學行政管理學系專任副教授，國立政治大學公共行政學系博士。現任新竹市與苗栗縣政府外聘廉政委員，以及中國行政學會與中華國家競爭力研究學會副秘書長。
研究專長：人事行政、人力資源管理、管制政策與治理、公共行政與政策。

葉俊麟

國家原子能科技研究院人力資源處科長，國立政治大學公共行政學系博士。曾任行政院人事行政總處給與福利處科長，長期參與我國公部門給與制度之規劃。
研究興趣：績效管理及給與制度。

趙達瑜

國立暨南國際大學公共行政與政策學系教授退休，國立政治大學政治學系博士。曾任考試院銓敘部法規司科員、國立暨南國際大學教務處秘書兼出版組組長、公行系副教授、教授。

研究專長：中華民國憲法、行政法、人事行政。

沈建中

國立臺灣大學法學博士，行政院研考會副處長、行政院國發會副處長、行政院海委會處長。

研究專長：海洋政策與法制、海洋學、公共政策、各國人事制度、公務人員法、政府績效管理。

莫永榮

數位發展部人事處處長，國立臺北大學公共行政暨政策學系博士。曾任人事行政總處（局）科員至專委、陸委會、蒙藏會、金管會等人事主任、新北市政府人事處副處長及人事行政總處副處長等職。

研究專長：人事行政、智慧資本、公共管理、社會企業。

白佳慧

考試院銓敘處簡任秘書，政治大學公共行政研究所碩士。曾任銓敘部科員、專員、秘書、交通部專員、銓敘部科長、簡任視察、專門委員、國家安全會議人事室主任等職。

研究專長：人事行政、特種人事法規。

目錄

圖目次

表目次

第一章　基本概念

摘要

本章爲基本概念說明，第一節討論中外公共人力資源發展沿革，論及我國歷代公共人力資源管理、五權憲法與獨立的考試權思想、臺灣時期的公共人力資源管理相關概念，及西方公共人力資源管理的演進。第二節及第三節則是陳述我國公共人力資源管理的組織架構與法制架構。第四節爲重要觀念解釋，最後一節則是公共人力資源管理的未來發展與挑戰，包括第三方政府、非典人力、三權與五權之爭、自由僱用、第四次工業革命等。

第一節　中外公共人力資源發展沿革

壹、理論背景

公共人力資源管理（public human resource management, PHRM）定義爲公部門爲完成目標，針對其成員之行爲動態（behaviors dynamics）所訂定的制度、程序及策略設計。其行爲動態包括：組織中水平（同仁相互間）及垂直（上下層級間）的互動。且亦同時發生在組織成員人與人之間，以及成員與機構組織間。行爲動態的性質可認知爲：一、互動型（interactive）：如溝通、授權、領導；二、互惠型（reciprocal）：如俸給、福利；三、衝突型（contradictory）：如權利、保障、服務規範、利益迴避（Berman, 2010: xiv）。

公共人力資源管理關鍵主軸，即是要兼顧平衡實踐心理目標（psychological goals），以及生產目標（productivity goals）（Berman,

2010）。心理指的是人性，也就是以人爲本的管理哲學，要有人文精神的關懷，這部分偏向於「藝術」（art）的手段策略。而生產則指涉「科學」，是追求科技理性爲目標的管理哲學，並以任務績效效率爲工作核心，其所呈現的是技術（craft）取向的方法途徑。因此，公共人力資源管理人員，其任務即是協助組織運用其最珍貴的組織資產——人，以完成組織生產的目標。

貳、我國歷代公共人力資源制度

　　中國歷史上的公部門政府組織人力管理制度，自隋朝以降，即應首先提到歷代的一、禮部：管理全國學校事務及科舉考試事宜，類似今日教育部及考選部功能；二、吏部：管理全國文職官員機關，掌理文官的任免、考核、升降和調動，掌管事項近似今日銓敘部業務，故吏部尚書職位類似今日銓敘部部長；三、翰林院：從唐朝開始設立，宋朝後成爲正式官職，並與科舉接軌，明朝後擔任科舉考官，清朝則除職司科舉考官外，更包括編纂史籍重要責任。我國古代科舉制度，即是以設置科目進行考試取才，作爲官吏選拔任用的制度基礎，此科舉制度始創於隋，完備於唐，經宋、元、明、直至清末。對當時社會結構、政治制度、教育、人文思想產生深遠影響。

　　科舉制度就古代公共人力資源管理言，無疑更是一種較爲公平、公正、公開的政府用人制度。相較於更早期夏商周之「君主任命制」，官職爲世代相傳，血緣相繼的宗天下文官制度，以及兩漢之後，以舉薦官員個人主觀好惡的「察舉制」，則更顯得相對的達到政府人力資源管理目標，且避免了如錢穆先生所言，「……讀書人沽名釣譽、弄虛作假或者攀附權責、賄賂請託等惡習風氣……。」值得當前公共人力資源發展方向深思謹愼（考試院院史編撰委員會，2020：21）。

參、五權憲法與獨立考試權思想

　　民國建國期間，國父孫中山先生認爲，古代的皇帝及地方官員均集立

法、執法（行政）、司法三大權於一身，容易造成權力的濫用。而現代民主法治國家，除立法及司法權外，若能設計考試及監察權，獨立於其他公權力之外，五權相互制衡又分工合作，所謂西方政治學理論之「分權與制衡」（check and balance），是以設計五權憲法的架構，也是考試權獨立行使思想的基礎。

　　國父思想來源是傳承歷史科舉制度公平、公正、公開人才選拔制度菁華之啓發，並參考西方文官考試制度精神，設計憲法及政府組織。1906 年國父兩次強調，必要設立獨立的考選權機關。民國 17 年公布中華民國政府組織法時，即確立了五院之組織與職掌。考試權由考試院依法行使（考試院院史編撰委員會，2020：39）。所謂考試權，在我國憲政架構下，憲法及憲法增修條文分別均確立考試院爲國家最高考試機關，職掌事項如表 1-1-1 所示。

　　按民國 82 年時任銓敍部部長陳桂華及政務次長徐有守兩人之分析，憲法增修條文對考試院的職掌，表面上雖有變更，但實際上並無改變，只是回歸現實而已，亦即除刪除養老事項外，其權力狀態並未有太大變更（考試院院史編撰委員會，2020：267）。作者敍述本段人事行政官制及史料，其內容包含前述 10 大項法制項目（見表 1-1-1），其主要目的在說明，我國公共人力資源管理的完整全貌及本書所當包含研討之公共人力資源管理課題。

表 1-1-1　憲法及憲法增修條文有關考試院職掌之規範

憲法	憲法增修條文
第 83 條	第 6 條第 1 項
考試院爲國家最高考試機關，掌理考試、任用、銓敍、考績、級俸、陞遷、保障、褒獎、撫卹、退休、養老等事項。	考試院爲國家最高考試機關，掌理左列事項，不適用憲法第 83 條之規定： 1. 考試。 2. 公務人員之銓敍、保障、撫卹、退休。 3. 公務人員任免、考績、級俸、陞遷、褒獎之法制事項。

肆、臺灣時期的公共人力資源管理

　　我國臺灣時期的公共人力資源管理，基本上可由四項政策功能作為研究架構：一、引進與甄補；二、激勵；三、發展；四、維持與保障（蔡良文，2008：278-286；考試院院史編撰委員會，2020：168-176），用以追溯人力資源管理核心價值及沿革。同時，並可與西方人力資源管理發展沿革價值（見後文），並列比較分析。

一、引進與甄補政策功能

　　指公務人力資源招募（recruitment）後，經甄選（selection）合適的專業人力，由各機關首長對考選合格人員派以適當職務。

二、激勵政策功能

　　指提升公務人員能力與工作士氣。其政策工具包括褒獎激勵與待遇福利。當然俸薪、給與、獎金或近代人力資源管理所力推之「總報酬」（total compensation）概念，均屬此類。

三、發展政策功能

　　是要強化人力工作知能、改善態度、激發潛能及獎優汰劣，進而促進自我成長及運用生涯規劃。主要政策工具是考績及升遷、發展、訓練、進修。

四、維持與保障政策功能

　　要求公務人員 (一) 行政中立：(二) 依法行政，並在公務人員受到非法侵權時，可經由救濟程序得到合理補償及權益保障。而退休撫卹制度的健全完善，更是保障功能的彰顯（蔡良文，2008）。

　　事實比較分析，研究臺灣公共人力資源管理功能與西方公共人力資源管理功能，亦已有相近的架構，另如 Jared J. Llorens 等人（2017）即多次指出人力資源管理四大功能包括：一、計畫（planning）；二、募集（acquisition）；三、發展（development）；四、制裁保障（sanction）。即所謂公共人力資源管理之 PADS 功能。比較中外相互功能架構，則更能確立公共人力資源管理的完整內容概念。

伍、兩制合一的新人事制度：人文主義與科學主義

　　各國公共人力資源管理制度主要分為：一、品位分類（rank classification）；二、職位分類（position classification）。品位分類以公務人員的「品級官階」為管理基礎，例如由高而低，簡任 9 級，薦任 12 級，委任 15 級。主要是強調一、官階；二、年資；三、資格的「官階級別」，並不討論所擔任的工作性質及職責。

　　而職位分類是以公務人員所擔任的職位（position），按職務（工作性質）相似訂定為職系（series），再依一、職責輕重；二、繁簡難易，每一職系有如社會上之每一職業，設定高低職級（class）。另復將不同職系中職務繁簡難易、責任輕重程度相當之各職級，歸納為職等，因而可組成高低不同之職等（grade）（徐有守，2016：33）。我國自民國 25 年開始研議職位分類制，民國 44 年試行該制，並於民國 47 年公布「公務職位分類法」。但直至民國 67 年共經三次條文修正，足見職位分類制推行，受到強烈公務人員之反彈，不無窒礙難行之處（考試院院史編撰委員會，2020：156-224）。按民國 61 年，時任銓敘部常務次長之徐有守先生手稿所言，「……職位分類設計初始，極欲以工作分析與工作評價為基礎，按科學化為基礎，論事不論人，樹立一定客觀標準，以一定客觀標準，衡量工作之價格酬勞，以達成同工同酬之願望，故其中包含之觀念，純粹為勞資交換之商業精神，現實主義、及個人主義而無問其他……。」（徐有守，2016：68）但簡薦委制，徐先生歸納之缺點亦有一、忽視專才，平調職務，甚少限制，易有用非所長之現象；二、責酬不易相當；三、積資即可陞遷，易有倖進（徐有守，2016：101）。故其綜合分析，職位

表 1-1-2 職位分類與簡薦委制之利弊得失

	簡薦委制	職位分類制
優點	1. 以人爲中心，順應人性，切合我國民族性格與文化傳統。 2. 無職系之區分，平調人員甚少限制，甚爲靈活，可適應龐大政府內各種不同個別情況。 3. 僅有三個職等之區分，陞遷阻礙較少，易於培養人才。 4. 每一職位之工作指派，無書面標準之束縛，有因才器使之便利。 5. 可鼓勵及培養人才。 6. 因係以人爲中心，人員有品位之榮，可以加強其道德感與責任感。 7. 薪俸與品位配合，同才同酬，人員易於永業。	1. 以事爲中心，重視工作。 2. 職系區分與職等區分細密，體系嚴明，不容踰越。 3. 鼓勵專才專業。 4. 工作、職等、薪俸三者較爲配合。
缺點	1. 忽視專才，平調職務，甚少限制，易有用非所長之現象。 2. 責酬不易相當。 3. 積資即可陞遷，易有倖進。	1. 以事爲中心，以職位爲對象，忽視人員與人性。 2. 職系職等區分細密，如予嚴格遵守使用，則人員陞遷平調均至爲困難，不切實用；如予從寬打通，則形同虛設無用。制度上虛設無用之物則必另生流弊，有害無益。如將職系職等廢棄不用，則重大違背職位分類建制之精神、目標與方法。因是而進退維谷。 3. 使用調查、評價、標準、歸級等大量文書與繁複程序，重重束縛，固定呆板，雖一字之變更而不易，極難適應動態之人事需要。 4. 政府事務多非皆如器具物件之可以準確衡量，所謂科學化之工作評價方法，仍係依評價者之主觀判斷。據此而制成之各種區分，難謂眞正公正客觀，各項書面標準亦無一定尺度之肯定語，因而有標準之名而無其實，不切實用，中外皆然，故非眞正科學化。

表 1-1-2　職位分類與簡薦委制之利弊得失（續）

簡薦委制	職位分類制
	5. 按勞計酬，重利輕義，人員與政府成僱傭關係。視人如物，純粹商業精神。與我國「天下興亡，匹夫有責」之傳統美德大相異趣。 6. 由於標準之不準，則所謂適才適所，按勞計酬，同工同酬等目標，亦僅成空想。 7. 理想雖佳，不切實際，既難貫徹，徒成障礙，轉生流弊。

資料來源：徐有守（2016：100-101）。

分類與簡薦委制，各皆有其利弊得失，且此之長，恰爲彼之所短，此之所短，又適爲彼之所長。兩者——以人爲中心，以事爲中心——各趨極端，致皆失中庸之道，均不能令人滿意（徐有守，2016：81）。

　　「兩制合一之新人事制度」的構想，最早於民國 61 年源自當時的銓敘部部長石覺。但直至民國 75 年方完成包含：一、考試；二、任用；三、考績；四、俸給法制的兩制合一的新人事制度，亦即官職併立的人事法制。而基本結構重要內容有：一、簡併職系，由原 159 個簡併爲 51 個，並區分技術性與行政性兩類；二、官等與職等併列，官等與職等相互配合，將第 1 到第 5 職等，配屬於委任，第 6 到第 9 職等配屬於薦任，第 10 到第 14 職等配屬於簡任（考試院院史編撰委員會，2020：229）。

　　新人事制度之官職併立，奠定了近代我國公共人力資源管理改革工程大業基石，其歷經超過半個世紀的研議，歷經東西方社會、人文思想、政治、經濟、管理多重面向之交互衝擊、激盪，並經理論及實驗摸索修正執行，所得之公共人力資源管理改革經驗。首先，呈現出近代臺灣公共人力資源管理發展的核心價值及歷史沿革、人力管理經營者兢兢業業及謹慎周延態度，可謂在嘗試及實驗中，摸索定位。其次，其也反映出公共人力資源管理理論及實務者所共同追求的學科目標，即人文精神與科學精神融合並重的領域特質。再次，我國本土的公共人力資源管理典範，亦與西方公共人力資源管理相呼應，即前文 Evan Berman 所言，公共人力資源管理應同時追求「心理」與「生產」的雙重

價值目標，「心理」強調「人文精神」，而「生產」理性追求「科學精神」，此亦在強調公共人力資源管理之典範價值。

陸、西方公共人力資源管理

前文提及美國公共人事管理學者 Llorens 等人（2017）在其專書中，論及人力資源管理四大功能目的 PADS 包括：

一、計畫目的：(一) 預算準備；(二) 員工編制計畫；(三) 績效管理；(四) 工作分析；(五) 俸給及酬勞。

二、募集目的：員工招募及甄拔。

三、發展目的：訓練、職能評估、員工工作意願及智能提升。

四、制裁保障目的：維持僱主及員工之間的期望及責任，透過紀律（如服務法、依法行政、行政中立法）、健康（如保險）、安全（如退休撫卹）及員工權益維護。

Llorens 等人（2017）亦強調公職（公共職務）（public job）是稀有的公共資源，其因有國家稅收的限制，甚至於可用以衡量經濟社會發展狀況，所以個人及團體均爭相競逐，而且亦影響到公共政策制訂及分配。

在美國的傳統歷史上有四種價值，在此「競逐遊戲賽局（game）」互動中，這四種價值亦經常是相互衝突而又互動支持，但卻影響到公共職務及人力資源的分配。這四種傳統價值為：

一、政治的反應性及代表性（responsiveness and representation）：公職的任用考慮的是人員的忠誠度及政治支持度，作為主要考量功績指標。

二、效率（efficiency）：員工的專業能力及績效條件。此處是功績制（merit system）的充分反映。

三、員工權益（employee rights）：排除政治干預及侵權對待（arbitrary treatment），用以保障職務工作安全及正當績效。

四、社會公平（social equity）：員工組成代表性的公平及多元工作人力（diverse workforce）的管理，以維持組織生命力及正向的組織文化。

　　每一個社會的傳統價值，均會反映在社會中的次系統中。美國傳統價值反映組成下列四種公共人力資源管理的系統：

一、政治庇護系統（political patronage）

　　自美國獨立建國以來，公職即被用以酬勞黨工及競選工作人員。到了內戰南北戰爭（1861-1865），此種分贓制（spoils system）則更加擴張嚴重。通常立法人員及行政人員可按忠誠度決定公職僱用標準。

二、公共服務功績系統（civil service merit system）

　　1883 年至 1937 年爲因應工業化經濟的需求，激起民眾對分贓制的高度不滿，因此形成了功績制爲基礎的公共人事行政，發展改革呼籲。功績制強調專業、公平、效率、績效、人力訓練及權益保障，尤其至 1920 年當科學管理（scientific management）被引入公部門，則更加重功績制在公部門的色彩。前文所提到影響我國近一個世紀的職位分類制（position classification），即是在此期間於 1911 年，在美國芝加哥市政府初創。

三、集體協商系統（collective bargaining）

　　是對員工權益傳統的反應表現。所有公共僱用關係取決於管理方與工會（unions）所談判設定的合約及條件。但公部門工會並無權利去討論員工有關薪俸、給與或經濟相關議題，因爲雙方均深刻了解預算分配是立法部門（聯邦到地方）的權責。

四、少數優先系統（affirmative action）

　　隨著 1960 及 1970 年代之民權運動及婦權運動興起，而對公共人力資源管理的衝擊。其代表由招募甄選到全部管理體系的公平原則，包括退伍軍人、少數族裔、婦女等，防止對膚色、種族、宗教、性別等少數及弱勢群體

歧視，並致力達到各族群享有平等的權利。而「代表性官僚」（representative bureaucracy）即是政府部門展現民主價值的表現，而公共人力資源管理運作程序，更是應有此保證（Llorens et al., 2017）。

由 Llorens 等人（2017）的價值架構及人力資源管理系統，可以發現我國現行 PHRM 重要基礎之官職併立的新人事制度，其職位分類制的重要起源即來自於 1920 年代功績制的系統，並且深受科學管理運動興起之影響，此亦更能深植 PHRM 的學科典範之學術傳統歷史，亦可觀察中西方 PHRM 之思想交流橋樑。

Berman（2010）亦用非功績系統與功績系統時期之公共人力資源管理性質與工具。早期之非功績制時期自美國建國起始的一、貴族政治（aristocracy）時期（1776-1826）：公共人力資源特性由少數富足上層社會所主導，此時期表現出的是充分之靈活（much leeway），但也造成腐化的不適任潛在危機。此時之人力資源管理工具則為高度合適性任命（appointment based on "fitness"），所謂合適包括個人屬性、地理性代表及國會代表的引薦；二、分贓時期（1826-1886）：公共人力資源特性是大規模政治支持者的僱用，但實質能力有限，這種特性的公共人力資源所組成的政府，最後亦導致 1881 年美國第 20 任總統加菲爾（James Abram Garfield）遭自認競選有功人員，以應論功分賞官職未果，而產生的巴爾的摩火車站的刺殺行動。此時期的 HRM 工具，係根據政治的庇護，以及具有賄賂及裙帶關係；三、改革時期（reform period）（1886-1905）：此為非功績制邁向功績制的過渡時期，最代表性為 1883 年之潘德雷頓法案（Pendleton Act）。此期最主要特性為政治反應性與專業（professional）及中立（neutrality）能力之平衡要求。主要 HRM 政策工具是：(一) 競爭性的甄選考試；(二) 中立而具專業能力公共服務；(三) 永業制（tenure）；(四) 禁止強制性的選舉奉獻；(五) 文官委員會的公共人力管理規則；(六) 文官體系階層的合法進用；(七) 高度廉正的標準。

第四階段關係開始進入功績制系統，而 Berman（2010：18）將四、科學管理時期（1905-）訂定為第四階段。科學管理的目標特性為效率。提倡理性生產（rational production）及指揮體系的貫徹（chain of command），要求員工的一致性及可預測性（conformity and predictability）。其所運用

的 HRM 工具為：(一) 工作分析；(二) 理性而以功績制基礎的甄選及評估等黃金法則；五、節約作戰（war on waste）時期（1945-）：此時期強調的公務改革特性重點目標是經濟性。因此公務人力資源管理強調刪減成本（cut costs）。而 HRM 的工具包括詳列分析開銷僱用的規約及合理性說明；六、警惕監督（watchful eye）時期（1960-）：公共人力資源管理重視公平性及開放性（fairness and openness），並要求人力資源管理應保證正直（integrity）及包容（inclusiveness）。而管理工具上則採用反歧視法規的強化、多元管理（diversity management）及倫理法案的輔助。此時期亦呼應了前言 Llorens 等人（2017）所強調的公共人力資源管理外在社會系絡的傳統價值，呼籲社會公平及因而促成之公共人力資源管理的少數優先系統，對種族、宗教、性別等平等保護；七、自由管理（liberation management）時期（1980-）：核心價值在以減少控制而增加自我課責（accountability）達到高度績效目標。公共人力資源管理工具為：(一) 掃除僱用的繁文縟節；(二) 支持肥貓薪資給予（above-market salaries for exceptional staff）；(三) 決策分權；(四) 寬帶制（broadband）俸給；(五) 績效報酬。而美國 1990 年代著名之政府再造時期（reinventing government），柯林頓政府於 1993 年由副總統高爾主導之國家績效評鑑（national performances review, NPR），企圖以企業精神政府理念，重建聯邦政府職能，被稱為新治理（new governance）模式，即為此一自由管理時期的代表之作。

第二節　公共人力資源管理的組織架構

接下來兩節要進入實務面探討，第二節討論我國公共人力資源管理的組織架構，也就是由什麼組織或單位負責運行公共人力資源管理的實務，第三節則是探討我國公共人力資源管理的法制架構。

公共人力資源管理，在我國的政府實務運作上，習慣稱為人事行政，[1] 依憲法及其增修條文規定，我國公共人力資源管理事項由考試院掌理，因此在我國

---

[1] 本章基於行文方便，有時將公共人力資源管理與人事行政名詞互用。

的環境系絡下，公共人力資源管理與考試權的概念範圍，幾乎是重疊的。[2]

我國憲法將考試權從行政權分出，另設獨立且層級與行政院平行的考試院。考試院在全球資訊網的簡介如下：[3]

> 獨立的考試權為我國政治制度之特色，憲法增修條文第 6 條規定，考試院為國家最高考試機關，掌理考試、公務人員之銓敘、保障、撫卹、退休及公務人員任免、考績、級俸、陞遷、褒獎之法制事項，依我國憲法五權分立、平等相維之精神，與行政、立法、司法、監察等四院立於平等地位而獨立行使職權。

此一平行地位，使得本質上屬於行政權的考試權事項，在業務推動上，不受行政院（權）的干預，雖然實務運作上，針對重大法案，大都採取兩院會銜的方式辦理，[4]但依據憲法，考試院在考銓法制上具有獨立自主的決策權。

憲法第 88 條規定「考試委員須超出黨派以外，依據法律獨立行使職權」。何謂「超出黨派以外，依據法律獨立行使職權」？它包括兩個層面，一是超出黨派，指的是考試委員的超然性，指其不受黨派政治的影響，立於超然中立的地位。二是獨立，指的是防止行政上較高權力的干涉與影響。此與西方三權體制的國家，其人事行政權由行政部門行使，有很大的差異（雷法章，1951：10；陳大齊，1952：5-6；關中，2009：34）。而「超然獨立」也就成了考試院的傳統及運作模式，指的是超然於政黨之上，獨立於行政部門之外。

超然獨立是考試院的特質，也是國父創建考試院的最重要理由，在超然獨立的理念下，追求公平公正與中立的價值，也成為考銓體制運作的核心。但也由於考試院的獨立性，遭三權體制擁護者認為考試院難以配合行政院總體施政方向，無法適應時代需求，或者不符合現代人力資源管理的理念，影響政府的

---

[2] 考試權的範圍，除包括公共人力資源管理的所有面向外，尚包括專門職業及技術人員最後執行資格之考選。

[3] 考試院全球資訊網—組織簡介，https://www.exam.gov.tw/cp.aspx?n=22（檢索日期：2020/8/13）。

[4] 所謂「會銜」，是指兩個或兩個以上的機關或其首長，共同在發出的公文上簽署名銜，代表其共同的意見。

效能等。無論如何,考試院的獨立性及公平、公正與中立價值,仍是我國考銓制度運作的核心理念。

壹、公共人力資源管理之機構類型

在說明我國公共人力資源管理組織之前,我們先就各國的情況加以研析。各國的公共人力資源組織受其歷史因素與環境影響,原即不易「類型化」,但學術研究上基於分析及說明的旨趣,仍對各國人事機構進行區分。傳統上,公共人力資源管理的機構,有「部內制」、「部外制」與「折衷制」之分,近年來學者再根據我國的獨特情形,而有「幕僚制」與「獨立制」的分類,「幕僚制」之下仍有「部內外」、「部外制」與「混合制(折衷制)」之分。

一、「部內制」、「部外制」與「折衷制」

傳統的分類所得最早文獻為張金鑑教授(1940:105-113)所著《人事行政學》,該書提到:

> ……關於人事行政機關之組織究當採用何種形式,不但在實施上未能一致,即在理論上亦尚爭辯紛紜。……一、英美制或部外制(extra-departmental organization)……,具有下述數種意義與特色:第一、吏治或人事行政機關係特立於普通行政系統之外,並非行政機關之一部分……二、大陸制或部內制(intra-departmental organization)——歐洲大陸各國對於人事行政機關之組織則與英、美兩者並不相同。不於普通行政機關之外另設超然獨立之吏治機關專辦其事;所有各部之官吏考選、委用、調動、考績等事宜,則由各該部之主管長官或部內之某組織職掌其事。……三、中國制或獨立制(independent organization)——吾國現行之人事行政組織與英美之部外制及法德之部內制皆有不同,而為考試權獨立行使制。……獨立之人事機關雖非普通行政機關之一部,然其亦具有行政機關之規

模。……四、首長制與委員會（bureau and commission system）——
以上所述之三種制度，係就人事行政機關與其他機關之彼此關係而
言也；亦即在指示此吏治組織於整個之政治制度中所處之地位。若就
吏治機關本身之組織形式論，有首長制與委員會之區別。……五、系
統制與參贊制（line and staff system）。……關於人事機關各種之組織
形式及其運用優劣均約如上述。茲為清醒眉目並資結束計，特繪示
如下表，用作鈎提也：……。

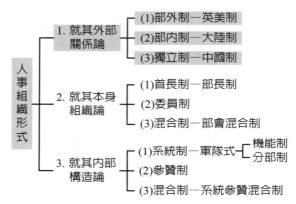

圖 1-2-1　人事組織形式

資料來源：張金鑑（1938：112-113）。

　　張金鑑於民國 27 年撰寫《人事行政學》一書序言時，我國處於訓政階
段，雖已設五院，但尚未制憲。民國 36 年行憲後，政府定為五院體制。張金
鑑在 70 年 2 月第 5 版的《各國人事制度概要》中，對人事行政機構的類型做
了局部修正，將「部內制、部外制、獨立制」分類修正為「部內制、部外制、
折衷制」（將部外制與獨立制合一稱獨立制，另立折衷制）：「……一、部外
制——這種制度亦曰獨立制，為中國和美國所採行，……就是於行政組織系統
之外，設立獨立的人事機構，不受政黨干涉及行政首長的控制，綜掌一切人事
行政事宜，……二、部內制——這種制度為德國、法國採行，……就是不在行
政組織系統之外設置獨立人事機構，……三、折衷制——英國……；並認為我
國在行政院人事行政局成立後，有走向折衷制的**趨勢**。

我們重申，部外制是在各行政組織之外，設立獨立超然的人力資源主管機構，具有相當之獨立性，而普通行政系統之人事單位受其監督或指揮。一般而言，部外制的優點是：第一，具備獨立地位，不受行政首長干預；第二，多半採委員制的組織設計，且限制委員屬同一政黨之比例，以維超然之地位；第三，能夠集中資源，對人事業務做通盤規劃，避免各機關自行其事。至於部外制的缺點是：第一，人事機關獨立於行政部門之外，決策常無法符合行政部門之需，不能對症下藥，有閉門造車之憾；第二，人事機關常以防弊為主要思維，制定諸多管制規定，不利於行政效率之提升；第三，行政首長的人事權受到人事機構的剝奪或制肘，破壞行政責任的完整性（參考許濱松，1990：49-53；蔡良文，2006：74；許道然、林文燦，2015：48-49）。

部內制則指各部官吏之考選、任用、調動、考績等事宜，由各該部之主管長官或部內之某組織職掌其事，其優點是：第一，各行政部門所做人事業務的決策，切合實際需要；第二，人事行政機關與行政部門合為一體，事權統一、步調一致，可增進效率；第三，業務推行上，無須往返協調溝通，易收行動敏捷之效。部內制的缺點則是：第一，行政部門各自為政，人事業務步調不一；第二，資源分散，僅能處理行政部門內的人事業務，難以推展積極性的人事制度與管理技術；第三，行政部門自管人事行政，常囿於固有習慣，人事業務革新不易（參考許濱松，1990：49-53；蔡良文，2006：74-75；許道然、林文燦，2015：47-48）。

至於折衷制，獨立於外部的機構僅掌理部分人事事項，例如考選，至於其他人事行政業務，仍由普通行政機關掌理。雖然折衷制可以兼顧部內制與部外制的優點，但實際上它也無法避免這兩種制度的缺點。我們以圖示說明如下：

此後，國內學者對於公共人力資源管理機構體制的論述，主要皆參考張金鑑的著作，[5]但仔細檢視張金鑑所列標準，張金鑑的分類係建立在三權體制的框架下，不論是部內制、部外制或折衷制，其公共人力資源主管機關都處於行政權之下，皆是行政首長的幕僚。但這明顯不符合我國實況，在五權體制之下，

---

5 參見許南雄（1993；2002a；2002b）、喬育彬（1995）、宋學文（2004）、蔡良文（2006）等。

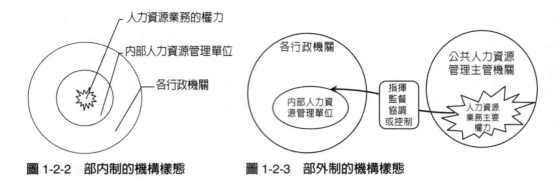

圖 1-2-2　部內制的機構樣態　　　　圖 1-2-3　部外制的機構樣態

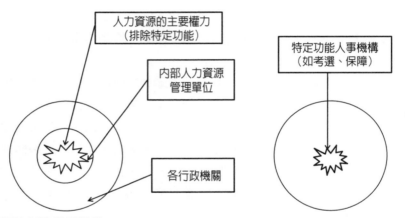

圖 1-2-4　折衷制的機構樣態

考試權從行政權切割，另立層級與行政院相當的考試院，運作上不受行政院的
干預，也絕非行政院的幕僚機關，而是依法獨立行使職權的院級機關。在這樣
的思考下，便可發現以三權體制為框架的分類，無法解釋我國五權體制的現
況，於是便有了第二種區分標準。

二、幕僚制與獨立制

　　「幕僚制」與「獨立制」見於許南雄教授的人事行政學、各國人事制度等
著作，後來國內許多學者也跟著採用（如許道然、林文燦，2015：52-53）。

「幕僚制」的內涵為：(一) 人事（職）權隸屬於行政權；(二) 人事機構隸屬於行政機關的組織體系，即人事機構係所屬行政機關的幕僚單位；(三) 人事主管機構與各級行政機關所轄人事單位並無「監督─隸屬」關係，而具有聯繫協調的關係。上述三點，互為關連，凡合乎三項條件，不論其為部外制或部內制……，均稱為「幕僚制人事機構」（許南雄，2002a：39）。如英國「內閣事務部」、美國「人事管理局」、法國「人事、國家改革暨地方分權部」、德國「聯邦人事委員會」，皆隸屬於最高行政權體系，亦即屬於最高行政首長的幕僚機關。就隸屬體制言，前述三種體制之人事主管機關均隸屬於行政權，所不同的只是各該機關的組織職掌未盡相同（許南雄，2002b：57）。

　　獨立制則專指我國，考試院為全國最高公共人力資源管理機關，獨立行使人力資源職權；考試院不僅在行政院之外，且與行政院分立制衡，故無法與部外制或部內制相比，而應稱之為「院外制」，即脫離於行政院體系之外的機關體制，或稱之為「獨立制」。此一獨特的體制，具有下述特徵：(一) 人事行政職權獨立於行政權之外，人事權與行政權分立制衡；(二) 人事行政總機關獨立於行政機關之外，二者不具「監督─隸屬」關係，而係「分立─制衡」關係；(三) 行政機關所屬各級人事機關均具「雙重隸屬監督」關係，如人事行政局隸屬行政院，但其考銓業務並受考試院的監督，各部會人事處室隸屬於各部會，但人事業務受上級人事機構監督，人事主管也由上級人事機關任免（許南雄，2002b：58）。

　　在介紹幕僚制與獨立制之後，先說明我國公共人力資源管理總機關，也就是考試院及其相關組織。

　　目前考試院其下設有考選部、銓敘部、公務人員保障暨培訓委員會（以下簡稱保訓會），銓敘部之下另設有公務人員退休撫卹基金管理局，保訓會之下設有國家文官學院，國家文官學院之下還有一個中區培訓中心，總體組織規模與員額雖遠不及行政院，但架構完整，且非行政院的幕僚機關。

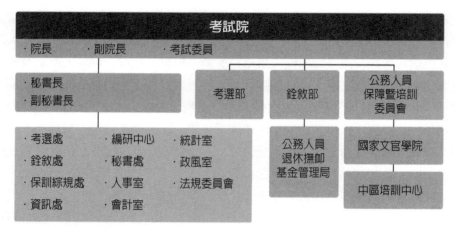

圖 1-2-5　考試院及所屬組織系統

　　考試院組織法近年曾於 108 年及 112 年兩度修正，108 年的修正重點如下：
(一) 考試委員名額由 19 人調降至 7 至 9 人；(二) 考試院院長、副院長及考試
委員之任期，由六年爲調降爲四年，並增訂考試委員具有同一黨籍者，不得超
過委員總額二分之一；(三) 修正考試委員的資格；(四) 增訂考試委員不得赴中
國大陸地區兼職；(五) 其他：如員額刪減等。本次修正最重要的條文在於調整
考試委員的人數及任期，修正理由偏向於提升效率，減輕政府財政負擔。

　　112 年的修正重點，則偏向組織面，主要是因應 112 年實施之公務人員個
人專戶制退休資遣撫卹法，爲期事權統整，將 84 年所成立的公務人員退休撫
卹基金監理委員會裁撤，其業務及公教人員保險監理委員會整併，在銓敘部另
成立監理司；公務人員退撫基金管理委員會改爲首長制，更名爲公務人員退休
撫卹基金管理局。

　　從整體制度而言，以「獨立制」或「院外制」形容民國 56 年行政院人事
行政局成立前的人事機構體制尚屬允當。[6]但民國 83 年該局正式法制化後，它扮
演著統籌行政院所屬機關及人員之人事管理的重要角色，也就是行政（權）之

6　行政院人事行政局於民國56年依臨時條款之授權，以組織規程方式成立，83年正式法
　　制化，101年配合政府組織改造，更名爲行政院人事行政總處。以下除非特別指明101
　　年之前的人事局，否則皆以人事總處稱之。

下另設有一個人力資源管理機關，負責行政院體系的人力資源管理業務，即使法制上考試院仍是人力資源管理的最高主管機關，人事總處有關考銓業務受考試院監督，但不可諱言的，人事總處隸屬於行政院，在層級節制的體系下，必然受行政院的指揮。再者，過去考試院透過人事一條鞭系統（第二章將說明何謂人事一條鞭），將命令傳達至行政院暨所屬機關且貫徹實施，但人事局成立後便接管了行政院的人事一條鞭系統，行政院暨所屬機關的人事單位主管改由人事局派免。因此，人事局的成立，改變了憲政上原有的人力資源管理組織體系及權責運作模式。在此一情況下，使得我國人力資源管理的體系更為複雜。

　　回到本節的議題，我國公共人力資源管理機構究竟屬於何種體制？透過上述分析，本章認為我國人事局成立之前，屬於獨立制（院外制），當時全國各人力資源管理機構，在人事一條鞭的體制下，都受到考試院的指揮監督。但在人事局成立後，由於它是行政權之下的人力資源管理機關，是行政院的幕僚機關，可是它的運作與組織，尚不具有部外制的獨立、委員制等特色，因此不宜稱為部外制；其次，它是在行政院的各部會之外另設的人力資源管理機關，因此也不是部內制。當然，從功能及組織面而言，它也絕非折衷制。整體評估後，我們只能說它是行政權的人力資源管理總機關。因此，綜合來看，我國目前是「獨立制與幕僚制」併存，獨立制是指考試院，至於行政院之下則仍保留著幕僚制的運作。

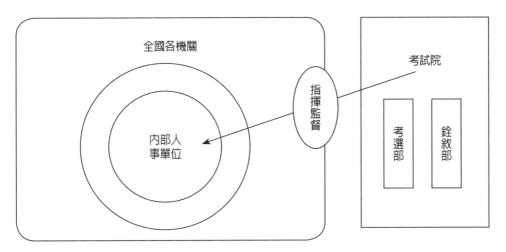

圖 1-2-6　人事局成立前的公共人力資源管理組織體制

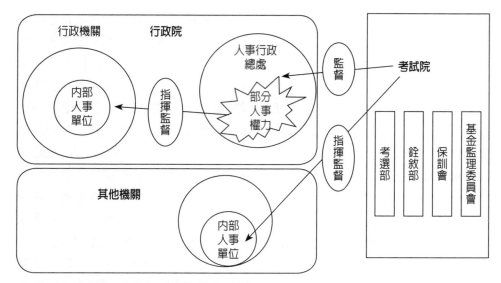

圖 1-2-7　現行公共人力資源管理組織體制

　　各國人力資源管理機關的設置與發展，與其國情與歷史有密切關係，原本就難以類型化，再加以組織的設置與調整，涉及複雜的政治因素，絕非僅考慮業務的推動。我國在五權分立的憲政架構下，人力資源管理機關的設計，一開始便與其他國家有了極大的差異，獨立於行政權之外的考試權，是最大的特色。其後，又有所謂人事一條鞭的設計，各機關的人力資源管理單位實際上是聽命於人力資源管理總機關，而非服務機關，這樣的設計更是完全不同於其他國家。民國 56 年人事局的成立，使得人力資源管理機構更加複雜化，此一現象也反映在人事法制推動過程，需要更多的溝通協調。

貳、行政院人事行政總處的成立及對考銓制度的影響

　　前面提到，行政院人事行政總處的考銓業務受到考試院的監督，但它隸屬於行政院，它的建置對於我國人事行政組織及業務推動有重大影響，有必要單獨說明。

　　民國 55 年 3 月 22 日修正動員戡亂時期臨時條款，第 5 條規定：「五、總統爲適應動員戡亂需要，得調整中央政府之行政機構及人事機構。」總統依上述規定於 56 年 7 月 27 日公布「行政院人事行政局組織規程」，同年 9 月 16 日，人事局正式成立。其組織規程第 1 條規定：「（第 1 項）行政院在動員戡亂時期，爲統籌所屬各級行政機關及公營事業機構之人事行政，加強管理並儲備各項人才，特設人事行政局。（第 2 項）人事行政局有關人事考銓業務，並受考試院之指揮、監督。」自此，行政院暨所屬機關（構）考銓業務的執行，統由人事局負責。

　　民國 80 年 5 月 1 日起終止動員戡亂，同日第 1 次憲法增修，於第 9 條規定，人事局在未完成立法程序前，其原有組織法規，得繼續適用至民國 82 年 12 月 31 日止。民國 82 年 12 月 30 日，立法院三讀通過人事局組織條例。其第 2 條「本局有關考銓業務，並受考試院之監督。」與原來組織規程相較，少了「指揮」二字。101 年配合政府改造，改制爲行政院人事行政總處，首長職稱由局長改爲人事長。其組織法仍規定：「總處有關考銓業務，並受考試院之監督。」

　　人事總處從民國 56 年成立迄今，其組織法令均規定「有關考銓業務，並受考試院之監督」，但人事總處係隸屬於行政院，它是如何受考試院的指揮監督呢？

　　民國 56 年至民國 73 年間，考試院及所屬各部會與人事局之間，並沒有正式或固定的協調機制，兩院之間有不同意見，在威權體制時期，透過執政黨內部系統的溝通，是更常見的協調方式，考試院實質上沒有指揮監督人事局的工具。民國 79 年 9 月考試院第 8 屆成立後，協調人事局長列席考試院會議，經行政院同意，自民國 79 年 9 月 20 日第 8 屆第 3 次院會起，人事局長開始列席考試院院會，並報告重要人事考銓業務，自此，考試院對於人事局的考銓業務，算是有了制度化的監督機制。[7]

　　此一機制運作近三十年，民國 108 年 12 月 10 日立法院三讀通過考試院組織法修正草案時，同時做出「考試院不得要求行政院所屬機關首長常態性列席

---

[7]　詳見民國79年9月考試院第8屆第1次至第3次會議速紀錄。

本院會議，並課提出政務報告」的附帶決議，行政院在民國 109 年 2 月 6 日正式函知考試院，不再常態性派員列席考試院會。雖然考試院表示，考試院對於各機關執行考銓業務的監督，是憲法賦予的職責，「不會因為相關機關組織法律的修正，或任何憲定機關會議的附帶決議，而有所改變」。而該次會議代表人事總處列席的副人事長也表示，未來「遇有重大考銓法制事項之討論，必定會列席說明」。民國 109 年 9 月 1 日考試院第 13 屆成立，於同年月 3 日召開第 1 次院會，即提出考試院會議規則之修正，刪除人事總處常態性列席及業務報告之規定。

民國 56 年人事局成立後，考試院的憲定職掌事項，在執行層面多數轉由該局負責，此舉改變了原有憲政上公共人力資源管理的組織體系及權力分配。人事總處除了負責行政院及所屬機關人力資源管理之政策規劃、執行及發展外，還扮演兩個重要角色：第一，輔助者，一方面作為行政院的人事幕僚，協助行政院長從事人事管理工作。另一方面，為期考試院所訂政策與法制，能切合行政部門的實際需要，由人事總處進行擬議，適時向考試院提出建言，發揮輔助者的角色；第二，是管制者，透過前述各項人事管理規章，使其在行政院所屬機關、人事機構與人事人員方面，扮演管制者的角色，促進人事政策與人事法制的落實（許濱松，1993：22-23）。

個案討論：考試院如何監督人事總處的考銓業務？

人事總處自民國 79 年 9 月起，便常態性列席考試院院會，也例行性提出考銓業務報告，算是考試院對人事總處業務的制度性監督。民國 83 年 1 月 5 日，立法院審查考試院組織法修正草案時，立法委員對此提出多方詢問。考試院副院長毛高文於翌日在院會中報告，明白表示：[8]

> 考試院既不能對（人事局）人事任命、經費運用加以干預，就無法做到實質上指揮監督，至於行政上有爭議，只有能進行協調，解釋有關法規，或請監察院調查解決。無論如何，指揮監督機制仍以

8　詳見民國83年1月6日考試院第8屆第156次會議速紀錄，括號文字係作者加註。

訂定法律執行之最爲妥適。

從上述談話，可清楚知道人事局自 56 年成立之後，考試院並沒有正式且有效的機制來執行監督事宜。依據憲法及其增修條文規定，考銓業務的法制事項係屬於考試院職掌，考試院對於各機關執行考銓業務時，對其所具有的監督權限，都有源自於憲法及其增修條文所賦予的憲定職掌事項爲憑據。[9]但當人事總處不再列席考試院院會之後，考試院該如何監督其考銓業務呢？人事總處不再列席考試院院會是否妥適？

第三節　公共人力資源管理的法制架構

我國公共人力資源管理的法制架構，相對於複雜的組織體制，較爲單純。因爲憲法及其增修條文規定，公共人力資源管理的法制事項，完整屬於考試院職掌。憲法及其增修條文關於考試院的職掌事項，詳見第一節，不再重複。

壹、人力資源管理的法制分類

考試院所掌理的公共人力資源管理之法制，除了考選業務由考選部掌理，訓練與保障由保訓會負責外，其他大都屬於銓敘部主管。依據考試院編印之「常用文官制度法規彙編」，分類如下（考試院編印，2019）：

---

[9] 2020，〈伍錦霖：監督考銓業務爲考試院憲定職掌不會改變〉，https://www.exam.gov.tw/News_Content.aspx?n=1&s=39235（檢索日期：2020/3/9）。

表 1-3-1 公共人力資源管理之法制分類

	主要法規	說明
壹、憲法及有關法規	憲法及增修條文、司法院大法官議決有關解釋、中央法規標準法、行政程序法、訴願法及行政訴訟法、公文程式條例等。	主要係公共人力資源管理法制的上位規範及共通性法律，實際上均非考試院主管。
貳、組織	1. 考試院主管：考試院及相關部會組織法規 2. 非考試院主管：中央行政機關組織基準法、中央政府機關總員額法、行政院功能業務與組織調整暫行條例、行政法人法等	除考試院及所屬部會的組織法令外，其餘概屬行政院主管，且由人事總處負責。
參、官規	1. 考試院主管：公務員服務法及其附屬法規、公務人員行政中立法、公務人員協會法等 2. 非考試院主管：宣誓條例、公職人員財產申報法、公職人員利益衝突迴避法、公務人員交代條例等	考試院主管的「官規」相當多，但非屬考試院主管者亦不少。部分法規係沿襲國民政府時代的舊例，由行政院主管，如宣誓條例及公務人員交代條例；部分法規是因應時代需求而制定，另定主管機關，如公職人員財產申報法，由監察院主管。
肆、考選	典試法、監試法、公務人員考試法、專門職業及技術人員考試法等數 10 種法規。	均由考選部主管
伍、銓敘	包括任用、俸給、考績、陞遷、獎懲、保險、退休、撫卹及考試分發相關法規。	除少數法規（如獎章條例、行政院暨所屬機關約僱人員僱用辦法等）由行政院主管外，大都由考試院（銓敘部）主管，占公共人力資源管理法規的絕大範疇。
陸、保障暨培訓	保障及培訓相關法規	大都由保訓會主管，部分法規由考試院與行政院會銜處理。
柒、退撫基金管理及監理	退撫基金相關法規	均由考試院主管
捌、附錄	如國籍法、遊說法、地方制度法等。	主要是相關法規的內容與公共人力資源管理相關，如公務人員可否兼具外國國籍，需參據國籍法的規定。

資料來源：依據考試院編印（2019），自行整理。

上述分類以考試院所編「常用文官制度法規彙編」加以區分，並以考試院暨所屬部會的主管業務加以說明，大體上能呈現我國公共人力資源管理法制的總體樣貌。

至於人事總處主管的法律有那些呢？排除其組織法，依據全國法規資料庫的索引，人事總處主管的法律包括：一、獎章條例；二、中央行政機關組織基準法；三、中央政府機關總員額法；四、行政院功能業務與組織調整暫行條例；五、行政法人法；六、立法委員監察委員歲費公費支給暫行條例；七、總統副總統及特任人員月俸公費支給暫行條例；八、總統副總統待遇支給條例。上述法律第二項至第五項是民國 90 年前後，行政院推動組織改造的配套法律，第六至第八項則屬於待遇，例來由行政院負責。嚴格說來，真正屬於傳統公共人力資源管理的法律，人事總處僅負責獎章條例一項。從這一點來看，考試院與行政院在公共人力資源管理的分工尚屬明確，並無權責上的爭議。唯一的例外，應是人事一條鞭的主管權責，此一部分涉及人事管理條例、行政院人事行政總處組織法及行政院所屬各級人事機構人員設置管理要點的競合，將在下一章詳細說明。

貳、憲法未規定事項

公共人力資源管理的業務，除了憲法及增修條文所規定者外，尚有其他未規定事項，例如訓練、保險及福利，可謂灰色地帶，這些事項的職權歸屬，迭有爭議。若干學者曾以剩餘權應屬於行政權，而主張應由行政院主管。但考試院的職權性質也屬於行政權，甚至憲法第 83 條有關考試院的職權，尚有「等事項」之概括文字，因此剩餘權的主張並未能解決兩院爭議。

目前訓練、保險及福利的分工如下：

一、訓練

民國 82 年間，人事局組織條例草案及考試院組織法修正草案，同時在立法院審議，公務人員訓練權責的歸屬問題引起關注。考試院欲增設保訓會，人

事局表示反對，最終透過兩院協商，達成共識，並在訓練進修法中，明定兩院
的職權分工。目前兩院各有訓練職掌事項。

二、保險

公務人員保險制度，早在民國 23 年 11 月 1 日第 1 次全國考銓會議，就作
成政策性決議，交由考試院辦理（銓敘部，1975：1-5）。但因抗日軍興，未
及建制。民國 38 年遷臺後，於 47 年 1 月 17 日完成公務人員保險法，規定銓
敘部為主管機關，其後經多次修正，但皆屬考試院（銓敘部）主管。

三、福利

福利事項實務上主要由人事總處負責，該處過去曾辦理中央公教人員福
利互助辦法，在各年度的軍公教待遇支給要點內，也有各項生活津貼的規定，
亦曾辦理輔購（建）公教住宅等，但隨著時空環境的變化及公務人員待遇的提
升，許多福利措施已漸次取消或縮減。

總之，憲法未明文規範的事項，並沒有統一的做法，剩餘權的觀點也未能
解決兩院爭議，目前的實務上是由兩院協商解決，保險及訓練事項並由法律明
文規範主管機關或者分工，福利事項則無統一的法律。上述三種情況皆不相同。

參、人事法制的特色

曾任考選部與銓敘部次長的徐有守先生曾說，我國人事法令多如牛毛，
但還好都在同一條牛身上，並不是完全沒有脈絡可循（徐有守，1996：116-
118）。這一句話點出兩個重點，一是人事法制高度法令化，二是集權化，若再
加上法令規定的一致性，可謂我國人事法制的三大特色（關中，2009：542-
546；施能傑，2012）。

一、高度法令化

依憲法規定屬於考試院職掌之業務，從官制官規、考選、任用、俸給、考績、升遷、訓練、退休、撫卹等，都有相對應的法律。隨著新增的業務，還不斷增加新的法令。考試院編印的常用文官制度彙編，名為「常用」，卻厚達2,000餘頁。

高度法令化的用意，是希望透過法令化的途徑，使人事業務的運作獲得控制，不至於偏離常軌。但嚴密的規章，也容易束縛管理者，而複雜的法令體系，讓政府運作陷於程序的泥沼。在法令規章的層層限制下，有效管理所需要的裁量空間受到限制，因此多年來常聽聞文官法制應予鬆綁的呼聲。

二、高度集權化

高度集權化是指多如牛毛的法令都在同一條牛身上。我國是五權體制，考試院乃是「最高公共人力資源管理機關」，法制事項，幾乎皆由考試院負責。

再者，我國中央與地方政府適用同一套文官制度，依憲法第十章「中央與地方之權限」，第108條規定「中央及地方官吏之銓敘、任用、糾察及保障。」係屬由中央立法並執行之，或交由省縣執行之事項。實際上地方政府在中央的細密規範下，對公共人力資源管理法規的補充或彈性應用的空間有限。

三、高度一致性

除了上述兩點之外，公共人力資源管理法制尚有一項特色，就是高度一致性，高度法令化是指所有的人事管理事項均以法令明定，高度一致性是指法令規範的嚴密性，各機關必須以同一標準地操作這些法令，不只是原則性的規範，在執行技術面也有同樣的要求，少有彈性處理的空間。

一致性要求，是建立在各機關的業務性質差異不大，而且相對簡易的前提下，但隨著社會的進步，分工日益細密，各機關的業務性質差異愈來愈大，一致性實難以符合各機關的需求。

　　針對公共人力資源管理法制的高度法制化、集權化及一致化的特色，施能傑（2012）曾指出，將人事管理工作視爲法律保留領域，已是人事政策主管機關的理念，導致政府人事管理法令數量乃遠超過任何一項與民眾相關政策業務所使用的法令體系，但並未引導出好的人事政策策略方向和具體有效的管理措施。

第四節　重要觀念解釋

　　我國公共人力資源管理制度，由於採獨特的五權體制，加上若干用語沿用傳統名詞，因此諸多觀念及用語和西方國家有相當大的差異，例如「人力資源」一詞，在全國人事法規釋例資料庫系統內查詢，僅行政院人事行政總處公務人力發展學院組織法內有此一名詞，至於本書名稱「公共人力資源」或「公共人力資源管理」，則沒有任何人事法規包括該名詞。前曾提及，公共人力資源管理在我國的政府實務運作上，習慣稱爲人事行政，本節即是對人事行政的幾個重要觀念加以說明，以利後續閱讀。

壹、考試

　　憲法第 8 章以「考試」二字爲標題，但其涵義爲何？

一、狹義

　　狹義的考試，指的是考選，憲法第 86 條規定：「左列資格，應經考試院依法考選銓定之：一、公務人員任用資格。二、專門職業及技術人員執業資格。」而這兩種考試也是所謂的國家考試，除此之外，其他考試皆非國家考試。

　　公務人員任用資格考試，分高考、普考、初等考試，高考再按學歷分爲一、二、三級，特考則比照前述考試，分爲一、二、三、四、五等。至於專門

職業及技術人員（以下簡稱專技人員）考試，乃我國特色。各國專技人員考試，多屬於行政權職掌範圍，或由主管機關辦理，或由職業團體（如工會、協會）辦理。但我國以獨立的考試權，辦理專技人員考試（如律師、會計師、建築師、技師、醫事人員等）。但何謂專技人員，如何界定其範圍？為何證券分析師、精算師、廚師等職業不在國家考試範圍呢？

考試院在訓政時期已開始辦理專技人員考試，但當時並無清楚定義，實務上是由立法院通過法律，要求考試院辦理，從而將它納入國家考試。直到釋字第 453 號（87.5.8）解釋理由書指出，憲法第 86 條第 2 款所稱之專門職業及技術人員，係指具備經由現代教育或訓練之培養過程獲得特殊學識或技能，而其所從事之業務，與公共利益或人民之生命、身體、財產等權利有密切關係者而言。考試院據此修正專技人員考試法，認定專技人員應具有下列三要件：(一) 具備經由現代教育或訓練之培養過程獲得特殊學識或技能；(二) 所從事之業務，與公共利益或人民之生命、身心健康、財產等權利有密切關係；(三) 依法律應經考試及格領有證書之人員。前兩點是重述釋字第 453 號解釋，第三點則是將其範圍限定在具有法律依據。前述證券分析師、精算師，符合前二項要件，但並無法律依據應經考試及格領有證書，因此目前還不是專技人員，未來隨著時空演變及法律修正，亦有可能納入專技人員範疇。

二、廣義

憲法第 83 條規定，考試院為「國家最高考試機關」，因此廣義的考試，意指考試權，範圍是考試院職掌的所有事項，也就是完整的人事行政權。

孫中山先生所指的考試權，究竟是狹義的考試，或者廣義的人事行政權？實際上已難考證。考試院首任院長戴傳賢最初起草考試院組織法時，也不包括銓敘部，但立法院審議時，立法委員鈕永建堅持，考試院應負責考選、銓敘事宜，並獲得立法院的通過（肖如平，2008：79）。因此，從民國 19 年起，考試院的職掌範圍即包括考選與銓敘。

制度是成長的，而不是創造的。不論孫中山先生思想中考試權的範圍如何，考試權經過數十年的運作，實質上考試權的範圍，便是完整的人事行政權，並且彰顯於憲法條文。

貳、考銓

何謂「考銓」？爲何考試院常自稱主管「考銓制度」而不是「文官制度」？兩者有何差別？這個問題即使是考試院內部都仍存在不同的看法。

一、狹義

狹義的考銓，指的是考選部與銓敘部的業務。民國 19 年考試院成立後，下設考選委員會與銓敘部，考試事項由考選委員會負責，其他由銓敘部負責。此時考試院的主管事項，可以「考銓」兩字涵蓋。此一情形行憲後並未改變，人事局成立後，也規定其考銓業務，受考試院之監督。但民國 83 年考試院增設公務人員保障暨培訓委員會、84年增設公務人員退休撫卹基金監理委員會[10]及管理委員會之後，開始有人質疑考銓二字無法包括考試院主管的業務，因此有了廣義的解釋。

二、廣義

廣義的考銓，認爲考試院主管事項即泛稱考銓，並認爲考銓之內涵，係隨著考試院業務的演進而有變動。其次，公務人員保障事項爲考試院憲定職掌，並不因是否成立保訓會而有所改變；再者，行憲前之考銓概念，含括公務員進修及考察選送之事宜，也就是包括訓練進修事項。因此廣義的考銓，即考試院職掌事項。但有人認爲憲法規定考試院爲最高考試機關，而非考銓機關，不同意「考銓」二字可涵蓋考試院職掌。至於何以不用「文官制度」？反對者認爲國家考試包括專技人員考試，文官制度無法涵蓋專技人員考試，因此不宜稱文官制度。同理，考試院也不能只稱爲文官院。

---

[10] 公務人員退休撫卹基金監理委員會在112年6月1日已裁撤，其業務主要併入銓敘部新成立之監理司；公務人員退休撫卹基金管理委員會也改制爲公務人員退休撫卹基金管理局。

參、銓敘

　　「考銓」的「考」，指的是考選，可泛指考選部主管的業務，「銓」字指的是「銓敘」，但銓敘的涵義亦有狹義與廣義之別。

一、狹義

　　我國自古即有銓敘一詞，銓指衡量，與權衡意思相通，古代衡量人才常稱銓度、銓選。至於敘字，指的是次序。銓敘二字合在一起，便是指衡量人才的能力高低，予以排定序位。這個涵義，與憲法所定「銓敘」二字相同，於現今就是指銓敘部對公務人員資格條件的審查及敘定等級。考試院對於銓敘二字的解釋為「銓敘者，指銓定公務人員之任用資格條件，依法敘定其等級俸給之謂」。

二、廣義

　　廣義的銓敘，從資格審查延伸至評斷人員的勞績、功勳或俸祿的高低，因此，銓敘一詞便包括人才自進用起銓定其職位或品位高低，以及俸給多少，和任職後成績優劣的評定，也就是包括任用、俸給、陞遷、考績、退撫等一切有關進用後的人力資源管理事項，但不包括考試（徐有守、郭士良，2019：16）。在實務上，稱銓敘業務，可泛指銓敘部主管的業務，至於審定資格及敘其俸給，則稱為銓審。

肆、官制官規

　　考試院常稱官制官規為其憲定職掌，但法規中卻從未出現官制一詞，以至於何為官制？包括那些內涵？迄今模糊不清。至於前述「常用文官制度法規彙編」，則有官規的範疇。分別說明如下：

一、官制

官制是指政府機關組織權限及官員配置的制度，例如唐朝中央政府設置三省六部，在三省六部之內有許多官職，如禮部尚書、侍郎。三省六部之設，代表著政府職能的區分，也可說是專業分工，吏、戶、禮、兵、刑、工六部，便是政府的專業分工。至於禮部尚書、侍郎等職位，其品級爲正三品、正四品，品級代表的是官位的高下，也就是層級節制之分。橫向的專業分工加上縱向的等級區分，便構成官制的基本結構。要特別說明的是，政府組織的設置，並非考試院的職掌，如今考試院主管的官制，在專業分工上，指的是職組職系等相關法規，雖然它與政府組織的設置亦有相關，但兩者並不相同。在縱向的等級上，就是職務列等及相關法規（例如公務人員俸表、各機關職稱及官等職等員額配置準則）。因此，我們可以說官制的概念與人事分類制度相近。

二、官規

官規是指政府官員應該遵守的行爲規範，依「常用文官制度法規彙編」，考試院主管部分包括公務員服務法及其附屬法規、公務人員行政中立法等，至於非考試院主管部分則有宣誓條例、公職人員財產申報法、公職人員利益衝突迴避法等。可知，官規並非全部皆由考試院主管。

官制與官規之外，尚有許多的人力資源管理法規，從考選、任用、俸給、考績等，到退休撫卹，這些法規屬於官制或官規呢？審視其內容，可說都是官制官規的延伸，例如：考選、任用、俸給，皆屬官制延伸的管理措施，考績則兼含官制及官規，訓練也是官制的延伸。

因此，概略地說考試院主管官制官規，大致無誤。

伍、公開競爭

憲法第 85 條規定「公務人員之選拔，應實行公開競爭之考試制度」，但何謂「公開競爭」？現代公共人力資源管理強調以功績爲原則，公開競爭與功

績的關係為何？

　　所謂「公開競爭」包括二種涵意，一是「公開」，二是「競爭」。公務人員考試之公開，指「程序的公開」及「應考資格的公開」，前者指一切考試過程，諸如考試的公告、考試結果的公布，均應公開，使有志者均得以知悉，並使社會大眾瞭解考試的結果。後者是指公務人員考試，其應考資格、應僅有「公務人員考試法」所規定之積極資格與消極資格的限制，不得有黨派、種族、籍貫、膚色、宗教信仰、性別或身分的限制。至於「競爭」，則有擇優錄取的性質，並非達一定成績者均予錄取，亦即非僅是鑑別有無勝任某一職務之能力，而是擇取最優秀或最適合者（許濱松，1992：95）。

　　憲法「公開競爭」的規定，可說是我國公共人力資源管理落實功績原則的基礎，公務人員考試法也規範，考試成績之計算，不得因身分而有特別規定。除此之外，僅有公務人員陞遷法第 5 條規定「本功績原則評定陞遷」。至於其他法規，縱有功績原則的意涵，但並未明文規範，相較於其他國家將功績原則落實在公共人力資源管理的所有面向，似嫌不足。

第五節　公共人力資源管理的未來發展及挑戰

壹、第三方政府及非典人力

　　民國 81 年，作者即指出公共行政學科典範的轉變，公共行政是什麼？由古典公共行政學科的「政府組織內向化管理」，轉變為（典範變遷）「公部門、私部門及第三部門（non-profit organization）的資源整合，以共同承擔公共責任（public accountability）」（詹中原，1993）。

　　此風潮之轉變，來自於 1980 年代以新自由主義（neo-liberalism）為思想背景的新公共管理運動（new public management, NPM）。而 1989 年國際行政科學會（International Institute of Administrative Science, IIAS）於摩洛哥舉辦全球民營化運動（privatization movement）相關研討會，亦明確指出民營化趨勢，在 20 世紀後期，將會形成主要的行政風潮（dominant administrative fashion）

（詹中原，1993：27）。而作者當時即指出公部門民營化現象對公共事務領域中，無論是行政組織結構及設計、公共政策內容（詹中原，2003）、公私部門分界、人力資源及人事制度等主題均有相當影響（詹中原，1993：27）。

Llorens 等人（2017）也多次指出公共人事系統受到第三方政府（third-party government）及非典人力（nonstandard work arrangements, NSWA）兩股趨勢影響，在未來的文官制度領域，將會是嶄新價值系統的呈現。按民營化學者 Savas（1987）所言，民營化運動乃針對四項主要動力之回應：一、實用主義（pragmatic force）：普遍性之政府財政困難；二、意識形態（ideological force）：「愈小的政府是愈好的政府」觀念的逐漸增加；三、商業化（commercial force）：私部門支持民營化的壓力；四、民粹主義（populist）：主張民眾對於公共服務應有較多的選擇權，包括社區、教會、自願團體等（詹中原，1993：25-26）。民營化可經由一、移轉撤資；二、委託——簽約外包（contract out）、特許權（franchise）、補助（grant）、抵用券（voucher）及強制（mandate）；三、解制替代（displacement by deregulation）（詹中原，1993：1719）。

Llorens 等人（2017）也引用 Paul C. Light（1999）的著作，探討政府的真實規模（the true size of government），他們指出公部門逐漸藉由以臨時或兼職人力（temporary or part-time employees）來替代全職公務人員，以增加人力管理上的彈性，及降低人事成本。而另一項不能說的事實，則是這種非典人力的安排，不包括在公務人力的「人頭計算」（head count），同時也虛偽地呈現了政府規模縮減的假象。

我國行政院人事行政總處對於非典人力，均按「運用勞動派遣應行注意事項」，按季調查控管各機關得運用人數上限。其管理情況見表 1-5-1。其未來發展增減，值得繼續關注。

表 1-5-1　行政院及所屬各中央主管機關運用派遣勞工人數

統計時間 機關	99 年 1 月 31 日 機關運用派遣勞工基準人數	106 年 12 月 31 日 機關實際運用派遣勞工基準人數
行政院及所屬各中央主管機關運用派遣勞工人數	15,514	8,126

資料來源：行政院人事行政總處（2018）。

　　20 世紀末至 21 世紀的公共人力資源管理，也因上述現象，延展至民營化與公私夥伴關係（Partnerships）兩種未來的公共人力資源管理系統（Lloren et al., 2017）。在臺灣亦於 1992 年修正公布公營事業移轉民營條例，進行一、公營事業移轉——中鋼、中化、中船及三商銀等；二、公共事務外包委託——一般廢棄物清運及焚化；三、替代解制——電信事業（民國 73 年行政院提出「電信總局組織條例再修正案」等）。

　　公共人力資源管理領域出現的兩種未來系統——民營化及公私夥伴，對傳統的價值及系統衝擊，不只是公共服務傳送方式的改變，而更是在對管理者提醒公共人力資源管理典範改變可能會傷害了一、員工權益保護——最低工資管制或可能協商獲益保障；二、社會公平維護——性別及少數族裔，甚至於年齡歧視；三、組織效率的混合效果——正向而言，公部門將可引入市場機制的生產服務標準，但負向亦可能增加人力資源管理上的招募、任務輪替銜接及訓練成本。同時亦產生組織記憶（organizational memory）衰退及核心技術（core expertise）喪失，更是組織管理的隱憂。同時追求最低組織人力，亦經常連帶產生的工安意外的增加。總言之，外包（outsourcing）所據以為本的合約順服（contract compliance）取代了傳統組織管理中的主要價值目標，如組織文化（organizational culture）及組織認同感，其對最終服務品質的傷害，實值我人力資源管理人員深思重視。

貳、自由僱用

　　自由僱用（at-will employment, AWE）在美國的人力資源管理理論及實務界，是一項極爲優位的僱用關係基本原則。其意義爲除非勞僱雙方在僱用之前，雙方事先約定，否則雙方兩造可在未經知會情況下，依合法理由，自行終止僱用關係。此一概念在 1865 年美國第 13 次聯邦憲法修正案，禁止奴役和強迫勞動精神，因而允許員工受僱者隨時辭職，否則即是違憲。但也相對賦予雇主隨時解僱員工的權利。就經濟學角度分析，自由僱用原則，可增強就業人口的流動性，維持勞動力市場靈活，促進勞動力在不同市場上的流動性。

　　自由僱用的立意，乃勞僱雙方公平利益的平衡，但按學者 Berman（2010）調查發現，勞方員工在就業市場上的公平需求，遠高於雇主。事實上，自由僱用大開了管理上侵權濫用的方便之門（the door to abuse）。包括僱主投機性的解僱（opportunistic firings）及歧視性（解）僱用與處罰。

　　對於公部門，爲了防止上述弊端，美國最高法院對公共人力資源管理領域的自由僱用，規範兩項保護原則：一、僱主不能採用員工工作上之言論、結社及隱私自由理由而解僱員工，否則，則被視爲管理上的「不利人事行動」（adverse personnel action），聯邦憲法將提供必要保護；二、基於教育機構的教職終身保障制（tenure system）及政府機關之文官永業制，公務人員在職繼續留任的期望（expectation of continued employment in a government job），不得非法剝奪。此兩項保障原則，對政府勞僱雙方均創造了一個較佳的平衡及公平模式（Berman, 2010: 49-50）。

　　在臺灣我們可思考的課題爲通過國家考試之公務人員與契約進用之聘用、約僱人員之多元人力比例及其變化。誠如 Berman 在討論自由僱用之濫用所言，當公務人員之保障減少或完全卸除，而代之以企業運作之自由僱用，則政府以僱主的角色將有更大的僱用彈性，但當自由僱用人員比例增加，必將排擠考試及格常任公務人員之比例及陞遷發展。此種以自由僱用爲名的人事制度「激進改革」（radical reform）（Lloren et al., 2017），相較於溫和漸進的現代化（modernization）人事改革，根據調查，全美採激進改革者僅佛羅里達・喬治亞及微調修正的德州，而採現代化改革者則占多數，如：亞利桑納、加州、紐約、南卡、威斯康辛等（Hays and Sowa, 2007; Lloren et al., 2017: 12）。

　　2020 年行政院提出之「聘約人員人事條例草案」，企圖整合常任文官外其他人力訂定任用制度，以迅速回應社會變遷，與政府公務人力共同協助完成國家事務（見條例總說明）。[11] 此種類 AWE 為名之制，而喪失 Berman 所言，受僱者之公平需求，而僅求管理之彈性及方便權宜，實值再思。但此類契約人員（約聘僱人員），目前所占政府預算員額 8%，未來在 AWE 聘約下之比例可預期大幅成長，及可能占用正常職缺名額，且可能會改變國家考試應考人的意願，畢竟就難易度而言，寧捨國考，而就約聘人員。而約聘人員裙帶關係系統是否會在我國因應而生，其未來比例及影響衝擊必須注意。

參、三權與五權之爭

　　關於政府體制應採三權或五權架構的議題，以及考試院存廢之爭，多年來從未停歇。相關的建議或修憲提案，大致可歸納如圖 1-5-1。

　　第一種選項，維持現狀，考試院設院級組織，並獨立行使考試權。

　　第二種選項，理論上不存在，畢竟不可能維持設置考試院，但憲法上卻無考試權的規定。

		考試權的運作是否須設院級組織	
		是	否
考試權應否為憲法權力並獨立行使	是	（I）維持現狀	（III）修憲：考試院廢除，但憲法保留考試權，並明文由獨立機關行使考試權
	否	（II）（理論上不存在此選項）	（IV）修憲：廢除考試院及考試權（憲法第 83 條至第 89 條停止適用）

圖 1-5-1　考試院的存廢與組織調整的可能選項

資料來源：作者自行繪製。

---

[11]　「聘約人員人事條例草案」，https://ccs.cyc.edu.tw/modules/tadnews/index.php?nsn=4991（檢索日期：2020/8/11）。

第三種及第四種選項，也就是所謂「廢院不廢權」。但依憲法是否保留考試權而有不同區分。

第三種選項，考試院廢除，考試權移轉至其他機關（如：行政院），但憲法保留考試權，並明文設獨立機關行使其職權。例如：於憲法增修條文第 3 條新增第 5 項至第 7 項，並刪除增修條文第 6 條；第 3 條第 5 項至第 7 項內容如下：[12]

行政院設獨立機關行使下列事項，其組織及職權之行使另以法律定之：
一、考試。
二、公務人員之銓敘、保障、撫卹、退休。
三、公務人員任免、考績、級俸、陞遷、褒獎之法制事項。
下列資格，應經行政院依法考選銓定之：
一、公務人員任用資格。
二、專門職業及技術人員執業資格。
憲法第 83 條至第 89 條之規定，停止適用。

第三種選項，是以「憲法創設的二級獨立機關」來行使考試權，此種組織設計在我國應屬首創。我國中央政府體制中獨立機關已經普遍存在，可分為憲法創設及法律創設。憲法位階之獨立機關，如：監察院從立法院獨立出來，考試院從行政院獨立出來，邏輯上即成為憲法直接創設之獨立機關。法律位階之獨立機關，是依中央行政機關組織基準法之規定所設，即一般所講的獨立機關，多半是負責管制性、調查性業務，必須超出黨派之外的專業性合議制機關，如：國家通訊傳播委員會。而第三種選項，由憲法直接創設二級獨立機關，應屬首例。

第三種選項存在諸多疑義。首先，考試權改隸行政權，並於憲法明文行政院設獨立機關行使現考試院所有事項，看似肯認考試權具重要性與特殊性，實

---

12 如民國103年9月12日陳亭妃等31人所提「中華民國憲法增修條文部分條文修正草案」（提案編號：1607委16966）。

則該獨立機關係行政院下設之二級機關，在行政一體及責任政治的框架下，[13] 該如何行使其獨立性？有待考驗。現行國家通訊傳播委員會等獨立機關的獨立性屢遭質疑便是明證。其次，憲法創設的二級獨立機關與法律創設的獨立機關有何不同？組織及運作的獨立程度該如何區別？如何有效確保其獨立性？再者，未來此一獨立機關與行政院人事行政總處的關係及權責如何劃分？均有待再深思。

第四種選項，修憲廢除考試院及考試權。[14] 此一提案係完整地將考試權回歸行政權，至於未來考試權的那些項目須由獨立機關行使其職權（如考選、保障），或者無獨立行使之必要，則由行政權決定。此一選項將我國憲法獨特的考試權設計完全刪除，與西方國家三權體制無異。

考試權的本質就是公共人力資源管理權，不論憲法如何規定，不論是否廢除考試院，只要有政府、有公務人力，公共人力資源管理就會存在，因此「廢院不廢權」的說法沒有實質意義，關鍵反而是憲法是否仍保留考試權的設計，也就是第三種選項，但此一選項仍有諸多難題待克服。若採取的是第四種選項，恐是將我國的公共人力資源管理回到近百年前考試院尚未成立時的情況。本章第二節末尾提到，考試院第 13 屆成立後，隨即修改會議規則，刪除了人事總處列席及業務報告的規定，雖然人事總處表示，「遇有重大考銓法制事項之討論，必定會列席說明」但考試院會議規則並無主動邀請，也無被動接受人事總處列席的規定，況且何謂「重大考銓法制事項」，兩院未必有一致的見解。如再加上人事總處擬議中的聘約人員人事條例草案，並無與考試院會銜送立法院審議的設計，可以說修憲尚未完成，但行政權獨斷的趨勢已益加明顯，未來考銓業務的主導權及考試院與人事總處的關係，值得進一步觀察。

五權憲法設計之精神為「分權與制衡」（check and balance），其主要目

---

[13] 行政一體及責任政治為釋字第613號解釋的重點，該號解釋係針對國家通訊傳播委員會組織法是否違憲的爭議，大法官認為全國行政應交由行政院長指揮，方能讓行政院統一對立法院負責。

[14] 如109年5月29日吳思瑤、黃國書、林宜瑾等30人所提「中華民國憲法增修條文第四條之一、第六條及第七條條文修正草案」（提案編號：1607委24867），建議「憲法第83條至第89條之規定，停止適用」。

的在防止及導正東西方社會歷史上，發生的各種人事任官流弊，包括中國前朝歷代之世卿世祿制及察舉徵辟制等，同時，也包括近代西方人事制度的政治庇護及分贓制度缺失。「分權與制衡」當然不如獨權集中的人事制度來得效率方便而顯多重限制，但彈性效率與分權制衡利弊間之選擇，恐是臺灣未來公共人力資源管理決策者的智慧課題。

倡議修憲廢除考試院（權），影響未來我國公共人力資源管理相關議題，包括：一、文官中立；二、公正甄選；三、功績制選任；四、弱勢優先原則；五、社會階層流動；六、政府效率效能等，均將面對重建新挑戰。當可預期的歷史經驗情境，例如：政治庇護系統、分贓制、察舉徵辟制，均當超前研議設想，以爲因應。當然，若干論者觀察三權分立國家，其人事管理亦能順利運作，但切勿忽略這些國家也是經過長年人事管理之困境及挑戰，甚至是承受慘痛後果，在長期過程中，吸取教訓及調整其文官制度。我國在未來之制度變遷中，如何趨利避凶，跳過中外的歷史負面經驗覆轍，實值國內理論與實務工作者共同努力關注。

關於考試院存廢爭議，背後反映的其實是價值之爭。主張三權者，以效率價值爲主要訴求，認爲考試權的本質是行政權，考試權從行政權切割，造成考用不配合、行政效率低落、重大法案與行政院意見不同，導致修法停滯、人事部門不能配合首長推動的人力資源管理政策，及與行政院人事行政總處職權重疊等問題。民國 108 年 12 月考試院組織法的修正，將考試委員名額由 19 人降爲 9 人，也是基於同樣的邏輯。至於五權的維護者，主要訴求則是社會公平及文官中立的價值，認爲考試取才是我國社會普遍認同的價值，它同時具有促進階層流動、保障弱勢人權的功能，同時指出文官中立是民主政治穩定發展的重要關鍵。[15]

未來考試院何去何從呢？Patricia W. Ingraham（1995: xi-xiii）曾指出，文官體制內的充斥著價值間的緊張關係，而這種緊張關係其實反應了變動中的價

---

[15] 參考考試院（2020），〈考試院聲明：籲請各界正視考試院的價值〉，https://www.exam.gov.tw/News_Content.aspx?n=1&sms=8956&s=39790（最後瀏覽日期：2020/8/18）。

值偏好。價值的選擇，乃是時空環境的需求、社會人民的期待及主政者偏好等多種因素的綜合決定。三權與五權之爭，亦如是。

肆、第四次工業革命的管理衝擊

第四次工業革命（fourth industrial revolution, FIRe）一詞是 2015 年世界經濟論壇（World Economic Forum）主席 Klaus Schwab 所提出，在其後續之著作中，說明 FIRe 內涵包含一、輕硬體；二、生技學；三、網際物理系統（cyber-physical system）；四、通訊聯網等，其舉例如機器人、人工智慧、奈米技術（nanotechnology）、巨型計算機（quantum computing）、生化科學、物聯網、工業物聯網（industrial internet of things, IIOT）、5G 及 3D 列印技術及自動車等知識。

所謂 FIRe 的示意圖如圖 1-5-2，由第一次機器、水力到蒸汽機動力革命（mechanization, water power, steam power）到第二次的大量生產、組裝生產線及電力（mass production, assembly line, electricity），第三次工業革命則為電腦計算機及自動化（computer and automation），到第四次工業革命則為網路物理系統（cyber physical systems）。

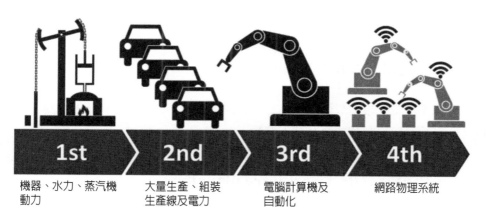

圖 1-5-2　FIRe 示意圖

資料來源：維基百科。

　　FIRe 之知識技術多被應用到生產流程中，如奈米新材料投入到生產新流程如人工智慧與資料導向生產及合成生化技術。故亦被稱之為「續階生產革命」（the next production revolution, NPR），造成未來社會及生產經濟領域的重大革命。

　　而無時無所不在之全能電腦計算（ubiquitous computing）亦帶給人力資源管理重大協助支援。基於「系絡認知技術」（context-aware technology），其可隨時隨地將所需資訊送達任何特定對象。故對於人力資源管理的一、工作設計；二、人力規劃；三、招募及甄選；四、人力發展；五、職涯規劃；六、績效及薪資管理均有重大影響，形成了電子資訊人力資源管理（electronic human resource management, eHRM）的新範疇，例如在人力資源管理上，線上監測（on-line monitoring）及辦公室像機（in-office cameras）或手提電腦網路像機（PC web-cameras）等對員工活動之監測。

　　其次，社群媒體（social media）應用於人力資源之招募（recruitment）工作亦日趨普遍，如 LinkedIn 之全球工作目標型社會網路。應用網頁（social networking application website），又如臉書 Facebook 針對僱用雙方提供媒合。又如推特（Twitter）及部落客（Blogs）。根據調查研究，目前有超過 50% 以上之公司僱主會利用線上資訊，協助進行公司之招募工作（CareerBuilder, 2017; Harris Poll, 2017: 58）。Cascio 與 Montealegre（2016）討論科技對工作與組織的改變一文中，特別說明人力資源管理在全能電腦化計算，對人力資源管理六大領域的改變：

一、工作設計（job design）

　　藉由系絡認知技術以傳達正確之資訊到正確的對象，更在正確的地點及時間，而技術是工作整體成分及基本型態。

二、工作場域計畫（workforce planning）

　　藉由人才的數位清單（digitized inventories of talent）完成數位計算，團隊按地理分配以相互支援方式，運用具備知識解決立即問題。通常採用的是大數

據，而供應及需求均按多元變數考慮。

三、招募及甄選

全能電腦計算資料，基於個人及公司交換的持續資料（continuous data），主要工具包括社群媒體、手機設計、電子看板（electronic board）等傳達訊息。

四、人力資源發展

全能電腦計算以即時知識為基礎，和技術及智能發展為本。主要工具為教導材料、虛擬實境模擬（virtual reality simulation）、異步訓練（asynchronous training）、教育賽局（education game）、對話室（chat room）及知識管理系統（knowledge-management system）

五、職涯規劃

全能電腦計算以員工中心之職涯，資訊為主，包含個人生涯幅度的變化需求，主要工具是電腦資訊基礎的互動生涯地圖（computer based interactive career map）。

六、績效及報酬

全能電腦計算根據即時與馬上處理、評鑑（instant and on-demand appraisal），並以軟體管理工作評估、薪俸調查分析及管理複雜之獎金及佣金結構，而薪給則按工作產生資料為基準。FIRe 時期之人力資源管理，以全能電腦計算為基礎，其與傳統人力資源管理支援技術有極大差異，舉例言之，傳統招募及甄選多賴平面媒體廣告、定點測驗及親臨面試。而在全能電腦計算支援下，其主要已藉由社群媒體為工具，其差異何止千里，值得人力資源管理者重視。

參考文獻

考試院院史編撰委員會，2020，《中華民國考試院院史》，考試院。

行政院人事行政總處，2018，《中央及地方政府重要公務人力資料彙編─2018年3月版》，行政院人事行政總處。

宋學文，2004，〈憲政改革與我國中央政府未來人事組織制度之發展：各國經驗的比較、分析與借鏡〉，考試院委託國立中正大學研究案。

肖如平，2008，《國民政府考試院研究》，社會科學文獻出版社。

施能傑，2012，〈政府人事管理法令的管制品質分析〉，《行政暨政策學報》，55：1-30。

徐有守教授文稿，2016，《我國現行公務人事制度之發軔》，世新大學行政管理學系編印。

徐有守、郭世良，2019，《考銓制度》，五南圖書。

陳大齊，1952，〈考試制度上亟待建立的兩件事情〉，《人事行政》，2：3-6。

張金鑑，1940，《人事行政學（上）》（再版），商務印書館發行。

張金鑑，1971，《各國人事制度概要》，三民書局。

許濱松，1992，《中華民國公務人員考試制度》，五南圖書。

許南雄，1993，〈各國人事主管機關的組織原理與體制〉，《人事行政》，107：12-20。

許南雄，2002a，《各國人事制度》，商鼎出版。

許南雄，2002b，《人事行政學》，商鼎出版。

喬育彬，1995，〈我國憲法及增修條文所規範考試權體制的比較研究〉，《中國行政評論》，4（4）：1-24。

詹中原，1993，《民營化政策─公共行政理論與實務之分析》，五南圖書。

詹中原，2003，《新公共政策─史、哲學、全球化》，華泰文化。

雷法章，1951，〈中國現行人事制度的檢討〉，《人事行政》，1：8-17。

銓敘部，1975，《我國公務人員保險簡史》，銓敘部。

蔡良文，2006，《人事行政學：論現行考銓制度》，五南圖書。

蔡良文，2008，《我國文官體制之變革：政府再造的價值》，五南圖書。

錢穆，2018，《中國歷代政治得失》，東大。

關中，2009，《繼往開來，贏得信賴：考試院與文官制度的興革》，考試院。

Berman, E.M., J. S. Bowman, J. P. West, and M. R. Van Wart. 2010. *Human Resource*

Management in Public Service: Paradoxes, Processes, and Problems. SAGE Publications, Inc.

Career Builder. 2017. *Number of Employers Using Social Media to Screen Candidates at All-Time High, Finds Latest CareerBuilder Study*. https://www.prnewswire.com/news-releases/number-of-employers-using-social-media-to-screen-candidates-at-all-time-high-finds-latest-careerbuilder-study-300474228.html.

Cascio, W. F. and R. Montealegre. 2016. "How Technology Is Changing Work and Organizations." *Annual Review of Organizational Psychology and Organizational Behavior*, 3: 349-375.

Harris Poll. 2017. *Social Media Online Privacy*. https://theharrispoll.com/privacy/.

Hays, S. and J. Sowa. 2007. "Changes in State Civil Service Systems: A National Survey." In J. Bowman and J. West eds., *American Public Service: Radical Reform and the Merit System* (pp. 3-21). Taylor & Francis.

Ingraham, P. W. 1995. *The Foundation of Merit: Public Service in American Democracy*. The Johns Hopkins University Press.

Llorens, J. J., D. E. Klingner, and J. Nalbandian. 2017. *Public Personnel Management: Contexts and Strategies*. Routledge.

Savas, E. S. 1987. *Privatization: The Key to Better Government*. Chatham House.

第二章　公共人力資源管理體系

黃煥榮、林文燦

摘要

組織的結構與運作制度，是人力資源管理的重要的基礎建設。然而，政府與企業部門在組織結構、目標任務、業務屬性等方面有顯著差異，政府部門的各項政策作為，並非以營利為目的，本質上係為社會大眾提供服務，此為其使命與存續之核心理念，因此在人力資源管理策略上亦有所不同。公共人力資源管理之旨意，主要在建立一個健全的文官體制，並發揮功績主義的原則，尤其面臨社會急劇遷變與創新科技發展，在實務運作上，將帶來一些新的衝擊與挑戰，公共人力資源管理必須預為因應調適，才能永保機關的活力，持續維持競爭優勢與創新應變能力。本章第一節首先說明公共人力資源管理體系建置的理由、組織設計的原則，及其與行政機關的關係，並探討其所扮演的角色與功能。第二節則針對我國特有的人事一條鞭制度進行探索，包括其緣起、存廢爭議，以及法制規範和架構等主題，逐一進行分析，並提出策略化的新思維。第三節是針對我國人事制度的品位制與職位分類制的分立與整合進行討論，從簡薦委制、職位分類制，到兩制合一的新人事制度皆有詳細的論述和說明。最後第四節則就我國公共人力資源管理體系的爭議和未來挑戰提出討論，並及對於公共人力資源管理體系的角色與功能重新審視。

第一節　公共人力資源管理體系的建置與職能

本書第一章已就公共人力資源管理的組織架構及法制架構進行詳細的討論和說明。本節以下則就公共人力資源管理機關及人員，在此組織及法制架構下，所扮演的角色和功能，做進一步的說明。

壹、公共人力資源管理體系建置的理由

　　如何有效處理人力資源管理工作是現代政府所追求的目標之一，於是設置專門的組織結構來處理人力資源管理工作，實為組織發展過程中必要的做法。一般來說，除了反映政治、社會及經濟的發展趨勢外，從行政的觀點，亦奠基於以下幾點理由（蔡良文，2010：41-44）：

一、員額龐大的趨勢

　　政府職能日漸擴張，行政系統為因應內外環境的壓力，無不急速添官設職，在組織結構中，改變或創設新興事務的單位或人員；是以「行政國」的概念常被行政學者用來形容政府職能擴張、人民依賴日深的時代潮流（吳定，2006：14）。由於現代機關組織規模動輒成千上萬的員額，必須成立或擴大人事機構或人員以處理人力資源管理的相關問題。

二、專業整合的需求

　　依據行政結構分化與功能專化的原理，凡性質相同事務之聲合，由專屬的業務部門掌理，人力資源業務也應創歸一個部門掌理，為政府專事最理想的人力資源設計、安排與管理，使能發揮其專業的功能。茲以政府為配合科技專業發展與倫理道德需求，確立合理的專家政治體制是必要的。相對地，有關政府機關組織設計與職掌配當，均有賴專責機關來負責規劃，以發揮統籌人力資源運用與機關間相互配合之組織運作功能。

三、輔佐職能的重視

　　輔佐機構（或人員）近年來受到行政學者的重視，以其分擔首長瑣碎行政事務，更能向首長提供建議。人力資源管理本為極繁瑣的事，首長若事必躬親，不勝負荷，而必須有專職的幕僚機構（或人員）為首長提供人力資源管理的相關建議，充分發揮專業幕僚的功能。

貳、組織設計的原則

在建置人力資源管理體系中，組織設計必須考量機關組織中每個層級、每個部門、每個職務之間的垂直關係和水平關係，並配合組織的策略目標來訂定。其原則包括合理的專業分化（specialization）、合理的部門化（departmentalization）、統一的指揮系統、適當的控制幅度、合理的分權與集權及標準化，說明如下（蔡錫濤等，2018：42-43；溫金豐，2019：71-77）：

一、合理的專業分工

所謂專業分工是指組織中分工的精細程度，其有助於人員的訓練，可以讓組織員工快速地學到工作技能，故專業的前提之下，員工能適時適任，依照自己的專業知識能力，在工作崗位上發揮最大的效能。

二、適切的部門劃分

指在分工之後，集合歸納重足側目屬性相同的職務，成為一個部門或單位，以方便職務間的協調整合，來提高組織的運作效率。分部化的方式包括按功能分部化、按程序或設備分部化、按人（顧客）或物分部化，以及按地區分部化等方式（張潤書，2006：119-122）。

三、統一的指揮系統

統一的指揮系統（unity of command）指組織中由最高層級的指揮命令延伸至最低層級員工間的直線且連續的關係。為了促進聯絡協調的目的，管理者通常被賦予指揮命令的權利，以便他們執行任務；同時，原則上每位員工僅接受單一主管的指揮。

四、適當的控制幅度

　　控制幅度是指一個主管，直接所能指揮監督的部屬數目，是有一定限度的（張潤書，2006：118）。適當的控制幅度，組織才能產生效率。控制幅度過大，主管無法提供部屬有效的領導與支援，會影響員工的效率；而控制幅度過小，則會增加組織層級，拉長資訊傳遞管道，增加溝通成本與浪費人力之資源。

五、合理的集權與分權

　　集權是指組織的決策權力集中在少數人的一種狀態；而分權則是決策權力普通分布在不同人手中的一種狀態。在一些組織中會自高層管理者制定所有決策，較低階的管理者執行高階管理者的決策指示。另一種組織則是將決策權賦予較接近行動面的管理者。前者為集權式的組織，後者屬於分權式的組織。

六、標準化

　　標準化是指組織中將工作或任務的執行流程一致化的程度；就是使不同的人執行相同的工作時有一樣的執行方法和程序。透過標準化可以分析怎樣的工作方法為最佳，也可以對員工的考選和訓練訂定更明確的標準。然而，標準化也可能使得員工失去決定工作方式的自主性，對於自我期許較高或能力較佳的工作者來說，可能抑制其成長的空間，進而影響工作滿足。

參、人力資源機構與行政機關的關係

　　行政機關依其業務特性，包含業務部門（line）與幕僚部門（staff）。業務部門是行政組織中實際執行及推動工作的部門，是擔任直接完成組織目標的工作單位；業務部門是對外的，直接對服務對象提供服務及執行管制。至於幕僚部門，則為行政組織中輔助、諮詢、參贊、服務之部門，幕僚部門的工作是對內的，與組織目標不發生直接的執行關係，即配合業務部門所需之人、財、

事、物，而提供襄助或支援功能之單位（張潤書，2006：125-127）。業務部門因各機關業務性質不同而有差別。業務部門是行政機關的「骨幹中樞」以直接發展業務，幕僚部門是行政機關的「耳目手足」以便配合業務發展，此即二者相輔相成的關係。尤其在大規模組織中，員額編制極多，行政首長或高層主管與一般人員未必經常接觸，欲知人善任，則有賴於人力資源幕僚機構功能之發揮。故傳統上，健全的人事幕僚機構，應能協助首長達到 5 項功能：包括第一，規創與執行人事法制；第二，擬訂人力運用與發展之計畫與措施；第三，提供有關用人行政的諮詢意見；第四，編製系統與完整的人事資訊；第五，推行福利與維護工作意願的措施（許南雄，2012：74）。

至於人力資源機構與其所屬行政機關的關係如何？傳統上，可從「幕僚制」與「獨立制」的觀點說明，前者具有「隸屬─監督」關係，後者則具「分立─制衡」關係，分別說明如下（許南雄，2012：75-76）：

一、幕僚制之「隸屬─監督」關係

現代政府的職能日益且複雜、專業行政愈趨普遍，而政府組織的變遷愈快速，員額愈膨脹後，就更需要有效的人力資源管理相配合，換言之，人力資源的充分運用及其專業化管理趨勢，已使人力資源機構的角色與功能愈形顯著，故行政首長愈需要借重人力資源幕僚機構之輔佐與諮詢功能，這是人力資源構漸成主要幕僚部門的原因。從組織與管理的觀點來說，在「隸屬─監督」行政機關是人力資源機構的監督者，人力資源是隸屬於行政機關的幕僚機構，其間的主從關係極為明確。故傳統上有學者指出：「人事行政是一般行政的基礎，專業性的人事機構在是行政首長的主要幕僚，人事業務不應自外於行政管理的範疇，而損及行政組織與人事功能。」

二、獨立制之「分立─制衡」關係

獨立制人力資源總機關與行政機關的關係，則為「分立─制衡」體制，我國人事機關的體制管理，即此一類。我國人事機關的體制屬人事權（機關）獨於行政權（機關）之外及人事一條鞭體制。而此種人事權獨立，反映出有兩種

意義：

(一) 機關獨立：不屬其他機關管轄。

(二) 職權獨立：不受其他機關干涉。

在第 1 項機關獨立，則責任專一。在第 2 項職權獨立，則辦事無阻礙，即可不致瞻徇情面，去取失宜。至其運作的特性及產生的問題和爭議，本章第二節後續會有詳細的論述和說明。

肆、人事機關組織體制的趨向

當前世界主要先進國家之人事行政機關體制雖各有不同，惟其人事機構之組織體制則有下列趨勢（許南雄，2012：62-64）：

一、普遍趨向於部內制與首長制，並以永業制及功績制為組織目標

主要國家人事行政總機關的體制，逐漸以「部內制」為主要趨向。英國自 1968 年後，即自折衷制而改變為部內制，迄今未再更易。美國於 1978 年頒行「文官改革法」後，文官委員會（1883-1978）原屬部外制，改組為「人事管理局」屬部內制，「功績制保護委員會」仍屬部外制。各國人事機關更成為推動功績制之軸心，故人事管理體制力求以才能因素及工作成就為依據。至於永業制，是現代各國文官制度的基礎，常任文官體制自需永業化、專業化。

二、人事行政總機關與人事專業機構體制之確立

各國政府對於中央人事行政總機關之建制均漸有設部（或部級單位）之趨勢。由專責性人事行政總機關，集中運用及規劃人事行政職權與業務（而非獨立於行政機關之外），且各國人事主管機關已逐步確立幕僚制及專業制，以配合行政組織與管理之發展。

三、行政首長人事權責與人事幕僚體制兼顧

人事權隸屬於行政權，人事機關隸屬於行政機關而為其幕僚機構，在此一常態體制下，行政首長的人事權責體制必須確立，即行政首長與主管必具備人事決策之行政領導能力與責任體制，其主要特色包括：第一，不得濫權，即濫造用行政權而損及人事權之實施；第二，健全行政領導以推動人事政策之績效管理；第三，建立行政首長與主管的責任體制。

第二節　人事管理組織、功能及人員管理的一條鞭設計

壹、人事管理一條鞭制度探索

有關人事制度的屬性，第一章已有著鞭辟入裡的分析，也特別標記了一條鞭為我國特有的人事權責劃分機制。作者從實務經驗的體驗，到每個國家政府人事管理制度與其政府體制、特有政治系絡緊密關聯。是以，人事管理一條鞭制度就是一個建立在特有環境系絡的人事制度；與我國關係密切的國家，如美國、日本都沒有這樣的制度設計。

一、人事管理一條鞭立制緣起

我國政府人事管理制建立在五權憲法體制及特有的政治環境系統之上，有關一條鞭制度源起，李飛鵬（1979）有著詳細的綜整，茲摘述於下：

按我國在 19 年考試院、銓敘部成立以前，各機關不但無人事機構之設置，即人事管理一名詞之涵義如何，亦多模糊不清。其後中央機關雖有人事科或人事股之設置，然均屬於總務範圍，其工作亦僅限於職員之簽到、請假之登記與派令及任免狀之轉發而已。嗣

因銓敘制度之普遍推行，人事科股之職權，遂亦因之日趨繁重，始稍稍爲人所注意。至 28 年 11 月 27 日總統蔣公在中央黨部總理紀念週會上特別指示實行考銓與健全人事管理爲推進法治的基礎，因而主張「主持此項要政之各機關人事處職員，必先予以統一而嚴格的訓練，再經過銓敘部分派下去，方能收得效果」。此後希望各界負責同志，今後應切實注意培養人事管理的人才，健全人事處科的組織，已設立人事處或人事科應力求改進，未設立的應迅速設立。經此次總統劃切的訓示以後，人事管理之重要，始爲各機關長官所認識，而人事機構遂亦如雨後春筍，紛紛設置於中央及地方各級機關中矣。

在此期中，機構雖有，然在縱的方面既無統一管理之機關，在橫的方面亦乏相互聯繫之中心。於是在 29 年 3 月 4 日中央人事行政會議中，有於考試院內設立人事行政集中研究機構與設立中央各部會人事行政機構之建議，而考試院遂因利乘便，飭由銓敘部擬具各機關人事管理暫行辦法於同年 12 月 20 呈請國民政府公布，以爲實施統一人事管理之依據，雖其辦法僅止於聯繫指導，但在我國人事管理發展過程中，本辦法實具導夫先路之功，總統既於 28 年 11 月明白宣示人事管理人員必須統一訓練，由銓敘部分派任用，爲實現此一劃時代之人事管理計畫，遂於 30 年 12 月 27 日以國防最高委員會委員長名義提請國防最高委員會第 74 次常會通過「黨政軍各機關人事機構統一管理綱要」經由國民政府以渝文字第 132 號訓令施行。……銓敘部乃依據綱要所定之各項原則，草擬「人事管理條例」11 條經過立法程序後，於 37 年 9 月 2 日由國民政府公布，並先後於 31 年 10 月 20 日、32 年 6 月 11 日明令分，至是人事管理條例乃實際進入全面實施階段，而人事統一管理制度，亦於此奠其不拔之始基。

二、人事管理一條鞭立制本旨

依據李飛鵬所梳理的歷史脈絡分析，作者認爲一條鞭之制度目的有二：

(一) 人事管理作為專業幕僚

我國在統一人事管理，使之成為人事管理一條鞭的歷程中，也同時逐漸朝向功能的擴大化及豐富化等人事專業化方向邁進。歷史系絡中所鐫刻的人事專業寓意，其可觀察到的軌跡如次：1. 從無到有：如文字所載：「各機關不但無人事機構之設置」；2. 模糊不清：即人事管理一名詞之涵義如何，亦多模糊不清；3. 邁向專責：其後中央機關雖有人事科或人事股之設置，然均屬於總務範圍；4. 轉向專業：其工作亦僅限於職員之簽到、請假之登記與派令及任免狀之轉發而已。總統在中央黨部總理紀念週會上特別指示實行考銓與健全人事管理為推進法治的基礎，因而主張「主持此項要政之各機關人事處職員，必先予以統一而嚴格的訓練，再經過銓敘部分派下去，方能收得效果」。

作者從上述歷史發展系絡推之，人事一條鞭管理制度之建制初衷，旨在建立人事管理的專業屬性。王雲五先生（1963）在民國 52 年主持的行政改革報告，更可佐證，該報告略為：

> 人事、主計兩大政府行政幕僚體系的形成，最早源於國民政府行政時期，期盼人事與財政兩個體系，能透過專業人員的統籌訓練與管理考核有效建立一套符合現代民主政國家所需要行政體系運作。

(二) 人事管理作為中央統治的機制

> 訓政期間，30 年 12 月 27 日以國防最高委員會委員長名義提請國防最高委員會第 74 次常會通過「黨政軍各機關人事機構統一管理綱要」，經由國民政府以渝文字第 132 號訓令施行。……銓敘部乃依據綱要所定之各項原則，草擬「人事管理條例」11 條經過立法程序後，至是人事管理條例乃實際進入全面實施階段，而人事統一管理制度，亦於此奠其不拔之始基。

建立於訓政時期人事統一管理制度，自難脫中央統治之政治目的。江大樹（1994），有著剴切的論述：

> 我國各級政府機關內部人事管理機構與人員之設置，乃源自訓

政時期民國 31 年制定公布的「人事管理條例」相關條文。在政府草創時期，人事一條鞭有助於國民政府統治權威之樹立，以及實質介入各級地方政府既有組織運作。當時的目的是希望藉此逐步消除軍閥勢力割據下所生分贓用人官僚惡習，進而提升各級政府行政效率。

貳、人事一條鞭管制理制之實務運作及存廢之議

一、實務運作情形

人事一條鞭管理制度實際運作時，產生了雙重隸屬關係。而所謂雙重隸屬的弊病，是源自違背 Fayol 的統一指揮原則（unity of command），Fayol 在其原著中指出：

> 不管什麼行動，部屬都應該只聽從一位領導的命令。這就是「統一指揮」準則，一項普遍的、永久必要的準則。我認為它和任何一種原則一樣，影響著事物的運行。如果它被違反，權力就要被損害，紀律就要被破壞，秩序將會混亂，穩定受到威脅……。
>
> 一旦兩位領導對一個人或一項事務行使權力，問題就出現了。如果事情持續得久，那問題更多，就好像被陌生異物折磨的動物機體一樣，不勝其擾。所以，我們得出如下結論：要麼停止雙重指揮，撤銷其中一位領導，讓公司重新健康發展；要麼組織日漸衰敗。在任何情況下，都沒有哪種社會組織適合雙重指揮的。在人類社會中舉凡工業、商業、軍隊、家庭或國家中，雙重指揮永遠是衝突的源頭，有時會帶來十分嚴重的後果，都應該引起每位領導的重視（遲力耕、張璇譯，2013）。

天下之事本就禍福相倚，優劣併存。人事管理一條鞭制度在多重政策目標權衡之下，既是必要之存在，則如何紓緩雙重隸屬的缺陷呢？原行政院人事行政局（以下簡稱原人事局）陳桂華局長為化解雙重隸屬批評，早於民國 64 年

6月9日臨時人事會報，將人事機構與機關首長的角色、地位及互動關係，以其身爲行政院最高人事主管機構的首長的高度，對中央及地方人事主管提出統一的行政指導，期能化解雙重隸屬所造成的行政困局。陳局長桂華指示如下，可資參考：

　　第一，人事人員在機關裡面是首長的一個特業幕僚，在身分上是首長的部屬，人事機構是機關首長之下的一個幕僚單位。

　　「院長説各級行政機關均設有人事、會計及安全單位，爲各機關之特業幕僚協助本機關首長處理有關人事、會計及安全工作之業務。此類單位之工作人員與一般行政人員同爲本機關首長制部屬，與一般行政人員同受本機關首長之指導監督。」

　　第二，院長爲了推行首長責任制度，把人事權、主計權幾乎都授給首長，在這一個政策要求之下，人事和主計都是機關的特業幕僚都是機關首長的部屬。

　　第三，今天的人事系統在組織型態上，是兩條線領導，它在「行政指揮系統」上是機關首長的部屬，應受機關首長的指揮監督，但它在「業務的督導系統」上，則是屬於上級的人事機構。但我們要認清只有行政指揮系統是實線，並不是兩條都是實線，所以兩線領導，並無矛盾。

　　第四，雖然我們的建議合法、合理。假如首長的意見和我們相左，都沒有採納我們的意見，我們是首長的部屬，是首長的幕僚，仍應聽從首長的決定，假設首長的決定不合法，經過建議説明仍未被接受，那只可循人事作業系統，向上級人事單位反應，上級自會幫你協商。

如上所述，人事一條鞭管理制度在我國人事制度設計之初，既除有「『行政』專業外，另有『政治』」控制之雙重政策目的，雙重隸屬關係成爲無法規避「必要之惡」。雖有捍格，也難以嘎然而止。原人事局陳局長桂華費心思量，上述對行政院所屬人事主管的訓示，已將原人事局對其所屬人事機構及人事主管的角色多所限縮，甚而指出只有「行政首長的行政指揮系統是實線，並不是兩條都是實線，所以兩線領導，並無矛盾」。爲何學者、專家仍有「廢止

一條鞭」之議呢？

　　黃朝盟、陳思先（2015），任何追求績效的公共管理者，不論是政務官或事務官，都必須依賴人事行政能來幫達成目標，然而很不幸地，近年來臺灣以及國外許多的實證研究都發現，大多數人事行政單位對於行政機關追求績效不但沒有明顯的助益，反而往往因為其複雜與無彈性，而成為管理者必須無奈面對，並耗費所剩無多的精力去設法解決的「障礙」。實證資料已經顯示，在我國長年採用一條鞭的集權運作下，人事行政效能與價值，正益令人懷疑，也許這是我們果決地選擇另一條路的時機了。而其批評的理由：(一) 考選集權制度無法回應用人機關的選才；(二) 培訓系統無法提升公務人員能力至所期望的水準；(三) 人事部門的工作績效不佳等，撰其批判要點係聚焦在人事管理的功能面，而不是人事一條鞭管理制度的雙重隸屬關係，此點值得留心。

　　又值得注意的是，黃朝盟等引經據論述時，指稱「國外許多的實證研究都發現，大多數人事行政單位對於行政機關追績效不但沒有明顯的助益」（黃朝盟、陳思先，2015）。作者要提醒的是，這些國家如美國聯邦政府設有人事主管機關——人事管理局，並無人事一條鞭管理機制，亦無雙重隸屬的牽絆，但人事管理局的所展現的人事功能及角色，仍飽受批評。

　　美國人事管理局並無任免部會人事主管之權，同樣受到負評。亦即，許多國家中央人事主管機關並無人事一條鞭管理制之設計，亦多難脫人事功能不彰之議，這或可讓我國跳脫「以中央人事主管機關統一任免人事主管為特色的一條鞭管理制度是人事績效不彰之病灶」的窠臼。人事機構備受批判，或許尚有其他原因，作者曾擔任交通部人事處長，親身體驗機關首長在遂行首長職責時對中央人事主管機關的諸多抱怨中，持平而論，其中有一個重要的原因是人事法規：(一) 高度法令化；(二) 高度集權化；(三) 高度一致性等，致中央各機關首長及地方民選首長及人事主管無法客製化其在地化之業務需要，彈性化、個別化發揮人力資源管理協作角色，質言之，森嚴、僵化、標準化的中央人事管理的法制框架，使得人事機構及人事主管理無法扮演時下人力管源管理新猶之策略夥伴角色，以創造機關的競爭優勢。

二、人事一條鞭管理制度存廢之議

(一) 人事一條鞭管理制度改革歷程

　　人事一條鞭管理制度的法源是「人事管理條例」，銓敘部面對學者專家檢討一條鞭制度洶洶之論，主要因應之道是聚焦人事管理條例的修法之上。從官方文獻來看，銓敘部為因應前開變革，順應政治環境的變遷及時代發展需要，於民國 84 年間彙整涉及政策裁量等相關問題，如人事管理條例之存廢、名稱、人事主管機關之認定、人事機構之設置、人事人員派免及指揮監督等問題，函請中央暨地方各主管機關人事機構表示意見，並曾於 86 年、91 年二度研擬人事管理條例草案，並以「人事管理條例研修方向之探討」為基底，於 100 年撰寫成「人事一條鞭管理制度未來走向檢討報告」送考試院審議。最後，在 103 年時，以適值行政院尚在組織改造中，為使人事一條鞭研修方向契合實務所需，擬等到行政院組織改造底定後，再推動人事一條鞭制度改進為宜，同意銓敘部撤回。

(二) 學者專家對人事一條鞭管理制度存廢之見

表 2-2-1　學者專家之主張觀點、理由及改革建議彙整表

主張觀點	學者專家	理由	改革建議
根本廢止	施嘉明 趙其文 陳德禹	1. 人事一條鞭管理制度已不合時宜。 2. 現行實務運作已與建制之初「統一管理」的精神相去甚遠。 3. 依憲法增修條文第 6 條規定，並參酌全球性行政革新與政府組織再造潮流。	1. 廢止人事管理條例，將人事機構設置及人事人員管理權限，歸還各級機關首長。 2. 人事主管機關專責於人事管理法制規範的合理制定與有效監督。
宜修不宜廢	吳泰成 黃臺生 陳金貴 呂育誠	1. 我國憲法採五權分立，為有效落實考試權的運作。 2. 因應政府再造、行政革新之需要，人事管理體系可以扮演有效之推動角色。 3. 人事一條鞭制受到若干挑	1. 朝「民主」、「分權」、「正義」、「服務」、「專業」、「效率」與「效能」等目標，修正人事管理條例及相關人事機構與人事人員管理規範。

表 2-2-1　學者專家之主張觀點、理由及改革建議彙整表（續）

主張觀點	學者專家	理由	改革建議
		戰，但多屬技術層面之問題，可以從法制化、合理分工及授權等方式，予以改進解決。 4. 由於政府組織分工，日趨專業，人事管理工作亦漸專業化，對人事人員專業知能宜予強化，始能善盡專業幕僚之職責，對機關同仁提供良好之服務。 5. 人事一條鞭管理制度有其積極的功能存在，若不能預先設計相關配套作為，將可能帶來更多問題。 6. 在五權憲法基本法制下，人事一條鞭管理制度乃具有正當性與必要性。	2. 人事一條鞭管理制度的變革，因應今日政府改造潮流，回歸配合協助達成政府再造工程所訴求的提升整體行政效能與創造優質施政成果之最終目標上。

資料來源：整理自銓敘部（2011）研究報告。

　　銓敘部在民國 100 年「人事一條鞭管理制度未來走向檢討報告」，將「人事一條鞭管理制度」界定為：「對於各機關人事機構設置及人事人員任用、管理、指揮與監督之權限，採由中央主管機關訂定一套統一法令規定並執行之中央集權管理制度。」此項人事一條鞭管理制度的定義及指涉範圍，為大多數學者專家所採用，這個定義的要點有：1. 主體為：(1) 人事機構的設置；(2) 人事人員任用、管理、指揮與監督之權限。2. 運作規則：統一法令規定。3. 性質：中央集權管理制度。學者專家大致也採取這個定義，針對人事一條鞭管理制度的檢討，其中主張根本廢止者，如施嘉明、趙其文、陳德禹；主張宜修不宜廢者如吳泰成、黃臺生、陳金貴、呂育誠等，也是在這個定義的基礎所提出的。但這個定義周延嗎？

　　「必也正名乎，名不正，則言不順，言不順，則事不成。」這句出自論語的千古名句，於人事行政的理論與實務界，亦當為探討研究的開始。那麼何謂人事管理一條鞭呢？作者投身於人事行政的理論與實務研究已逾三十年，拜職

務之賜，從民國 75 年起任職於原人事局（現為行政院人事行政總處，以下簡稱人事總處），直至 105 年方調任銓敘部任現職，其間又於國立臺北大學及淡江大學任教人力資源管理課程。對於我國政府部門人事行政制度的運作及應興應革，多了一些實際經歷的寶貴經驗及學術的薰陶。是以對於我國特有「人事一條鞭管理制度」的實際運作情形、存廢之議，及人事一條鞭管理制度的定義及指涉範圍，有些異於學者專家的觀察及見解。

三、人事一條鞭管理制度定義與指涉範圍之定錨

大多數學者專家係依據前述定義提出的檢討建議，然而要反思的是根據這個定義所提出的檢討意見，真正能夠紓解各部會首長、地方行政首長因無法獲得人事機構應發揮的功能，致無法推動業務的怨懟嗎？真正能夠使得人事機構從「人事警察」，轉型為「策略夥伴」嗎？真正能夠更有助於各部會首長、地方行政首長落實民主課責嗎？那麼人事機構應展現什麼功能、扮演什麼角色呢？欲回答這些問題，作者認為必須要給予「人事一條鞭管理制度」一個周延的定義。那麼，以組織理論角度來看，一條鞭制度的研究，應包括哪些面向？

整個西方理論與實務界對組織及組織理論的研究，真正的、具有實質意義的之理論研究應始自 Herbert A. Simon。而真正從組織的角度，來給組織理論下定義的要數英國學者 D. S. Pugh，他在《組織理論精萃》一書中指出：組織理論可以界定為研究組織的結構、職能和運轉及組織中群體行為和個人行為的知識體系，這一定義列出了組織理論所要的研究的內容。換言之，組織理論就是研究和解釋組織的結構、職能和運轉及組織中群體行為與個人行為等現象，並指出其中的規律的理論和知識體系（朱國雲，2014）。質言之，從組織理論與實務研究來看，人事一條鞭制度的研究、檢討與建議，應包含三個面向：(一) 組織的結構設計；(二) 組織的職能和及所遵循的運轉規則；(三) 組織中員工的群體行為及個人行為。換言之，作者認為完整的人事一條鞭管理制度，應包含三個支柱：(一) 人事機構設置基準；(二) 人事職能及其運作之人事法制；(三) 人事人員的管理，有關人事人員任用、管理、指揮與監督之權限。這三柱鼎足而三，如圖2-2-1，建構完整、周延的人事一條鞭管理的定義及指涉範圍。

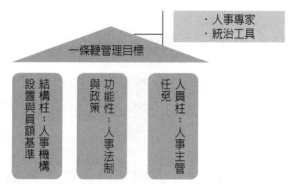

圖 2-2-1　人事一條鞭管理之三柱

資料來源：作者自行繪製。

　　以人事管理實務為例，人事管理條例第 2 條，規範的人事機構設置，即屬第一柱；第二柱：人事功能或職掌，則指各種公務人員法規及人事政策，此部分向為檢討人事一條鞭所遺漏，而此一部分才是中央各機關首長及地方民選首長對人事機構最詬病之處；第三柱為人事主管任免及人事人員的管理。

　　是以，一條鞭本義上非單指人事人員一條鞭任免及考核權，尚包含相關人事管理法制之意涵。實務上，且因我國採五權憲政體制，以考試院為全國最高人事主管機關，掌理包含人事機構及人員管理制度在內之各種人事制度政策及法制事項。

參、人事一條鞭管理之法制規範及架構

　　欲全面掌握我國特有的人事管理一條鞭制度，就不能僅從人事管理條例研析，尚須含涉一、憲法：關於考試院職掌的規範及其修正情形；二、組織法規規範：銓敘部組織法、行政院人事行政總處（原人事局）組織法的檢討及其修正情形。

　　茲將我國特有人事一條鞭管理制度主要依據憲法、人事管理條例、考試院組織法、銓敘部組織法、人事總處組織條例及相關管理法規等，摘陳如次。

一、人事一條鞭管理制度功能柱：人事法制規範及人事政策

(一) 考試院主管之人事法制規範及人事政策

　　民國 81 年 5 月 27 日憲法第 2 次增修之前，考試院的職掌見諸於憲法第 83 條，該條條文內容為：「考試院為國家最高考試機關，掌理考試、任用、銓敘、考績、級俸、陞遷、保障、褒獎、撫卹、退休、養老等事項。」81 年 5 月憲法增修時，增訂第 14 條，重新規範考試院職權。嗣經幾次條文修正調整後，最後明定於 89 年 4 月 24 日憲法增修條文第 6 條：「考試院為國家最高考試機關，掌理左列事項，不適用憲法第八十三條之規定：一、考試。二、公務人員之銓敘、保障、撫卹、退休。三、公務人員任免、考績、級俸、陞遷、褒獎之法制事項。」改變憲法原賦予考試院之職掌。

　　綜而言之，憲法第 83 條及增修條文第 6 條均規定「考試院為國家最高考試機關」，復依憲法及增修條文明定之職權，考試院無疑為負責我國考選、銓敘等相關人事行政業務之最高機關。

　　考試院組織法第 2 條及第 7 條規定，考試院行使憲法所賦予之職權，對各機關執行有關考銓業務並有監督之權。考試院設考試院會議，決定憲法所定職掌之政策及其有關重大事項。就其掌理或全國性人事行政事項，得召集有關機關會商解決之。

(二) 行政院所屬之人事法制規範及人事政策

　　行政院所屬之人事法制規範及人事政策，現係由人事總處掌理，依總處組織法第 2 條規定，行政院掌理下列事項：

1. 人事法制之研究建議及行政院所屬機關人事行政之綜合規劃。
2. 行政院所屬機關及地方機關人事機構設置、人事人員管理、訓練、進修與人事資訊系統之研析、規劃及推動。
3. 行政院所屬機關組織結構功能與行政法人制度之研析及推動。
4. 機關員額管理之研析、規劃、監督、評鑑與有關法令之研擬及解釋。
5. 行政院所屬機關及地方機關公務人員考試分發、任免、級俸與陞遷之規劃、執行及國營事業機構負責人、經理人派免之審核。

6. 行政院所屬機關及地方機關公務人員訓練、進修與在職培訓發展之規劃、執行及評鑑。

7. 行政院所屬機關及地方機關公務人員服務、差勤之研究建議與辦公時間之規劃、擬議及考績、考核、考成與獎懲之規劃及執行。

8. 員工給與之規劃及擬議。

9. 行政院所屬機關及地方機關公務人員退休、撫卹之核轉、研究建議與保險、資遣、福利之規劃及執行。

10. 其他有關人事行政之政策規劃、執行及發展業務。

　　要特別注意的「門道」是第 4 款：「機關員額管理之研析、規劃、監督、評鑑與有關法令之研擬及解釋。」及第 8 款：「員工給與之規劃及擬議」皆不冠「行政院所屬機關」字眼，意為專屬行政院的人事法制及政策，不但不受考試院節制，而總統府及行政院以外其他四院也要遵守之。

二、人事一條鞭管理制度結構柱：人事機構的設置及員額基準

(一) 銓敘部組織法

　　依第 3 條、第 7 條及第 19 條規定，銓敘部掌理全國各機關人事機構設置及變更審核。

(二) 行政院人事總處組織法

　　第 2 條第 3 款規定，行政院所屬機關及地方機關人事機構設置。又查行政院人事行政總處處務規程第 6 條第 4 款規定，行政院所屬機關及地方機關各級人事機構設置、變更之擬議。

(三) 人事管理條例

　　第 2 條：「總統府、五院、各部、會、處、局、署，各省市政府，設人事處或人事室。」第 3 條：「總統府所屬各機關；各部、會、處、局、署所屬各機關；各省市政府廳、處、局；各縣市政府；各鄉鎮市區公所等，設人事室或人事管理員。」依照上開的規定，直轄市政府、縣市政府或鄉鎮市區公所及

其所機關的人事管理專責組織一律設爲「人事處」、「人事室」或「人事管理員」，此一規定，限制各級地方政府辦理公務機關人事管理業務組織的名稱。室之設置及其員額，……送銓敘部審核。

三、人事一條鞭管理制度人員柱：人事主管任免管理事項

(一) 銓敘部組織法

銓敘部組織法第 1 條規定，銓敘部掌理全國公務員之銓敘及各機關人事機構之管理事項。復依第 3 條、第 7 條及第 19 條規定，銓敘部掌理全國各機關人事機構設置及變更審核及人事管理人員任免、敘級、考核、工作督導與業務會報等事項。

(二) 行政院人事行政總處組織法

組織法第 3 條第 2 款（後段）人事人員管理、訓練、進修與人事資訊系統之研析、規劃及推動。又查行政院人事行政總處處務規程第 6 條第 5 款規定，綜合規劃處掌理事項如下：「五、行政院所屬機關及地方機關各級人事機構人事人員之派免、遷調、考核、獎懲、訓練及進修規劃。」

(三) 人事管理條例

人事管理條例第 1 條規定，中央及地方機關之人事管理，除法律另有規定外，由考試院銓敘部依本條例行之。第 6 條：「人事管理人員由銓敘部指揮監督，其設有銓敘處各省之縣市政府等之人事管理人員，得由各該銓敘處指揮監督之。前項人員，仍應遵守各機關之處務規程與其他通則，並秉承原機關主管長官依法辦理其事務。」

（第 7 條）；第 8 條：「人事主管人員之任免，由銓敘部依法辦理；佐理人員之任免，由各該主管人員擬請銓敘部或銓敘處依法辦理。」

肆、策略化人事管理一條鞭新思維

一、現行人事一條鞭管理主要問題

現行人事一條鞭管理制度的主要病灶在人事法規與政策的高度標準化、一致化，而備受詬病的核心，就是本書第一章所引述關中院長所指的我國人事法制有：(一) 高度法令化；(二) 高度集權化；(三) 高度一致性三大特色所致（關中，2009：542-546）。

(一) 高度法令化

依憲法規定屬於考試院職掌之業務，從官制官規、考選、任用、俸給、考績、升遷、訓練、退休、撫卹等，都有相對應的法律來規範。隨著新增業務的需要，還不斷增加新的法令規章。考試院每年編印的常用文官制度彙編，雖然名為「常用」，卻厚達 2,000 餘頁。（按：人事法規及釋例的製造者，還有人事總處、考選部及保訓會，若連同三個部會所產製的人事法令及釋例，以多如牛毛的形容，不涉褒貶，尚稱平實。）

高度法令化的用意，是希望透過法令化的途徑，使各項人事業務的運作獲得控制，不至於偏離常軌。但嚴密的行政規章，層層縛住管理者，複雜的法令體系，讓政府運作陷於程序的泥沼而難以動彈。在法令規章的層層限制下，有效管理所需要的裁量空間均受到限制，因此多年來常見文官法制應予鬆綁的呼聲。

(二) 高度集權化

高度集權化係指，在我國是五權憲法體制，由獨立於行政院之外的考試院負責考銓業務，考試院不只是憲法所定的「最高考試機關」，也是「最高人事行政機關」，凡屬於政府人事行政事項，概屬考試院管轄。考銓「法制」事項，均由考試院負責。

再者，我國中央與地方政府適用同一套文官制度，依憲法第十章「中央與地方之權限」，第 108 條規定「中央及地方官吏之銓敘、任用、糾察及保

障。」係屬由中央立法並執行之，或交由省縣執行之事項，實際上地方政府在中央的細密規範下，對考銓法規的補充或彈性應用空間極為有限。

(三) 高度一致性

除了上述兩點之外，文官法制尚有一項特色，就是高度一致性，高度法令化是指所有的人事管理事項均以法令明定，高度一致性是指法令規範的嚴密，各機關必須同一標準地操作這些法令，不只是原則性的規範，在執行技術面也有同樣的要求，極少有彈性處理的空間。

之所以會形成這種高度集權化的人事制度，並非歷史的沉積，而是經過人事決策機構深思熟慮的政策選擇的結果。陳局長桂華在民國 65 年 6 月 17 日在中興地區人事業務會報以〈健全基層機構人事制度、以提高基層工作效率〉為題目，針對地方人事制度該如何建構，提出其代表主管機關的政策論述：

> 目前世界各國的地方人事制度大致可分為三個類型：1. 地方政府人事分立制：各地方政府在中央原則監督下自行決定其人事制度，所有地方人員的任免遷調，均由地方政府獨立行使，中央不加干預。世界大多數國家實行此制度，包括英、美、法、日及一般歐陸國家；2. 地方政府人事劃一制：這一制度是由中央政府設置全國性地方人事機構，統一辦理地方人員的選拔、任用等一切人事業務，地方人事制度不必同於中央，但地方政府是一致。實施此制度的國家有愛爾蘭、泰國等；3. 中央與地方人事統合制：地方人員的考選、任用、遷調、考核、獎懲、待遇、退休等，都統合於全國一致的人事法規。而中央與地方之分，其特點在地方與中央人員素質一致，除我國外，有摩洛哥、尼泊爾、巴基斯坦。

值得注意的是，當時陳局長就已明確指出這一個制度設計有其缺點如，著重公務員的統一化、標準化，難免相對忽視其服務地方所需的知識技能，包括地理民情的瞭解。而這一提醒，切中我國「人事統合制」時弊的核心及人事一條鞭管理制度受垢病的關鍵所在。

二、策略型人事一條鞭管理制度

　　The Dave Ulrich HR Model 是指人力資源管理部應扮演四種角色：分別是策略夥伴、HR 行政管理專家、員工鬥士及變革代理人者，如圖 2-2-2。此模式雖在 1997 年提出迄今逾二十年，但仍是描述人力資源管理部門所應扮演角色最具有啟發性模式，因為任何人力資源管理部門至少要具備二個角色：一為 HR 的管理專家，另一為策略夥伴，亦即必先成為人事專家之後，再轉型為策略夥伴。更何況，作者自我省思，現階段我國政府人事部門要達到「HR 管理專家」等級，尚待努力，更遑論成為行政機關的「策略夥伴」，是以，作者以 Dave Ulrich HR Model 作為一條鞭人事制度管理的「目標」。

(一) 策略型人事一條鞭管理制度的建立

　　作者借用 Dave Ulrich 人力資源管理為人事一條鞭管理的目標，在人員柱部分則建立人事主管任免「協商」機制，建構「策略型人事一條鞭管理三柱」模式如圖 2-2-3。

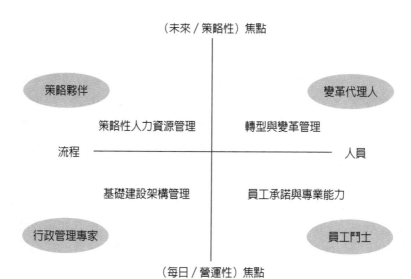

圖 2-2-2　The Dave Ulrich HR Model

資料來源：依據李芳齡（2001：32-33）繪製。

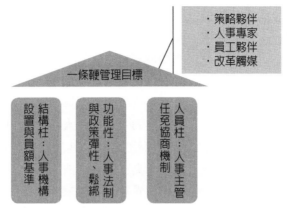

圖 2-2-3　策略型人事一條鞭管理三柱

資料來源：作者自行繪製。

1. 人事一條鞭人員柱：人事主管任免協調機制之定性

　　如前所述，早在民國 64 年時，原人事局陳桂華局長爲化解雙重隸屬批評，於 64 年 6 月 9 日臨時人事會報，將人事機構與機關首長的角色、地位及互動關係，以其身爲行政院最高人事主管機構的首長的高度，對中央及地方人事主管提出統一的行政指導，以化解雙重隸屬所造成的行政困局。陳局長桂華指示如下：

　　第一，人事人員在機關裡面是首長的一個特業幕僚，在身分上是首長的部屬，人事機構是機關首長之下的一個幕僚單位。

　　第二，院長爲了推行首長責任制度，把人事權、主計權幾乎都授給首長，在這一個政策要求之下，人事和主計都是機關的特業幕僚都是機關首長的部屬。

　　第三，今天的人事系統在組織型態上，是兩條線領導，它在「行政指揮系統」上是機關首長的部屬，應受機關首長的指揮監督，但它在「業務的督導系統」上，則是屬於上級的人事機構。但我們要認清只有行政指揮系統是實線，並不是兩條都是實線，所以兩線領導，並無矛盾。

2. 人事一條鞭功能柱：人事法制與政策彈性與鬆綁之定向

　　個別化人事一條鞭管理的功能柱，聚焦於人事法制與政策彈性鬆綁。需進

一步申論者，人事法規及政策可鬆綁、彈性化的部分是什麼呢？一套人事制度可以自多面向分析之，從管理，從法制、從勞動關係，從價值取向分析之，當前 OCED 國家在公部門人事制度均趨向鬆綁、彈性及分權，就管理角度言之，就從集權化、標準化、一致化，轉型爲在地化及個別化。而從法制角度而言，就是行政作用法的低密度管制。談人事行政應轉型爲策略性人力資源理，就是從管理角度論之，沒有考銓或人事實務的學者專家大都從這個角度析論之，論述汗牛充棟，成績斐然，但仍有美中不足之處，其故安在？作者認爲是機關定性所致，因爲考銓機關自我定位爲「文官制度的法制制定者、維護者」而非「文官制度的管理者」人事理論與實務界常常在討論銓敘部與人總處權責有無重疊，官方說法是沒有，學術界多數說有。到底有沒有重疊呢？作者的研究及公務經驗有個看法：「從定性上，銓敘部側重文官法制，人總處側重人力資源管理。」

又從學術跨城整合研究，進一步論之，俾使各學術領域對我國人事制之病能有趨同之認知，加強跨域研究的對話。是以，本章從行政法學的觀點，另闢蹊徑。從憲法增修條文及銓敘部組織法而論，考試院及銓敘部爲人事法規的「法制」主管機關（或實務運作上爲「文官法制主管機關」），因此，我們就從法制角度論之，人事行政法規係由人事行政組織法與人事行政作用法所構成。政府的組成，須設置各個行政機關、配置公務人員各司其職（內部法）；而人員的管理，人事行政的推行及保障公務員權利，也須規定人事行政機關行使公權力應遵守的程序規定及實體規定（外部法），就是這一內一外，公部門組織得以運作順暢。

一般而言，人事行政組織法是規範人事行政機關內部運作，適用於機關內部爲多，人事行政組織法所規定者，多半爲機關之組織及權限，大多以抽象、概括或宣示性質出現。例如中央機關組織基準法、銓敘部組織法、行政院人事行政總處組織法等；而人事行政作用法所規定者，則係具有實踐性之職權，大都具有干預公務人員之性質，其結果與公務人員權利義務密切相關，須遵守法律保留原則，依司法院釋字第 443 號解釋「層級化法律保留體系」之意旨，屬於憲法保留及絕對法律保留事項，須分別於憲法及法律明定，人事行政機關較無彈性處理空間；至於相對法律保留及非屬法律保留事項，人事行政機關則有較多彈性處理空間。換言之，人事行政作用法可分爲：(1) 憲法保留及絕對法

律保留事項，應爲高度法律（規）化、高度集權化及高度一致性之設計；(2)至於相對法律保留及非屬法律保留事項，不宜高度法令化、高度集權化及高度一致性之設計，宜留彈性、鬆綁之空間，若從人力資源管理的學術領域角度觀之，就是策略性人力資源管的思維，使人事部門成爲策略夥伴，爲 OECD 各國公部門人力資源管理轉型之核心。

(二) 人事一條鞭功能柱：人事法制與政策彈性與鬆綁之芻議

就考銓實務言，茲就與公務人員權益密切相關之人事法規，公務人員任用法、公務人員考績法及公務人員陞遷法屬於絕對法律保留事項及相對法律保留事項之規定，分述如次：

1. 公務人員任用法

公務人員任用法第 19 條第 1 項有關試用人員試用成績不及格之規定，以及同法第 28 條有關公務人員消極資格之規定，涉及公務人員身分之取得及喪失，均屬絕對法律保留事項，須於法律明定，不得授權法規命令定之。

另如各機關職稱及官等職等員額、依法考試及格試用職等對照及職組職系之對照等，則屬相對保留事項，由公務人員任用法授權，分別於「各機關職稱及官等職等員額配置準則」、「依法考試及格人員考試類科試用職系對照表、職組職系一覽表」規定，應擴大授權、彈性及鬆綁法規，朝策略性人力資源管理方向規劃。

2. 公務人員考績法

公務人員考績法第 16 條第 3 項有關年終考績丁等之規定，以及同法第 12 條第 3 項有關專案考績一次記二大過處分之規定等，涉及公務人員身分之變更，均屬絕對法律保留事項，須於法律明定，不得授權法規命令規定之。

另如年終考績得或不得考列甲等事由，以及平時考績記一大功記一大過之標準，則屬相對保留事項，由公務人員考績法授權於同法施行細則第 4 條第 1 項與第 3 項規定，以及同法施行細則第 13 條第 1 項與第 2 項規定，應擴大授權、彈性及鬆綁法規，朝策略性人力資源管理方向規劃。

3. 公務人員陞遷法

公務人員陞遷法第 11 條有關公務人員得優先辦理陞任之規定，以及同法第 12 條有關公務人員不得辦理陞任之規定等，涉及公務人員權利重大事項，

均屬絕對法律保留事項，須於法律明定，不得授權法規命令規定之。

另如公務人員陞遷究係內陞或外補及其辦理程序，以及陞遷序列表之訂定等，則屬相對保留事項，由公務人員陞遷法授權於同法施行細則第 3 條及第 4 條規定，應擴大授權、彈性及鬆綁法規，朝策略性人力資源管理方向規劃。

綜上，前述人事法規屬於絕對法律保留事項部分，自應於法律明確規定，以保障公務人員權益；至於屬於相對法律保留事項部分，則得由法律授權於法規命令加以規範。惟經檢視現行相關人事法規屬於相對法律保留事項者，部分仍有非常綿密之規範，例如各機關職稱及官等職等員額配置準則，宜可考量對於僅涉及細節性、技術性、執行性，尤其是因地制宜事項，審慎分析，逐步鬆綁，讓地方機關得視其用人需求及業務需要，保留較大之彈性，使機關業務運作順暢，賦予人事管理部門扮演策略夥伴的契機，俾發揮最大的行政效能。

第三節　人事制度之品位制與職位分類制的分立與整合

本節是在析論我國人事制度的建立、變革的演化歷程，如果從前述行政作用法的角度論之，人事制度的探究就是相對法律保留部分的範疇，也就是公共行政學領域所強調的管理的層面，宜力求彈性、鬆綁。亦即讀者要有這種認識，文官法不可全然追求標準化、一致化及統一化，也應重視如何因應業務需求的制度設計。又以有關我國人事制度學者專家論者多矣，學者專家長於理論、邏輯建構，卻乏於考銓實務經驗，自難免有些隔靴搔癢，總有一步之遙之嘆。作者得幸任職於人事行政總處及銓敘部，因職務之便，得便能多覽人事制度改革的官方文書及內部參文獻；或能與人事前輩對話，分享實際經驗；或因親身主責人事制度之重大政策規劃，是以，嘗試著多引用官方文獻，作經驗之分享與傳承，俾供人事行政學者專家學術論述之素材，期收理論與實務結合相得益彰之效。

壹、人事制度概說

一般而言，傳統上人事制度概可爲品位制度及職位分類制，所謂學者專家大抵同意品位分類制度，係依據公務人員個人的資格條件（如學歷、工作經歷）或者身分（如傳統中國的門第、現代如日本特定大學（二戰前東京帝大學）作爲分類基準的人事制度。它比較強調公務員可攜的個人的條件。而職位分類制度則係依據公務人員所「從事之工作」。

要注意的是，當前已沒有截然分立，涇渭分明的品位制或職位分類制的人事制度，品位制與職位分類制度走向整合。我國民國 76 年所推動的「二制合一新人事制度」即爲一例。連美國這個職位分類制度的搖籃，其聯邦公務人員適用一般俸表（general schedule, GS）GS1-GS18 的職位分類制度，也在著名的 1978 文官改革法之下，抽離 GS16-GS18 的職位，形成獨特的高階文官團體，原來的文官體系是屬於「職位分類制」（rank-in-position），而高級主管制則改變成爲「品位制」（rank-in-person）（彭錦鵬，2009）。又英國在1970 年代，吸收美國職位分類的一些做法，將公務人員分爲九個職等，也引進職系做法，雖然在 1994 年發布文官制度白皮書，自 1996 年 4 月正式生效，除高階文官仍內閣辦公室統一管理外，其餘一般公務人員的人事管理均授權各機關自行管理（林文燦，2009）。

職位分類制度是遂行職位分析（job analysis）—職位說明（書）（job description）—職位評價（job evaluation）過程的結果，所形成組織的職位結構（job structure），又以職位評價是建立內在一致性（pay structure）的過程之一。是以，在職位分類制之下，職位結構（job structure）及待遇結構（pay structure）是該人事制度的一體二面，是也要特別注意的是，研究人事制度屬性時要同時觀照任用制度及待遇制度，這也是一般論述疏忽之處。

貳、簡薦委制人事制度概說

一、簡薦委制歷史探微

　　「公務人員任用制度是俸給制度的基礎」是研究公務人員俸給制度者應有的基本認識，又許多教科書都說，我國簡薦委人事制度源自九品中正制度，但這種說法或許有討論的空間（林文燦，2020；許道然、林文燦，2020）。是以，對我國公務人員任用制度，須先行探究。簡薦委任制創於民國元年，依據民國元年元月 3 日孫大總統頒布「中華民國臨時政府中央行政各部及其權限」第 1 條：「各部設總長一人，次長一人。次長由大總統簡任。」第 2 條：「各部局長以下各員，均由各部總長分別薦任、委任。」（王餘厚，1993：203）

　　而文官制度的法制首見於民國元年 10 月 16 日，臨時大總統公布之「中央行政官官等法」，該法第 1 條規定：「中央行政官除特任外，分為九等第一等、第二等為簡任官，第三等至第五等為薦任官，第六等至第九等為委任官。」奠定簡薦委的人事制度。袁世凱在民國元年 12 月 15 日，頒行公布「文官任職令」，規定文官除依「文官官秩令」授官外，還需依該令任職。文官任職分為特任職、簡任職、薦任職、委任職。其中簡任、薦任為高等文職，委任為普通文職。

　　民國 14 年頒布「中央行政官官俸法」和「文官俸級表」，南京國民政府廢止「中央行政官官俸法」，並修正「文官俸級表」。18 年另頒「文官俸給條例」，與上述俸級表並行。22 年重新訂定「暫行文官官等官俸表」，統一規定官俸等級，規定特任為 1 級，簡任為 8 級、薦任為 12 級，委任為 16 級，同時在原來官俸表基礎上擴大了薪級幅度。質言之，雖然制度迭有所修正，但不變的是分為簡、薦、委三個官等的俸給制度本質。

　　作者為研究我國人事制度，閱讀許多文獻，下列論述頗有參考價值。房列曙（2016：377）就性質言，北京政府的文官薪俸制度係照搬日本制度。首先，文官分等及任用資格。日本文官分親任、敕任、奏任、判任四等，北京政府文官亦分特任、簡任、薦任、委任四等其任命資格也極為相似。又依據原人事局已退休副處長王餘厚（1993：204）研究，亦有類似論述：

民國開國之初，日本當時之官制，亦分為三等，即「勅任」、「奏任」與「判任」（委任）。日本於西元1886年、1899年完成「文官任官令」。綜上所述，我國於民國建元之第三天，即已廢棄傳統之品位制，而迅速確定簡薦委任之官制，直接固然淵源於固有之文化和文官制度之精華，但間接亦難謂不是仿自當時日本之官制。

上述有關我國文官制度歷史陳述，未見於一般人事行政著作的論述，作者做了一些考證的研究。近代日本文官制度建立於明治維新時代，首見於1884年、1899年，依據《世界大百科事典》所述：「隨著西元1885（明治18年）年內閣制度之創設，依據次年制定之『高等官官等俸給令』及『判任官官等俸給令』，官吏大致區分為高等官及判任官，高等官再分為勅任官與奏任官，敕任官中又設置了親任官。再依據1892年制定之高等官官等俸給令，親任官外之高等官區分為九等，親任官、一等官、二等官為勅任官，三等官至九等官為奏任官。」在這之前，日本明治2年7月制定日本官吏制度分為等級（最高之第1等至最低之16等）及位階〔正1位（第2等）至從9位（第16等）〕，從外觀上類似唐代的「九品中正制」。明治10年修訂頒布，取消「位階」用語，開始出現敕任、奏任、判任的官吏等級。而此一官吏等級設計是隨著1885年內閣制度之創設，也是明治維新建立近代官吏制度，主要是參考德意志官吏制度的模式（鄭勵志，2001）。

二、簡薦委制要旨

簡薦委制，係民國元年國父任臨時大總統期間制定公布施行，其制度名稱並非出於法定，而係因其有簡薦委任三等故以之為名，中央政府遷臺後，仍繼續採行。該制度係品位分類制之一種，分類寬疏，上下僅有三個官等之區分且因僅設類科而無職組及職系，從而辦理考試時，係依據三個等別與不固定之類科命題與錄用時，依其及格之等別但不必依類科任用；調職亦幾不受類科限制故簡薦委制僅以工作人員本身之資格條件區分為三個等別，並未以職責繁簡難易之因素再予區分，且其人員之任職及調職，又無職務性質之限制，得由機

關長官決定。是以，係以「人」為建制中心之人事制度，其結構簡明寬疏，可供彈性運作之空間甚大，為該制度之主要特點。

參、分類職位人事制度概說

一、籌劃過程及專責機關

　　我國於民國 43 年首次採行公務職位分類制，但事實上早於民國 29 年間，國防最高委員會即曾從事職位分類制之設計，惟因適值對日抗戰期間，時局不定而未能實施（李華民，1993）。俟中樞遷臺後，總統迭次訓示從速舉辦職位分類，爰全國最高人事主管機關——考試院，配合全國政治改革，除推動於民國 38 年 1 月 1 日公布制定之公務人員任用法第 3 條條文中，明定「公務人員之任用，其學識、資歷、體格應與擬任職務之種類或性質相當，職務分類以法律定之。」使職位分類首次見諸於法律外，乃於民國 39 年間成立「職位分類研究委員會」，從事職位分類之研究，其後於民國 46 年 2 月間，總統責成「銓敘部」主辦並推動職位分類事宜（考試院，2020）。

二、試行機關

　　民國 44 年間，考試院院會通過選擇「臺灣省宜蘭縣政府及其所屬各機關」、「臺灣省農林廳及其所屬各機關」、「臺灣省衛生處及其所屬各機關暨各縣市衛生院縣市立醫院」、「臺灣省警務處及其所屬各機關暨各縣市警察局」、「中央通訊社」及「招商局」等六機關暨所屬為試行機關，同時推動相關人事法制之研訂，其後行政院核准經濟部所屬事業於民國 45 年 8 月開始試行職位分類。民國 56 年 6 月 8 日分類職位公務人員考試、任用、俸給、考績四法經總統明令公布，民國 57 年 1 月 8 日再經修正，同年月 16 日考試院發布該四法施行細則，另有關職系說明書、職等標準、職級規範等重要規章亦陸續完成，是時考試院亦核准考試院秘書處、銓敘部、行政院秘書處、行政院人事

行政局、考選部及財政部等六機關實施公務職位分類，按機關逐批辦理職位歸級，逐步推進（考試院，2020）。

三、職位分類之特性及制度結構

　　雖說職位分類係 1911 年美國芝加哥市政府所創設的，然追本溯源，職位分類制可說是出自美國商業文化，其以「事」爲制度中心，屬於物本思想與機械主義之制度，強調專業專才、適才適所、按勞計酬、同工同酬，且著重準確之方法，將人事制度純粹視爲行政技術，僅追求其行政價值，同時重視成本產量間之對比關係。

　　職位分類係以工作評價作爲分類技術，按職位工作性質之異同，區分爲 159 個職系，每個職系內之職位，按其工作繁簡難易及責任輕重，區分爲若干職級，是時 159 個職系共計有 1,204 個職級，而各職系中工作繁簡、難易、責任輕重相似之各職級，綜合歸納成 14 個職等，以第 14 職等爲最高職等；又每一職系、職等、職級均各有一種書面說明，分別稱爲職系說書、職等標準、職級規範，並依法定程序制定公告，如欲修正，亦必依法定程序爲之，此等書面說明，統稱歸級標準，爲職位歸級時之重要依據（世新大學行政管理學系，2016）。

肆、簡薦委制與職位分類兩制合一制度概說

　　作者彙整了銓敘部長陳桂華民國 75 年 10 月 29 日〈新人事制度之基本精神與施規劃實施〉報告及民國 76 年 3 月 2 日〈公務人員新人事制度的實施與展望〉，及銓敘部 89 年全國人事主管會報中心議題〈檢討公務人員官等職等併立制，健全人事法制〉，期能對官等職等併立制度的要旨，翔實敘述，供讀者參考。

一、新人事制度的基本精神

　　新人事制度的規劃，最主要的著眼，在去除兩制併存及權益不平的弊病，取兩制之長，捨兩制之短，以創立一個較能符合我國國情，並適應當前時勢需要的新人事制度，使公務人員一方面可依其資歷，區分官等，期能符合國人固有的觀念，另一方面，又可依其專長及所任職務職責的輕重，定其職系、職等，俾能兼顧工商社會，重視專業分工的要求。

　　由此可知，新人事制度的基本精神，在求能建立一個「官職併立」制度，一方面可以符合國人傳統的觀念，另一方面也可以適合為事擇人，專才專業的要求，以達成人事管理上「人」與「事」的密切配合，充分發揮「事能得其人」、「人可稱其職」的最高行政效能，以適應國家未來發展的需要。

二、官等職等併立制度的主要內容

(一) 制度結構方面：融合兩制之長，採官等職等併立，使人與事事切配合

　　新人事制度係以「人」與「事」兩者適切配合，作為建制中心，兼顧「人」的資格條件及「職位」的工作性質與職責程度，以決定職等之高低，並採官等與職等併立，每一職務得列 1 個至 3 個職等。

　　簡薦委制，重視人員的靈活任使，但卻疏忽了做事的績效要求，容易造成人與事難以配合，而導致用人浮濫。職位分類制，重視做事的績效要求，但卻疏忽了人員的靈活任使，而導致用人不便。

　　新人事制度結構，即針對這些缺點，設計改進，一方面採用簡薦委制用人靈活的優點，放寬「職務」之列等，使任使升遷，富有彈性，以便利針「人」的運用。另一方面，擷取職位分類的長處，保留職系區分，使工作（職務）內容，明白顯示，以便利對「事」的管理。所以新制結構，既不偏重於「人」，也不偏重於「事」，而係兼採「人」與「事」的適切配合，使人的「才能」與其所擔任「職務」相稱，做到用人既可「因材器使」，又能「因事擇人」，以消除「有人無事做，有事無人做」的缺失。

(二) 人事法制方面：精簡人事法規，消除兩制歧異，減少機關管理困難

　　現行兩制並行，各有一套人事法規，除任用、考績、俸給三法各自立法外，其所附屬的施行細則等輔助規章，亦皆分別訂定。目前兩制人事法規共有母法 7 種，輔助規章 28 種，合計 35 種。形成兩套各自獨立的法規體系，分別實施。因而各項規定，難免互有出入，寬嚴不一，以致在兩制之間，造成不平，增加機關用人困難。例如：

1. 一個薦任科員，在簡薦委機關服務滿四年後，就能獲得擔任科長的任用資格，但在職位分類機關至少要六年才能獲得 9 職等科長的任用資格，比在簡薦委制機關，要慢了二年。

2. 一個高考及格人員，分發到簡薦委制機關服務最快要十四年才能取得簡任資格，但分發到職位分類機關最快僅九年，就可以取得 10 職等（相當簡任）資格，比在簡薦委機關要快了五年。類似這些寬嚴不一的規定，形成了兩制權益不平的歧異情形，常造成各機關人事管理上的困難。

　　新制將現行簡薦委制與職位分類制合而為一後，已將兩套各自獨立的法規體系，化為一套，計簡併了其中的 14 種法規，現僅保留母法 3 種，輔助法規 18 種，合計 21 種，將現行兩制間的種種歧視和不平，澈底消除。人員權益既無差異，機關人事管理當較方便。

(三) 任使升遷方面：簡併現有職系，放寬用人限制，便利延攬優秀人才

　　簡薦委制因設官分職缺乏明確標準，任用調遷，規定較寬，而導致用人浮濫等缺點。因此，新人事制度，乃保留職位分類制的「職系」，以求改進，不過，現有 159 個職系，區分過細，限制過嚴，人員進用遷調，皆感困難。新制乃研擬簡併為 51 個職系，並綜合區分為 23 個職組，使在同一職組內，各職系人員可以互調任職，這種設計將可同時解決職位分類制限制過嚴，調用不便和簡薦委制設官分職不夠明確，致濫用人之弊。

　　又現行職位分類制之所以被人批評為用人限制過嚴，最主要原因，是該制對每一個職位，都嚴格限定只列一個職等，凡不具備該一職等資格的人，都不能合格任職。現在新制放寬規定，一個職務，最多可以跨列職等，例如一個專門委員，現制只能歸列為第 10 職等，依新制則可跨列第 10 職等、第 11 職等，

共兩個職等。這種設計含有二種意義：1. 放寬用人限制。使無論是具有第 10 職等、第 11 職等或第 12 職等資格的人，都可以任用，讓才能卓越有發展潛力的人，在適當範圍內，都能合格任職，而便於機關延攬優秀人才；2. 激勵工作人員士氣，利於久任。譬如一位第 10 職等的專門委員，工作多年，照現職如高階無缺，他只能長期停留在原職上，若守久任無法晉升，但依新制則可以在專門委員的原缺上不動，依其考績結果，績資逐漸晉升到 11 職等。所以這種跨等的設計，不但放寬了用人限制，而且更兼具了激勵士氣和安定工作的多重作用。

(四) 人力運用方面：增加轉任規定，減少制度藩離，促使人力靈活應用

現行制度在行政機關、公立學校與公營事業機構三者之中，不但各有其不同的人事管理制度，且今屬於不同的主管機關（例如公立學校屬教育部主管，交通機構屬於交通部主管，金融機構屬財政部主管，生產事業機構屬經濟部主管），彼此之間，互不承認其任用資格，亦無比敘規定，各守藩離，人力難以互相交流。新制針對這一缺點，設計增列轉任規定；凡經考試及格，曾任行政、教育、公營事業人員，於相互轉任性質程度相當職務時，得按其服務年資，提敘官職等及俸級。這種設計，除維護轉任人員既有權益外，最重要的目的，在使行政機關、公立學校和公營事業之間具有考試及格資格人員，日後易於互相交流，以促成人力之靈活運用。

(五) 俸給設計方面：貫徹依法支俸，兼顧待遇彈性，適應羅致人才需求

現行兩制俸給法，目前最受人批評者，有兩點：1. 未能依法支俸，若干機關間待遇支給常有不同，高低顯有不平；2. 俸給法之規定缺乏彈性，難以適應羅致各類人才之需要。

新制俸給法，係針對上述兩項缺點，設計改進：1. 使各機關公務人員，用同一俸級標準支給待遇，以達成依法支俸待遇公平之目的；新制俸給項目，區分為本俸、年功俸和加給三項，其中之「本俸」係依公務人員所敘官等職等及俸級支給；並依考績晉敘「年功俸」用以酬勞久任人員。這兩個俸給項目，是全體公務人員的基本待遇，全國標準一致，同一資格者，敘俸相同，俾能確實做到公務人員基本待遇在立足點上，絕對平等；2. 使俸給法保持彈性，以適

應羅致各類人才之卽要：俸給項目，除上述本俸及年功俸外，而有「加給」一項，係依所任職務種類、性質與服務地區之不同，於基本俸給以外，另行增加之給予。加給區分為「職務加給」、「技術或專業加給」，以及「地域加給」三種，其加給之標準，可視人力供需狀況決定其高低，各種加給之給與辦法，新制經授權考試院會同行政院訂定，此項設計目的，在使政府得依財力狀況及肆應不同需要，妥訂因應辦法，以解決羅致及留用特種人才之困難。例如目前國家對科技人才之羅致，至感迫切，其主要關鍵，即為「待遇」問題，今後政府當可運用此種「加給」之方式，由行政考試兩院訂定辦法，給予較優厚之待遇，以解決延攬及留用科技人才之困難。

(六) 考績功能方面：統一考績規定，詳列具體標準，促使考核功能落實

當時兩制考績規定，由於未訂列具體考核標準，考績評分，多憑主觀印象，難免造成寬濫。政府為防止各機關考列甲等人數過多，曾以行政命令規定，不得超過考績人數之二分之一，但部分機關因對考績甲等，常採取輪流分配方式，反使考核失實，甚受譏評，近年許多機關曾不斷有要求取消二分之一限制。

新制針對這些缺點，乃在考績法規中，對考列「甲等」及「丁等」者明確列舉其特殊條件與一般條件，這點改革的設計，有兩項目的：1. 可使各機關今後辦理年終考績有具體明確的標準可循，以促使考核功能，有效落實；2. 明定考列甲等和丁等的條件，凡不符合所列舉的條件，即不得考列甲等或丁等，預期可以消除過去輪流考績列甲等的浮濫現象。

綜合以上六項分析，可知新人事制度規劃改革的要點，是針對現行兩制並行的缺失，採長補短，謀求改進，並儘量避免做不必要之變更，以免徒增業務之浩繁及損害公務人員現有權益。期使現行人事管理上的困難和人員調度的不便，能獲得適度的改善與解決。

第四節　我國公共人力資源管理體系的挑戰與未來展望

壹、公共人力資源管理體系面臨的環境與挑戰

管理學大師杜拉克（Peter Drucker）曾指出，在現代以知識經濟為主的「不連續時代」，政府部門將因對社會回應力不足、績效太差而令人民失望；同時，他強調在新政府時代裡，需要一個有治理能力的政府，這樣才不會淪為「執行」單位，或「行政」單位，而是個不折不扣的治理機關（陳琇玲等譯，2006：286）。是以，我國公共人力資源管理體制也必須適當的調整與轉型，才能符合時代的潮流趨勢。本章第二節已指出傳統上對於我國「一條鞭」人事體制所產生的爭議和批評，故我國的體制如何從傳統的人事功能核心，調整為更具策略性、動態性、積極性及整體性的人力資源管理核心，則是未來應努力的方向。事實上，相較於企業部門，公共人力資源管理常會面臨下列情況的限制（吳瓊恩、張世杰，2006：8-11）：

一、深受政治因素的影響

在民主國家中，政府的運作會受到議會、民意代表的批評與監督，而且也常受到既得利益團體及意見領袖的影響。此外，每次的選舉和高層人事的異動，也會改變政府的相關運作。

二、深受法律規章和程序的限制

政府的許多行動時常受到各種法律規章的限制，因而阻礙人力資源管理行動的自主性與彈性，甚或產生窒礙難行的情況，再加上法律規章之制（修）訂，經常曠日費時，因此在管理的時效上也會受到限制。

三、行政績效難以衡量

　　由於政府並非以營利為目的，以致其施政績效、組織績效或員工績效，皆難以用利潤作為唯一的指標，甚至也難以量化或論定成效，造成在採行適當人力資源管理行動上的困難。由於績效難以衡量，進而導致對環境的回應力不足，以及行政效率欠佳的情況產生。

四、決策程序冗長

　　政府行政具有其獨特性，在講究「正當程序」與「依法行政」的原則下，加上政府組織特性的影響，使得事權分散、行政課責不易，進而釀成爭功諉過的情形。再者，冗長的行政程序，更是行政效率不彰的主要原因。

五、預算有限且常受限制

　　政府行政或人力資源管理之運作皆需預算經費才能即時且有效地推動，但因其經費必須受財源限制與立法機關的嚴格審核，有時尚可能因為政治或政黨衝突等非理性因素，以致無法或太慢通過預算經費。

六、公務人員身分保障

　　原本「永業化」的設計，是為了護公務人員能夠安心地工作，但卻也成了公務人員的護身符，再加上法律對於公務人員身分與職位的保障，也限制了公共人力資源管理對其人員之激勵、績效、升遷及獎懲等作為所產生的作用。

　　除了上述的限制之外，學者 Chase 與 Reveal（1984: 63-65）曾提出所謂「太上機關」（overhead）的概念，可以幫助我們理解傳統人事機關在運作上所產生的問題。他們指出，「太上機關」有至少三大特徵：第一，相關的法令規章多如牛毛，且艱澀難懂；第二，工作本身單調而枯燥；第三，不須對外負責。過去就有學者分析指出，我國的人事體制就存在某種程度此種「太上機關」的特性，究其原因有下列三點（朱志宏，1995：367）：第一，是人事本身的問

題，人事人員應該扮演「公務員的公務員」角色，然而部分人事人員卻對此種
角色認識不清，自以為操持機關同仁的任免大權，而以「人事官」自許。加上
一般公務員認為自己的前途，操諸人事人員，因此對人事人員敬畏有加，不敢
貿然得罪，這或多或少增加了人事人員的氣焰。第二，人事業務具高度的專業
性，且甚為複雜，相關法令規章又有不夠周延之處，因而造成人事人員有機可
乘，加以弄權。第三，是機關首長若缺乏領導統馭敏的能力，則人事人員更有
玩法弄權的機會。

是以，公共人力資源管理體系必須扭轉傳統「管制型」的功能與角色，而
朝向「服務型」的改革方向，以下將進一步討論。

貳、重新審視公共人力資源管理體系的功能與角色

根據知名的人力資源領域學者 Dave Ulrich 的研究，認為現代組織的人
力資源管理功能，大體上可以分成四類角色，分別是策略夥伴、行政管理專
家、員工鬥士以及變革代理人，其主要的內涵，說明如下（轉引自黃良志等，
2017：17-27）：

一、策略夥伴

所謂的「策略夥伴」（strategic partner）是指人力資源功能應參與組織策
略擬定並協助策略的執行，以使組織有效地完成策略性目標。在參與策略擬定
的角色，人力資源部門應該熟悉組織面臨的環境特性與組織本身的特色，並瞭
解人力資源管理對於組織績效的影響，才能以人力資源管理為出發點，協助組
織進行整體策略的擬定。而擬定了組織整體的策略方向之後，要確保組織內部
的人力資源策略、制度及整體人力組成可以支持策略執行。所以，策略夥伴的
角色對於組織績效來說，有舉足輕重的影響。

二、行政管理專家

　　所謂的「行政管理專家」（administrative expert）是指人力資源係指人力資源相關的流程及行政事務執行，應重視效率與穩定性，確保內部顧客（管理者及員工）的滿意。這是傳統「人事行政」所著重的角色與功能。為了執行這些行政事務，人力資源部門往往以科層式組織結構運作，有許多標準作業程序，明確專業分工，以確保各項行政程序與事務確實無誤的執行，人力資源部門常扮演守門員（gatekeeper）或控制者（controller）的角色。這樣的思考在組織處於穩定的環境中或許可行，因為其著眼於效率提升及內部控制。不過，對於面對快速環境變遷人力資源管理需要進行部門結構重設計（structural redesign）與工作流程再造（work process reengineering），故人力資源管理者必須從控制者的角色，轉變成為內部服務提供者，要能夠瞭解內部顧客的需求，為其提供有效率的服務及解決其面臨的問題。

三、員工鬥士

　　所謂「員工鬥士」（employee champion）是指人力資源管理者要扮演類似保姆角色，協助員工在工作上保有競爭力，並提升績效。人力資源專業人員必須關心每個「員工」長期的工作績效，將員工視為重要資產，希望其能在組織中樂於久任，以確保員工的長期績效表現，並能持續為組織做出貢獻。

四、變革代理人

　　所謂變革代理人（change agent）是指推動或協助組織進行變革的角色。由於環境的改變，如科技創新與全球化等，變革已經成為產業中所有組織的重要議題，而政府部門亦無法置身事外；而成功創新與變革的關鍵通常就在「人」，因只有人才會發起變革與執行變革，當然變革的阻力也往往來自於「人」。因此，當組織面對變革議題時，人力資源管理功能扮演重要的角色。

表 2-4-1　現代組織的人力資源管理功能

角色比喻	角色內涵	結果	活動
策略夥伴	管理策略性人力資源	策略建立與執行	使組織策略與人力資源管理相互搭配；進行「策略規劃與組織診斷」
行政管理專家	管理組織基本架構	建立高效基本架構	重新安排流程；提供「共享服務」
員工鬥士	管理員工表現	增加員工承諾與能力	傾聽並回應員工需求；要「提供員工資源」
變革代理人	管理組織變革	創造能更新的組織	促進並管理組織變革；要持續「培養變革能力」

資料來源：轉引自黃良志等（2017：18）。

參、人力資源管理組織的職能的轉變

一、傳統人事機關的職能

　　傳統人事機關（構）的職能（function），主要從人事法制面向的觀點，其涵蓋的範圍包括以下幾個部分，分述如下（蔡良文，2010：45-46；許南雄，2012：78-80）：

(一) 制定人事政策

　　人事政策為處理人事行政業務的綱要原則，即有關適用的人才考選方針、人力運用計畫、人員訓練培育等方案，依據組織發展與行政需要而制定。在一般民主國家人事政策雖由行政首長提出，但在「人事行政專業化」的背景下，人事機關即為實際上研議人事政策的主要機制。

(二) 擬定與執行人事法規

　　依據人事政策訂定明確的法規，以為執行的依據，才能井然有序避免雜亂無章，而有所準據。法規之實施，必須遵守依法行政原則，至於對人事法規的尊重與適用，更是行政首長、主管、人事人員，以及各級員工的職責。

(三) 推行人事管理措施

包括人力運用及行爲管理兩方面，主要目標爲發展人力運用及激勵工作意願。發展人力運用係依據人事政策與法規多以推動；而激勵工作意願，則須瞭解人員行爲的本質，並據以採行有效的管理方法，如健全組織的採行人性的管理，增進工作情緒與效能，改善工作態度與方式，激勵人員潛能與才智等行爲管理的措施。

二、現代人力資源管理功能的轉型

從人力資源管理的觀點，組織面對複雜且多變環境時，人力資源是維持組織競爭優勢的重要因素，所以人力資源管理功能必須隨之轉型以配合組織的需要，下列是未來人力資源功能轉型的發展趨勢（黃良志等，2017：30-33）：

(一) 從作業面到策略面

人力資源管理功能過去多半著重在法制及作業性活動，例如處理一些行政程序，未來的人力資源管理功能則應該多著重思考如何藉由組織內的人才，提升整體的競爭力，以及應如何透過人力資源管理制度的設計及運作，有效地管理企業的人力資源。

(二) 從重「質化」到重「量化」

人力資源管理功能的運作過去多缺乏量化衡量，通常比較重視員工或管理者的「感受」。例如，訓練課程通常重視員工滿意與否，而對於成本及效益往往缺乏明確的衡量指標與量化分析；而忽視量化分析的情形在考選、薪資福利相關領域亦是常見。目前來說，雖然要對人力資源的各項子功能均進行明確的量化衡量與分析仍有其困難，但是對於從事人力資源相關工作的專業人員而言，卻不能沒有這方面的觀念。人力資源管理功能若要扮演提升組織競爭力的重要角色，必須對組織績效提升有明顯貢獻。

(三) 從堅守政策到合作夥伴

　　過去，人力資源管理功能通常處於比較被動的地位，只扮演政策執行者的角色；而當人才管理議題愈來愈重要，愈來愈複雜，未來有能力的人力資源管理專業人員也將隨之成為決策參與者或是重要人力資源政策的制定者，其地位與角色的重要性也會隨之提升。

(四) 從短期到長期

　　當扮演的角色逐漸轉變，人力資源管理者將愈來愈注重其所推動的各項政策與措施所產生的影響。尤其是組織人才的取得、任用與維持等作為，對組織績效的提升極為重要，而這些都需要長期的規劃與推動才能有所成果，所以人力資源管理者應更注重長期觀點。

(五) 從行政管理到諮詢顧問

　　過去人力資源管理者在一般組織中，通常投入多數心力在行政事務的處理；然而，在現在的組織中，人力資源專業人員應該更專注於解決比較困難的問題，例如參與組織變革及策略的規劃等。

(六) 從功能導向到事業導向

　　過去人力資源管理功能多著重於專業子功能的運作與管理，例如考選、任用、培育訓練、薪資福利及績效管理等。現代的人力資源管理功能則必須更瞭解組織整體運作，並將關注的焦點擴大到整個組織的管理議題，以提升整體經營績效。

(七) 從以內部為重心到以外部及顧客為重心

　　過去人力資源管理功能的運作多半以內部事務為主，比較少關注外部事務，尤其甚少牽涉到民眾與顧客相關議題。尤其，近年來企業型政府的理念已普遍受到重視，現代的人力資源管理功能應該更關心的顧客需求，並透過人力資源管理提升顧客滿意度。

　　隨著人力資源管理功能的轉型，組織對於人力資源管理者的才能需求也隨

之不同。一般而言，要扮演好人力資源管理功能的多種角色，人力資源管理者必須具備幾類主要的職能（competency），包括：核心職能、領導職能、人力資源管理專業職能，以及諮商職能。其中人力資源管理專業職能主要提指執行專業人力資源子功能的能力，包括：第一，要能標竿學習及偵測環境，以尋找或設計相關的人力資源管理實務；第二，需具備資訊科技的應用能力；以及第三，要能有效衡量人力資源管理的效能。

行政院人事總處在96年選定之人事人員專業核心能力項目及行為標準，大致也反映出這個趨勢，其主要規定如下：

1. 顧客服務：充分瞭解同仁需要，主動服務及積極溝通協調精神提供有效人事服務，以獲得機關及同仁的認同。
2. 人事法規：充分瞭解人事政策及法制，並訂定完善之內部管理規定；運用人事法規，維護同仁權益，並達成機關目標。
3. 績效管理：參與組織目標之設定與控管，具備評估績效及提升工作效能的能力，以建立績效導向的團隊。
4. 資訊技術：有效應用資訊科技，簡化及整合各項人事業務，並能配合維護相關人事資料之正確性，以提升行政效能。

是以，未來如何進一步強化公共人力資源管理體系功能的轉型，應是值得關切和重視的課題。

參考文獻

王雲五，1963，《行政改革建議檢討報告》，行政院行政改革建議案檢討小組委員會。
王餘厚，1993，《人事名詞釋義》，人事叢書編輯委員會。
朱志宏，1995，〈第十六章政策管理運作〉，載於朱志宏、丘昌泰合著，《政策規劃》，國立空中大學。
朱國雲，2014，《組織理論：歷史與流派》，南京大學出版社。
江大樹，1994，〈人事行政機構組織與職權之調整〉，載於《重建文官體制》，業強出版社。

李芳齡譯，2001，《人力資源最佳實務》，商周出版社。譯自 Ulrich, D. *Human Resource Champions: The Next Agenda for Adding Value and Delivering Results*. President and Fellows of Harvard College, 1997.

李飛鵬，1979，《考銓法規概要》，五南圖書。

考試院，2020，《中華民國考試院院史》，考試院。

李華民，1993，《人事行政論上下冊》，中華書局。

林文燦，2009，《公部門待遇管理—策略、制度、績效》，元照。

吳定，2006，〈第一章行政學基本概念〉，載於吳定、張潤書、陳德禹、賴維堯、許立一合著，《行政學（上）》，國立空中大學。

吳瓊恩、張世杰，2006，《公共人力資源管理：理論與實務》，智勝出版。

房列曙，2016，《中國近現代文官制度》，商務印書館。

郭世良主編，2016，《我國現行公務人事制度之發軔—徐有守教授文稿》，世新大學行政管理學系。

孫冰、范海鴻譯，2019，《贏在組織—從人才爭奪到組織發展》，機械工業出版社。譯自 Ulrich, D. *Victory Through Organization*. McGraw-Hill Education, 2017.

許南雄，2011，《各國人事制度》，國立空中大學。

許南雄，2012，《人事行政學—兼論現行考銓制度》（7版），商鼎文化。

許道然、林文燦，2020，《考銓制度》，五南圖書。

張潤書，2006，〈第三章政府行政組織〉，載於吳定、張潤書、陳德禹、賴維堯、許立一合著，《行政學（上）》，國立空中大學。

陳桂華，1987，〈公務人員新人事制度的實施與展望〉，銓敘部。

陳桂華，1986，〈新人事制度之基本精神與規劃實施〉，銓敘部。

陳桂華，1976，〈健全基層機構人事制度，提高基層工作效率〉，《行政院人事行政局陳局長講詞彙編》，臺灣省政府人事處印。

陳琇玲、許晉福譯，2006，《不連續的時代》，寶鼎出版社。譯自 Peter F. Drucker. *The Age of Discontinuity: Guidelines to Our Changing Society*. Routledge, 1969.

黃良志、黃家齊、溫金豐、廖文志、韓志翔，2017，《人力資源管理：理論與實務》（第4版），華泰文化。

黃朝盟、陳思先，2015，〈人事行政的精進策略—分權化〉，《人事月刊》，359：37-47。

彭和平、楊小工譯，1990，《組織理論精粹》，中國人民大學出版社。

彭錦鵬，2009，〈OECD 國家高級文官團之經驗〉，載於《98 年度高級文官培訓制度國際學術研討會》，行政院人事行政局、財團法人國家政策研究基金會。

溫金豐，2019，《組織理論與管理》（第 5 版），華泰文化。

銓敘部，2000，〈檢討公務人員官等職等併立制，健全人事法制〉，銓敘部。

銓敘部，2011，〈人事一條鞭管理制度未來走向檢討報告〉，銓敘部民國 100 年研究報告。

蔡良文，2010，《人事行政學—論現行考銓制度》（第 5 版），五南圖書。

蔡錫濤、林燦螢、鄭瀛川、王美玲，《人力資源管理：理論與實務》（第 2 版），雙葉書廊。

鄭勵志主編，2001，《日本公務員制度與政治過程》，上海財經大學出版社。

遲力耕、張璇譯，2013，《工業管理與一般管理》，機械工業出版社。譯自 Fayol, H. *Administration Industrielle Et Generale*. DuNord Press, 1925.

錢峰譯，2016，《高績效的 HR：未來 HR 的六項修煉》，中國電力出版社。譯自 Ulrich, D. *HR From the Outside In: Six Competencies for the Future of Human Resources*. McGraw-Hill Education and China Electric Power Press, 2015.

關中，2009，〈繼往開來，贏得信賴：考試院與文官制度的興革〉，考試院。

Chase, Gordon, and Reveal, E. 1983. *How to Manage in the Public Sector*. Random House.

第三章　公務人員

黃榮源、熊忠勇

摘要

本章主要探討「公務人員」基本概念及其角色。首先，分析政府公務人力的來源與類別；其次，介紹公務人員的定義、範圍、角色，及其與國家的關係與責任；再者，探討我國公共服務人力的基本架構，主要包括政務官、事務官及契約人員；最後，展望政府人力資源管理的策略性與彈性化趨勢。內容亦包含法制探討、較佳實務評介與借鏡。

第一節　政府人力運用的類別與議題

　　政務人員、常務人員和契約人力是當前我國政府用人的主要態樣，這三類人員就像三葉瓣的酢漿草，葉雖三瓣，仍屬一葉，共同組成政府公務人力（考試院，2009：26）。如同一般民主國家，我國文官制度亦有政務人員與常務人員之分，然由於過去我國民主制度和政黨政治尚處萌芽階段，所以在體制上也就難以截然劃分。

　　政務人員現行人事法制除了「政務人員退職撫卹條例」外，其餘大多準用常務人員相關規定，因此經常會產生一些適用上的困擾。過去在威權時期的文官體系與政務人力連結緊密，強調技術、專業至上，許多政務人力是由技術官僚「升任」。但隨著民主政治發展之後，政務人員在制度設計上自應有所調整，這一方面是基於責任政治的要求，應有更多的政務人力協助新任首長推動政務；而文官體系除堅持專業之外，也必須體會在民主政治之下，政務首長具有統治的正當性，文官體系也必須有效回應首長的政策指示。另一方面，為了政黨政治的公平競爭，政治任命的政務人員與常任文官也必須有明確的區別。因此文官體制的設計必須符合這種需求做合理規劃，主要內容如：政務人

力的增加、政務人員與常任文官分軌管理等。有鑑於此，考試院研擬「政務人員法」草案，以建構政務人員與常任文官的合理體制：政務人員是高風險、低保障；常任文官則是低風險、高保障。二者依不同管道及方式進入政府系統服務，分別扮演不同角色。

至於契約人員一般是指政務人員及常務人員以外，以契約方式進用的政府僱員。我國政府過去並沒有使用「契約人力」的概念，對其他不具正式公務人員資格之人力均視為臨時人力，包括聘用人員、派用人員、機要人員、約僱人員及職務代理人等。一直以來，我國行政機關僱用了不少臨時人員，這些人員所從事的工作多為繼續性工作，但政府與其所訂定之僱用契約卻多為定期契約（原則上是一年一聘）。民國 97 年 1 月 1 日起，政府所僱用之臨時人員被納入「勞動基準法」之適用範圍內。依勞基法之規定，雇主僱用勞工從事繼續性工作者應訂定「不定期勞動契約」，既然政府所僱用之臨時人員多為從事繼續性工作者，理應簽訂不定期契約。因此，目前政府與大多數臨時人員簽訂定期勞動契約的行為恐有違法之嫌。

除了定期契約工之外，行政機關亦使用不少派遣勞工，尤其是在臨時人員納入勞基法適用範圍之後，中央行政機關使用派遣勞工的情形更為普遍，政府目前使用派遣勞工雖較無違法之爭議，但卻有社會觀感不佳的問題。行政機關使用派遣勞工之目的當然不是為了剝削派遣勞工，而是受限於員額管控、預算與相關法規之規定，但實際執行時仍難免發生爭議。由於契約人力已是世界各國公共人力資源管理的發展趨勢，其目的主要是將其轉變為政府人力運用的彈性化工具，以助活化政府人力資源，增加彈性用人管道。就職場實務面而言，行政機關使用契約任用之非典型勞動力之後，可能會影響其組織績效、組織氣候、員工的組織認同、組織承諾與工作投入、公平待遇等問題，進而對機關產生實質的衝擊。因此，類似問題乃是當前我國公務人力運用亟需予以檢視與因應的課題。

第二節　誰是公務人員？

這一節要探討的主題是「誰是公務人員？」或者說「公務人員是誰？」

根據林紀東（1978）教授界定，公務人員是「由國家特別選任」，「對國家服務」，且「負有忠實之義務」者也，同時，公務人員「負有服無定量勤務之義務」。公務人員關係，由於任官行為而成立，其任官行為或因考試之結果，或出於其他特別法，是為特別選任行為之結果。對國家服務是指國家之任命公務員非予以權利（非如議員乃代表人民之參政權利），而是要使其「服勤務」為主。又，公務員服勤務之對象為國家，故與在地方自治團體（如縣、市）服勤務之地方自治團體之公務人員，亦有區別。負有忠實之義務，則是指公務人員處理公務而提供其勞務之際，既應消極地服從國家之意志，更應積極地考慮國家利益。於決定或執行國家意思之際，也應誠實地考慮國家之利益。若違反此種義務，將引起懲戒問題之產生。

公務人員的定義，這個主題看似簡單，但實務上卻相當複雜。因為法制上並沒有公務人員的統一定義。首先，我們得先問，「公務人員」與「公務員」有無不同？媒體的報導經常混用，官方文書也常二者併存。憲法及其增修條文的相關用詞，計有九個，包括公務員（憲法§§24、77）、官吏（憲法§§28、75、108）、政府人員（憲法§67）、文武官員（憲法§41）、法官（憲法§§80、81）、公務人員（憲法§§85、86、97、98，憲法增修§6）、現役軍人（憲法§140）、自治人員（憲法§123）、文官（憲法§140）。除了現役軍人、法官的範圍較為清楚外，其他名詞所指涉的意涵，只能回到各該法律所規範的內涵去理解。

就考試院職掌的範圍而言，憲法增修條文第6條的規定，考試院為國家最高考試機關，掌理下列事項：「一、考試。二、公務人員之銓敘、保障、撫卹、退休。三、公務人員任免、考績、級俸、陞遷、褒獎之法制事項。」其中第1款未冠上對象，係因考試院除了主管公務人員考試之外，尚包括專門職業及技術人員考試。第2款及第3款則清楚限定在「公務人員」。

綜上，考試院主管的範圍似限定在「公務人員」，但為何目前考試院主管的法律仍有稱「公務員」者？作者追溯文官法制的歷史軌跡後，發現行憲前已制定而現今仍適用的人事法律，皆稱「公務員」，即使行憲後該法律曾經修正，仍沿用「公務員」一詞，例如「公務員服務法」及「公務員懲戒法」，唯一的例外是「公務人員交代條例」，該條例原名為「公務員交代條例」，係民國20年國民政府制定，但在民國42年將名稱修正為「公務人員交代條例」。

「公務員服務法」也是目前考試院主管的法律唯一仍冠上「公務員」。[1]至於行憲後所制定的人事法律，則皆稱「公務人員」，例如「公務人員任用法」、「公務人員俸給法」等。

即使如此，同樣使用「公務人員」用詞的法律，指涉的對象也有不同。這是因為公務人員的法制並不是先建立法典，建立統一的定義，而是逐次建立相關法律，並依該法律的制定目的或當時的政策需求而界定範圍，這就是所謂「個別立法主義」（蔡良文，2018：123）。也就是說，不同法律界定的公務人員範圍並不相同。

考試院在民國74年3月28日通過第7屆施政綱領，決定研訂公務人員基準法草案，其立法原則之一，就是界定公務人員定義與分類，以期有效解決公務人員定義的困擾。但這個草案從研議迄今已逾三十餘年，期間曾五度送請立法院審議，皆未能完成立法。以至於我國的法制實務上，迄今仍沒有統一的公務人員定義。

由於沒有統一的定義，而各該人事法律所界定的範圍皆不相同，因此就衍生出公務人員範圍的狹義與廣義之說。

壹、最狹義

最狹義的定義，是「公務人員任用法施行細則」第2條的規定，所稱公務人員，指各機關組織法規中，除政務人員及民選人員外，定有職稱及官等、職等之人員。前項所稱各機關，指下列之機關、學校及機構：

一、中央政府及其所屬各機關。
二、地方政府及其所屬各機關。
三、各級民意機關。
四、各級公立學校。
五、公營事業機構。

---

[1] 「公務員懲戒法」的主管機關為司法院。

六、交通事業機構。

七、其他依法組織之機關。

　　這個界定有三個特點，第一，必須是組織法規內明定的職務，也就是編制內，因此排除因任務或季節需要所進用的臨時人力，也排除約聘僱人力；第二，排除政務人員與民選人員，因此政務官、民選首長及民意代表都不是任用法界定的公務人員；第三，必有職稱及官等與職等，所謂職稱，例如司長、科長、專員、科員均是；所謂官等是指「委任、薦任、簡任」；職等則是「第 1 職等至第 14 職等」。第三點極為關鍵，因為許多在政府機關、公立學校或事業單位服務的人員，並沒有官等與職等，例如聘用人員、雇員、工友、教師、公營事業人員等，最狹義的公務人員定義必須同時具有職稱及官等與職等，例如「簡任第 12 職等司長」，缺一不可，我們甚至於可說，當具有第三個要件時，便同時符合了第一個及第二個要件，因此它是最關鍵的要素。

　　任用法施行細則所界定的公務人員範圍，同時也是俸給法、考績法所界定的範圍，雖然是最狹義的界定，但卻是典型的公務人員，也可說是常任公務人員、永業文官的範圍。

　　實際上，公務人員保障法規定的公務人員，僅法定機關（構）及公立學校依公務人員任用法律任用之有給專任人員，不包括公營事業機構依法任用之人員，範圍更小，但該法第 102 條另有五款準用對象，包括：一、教育人員任用條例公布施行前已進用未經銓敘合格之公立學校職員；二、私立學校改制為公立學校未具任用資格之留用人員；三、公營事業依法任用之人員；四、各機關依法派用、聘用、聘任、僱用或留用人員；五、應各種公務人員考試錄取參加訓練之人員，或訓練期滿成績及格未獲分發任用之人員。因此，加上五款準用該法的人員，範圍便比任用法為更寬。

貳、狹義

　　狹義的公務人員，係指「公教人員保險法」的部分適用對象，該法第 2 條共列舉四款適用對象，包括「一、法定機關（構）編制內之有給專任人員。二、公立學校編制內之有給專任教職員。三、依私立學校法規定，辦妥財團法

人登記，並經主管教育行政機關核准立案之私立學校編制內之有給專任教職員。四、其他經本保險主管機關認定之人員。」

狹義的公務人員是指第 1 款法定機關（構）編制內之有給專任人員，加上第 2 款公立學校編制內之有給專任教職員的「職員」。這個界定以「編制內有給專任」為範圍，不論是否具有官職等，因此政務人員、民選首長與有給之民意代表都包括在內。至於第 2 款的教員，係指公立學校教師，第 3 款則是私校教師，依公教分途的政策，皆不屬於狹義的公務人員範圍。特別要說明的是，編制內之聘用人員原可適用本法，但 87 年起新進聘用人員參加勞工保險，已參加公保者，依其意願選擇投勞保或者繼續參加公保，目前僅剩下少數聘用人員仍適用公保法，因此聘用人員並非本法界定的範圍。至於技工、工友亦參加勞保，不在狹義的公務人員範圍。

參、廣義

廣義的公務員指「公務員服務法」的適用對象，該法第 2 條規定「本法適用於受有俸給的文武職公務員及公營事業機構純勞工以外之人員」。這個界定稱「公務員」而非公務人員，以「受有俸給」為主要判準，所稱「俸給」不僅指現行文官官等俸表所定級俸，其他法令所定國家公務員之俸給亦屬之。且不以國家預算內開支為限，由縣市政府或鄉鎮自治經費內開支亦包括在內。[2]

文職公務員包括常任公務人員、民選行政首長、政務人員、約聘人員、公立學校兼任行政職之教師、社教機構的專業人員與學術研究機構研究人員等，但同條第 2 項則規定「前項適用對象不包括中央研究院未兼任行政職務之研究人員、研究技術人員。」主要是考量上開人員的工作著重於學術研究，無上命下從、受長官指揮監督之情形，其職務性質較近似於公立大專校院未兼任行政職務之教師，爰予排除。至於立法委員，參照釋字第 282 號及第 299 號解釋為無給職，地方民意代表依據內部函釋亦為無給職，民選村（里）長依地方制度法第 61 條第 3 項規定屬無給職，均不適用。

2　司法院35年7月18日院解字第3159號解釋參照。

　　武職公務員部分，包括現役軍官及士官，至於義務役士兵，則限於依法令從事公務者，亦即應依當時從事公務的性質而定。而服替代役的人員，亦不屬於武職公務員。

　　公營事業機構純勞工以外之人員，例如：服務於公營行庫的職員。

　　由於「公務員服務法」的界定，範圍明顯大於任用法施行細則及保險法，因此便有人認為「公務員」的範圍大於「公務人員」，或者指稱「公務員」包含「公務人員」。但上述說法恐是倒果為因，實際情形是「公務員服務法」是行憲前已制定的法律，行憲後仍維持其名稱，雖然其適用範圍較大，但只能說是該法適用對象更廣，在法制上未能統一界定「公務員」或「公務人員」的定義之前，尚不宜指「公務員」的範圍大於「公務人員」。[3]

肆、最廣義

　　「刑法」第 10 條第 2 項「稱公務員者，謂下列人員：一、依法令服務於國家、地方自治團體所屬機關而具有法定職務權限，以及其他依法令從事於公共事務，而具有法定職務權限者。二、受國家、地方自治團體所屬機關依法委託，從事與委託機關權限有關之公共事務者。」據上述界定，可將公務員區分為三種：

一、身分公務員（§10 II ①前段）

　　依法令服務於國家、地方自治團體所屬機關而具有法定職務權限的人員，不論進用方式是考試、選舉、聘用或特任，只要有法令依據，且有法定職務權限者。包括：(一) 公務員在其職務範圍內所應為或得為之事務，即屬職務權限；(二) 不以涉及公權力行使之事項為限（包括無關權力的行政作用行為及

---

[3]　考試院研議多年的公務人員基準法草案，曾嘗試以「公務人員」為最廣概念，其下包括政務人員、常務人員、司法審檢人員、教育人員及公營事業人員（銓敘部，1996：557）。但多年來仍未能獲立法通過。

其他私經濟行為），例如：總務單位依公務需要購買設備（屬私經濟行為）、文書單位辦理文件歸檔（屬內部管理）均屬之；(三) 無法定職務權限者，如技工、保全、清潔工等從事機械性、勞務性工作者不包括在內。

二、授權公務員（§10 II ①後段）

依法令從事於公共事務，而具有法定職務權限的人員，重點在於有法令授權的依據。例如：依政府採購法規定，各公立學校、公營事業之承辦、兼辦採購之人員。

三、委託公務員（§10 II ②）

受國家、地方自治團體所屬機關依法委託，從事與委託機關權限有關之公共事務。委託方式包括以法律規定、行政處分或行政契約，重點在於須涉及公共事務，例如：海基會驗證文書、私立學校核發畢業證書，或者監理站委託代為驗車之民間公司與辦理檢驗之員工。特別要說明的是，如果是行政上的輔助人（行政助手），例如：民間拖吊業者受警察委託，從事違規車輛拖吊，因為其執行拖吊時，係依據警察人員之指示為之，則不屬本款所界定的公務員。

民國 97 年 7 月之前刑法第 10 條的規定是指「依法令從事於公務之人員」，與現行國家賠償法第 2 條第 1 項的範圍相同，不論其係任用、聘僱、編制內或編制外、專職或兼職、不論是否受有薪給，只要是依法令從事公務均屬之，因為規定太過抽象及籠統，不符刑法要求的明確性，因此修正為上述規定。但迄今國家賠償法仍維持原規定。

關於上述四種範圍的界定，並非是以同心圓的方式漸次擴大，因此有幾點應特別注意，第一，範圍有重疊，例如：最狹義的公務人員範圍，被其他三種界定涵蓋。第二，較小範圍的界定，亦有溢出較大範圍的情形。例如：銓敘部認為立法委員因支領公費，[4] 參照司法院大法官釋字第 15 號解釋，與國民大會

---

4 依據民國38年1月17日修正公布之「立法委員監察委員歲費公費支給暫行條例」。

代表同屬公職，應屬有給職，均參加公保。爰於民國 77 年時函釋立法委員應參加公保，並屬於公保法第 1 款「法定機關（構）編制內之有給專任人員」。但立法委員卻非公務員服務法的適用對象。第三，屬於刑法上的公務員者，未必屬於行政法上的公務員，例如：私立學校的教評會委員，屬於刑法的授權公務員類型。但不是任用法、公保法或服務法的適用範圍。第四，屬於行政法上的公務員者，亦未必屬於刑法上的公務員。例如，公立學校校長，為行政法上的公務員，有公務員服務法的適用，但學校並非刑法所指「機關」，故不屬於刑法的身分公務員（但校長從事之公務行為仍可能符合授權公務員的概念）。

　　綜上，由於我國目前沒有公務人員的統一定義，因此當有人問「○○○是否為公務人員（或公務員）？」問題本身便不夠精確，因為答案必須視其所詢問的系絡而定，比較精確的問法應是「○○○是否為公務人員任用法所界定的公務人員？」或者「○○○是否適用公務員服務法？」上述情況不僅外界難以理解，即使是現職公務人員也常有疑惑。

　　反之，民國 73 年制定的「勞動基準法」，對於勞工、雇主、工資等重要概念，皆有統一的定義，該法並成為勞工相關規範的重要法典。就此一角度言，公務人員基準法草案仍有積極推動之必要，除了對公務人員做明確定義之外，也可就公務人員的權利義務、管理措施及倫理規範設定重要的基準，對於文官法制配合政治發展與時代趨勢，具有重要的意義。

　　最後，要提出「公職人員」一詞，它常見於報章媒體，但也沒有統一的定義，採用公職人員為法規名稱者不多，屬考試院主管的法規僅有公職人員年資併社團專職人員年資計發退離給與處理條例，與文官法制相關但非考試院主管者，亦僅公職人員利益衝突迴避法與施行細則、公職人員財產申報法與其施行細則，其他則大都是選舉相關的法規，如公職人員選舉罷免法。但上述法規關於公職人員的範圍均不相同，大致上它包括民意代表、政務人員、司法官，還有機關、學校、公營事業與軍隊中特定職務人員（如稅務、關務，或者辦理採購業務者），但中低階常任文官大都排除在外。

第三節　政務官與事務官

　　關於政務官與事務官的劃分與差異，有很多不同的觀點可以探討，包括二者的進用方式、權利義務、職務屬性等。本節先從學理上分析他們在工作本質與職務特性的差異，接著再從實務上說明其不同。

壹、學理上的區分

　　學理上政務官與事務官的區分，是因應政黨政治的發展，與職務高低無直接關係。政務官是指隨著選舉結果或政策成敗而進退的人員，其基本特徵是政治性任命、為政策方針決定者、須負政治責任。例如：各部會首長、政務委員等政務職務。若是執行職務須超越黨派，而有任期保障，不必隨政黨輪替而下臺者，即使是所謂的特任官，也非學理上的政務官，例如：考試委員及監察委員。其次，政務官與事務官都是行政官員，不包括司法官及民意代表。再者，政務官限於中央政府，地方層級的公務員，不論是地方民選首長或者其指派無需任用資格的局處首長，皆非學理上界定的政務官。雖然這是學理上的見解，但司法院大法官釋字第 357 號解釋，曾以學理上的見解為據，認為審計長並非政務官。釋字第 589 號解釋，關於監察委員支領月退酬勞金的解釋，重申上開意旨（李惠宗，2013：182-183；吳庚，2017：249-250）。

　　特別要說明的是，學理上有時會將直接選舉產生的民選首長，亦列為政務官的範圍，但內閣制國家的中央政府層級，並沒有中央政府首長的選舉，只有總統制或者雙首長制的國家，才會有中央層級的民選首長，如美國、法國，而這些國家總統的法定地位，皆特別規範，與其他政務官不同。例如：美國參議院的國土安全與政府事務委員會（Committee on Homeland Security and Governmental Affairs），每四年會出版《政策與輔助性職位》（*Policy and Supporting Positions*）手冊，[5] 此一手冊詳列聯邦政府所有的政治職位、任命方

---

[5]　如2016年的《政策與輔助性職位》，可參考美國政府出版局（U.S. Government

式、待遇等內容，但並不包括總統。我國對於總統也有不同於其他政務官的規範。

至於事務官，指的是韋伯（Max Weber）官僚模型下的永業官員，官僚型模具有六大特徵，包括專業分工、層級節制、依法行政、非人情化、考試用人永業化、依年資升遷給薪。其中最後兩點指的就是官僚體系的主要人員，也就是事務官的特性。考試用人永業化，指事務官的選用，須經過公開的考試，合格後予以任用，非依法不得免職，保障其永業性。其次，依年資升遷給薪，就是指事務官之工作報酬，依其地位和年資而定。升遷按個人的工作成就而定，薪資給付也按照人員的地位和年資，透過績效管理審核。

政務官的主要負責政治性與政策性的工作，諸如與總統府及內閣的接觸、與國會的溝通、與媒體的互動、與利益團體的折衝等，原則上這些屬於政治或政策層面的工作，不屬於也不應由事務官來擔任。[6]要做好這些工作，在思考邏輯上必須注意到民意的偏好、政黨的意識形態，因為只有符合民意的政策，才能確保下一次選舉的優勢，同時考量政黨的黨綱、意識形態的走向，才不致使國家施政的方向與其理念相左。

至於事務官的工作本質為何呢？凡行政機關內非屬政治層面的工作，概均屬事務官的工作範圍，乃是依既定之政策或方針而執行者。基本上事務官的任用基礎為功績、能力，因此專業便是其工作本質，這亦是韋伯筆下的官僚形象。雖然文官（尤其高級文官）涉入政策過程已是現代行政國家不得不然的情形，但在工作本質上仍是以其「專業立場」提出政策分析、建議、執行等工作，政策決定仍由政務官做成。當政策決定後，不論政策內容是否與其專業認知一致，他仍必須全力以赴執行該項政策，這也就是對於政府的忠誠，也唯有如此才能確保民主政治的軌道得以正常運行。

政務官跟事務官，有著非常不同的邏輯。政務官重視政府的目的（ends），決定政府的任務；事務官強調政府做事的手段（means），執行政

Publishing Office）網站的資訊，https://www.govinfo.gov/collection/plum-book?path=/gpo/United%20States%20Government%20Policy%20and%20Supporting%20Positions%20(Plum%20Book)/2016（檢索日期：2020/8/24）。

6　但行政庶務的聯繫，如不涉政策或政治事項，由事務官負責即可。

府的任務。官僚的專業，在努力維持既有的體系，或客觀地分析各種選項供政務官抉擇。可是他們不負政治責任，不能也不該做重大的價值抉擇。因此，當遇上困難的問題時，事務官的訓練，會傾向於用慣例且符合現狀的方法來解決問題。政務官則需為政策價值進行取捨，為改變現狀而努力。盡專業是事務官最根本的責任與資產，也是其正當性的來源。至於政務官的正當性則來自於民主政治的人民選擇，也就是選舉，透過民主的程序，人民將權力交付到民選首長，再由民選首長移轉至所選任的政務官，因此，對於政務官來說，其最重要的責任與資產，是其政治與政策抉擇符合民意之偏好（熊忠勇，2009：47）。

　　事務官的特性之一是永業保障，這種保障主要是為了行政延續、穩定的價值，畢竟文官是組織記憶的象徵，可以作為政策聯結的樞紐，完整描繪出政策的演變，而他們所提供的政策建議，能夠避免重蹈覆轍，使政務官能在完整的資訊下進行決策，這也是永業化的意義，也因此有「政府更替，但行政長存」（government changes but administration remains）的諺語。永業的背後，隱含是文官的專業，透過專業的堅持以確保政策不致偏離一定的軌道，透過專業的表達，以維持行政的正常運作，且不因政黨輪替而有所影響。

貳、實務上的區分

　　上述是學理上政務官與事務官的區分，但在法制實務上，事務官只是一種習慣用語，我國沒有任何的公務人員法令採用「事務官」一詞，雖然有些人將事務官等同於最狹義的公務人員定義，但實務上事務官的概念是模糊不清的。在我國的公共人力資源法制，普遍用語是公務員或公務人員。另外，我們也會見到「常務人員」一詞，但目前它尚非正式的法定用詞，考試院在公務人員基準法草案中，希望重新界定公務人員的定義，將常務人員界定為「各機關組織法規中，除政務人員、法官與檢察官外，定有職稱及依法律任用、聘任之人員」，[7]此一範圍比最狹義的公務人員還廣，包括聘任人員、醫事人員等，但目

---

[7] 詳見民國100年1月27日考試院第11屆第122次會議通過之公務人員基準法草案第5條。

前尚未通過。

　　我國在法制上沒有統一的公務人員定義，而實務上關於事務官的界定，普遍的看法是最狹義的公務人員範圍，也就是永業文官，但並無定論。至於政務官，同樣沒有統一的定義，也是依法律來框定政務官的範圍。我國的政務官，目前在法制上的正式用詞是政務人員，專為政務人員制定的法律僅有「政務人員退職撫卹條例」，依該條例的第 2 條的規定，指下列有給之人員：

一、依憲法規定由總統任命之人員。

二、依憲法規定由總統提名，經立法院同意任命之人員。

三、依憲法規定由行政院院長提請總統任命之人員。

四、前三款以外之特任、特派人員。

五、其他依法律規定之中央或地方政府比照簡任第 12 職等以上職務之人員。
　　至於上述五款究竟是指哪些人呢？

一、依憲法規定由總統任命之人員。指的是行政院院長（憲法增修條文第 3 條，以下簡稱憲增；憲法則簡稱憲）。

二、依憲法規定由總統提名，經立法院同意任命之人員。指的是司法院大法官、考試院的正副院長及考試委員、監察委員等（憲增 §§5～7）。

三、依憲法規定由行政院院長提請總統任命之人員。指的是行政院副院長、各部會首長及不管部會之政務委員。（憲 §56）

四、前三款以外之特任、特派人員。指的是國家安全會議秘書長、國史館館長、五院的秘書長等。

五、其他依法律規定之中央或地方政府比照簡任第 12 職等以上職務之人員。所謂「比照簡任第○職等」，意涵是指該職位的職責程度相當於簡任第○職等，但該職務之性質偏向於政務官，不適合以事務官方式進用，於是將其等級定為「比照簡任第○職等」，同時也比照該職等給薪。依我國實務情形，各部會的政務次長為「比照簡任第 14 職等」；二級獨立機關（如國家通訊傳播委員會）之委員及直轄市政府所屬一級機關首長為「比照簡

任第 13 職等」；至於縣市政府部分一級機關首長為「比照簡任第 12 職等」。第 5 款即指上述人員。

從前述說明，可知我國在實務上如同一般民主國家，也有政務官與事務官之分，然因過去政黨政治向處萌芽階段，以致在體制上也就難以截然劃分。政務官之相關人事法制除「政務人員退職撫卹條例」外，其餘大多準用事務官相關規定。考試院有鑑於此，在民國 83 年起便著手研擬政務人員法草案，希望合理建構政務人員與常任文官的二元體制，政務人員是高風險、低保障，常任文官則是低風險、高保障，二者依不同管道及方式延攬進入政府系統服務，分別扮演不同角色。可惜的是，政務人員法草案經考試院與行政院五度會銜送請立法院審議，仍未獲立法通過。

據銓敘部的統計，111 年底全國政務人員共計 460 人，其中特任 141 人，部長級以上的政務人員，皆屬特任，例如五院的正副院長、各部會首長、大法官、考試委員及監察委員；比照簡任第 14 職等 71 人，各部會之政務副首長，一般皆列為比照簡任第 14 職等；比照簡任第 13 職等 185 人，中央二級獨立機關之委員及直轄市政府一級機關首長，列比照簡任第 13 職等；比照簡任第 12 職等 63 人，縣市層級一級機關首長（或一級單位主管）屬之。值得注意的是，108 年 4 月修正之國家運輸安全調查委員會組織法，組織定位為相當中央三級獨立機關，此為中央三級獨立機關之首例，其正副主任委員職務分別是比照簡任第 14 職等及比照簡任第 13 職等，至於專任委員職務則是比照簡任第 12 職等，這是中央機關首次出現比照簡任第 12 職等之政務人員，未來是否會繼續擴張政務人員的範圍，值得關切。[8] 按機關層級區分，中央各機關 226 人，占 49.13%，以特任較多；地方各機關 234 人，占 50.87%，以比照簡任第 13 職等較多。按性別分，男性 349 人，占 75.87%；女性 111 人，占 24.13%（銓敘部，2023：3）。

8　行政院曾建議將部分中央三級機關首長改列為政務與常務雙軌制，若此一建議獲立法通過，亦會進一步擴大中央政府政務人員之規模。

表 3-3-1　全國政務人員人數　　　　　　　　　　　　　　　　　　　單位：人

項目別	總計	特任	特派	政務 1 級（比照簡任第 14 職等）	政務 2 級（比照簡任第 13 職等）	政務 3 級（比照簡任第 12 職等）
102 年底	458	151	－	65	167	75
103 年底	424	131	－	62	179	52
104 年底	450	136	－	67	179	68
105 年底	449	134	－	68	174	73
106 年底	465	141	－	68	176	80
107 年底	411	148	－	62	149	52
108 年底	478	152	－	68	188	70
109 年底	479	144	－	71	187	77
110 年底	481	139	－	72	190	80
111 年底	460	141	－	71	185	63
中央各機關	226	141	－	58	25	2
地方各機關	234	－	－	13	160	61
男性	349	111	－	59	130	49
女性	111	30	－	12	55	14

註：政務人員法草案（101.6.25）第 3 條，政務人員之職務級別，區分為特任及政務 1 級至政務 3 級。
資料來源：銓敘部（2023：3）。

　　綜上，在我國的環境系絡下，政務官與事務官的區分只是學理的概念，實務上的名詞為「政務人員與公務人員（或公務員）」。其次，不論是政務人員或公務人員，都沒有統一的定義，而是依照各該適用的法律框定其範圍。再者，我國實務上所劃定的政務人員範圍，是以任命方式及層級來決定，只要是特任（派）或職務上係比照簡任第 12 職等以上之人員，皆屬政務人員，因此包括具有任期保障的大法官、考試委員等，也包括地方層級的局處首長，比學理上界定的政務官範圍更大。

　　至於我國在實務運作上，政務人員與公務人員的差異，主要如表 3-3-2 所示：

表 3-3-2　我國政務人員與公務人員的實務區分

	政務人員	公務人員
甄補來源	無特定來源，主要為政黨、學校、民間企業、非營利組織、媒體等	狹義的定義—國家考試及格 廣義的定義—除國家考試及格人員外，另包括約聘僱等
任用資格	除消極資格外，原則上無資格限制（屬政治任命）	依法考試及格、銓敘合格或升等合格
身分、任期保障	除有法定任期者（如大法官、考試委員、監察委員等）外，餘無任期保障	非有法定事由（如屆齡退休、考績免職、受撤職免除職務等），不得免職
績效考核與獎懲	不適用公務人員考績法，懲處限免除職務、撤職、剝奪、減少退休（職、伍）金、減俸、罰款及申誡	適用公務人員考績法及公務員懲戒法，懲戒處分包括：1.免除職務；2.撤職；3.剝奪、減少退休（職、伍）金；4.休職；5.降級；6.減俸；7.罰款；8.記過；9.申誡。
退休保障	不因去職後而有特別待遇或保障	退休後，享有政府退休養老之給付（退休金）

資料來源：作者自行整理。

個案討論：政務人員法制歸誰管？

　　考試院從民國 83 年起開始研議制定政務人員法草案，期間曾五度與行政院會銜送請立法院審議，但審議過程並不順利，迄今仍未完成立法。民國 108 年 10 月 3 日考試院召開審查會，審查銓敘部報送的政務人員法草案，行政院人事行政總處人事長施能傑，代表行政院提出三點主張，認為政務人員宜由行政院主管：第一，根據憲法增修條文第 6 條，考試院是國家最高考試機關，職掌公務人員的銓敘、保障、撫卹、退休、任免等法制事項，沒有及於非公務人員；第二，實務上，除了需要咨請立法院同意部分，幾乎所有政務人員過去慣例也都是行政院負責，包含管理跟薪水等，且從民主政治角度來看，政務人員有高度政治性、黨派性，因此由行政院提案後，送立法院審議比較合宜；第三，實例上，法官體系就是司法院主管，法官也是公務人員，但就非考試院主管。但人事長的發言，引起考試委員的反駁與不滿，並強調此法討論二十餘年，從未有人質疑考試院的法制主管權，政務人員三法都由考試院會銜行政

院，包括已完成立法的政務人員退職撫卹條例，行政院無異議，顯示認同考試院主管。不過人事長堅持立場，考試院副院長李逸洋裁示下次再議。

　　同年10月17日考試院第12屆第257次會議，考試院院長伍錦霖表示「……長期以來本院主管之官制官規法案，於提案函請立法院審議前，若事涉他院權責時，均以會銜方式辦理。政務人員法草案自民國87年至101年，業經本院五次會銜行政院函送立法院審議，其中僅少部分條文因兩院有不同意見而採兩案併陳方式，其餘並無歧見，更對於本院爲本法之主管機關從未置喙。……依憲法增修條文第6條所定本院憲定職掌，包括公務人員任免、級俸等法制事項，而政府機關設官分職，各司其職，人員任免所據之機關組織，除常務職務外亦包括政務職務，因此，政務人員法制事項難謂非屬官制官規之一環，從而人事總處認爲憲法所定本院之憲定職權，僅爲最狹義之公務人員見解，實爲首見。……」

　　政務人員法草案在考試院第12屆任內（103.9.1-109.8.31）並未再召開審查會，但並未表示爭議已隨著考試院改組而落幕。當政務人員法草案再被提上議程時，不論是由考試院或者行政主政，將可能重啓爭議。請問，你覺得政務人員法制該由考試院或者行政院主管？爲什麼？

參、政務官與事務官的互動

　　政務官和事務官的互動，是現代政府內部一個難解的習題，尤其是政務官與高階文官之間。因爲兩者扮演不同的角色，從不同的管道進入政府部門服務，先天上他們就不是「同路人」。但他們卻必須一起工作，我們甚至於可以說，雙方的良性互動與合作，是優質民主政治不可或缺的要素（熊忠勇，2012：111）。

　　關於政務官與事務官的互動模式，James H. Svara 在1985年根據政務官和事務官的「職責領域」，提出政策與行政二分的模式。Svara 再於2001年修正，以政務官「控制」程度與事務官的「獨立」程度區分成四個模式：

　　政策與行政二分模式如圖3-3-1，其中「任務」與「管理」是可以二分的，主要分屬政務官和文官的個別職責領域，中間的「政策」與「行政」則很難分離，是共同的職責領域。

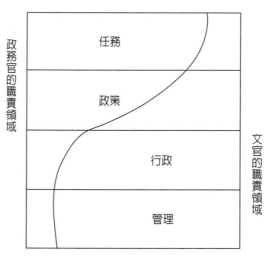

圖 3-3-1　Svara 之政策與行政二分模式

資料來源：James H. Svara (1985).

　　2001 年 Svara 修正其模式，他從政務官「控制」程度與事務官的「獨立」程度加以區分。政務官的「控制」，指的是有能力設定方向並維持監督，而事務官的「獨立」，意味著在政策形成時堅持其專業觀點，在實行時遵守職業標準。如果政務官的控制程度高，而事務官的獨立性低，則會出現如圖 3-3-2 左上角的情形，即政治主宰（political dominance）。如果政務官的控制程度低，事務官的獨立性也低，就會呈現右上角的情形，不是僵持局面（stalemate）就是自由放任（laissez-faire）。若是政務官的控制程度低，但事務官的獨立性高，那麼公務機關享有極大的自主性，稱之為文官自主（bureaucratic autonomy）。最後一種模式則是控制程度和自主程度都高，雙方願意互相報答對方的價值，強化另一方的地位與立場，也就是互補關係（Svara, 2001: 178-180；宋興洲，2010：11-13）。從理論上而言，在第四種模式中，雙方既能維持其角色與職責，又能維持合作的關係，在規範意義上值得作為彼此合作的參考。

　　Patricia H. Ingraham 與 Carolyn Ban（1988: 7-19）曾整理學者們的觀點，將政務 / 事務的關係區分為三大類別，即管理模式（management models）、道德倫理模式（moral/ethical models），以及政策模式（policy models）。管理模式以事務官的能力為區分，又可區分為中立能力模式、回應能力模式，以

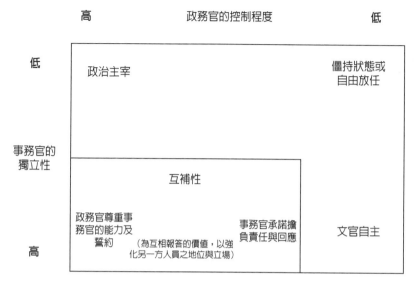

圖 3-3-2　政務官與事務官的互動關係

資料來源：Svara (2001: 179).

及管理能力模式。道德倫理模式則強調公共行政本身只是一種工具，其存在的
目的在於實現更高的價值，對於事務官而言，公共服務是一種召喚，它提供自
己實現更高價值的機會，此一模式又可細分為社會正義模式、公共利益模式，
以及政權價值模式。政策模式則強調政務人員以及事務官之間應重視如何妥適
地發揮公共政策的功能，以及履行二群體彼此之責任，此一模式大體可以區分
為總統控制模式、公共服務模式。

　　這些類別的區分，有些是從影響力、權力運作的角度觀之，難免造成零和
賽局的局面；有些強調的是行政或政治的崇高目的性，或有曲高和寡之疑慮；
有些模式則強調成果導向及顧客導向，完全向私部門看齊，忽略了公共組織在
許多層面仍異於私部門。作者認為，政務官與事務官，應透過相互理解，進而
體認彼此在工作上的需要，塑造出事務官願意奉獻，政務官願意尊重與傾聽事
務官意見的環境，雙方的信任與合作，乃是我國民主政治能否向上提升的關鍵
之一。

第四節　契約人力

政府「契約性用人」潮流，主要是由需求面（政府人力運用彈性化之需要）及供給面（人力市場結構改變）兩大外在環境因素所致（施能傑、蔡秀涓，2003：17-18）。

在需求面上，政府人力運用彈性化源自新右派主張「小而美」政府的概念，強調如何降低政府支出，同時達到更高的效能，成為各國政府努力的重要目標。在新公共管理者眼中，傳統文官體系顯得業務龐雜且財務沉重，不但要負擔常任文官的訓練、保障、退休生活，而且對於某些臨時性、專業性事務常顯得能力不足、難於應變。是以，契約用人制度（含人力外包、短期勞動派遣）在可有效降低人事成本（如訓練、福利、保險、退休金等），同時更具彈性，又可迴避許多繁瑣法令規範，並控制政府員工數量等考量下，遂成為各國政府追求的策略模式。此外，政府契約用人制度尚可達到減少失業率，增加就業機會；有效降低公務人員工會組織的影響力，強化控制；可擴大顧客主義，更能回應民意；也被視為是一種政府開放與改革的象徵（施能傑、蔡秀涓，2004：16-17）。

其次，在供給面上，由於環境變遷的影響，有愈來愈多的兼職工作者出現，也因此在前述政府需求考量以及當今人力市場結構的交互作用下，契約性用人制度成為了應因時代潮流下的產物，並提供政府及工作者更多元化的選擇。

何謂契約性公務人力？其定義、包括範圍與對象為何？依照我國現況及各國案例而言並沒有統一的解釋。施能傑教授認為所謂的「契約進用公務人力」應納入聘用人力管理條例，其中對契約性公務人力的定義為：「聘用人力只根據契約進用之全職或部分工時人力，視為各機關組織法規中所定總員額之人力。」（施能傑，2003）簡言之，契約人力一般是指政務人員及常務人員以外，以契約方式進用的政府僱員。我國政府過去在個單位中不具正式公務人員資格之人力，包括：聘用人員、派用人員、機要人員、約僱人員及職務代理人等。

為推動政府改造，提升國家整體競爭力，總統府於民國 91 年成立「政府改造委員會」，揭示改造願景為建立具全球競爭力的活力政府，並提出顧客導

向、彈性創新、夥伴關係、責任政治、廉能政府作為改造的五大理念,其中希望達成的目標包括「專業績效的人事制度」一項,後於91年9月15日通過提出「政府人力運用彈性化計畫方案」。考試院配合該方案著手進行研究,希望政府各階層人力運用更彈性活化,改行多元化方式任用管道,而非完全強調終身雇用的任用模式。整個政府人力運用彈性化計畫方案依據當前我國政府用人的態樣,分成三個子方案,包括「政務職位制度方案」、「高級行政主管職位制度方案」及「契約性職位制度方案」,其中第三個子方案是為我國推動政府契約用人制度之背景,針對契約進用公務人力之甄選、範圍、權利與義務等課題,全面加以探討與整合。該制度方案的重點大概有數項,歸納如下:

一、各機關符合下列三項條件之職務性質者,不論職位高低,都可申請將原有或新設職位改為聘用職位:(一) 職位性質不涉及公權力之規劃與執行者;(二) 職務性質在主管指導監督下涉及低度裁量決定之執行公權力者;(三) 職務性質需要高度專業知能或技術性工作經驗與教育背景,非現行國家考試方式最能鑑別適任程度者。

二、聘用人員得擔任機關內2級以下單位主管職務,但擔任1級單位主管要有一定資格要件與一定比例之限制。

三、契約性人力採取契約方式進用,其與國家間的法律關係原則上均採取公法上職務關係,但政府應可以保留採取更類似企業界實務之契約內容做法,而非完全比照終身雇用的公務人員。政府同時保留機關或職位裁併時不續約的權力。

四、契約性人力和公務人員人力之間不交流,各自試用其人力資源管理制度,契約性人力在不同機關之間也不具備相互遷調的權力。

民國98年2月,考試院成立了「考試院文官制度興革規劃小組」,歷經四個月的研究和審議,完成「文官制度興革方案」。在「統整文官法制,活化管理體系」項目中,推動一些文官制度變革的基礎性立法工作,其中包括推動公務人員基準法,確立政務、常務人員及契約用人三元管理法制體系,並試圖將各類人員過去散見在不同人事法令規章的管理措施,加以統整規劃。

為明確規範所適用之法律進用關係,並健全政府契約人員之工作權益,行政院人事行政總處再於民國109年6月擬具「聘約人員人事條例」草案,希望建置健全的聘約人員人事制度。基於聘約人員具執行政府公共事務之特性,與

私法契約進用人員性質有別，該條例確立聘約人員和政府間屬公法契約僱傭關係，且明定各機關應透過公開競爭遴用程序，進用具符合特定教育或工作專業經歷之聘約人員，並以績效續約、績效激勵和薪資衡平等原則，作為人力資源管理的指導準據。

聘約人員因職務性質有別，具有進用期限，各機關遂依年度工作考核之結果，作為續約與否之參考，其中工作考核優等者，將給與獎金等激勵措施，前開管理措施亦不同於公務人員，意在引導聘約人員持續開發專業能量，精進工作品質。再者，為確保國家公共事務之推動達最大公共利益，聘約人員遵行之公務服務行為規範或義務應與公務人員趨近一致，其差勤管理制度亦應採相近規定。又在與公務人員俸給制度衡平之考量下，薪資設計宜更具彈性機制，期能吸引各類跨域專業技術人力。同時，衡酌聘約人員工作生涯應得於公、私部門交流，因此採勞工退休與保險制度之適用，以維持職場轉銜之順利。

研議中之「聘約人員人事條例」規定含括聘約人員之定位、進用、給與、服務事項、工作考核、契約終止、轉換機制、救濟保障等內容，以確保政府聘約人員引進之需求。該條例草案分七章，其章名分別為「總則」、「進用」、「給與」、「服務行為規範」、「工作考核」、「契約終止」、「附則」。條文計 48 條。其要點如下：

一、本條例之立法目的、用詞定義、計畫書許可、職務範圍等規定。（草案§§1~4）

二、聘約人員之進用，包括進用等別、積極資格之一般及例外條件、消極資格之一般及例外條件、進用程序、契約期間等規定。（草案§§5~17）

三、聘約人員之給與保障，包括薪資支給條件及特別事由、保險、退休、撫慰金、退撫給與權利保障、留職停薪等規定。（草案§§18~24）

四、聘約人員之服務行為規範，包括工作時間、請假期間限制、遵守國家規範、行政中立、利益衝突限制、兼任職務限制、保密義務及言論限制、離職後職務限制、離職移交義務等規定。（草案§§25~33）

五、聘約人員之工作考核，包括工作考核內容及期間、工作考核法律效果、考核等第之條件等規定。（草案§§34~37）

六、聘約人員之契約終止，包括機關終止契約及前置程序、個人提出終止契約等規定。（草案§§38~41）

七、聘約人員之救濟保障程序、參與協會、現職人員轉換機制、緩衝條款、職
　　務代理人等規定。（草案§§42～45）

八、本條例於行政院以外之中央政府機關準用規定。（草案§46）

九、本條例施行細則及施行日期由行政院以命令定之。（草案§§47、48）

　　然而，針對本草案中的規定，仍有論者認為還有許多值得商榷之處，如：
將各種契約人員統一規定，因人數更多、種類不一，職務列等只有五個，顯然
不夠充分。其次，條例規定因聘用人員無須經公務人員考試及格，卻支給較高
之薪俸，且無相關法定進用資格規範，將造成不公。[9]再者，聘約5等者得任用
的職務竟然跨越公務人員四個職等，顯不合職位分類制精神；列聘約5等的資
格要件過於寬濫，性質相關職務之界定與個案探討應為慎重。草案中規定，3
等至5等的聘約人員，可在進用滿三年後擔任或兼任機關機構組織法規定有職
稱職等的職務，也引起批評。這些機關構及相關職務之界定，以及有關的甄審
與競爭評比過程，確實令人關注。總之，這類人事法案應有更適度的分類，並
注意與公務人員之衡平。

第五節　彈性化與策略性趨勢

　　本章從學理和實務上探討「公務人員」的定義，並從最狹義到最廣義的
角度，分別詮釋在不同法制和應用上之公務人員的內涵。其次探討政務官、事

---

[9]　有論者認為「聘約人員人事條例」草案中對於契約進用人員分為聘用1等至5等，以5等
　　為最高等別。聘用5等者，得擔任約如公務人員簡任第10職等至第13職等職務。首先，
　　契約進用人員得包括現今所稱聘用、約僱、機要、聘任、派用等五類人員。其中，約
　　僱的等級以5等最高，報酬薪點最高為330點；聘用人員的等級以5等最高，最高可達公
　　務人員簡任第13等，報酬薪點最高達790點。如今人事行政總處擬將各種契約人員統一
　　規定，則人數更多、種類不一，職務列等只有五個，顯然不夠充分，但又以最優渥之
　　類型為標準。上述規定，恐有不妥。參閱黃錦堂，〈聘約人員職等 別糊弄〉，《中時
　　電子報》，https://www.chinatimes.com/opinion/20200719003035-262105?chdtv（檢索日
　　期：2020/7/19）。

務官及契約人員的角色，並分析其在當前政府政策執行及公共服務上的功能，認為三方的良性互動與合作，是優質民主政治不可或缺的要素，也從中體現出「高等文官」（higher civil service）在公務人力運用上的角色與責任，以及彈性化與策略性公務人力資源的發展方向。

壹、高等文官的角色與責任

　　高等文官為各國政府人事制度的骨幹，也是近年來公共政策制定過程重要的一環。因此，高等文官制度改革成為各國在公共人力資源管理上極為重視的環節。在層次上，高等文官的上層為政務官，是政務官決策的諮詢者或參與者；其下層即一般中下層級事務官，這又使高等文官成為一般文官之監督者與管理者。高等文官的角色與職能，承上督下，重要性於此可見。綜言之，高等文官的角色可以概分為：

一、政治上，高等文官參與政策規劃與政策分析，為現代政府機關所強調「策略管理」與「績效管理」之規劃者與參與者。

二、行政上，高等文官肩負著主要執行者的角色，居於文官體制中之監督與主管層級，對於政務官具有輔佐、諮詢的職能，而對於中低階層文官，則具有監督、管家之職責。

三、管理上，從策略管理、績效管理，以至人、財、事、物等資源管理，皆須仰賴高等文官的監督，也著重授權分權、協調溝通等管理能力技巧之運用。

四、高等文官是兼具通才與專才的角色。早期之文官較屬通才的性質，目前高等文官已經逐漸重視其專業角色，以因應時代的需求。

　　為減少「官僚化」、「政治化」與「世襲化」之社會背景對於文官制度發展之負面影響，在規範高等文官的管理體制上，應強調考選、甄補、待遇、考核與培訓法制上改進。各國的高級文官制度基本上都受到各國政治文化的影響，而發展出不同的制度設計。如：英國係以創新、多元及具有凝聚力之高級文官為目標，以提供維持政府核心價值所需的領導能力與挑戰機會；而美國則是希望藉高級行政主管職制度，確保高階行政人員對國家目標、政府政策、社

會需求具備回應能力，並追求最高的品質。

　　若以光譜方式來分析各國高等文官設計上的差異，光譜的一端，是政府扮演強力介入的角色，從高級文官的最初培養階段開始，不論是考試、訓練，以及生涯管理等公共人力資源管理的環節，都是由中央政府統一管理；而光譜的另一端，則是 1980 年代以來所採用「市場型態」（market type）方法，來取得及培養高級文官的模式，即中央政府扮演輕微的協調角色，明確公布所有的高階職位，讓所有符合技能和知識條件者皆能參與競爭。採用兩個不同型態的國家，將不可避免地採用不同的措施來矯正制度缺陷，因此，經濟合作暨發展組織（OECD）國家在探討如何建立高級文官制度時，建議讓各個部會機關擁有相當人事運用彈性的空間，以適應各機關的特殊需求（考試院研究發展委員會，2005：214-216）。

　　表 3-5-1 比較英、美、日、法、德五國高等文官之發展背景、職位範圍、考選及培訓方式等，瞭解其等高等文官體制，亦藉此省思當前我國高等文官體制的優勢與不足。

　　各國高等文官制度發展至今，多以專業化、績效化等增進效率的概念為主要考量，較少從高等文官組織的「價值」去檢討制度的缺失，但不管組織、範圍、考選及培訓制度上的革新都能充實、增進高等文官之內涵，讓政府治理更為順暢及和諧，但仍不免有些組織病態或機關本位主義的遺緒存在，而且不乏為了績效而與其他機關衝突的案例，縱使是先進國家，至今也很難完全避免。

　　健全高等文官制度除了可促進政府內部管理的效率與效能，更是對外展現治理能力的樞紐，除了公義價值、專業職能外，未來也必須強化與民意結合，展現溝通與協調的能力，成為跨領域、跨部會協調的重要推手，不但有助於政府內部及政府與企業的合作，更是國家能否良善治理的重要關鍵。

表 3-5-1　主要國家高等文官制度比較

國家 項目	英國	美國	日本	法國	德國
制度確立	1996 年	1978 年	1894 年	二次世界大戰	18 世紀
改革依據	1968 年傅爾頓報告	1978 年文官改革法	二次世界大戰	各共和政府	1919 年威瑪憲法
文官體系	職位為基礎	職位為基礎	職涯為基礎	職涯為基礎	職涯為基礎
人才培育方向	行政通才 （現多為專才）	行政通才	技術官僚	通才教育 專業行政	法學知識
重要法源	考試法	文官改革法	國家公務員法	文官法	聯邦公務員法
名稱	高等文官（SCS）	高級行政人員（SES）	上級官職	A 類與超類之高級政治任命文官	高等職與政治職中之高級文官
職稱	超級常次 一般部會常次 第二常次 助理次長 副助次 司處長級 副司處長	次長 助理次長 副助次 司處長	事務次官 局長 部長 審議官 課長	專業技術官僚 一般行政官僚 高階政治任命文官	科長至參事 常次 局長 司處長
職等區分	G7-G1	16-18 職等	課長級以上	超類、A 類	13-16 職等
考試機關	文官考選委員辦公室	文官委員會	人事院及內閣府、各省廳	國家行政學院	聯邦政府考試委員會
考試類別	高考	高考	I 種試驗	外部考試 內部考試	公務員會考高等職文官考試
考試方式	筆試 面試	實作 筆試 口試	教養測驗 專業測驗 綜合測驗 人物測驗	初試 複試（筆試、口試、體能測驗）	筆試 口試
培訓機關	文官訓練學院	聯邦行政主管訓練學院	公務員研修所	永續進修處	聯邦公共行政訓練學院
培訓內容	訓練偏重於政策規劃、行政管理、理念思考與專業知識	領導與專業知識課程、調訓高級主管	職前訓練 在職訓練 在外研究員制	實習 學業研習	勤務訓練 實習 在職訓練

資料來源：許南雄（2010）。

貳、彈性化與策略性公務人力資源的運用

行政院自民國 82 年即提出「組織精簡化、機關法制化、員額合理化、經營現代化」四項原則，研擬「行政革新方案」，以「廉潔、效能、便民」為革新重點，期能樹立「以民為主，依法行政」的施政理念，希望達到建立「廉能政府」之總目標。民國 86 年，大力提倡「政府再造」之理念，希望將企業經營理念引進政府之行政運作，以期建構一個具競爭力的「企業精神政府」，加強行政效能與效率，使僵化遲緩的官僚機構轉變成具有革新及適應能力的政府組織，進而達到提升服務品質與滿足民眾需求的目標（陳岳，2002）。

雖然我國行政改革的工作從未間斷，然而，檢視過去種種的行政革新方案或措施，都或多或少遭遇到執行上的障礙。觀察各國政府再造的成敗，除了各種外在政治、社會、經濟和環境因素之外，政府內在官僚行為的阻力也是重要關鍵。政府除了必須因應政經結構的調整，更直接要面對的就是「官僚體系」的改革與再造。策略性人力資源管理是公務人力資源管理的新方向，在政府再造工程開展「企業型政府」、「顧客導向」和「學習型政府」策略目標的指引下，公務人力資源管理的工作也要相應的配合，重要的原則如下：

一、重視人力資源規劃

是指為配合組織發展需要，對未來所需人力資源的類型、品質、數量及進用時機等加以預估，並對需用人力資源的培訓及適時獲得之管道等，作前瞻性規劃，以期人力資源與需要密切配合，達成組織目標。

二、加強人力資源培訓

訓練是人力資源發展的主要途徑，它是以組織發展的需要與永業規劃的方式來促進個人發展。成功的訓練，必須審慎的規劃，首先要確認訓練需要，然後根據訓練需要，設定目標，進而規劃課程、師資、教法、方式及期程等，最後還要有周密的評鑑（evaluation）。

三、實施人力資源品管

透過全面品質管理（TQM）方式，以不斷改善組織為基礎的指導原則。運用計量方法與人力資源方法，改善產品與服務，使顧客需求獲得一定程度之滿足。

四、建立人力資源管理工具與誘因

包括(一) 員額精簡、工作簡化、組織重組、法規整併、實施授權等作業，同時以員額編制及預算控制方式，防止員額膨脹；(二) 績效薪俸制度的配合，從消極性的同工同酬，導入較為積極的績效薪給（pay-for-performance）觀念；(三) 管理資訊與科技的運用，使未來的工作者有可能獨立控制產出、投入、通訊，及資訊之利用。資訊工具亦能協助主管做出更快、更好的決策。人力資源管理資訊化，對於增進管理的效能及品質將有莫大的助益。

在推動彈性化公務人力資源發展方面，可從以下方面著手：

一、推動公共服務外包，管控績效與品質

政府面臨財政短缺、資源稀少，但人民要求卻相對提高的情形下，可以透過政府角色與職能的重新調整規劃，運用簽約外包（contracting out）方式，將公共服務移轉民間辦理，政府扮演「導航」的角色。不僅善用民間資源，活化公務人力運用，且促使公共服務更有效率與品質。

二、有效運用非典型公務人力，展現彈性人力優點

由於民眾對政府服務品質要求不斷提高，需求的種類日趨多元化，公部門傳統金字塔式組織已無法有效因應變局，其所設置之常任職務與固定分工設計勢必要隨之調整。以追求「小而美、小而能」的高效能政府是一種共識，在人力資源再造風潮中，臨時人力不但在數量上持續成長，運用型態也更推陳出新。

三、擴大運用民間志工參與公共事務

　　政治進步，經濟繁榮及社會開放使民眾自主性提高，對政府的服務要求更多更好，使得政府各級公務員備感壓力，經費支出負擔隨之增加。然而在各機關人力精簡、凍結的限制下，引進公共志工，協助政府從事公共服務，應該是一種可行之途徑。我國義勇警察、義勇消防隊、義勇交通隊等組織運作已有悠久歷史，其經驗可以成為政府機成立志工組織時的參考。

四、推動政府機關與民間機構人才交流

　　面對資訊科技與網路傳輸快速發展時代，政府部門或民間機構，如何廣泛交換新知與經驗，提升管理能力及行政效能，以滿足民眾需求。由於政府部門與民間企業，人員進用制度不同，理念目標亦有所不同，因此，目前很難有效交流。現行政府機關與民間機構之人才交流相關留職停薪辦法及借調規定，可以擴大適用對象，使其成為彈性化人力資源一大助力。

五、落實公務人員終身學習機制

　　為提振官僚行政能力，後官僚組織的特徵已由「效率」為先考量，轉變為對「服務品質」和「民眾評價」的重視：由「控制員工」轉變為「贏得員工認同」。換言之，現代組織設計應轉而重視員工的協調互動與對話，重視人的主觀意識及其潛能之激發，成為促使個人及組織精進的最重要途徑。

六、積極規劃退休人力再運用

　　近年來，公務機關辦理自願提前退休之比例有逐漸增高之趨勢，從國家培育人才的角度而言，確實造成人力之浪費、流失。因此，如何有效運用此種退休人力，使充分將所長再提供給社會，亦不失為有效之補救措施。再運用規劃可朝公益的、社區發展的、國家文化轉型等層面來進行，而其具體的做法有：設立退休公務員人力資料或退休人力資源網站，以利進行轉業訓練；建立公務

智庫，由政府整合退休人員之專業，成為政策智庫，提供諮詢，以免形成經驗斷層；建立退休公務人員志工網路，將其資料提供給各種需要志工之機關團體使用，並鼓勵他們參與非營利組織工作，可彌補人力之不足，提升工作效益，對國家社會之進步做實質貢獻。

參考文獻

考試院，2009，《變革中的文官制度：介紹「文官制度興革規劃方案」》，考試院。

考試院研究發展委員會，2005，《高級文官考選與晉用制度之研究》，考試院。

吳庚，2017，《行政法之理論與實用》（增訂 10 版），三民書局。

宋興洲，2010，〈行政中立的弔詭〉，《T & D 飛訊》，107：1-21。

李惠宗，2013，《行政法要義》，元照。

林紀東，1978，《行政法新論》，三民書局。

施能傑，2003，「提升競爭力為目標的文官體制改造方向」，發表於考試院舉辦之「政府改造文官制度影響」座談會，10 月 14 日。

施能傑、蔡秀涓，2003，〈契約人力運用之理論與現實〉，《公務人員月刊》，81：15-26。

許南雄，2010，《各國人事制度》，國立空中大學。

陳岳，2002，〈從公共管理發展趨勢檢證我國公務人力資源管理之發展〉，《三民主義學報》，25：81-97。

熊忠勇，2009，〈我國公務倫理的困境與出路〉，《哲學與文化》，36（1）：45-68。

熊忠勇，2012，〈合作還是背叛？談政務官與高階文官的互動倫理〉，載於高雄大學政治法律學系編，《職場權責與專業倫理》，巨流圖書。

銓敘部，1996，《文官制度改革系列叢書第三輯—公務人員基準法專輯》，銓敘部。

銓敘部，2023，《中華民國 111 年銓敘統計年報》，銓敘部。

蔡良文，2018，《人事行政學—論現行考銓制度》，五南圖書。

Ingraham, Patricia W. and Carolyn R. Ban. 1988. "Politics and Merit: Can They Meet in a Public Service Model?" *Review of Public Personnel Administration*, 8(2): 1-19.

Svara, James H. 1985. "Dichotomy and Duality: Re-conceptualizing the Relationship Between Policy and Administration in Council-Manager Cities." *Public Administration Review*, 45(1): 3-17.

Svara, James H. 2001. "The Myth of the Dichotomy: Complementarity of Politics and Administration in the Past and Future of Public Administration." *Public Administration Review*, 61(2): 176-183.

第四章　考選制度

黃榮源、程挽華

摘要

公務人員考試制度是為政府機關考選優秀公務人力，它扮演了推進國家競爭力的重要角色。「公務人員考試法」為我國現行規範整體公務人員考試制度運作的主要法律，其主要特色是在貫徹考用配合，立基於公開競爭原則，維護考試之公平公正公開為主要宗旨，透過公務人員考試法制架構，我們可以梳理出現行公務人員考試的面貌及內涵。

本章第一節探討考選對健全文官制度的影響，以及文官考選的意義、歷史演進、原理及原則，包括：公開競爭、擇優錄取、功績主義、考用合一等概念。第二節從我國公務人員考試法制擇選五個重要議題進行論述，分別為一、考試種類與應考資格；二、多元考試方式；三、正額錄取與增額錄取；四、保留錄取資格；五、限制轉調。第三節舉出公務人員考試法規定之保留錄取資格及限制轉調兩個值得關注的考選實務議題，探尋公務人員考試法制實務沿革情形，瞭解考選機關為因應機關實務用人需求，強化考用配合政策，致力於衡平機關用人需求與錄取人員權益，並透過制度設計因勢利導，有效達成拔擢合格適用人才蔚為國用之目標。第四節分析當前考選制度的優劣、限制及興革意見，包括公務人員考試制度變革趨勢，以及因應高齡化、少子化危機應有的措施。

第一節　公務人員考選的原理與原則

　　政府為推動政策與處理業務，必須任用適合而勝任的人員，現職公務人員不免有因考績、傷亡、退休，或其他生涯發展原因而去（離）職者，亦需選用新人，以資補充。且因政府功能時有擴張，除加強培訓人員之外，也必須網羅

新血，藉以延續。如何選得適才適任的人才爲政府服務？成爲公共人力資源管理中的一大課題。本節將概述文官考選的目的、學說及原則，並針對當前我國公務人員考選制度的特色、運作及程序加以說明。

壹、文官考選的目的

考選制度之目的，乃是在於選拔人才，從事各方面工作。國家考選公務員，一方面是希望有專門人才爲民服務，另一方面也是統治階層與被統治階層的一種交流，將人民甄拔進入政府機構服務，使被統治者有機會變成統治者。目前世界各民主國家，由國家機關舉辦考試甄拔人才，成爲一種常態。一般而言，以考試方法來選拔政府公務人員可以達到選拔優秀人才、救濟選舉之窮、消除分贓政治，以及促進社會流動等目的（蔡良文，2018：178）。說明如下：

一、選拔優秀人才

可以透過考試，找到具有能力、本領的人，有才識者，也可以因爲考試，而不會被埋沒。如果因爲沒有考試制度，一般不懂政治之人，都可透過各種辦法進到政府工作，可能導致弊端叢生，人民怨聲載道。而在朝當官者，如任意任用私人，政治必將日趨腐敗。所以國父在五權憲法講詞中說：實行了五權憲法以後，國家用人都要照憲法去做。凡是我們人民的公僕，都要經過考試，不能隨便亂用。

二、救濟選舉之窮

傳統西方民主政治，以選舉來彰顯民意，作爲政權合法性的象徵。而選舉結果，每每變爲權勢與財富之選舉，也容易形成民粹盲從，濫選的結果，讓政府品質日趨低下。在民主政治選舉成爲必要之舉時，不得不透過公平的考試，以補救選舉弊病，爲國家網羅賢才。

三、消除分贓政治

　　過去民主國家，如美國，曾長期受困於「分贓政治」，即官吏的任用不經考試，而是憑藉政黨或私人的關係進入政府。雖然民主設計乃是以民意為依歸，由最大黨執政，符合責任政治精神，但如此一來，恐將國家名器當作政黨政治戰利品，選舉勝利之政黨，就取得政府中所有大小職位，容易造成酬庸政治，很難避免結黨營私，貪污腐化。而且「一朝天子一朝臣」的結果，亦造成政治更迭不穩定的狀況。因此，美國終於在 1883 年開始實施考試用人的「功績」制度，凡是民主自由的國家遂普遍實行「政治─行政」二分、文官考選制度，來保持政治清明。

四、促進社會流動

　　以考試取材用人，是目前最公正、客觀的方法，無論貧富，均可藉由公開競爭的考試而登仕途，為國服務。過去西方做官者均為皇親貴族，中國傳統雖有類似弊端，但很早即舉辦科舉考試，無論平民貴族，一經考試及格，即可進入朝廷做官，甚至備位卿相。近年臺灣地區透過公平的國家考試制度，讓所有人皆可進入政府，就算貧農之子，亦可晉升仕途，為國服務，確實有促進社會階級流動之功能。

貳、文官考選的學說

　　民主社會之中，人才之選拔，有下列幾種方式（張金鑑，1966：80-85）：

一、選舉說

　　一般民主主義者，均主張以選舉方式用人，因人民有選舉公僕之權利，認為要保障人民之權利與福祉，且防止官吏濫權及枉法，官吏應由人民選舉產生，才能加以控制監督。也透過任期制度，實施官吏輪換，平均人民服官之機

會，此為官吏民選說者所持之理由。但官吏民選，只注意到政治控制，而忽略行政效率。以選舉方式選拔人才，常因政治因素的影響，難以達到適才適所之效果。尤其是政府大小官吏皆經由選舉產生，則人民可能困擾於投票頻繁，就現實而言，非民眾之所期待。因此，選舉應該只限於某些職位。

二、委派說

主張政府機關之公務人員及工作人員，應由其主管長官負責委派之。如此，可獲得較為合理之專門人才，而達到人適其才，才適其用的效果。此制度的優點雖為權力集中，責任確定，指揮較易，但主管長官之權力過大，若無客觀委派之標準，又無外界力量之牽制，容易憑個人之好惡，引用私人，或因個人判斷不當，委派不堪勝任人員，更易造成人治而非法治的弊端。

三、考試說

為免除選舉制與委派制下的弊端，吏治改革運動者，乃主張採用考試方式辦理公務人員之甄補，並以客觀標準，舉行公開競爭之考試。凡合乎所規定之標準及成績最優者，可當選為政府之公務人員或公務人員候選人。在此制度下，足以避免主管長官之武斷，得循一定標準與制度選拔人員，讓人人有競爭之機會，在政府方面更能依據一定標準選得最有用之人才。此種制度既無選舉制之混亂危險，又免委派制下之分贓可能，較為現代行政學者所稱頌。

四、混合說

現代民主的制度，純以考試或選舉而產生之官吏，似不能完全適應社會的需要，於是乃有折衷說之興起。此派主張將選舉制與考試制合併運用，其辦法有：(一) 對政府負有政治責任之政務官與擔任統率責任之行政首長，如：總統、縣（市）長以及各地民意代表，均以選舉方式產生，並定有任期；(二) 對執行政務，以具備技能為資格條件之事務官，則應以考試方法任用之，不受政治主張或政黨輪替之影響，其地位是常業或終身的。

參、文官考選的原則

一、公開競爭、擇優錄取

依據中華民國憲法第 85 條規定：「公務人員之選拔，應實行公開競爭之考試制度……非經考試及格者，不得任用」公務人員考試法第 2 條規定，公務人員之考試，以公開競爭方式行之，其考試成績計算，除另有規定外，不得因身分而有特別規定。「公開競爭」是指舉辦考試時，凡中華民國國民，年滿18 歲，符合各該考試應考資格相關規定，且無法定不得應考情事，皆得報名分別應各該考試，並按考試成績高低順序擇優錄取。惟所稱擇優錄取，其筆試科目有一科成績為 0 分，或特定科目未達最低分數，仍有不予錄取之限制。

上述原則之目的在避免瞻恩徇私或黨派分贓的流弊，以客觀、公平、公正、公開方式對外徵才，凡具有資格及意願者皆可報名參加，競爭機會均等。

二、功績原則、人才主義

美國在 1883 年通過潘德頓法（Pendleton Act），主張以「功績原則」來甄選人才，其目的在於改革過去「分贓制」（spoils system）的流弊，透過公開考試方式選拔才德之士，以減少貪瀆腐敗。所謂「功績原則」，是指行政機關對於人才的選用、陞遷、調遣，強調依其個人之能力、資格及績效等客觀性因素為考量。該制度之主要特點有：

(一)考試用人：事務官須經由考試任用，強調才能取向與公開競爭。

(二)專才專業：文官任免升遷以能力為考量，非考量政黨、血統、關係或階級。

(三)職位保障：文官「永業化」，職位任期有法律加以的保障。

(四)行政中立：文官制度「去政治化」，不受政黨輪替、政權更迭而影響。

我國現行人事制度也是以功績制為基礎，主要規範於公務人員考試法、任用法、俸給法及考績法等四部人事法令中，希望藉此達到考試取才、依法任用、同工同酬、獎優汰劣的目標。

三、教考訓用合一

公務人員必須經考試錄取並接受分配後，始得接受訓練；而訓練期滿成績及格者，方可由機關分發任用。因此，訓練為考試的程序之一，而又與任用相配合，故為「考訓用合一」。

而人才的育成，應從教育養成開始，再經過考選、培訓到任職，是一連串互相扣合並接續開展的過程。我國考選部作為銜接人才教育養成端與人才需求端之重要橋樑，必須與其他環節緊密連結，才能更加提升考選人才的效能，使人才學有所成、學有所用，並且適才適所。現行公務人員考試部分技術類科長年面臨需用名額未能足額錄取的窘況，又因社會發展快速，專技人員職業型態與工作內容亦多有變化，專技人員考試內涵有配合職業變化趨勢而適時檢討調整之必要。因此，考選部近年研議依專業類別成立教考訓用精進平臺，邀集相關機關學校及專業團體人員，設定議題定期討論，期藉由上下游工作的互相瞭解、互相補強，使教育、考選、訓練與用人單位共同建立公務人員職能標準，讓人才到位，提升考選效能。[1]

肆、當前我國公務人員考選的運作與特色

公務人員考試的功能，在政治方面就是機會平等和公平競爭；在行政方面就是透過公開競爭考試選拔優秀人才，以確保政府治理能力。無論是從功績用人，或是依據憲法精神，我國公務人員之選拔，均以公開競爭之考試制度，挑選任用具有才能與資格之人，並設置憲法機關考試院專責考試工作，其中試務由考選部或由考試院核定之受委託機關辦理，典試則於舉辦各種考試時組成典試或主試委員會負責，監試則請監察院派員參與。公務人員考試的舉辦，通常包括下列步驟：

---

[1] 參閱2020，〈考選部建立教考訓用專業整合平台，以精進公務與專技人才之選拔〉 https://wwwc.moex.gov.tw/main/news/wfrmNews.aspx?kind=3&menu_id=42&news_id=3989（檢索日期：2020/6/17）。

一、調查任用需要：向用人機關調查近期內各出缺職務需用人員的類別、等別及人數。

二、決定考試類科與等別：根據調查所得資料，決定應行舉辦考選之類科、等別及各項錄取名額。

三、決定應考資格與應試科目：根據近期內各出缺職務所需的學歷與經歷等資格條件，訂定各類科及等別的應考資格。

四、選定考試方法：考選的方式有筆試、口試、實地考試、著作及發明審查、資歷及考績文件審查等多種，需視應試科目內容選用或並用之。

五、舉行考試：通常依 (一) 公告；(二) 報名；(三) 審查應考資格；(四) 舉行智力測驗、性向測驗；(五) 舉行成就測驗，就擬任職務所需學識、經驗或技能進行測驗；(六) 榜示。

　　綜之，我國公務人員考試制度有以下幾項特色（賴維堯等，2007；許道然、林文燦，2015）：一、奉行公平、公開、功績用人，同時兼顧弱勢（身心障礙、原住民族及退伍軍人等）照顧；二、常態考試與特種考試兼行，強調特考特用，並限制轉調；三、考選任用合一，配合用人機關需求；四、筆試為主，其他考試方式為輔；五、確保用人機關用人需求，推行限制轉調制度等。相關公務人員考試的法制議題，將於下節加以探討。

第二節　公務人員考試的法制議題

　　我國考試掄才制度歷史悠久，為世界最早建立的文官考試制度，對傳統封建政治具有形成社會流動的深遠影響。憲法第 86 條規定，公務人員任用資格，應經考試院依法考選銓定之。公務人員考試制度的主要目的係為國家機關選拔優秀公務人力，實扮演國家競爭力之重要推進者。公務人員考試法係現行規範整體公務人員考試制度運作的主要法律。

　　觀察歷次法制研修之背景，可瞭解整體公務人力進用制度之歷史脈絡發展軌跡，於任用考與資格考之間擺盪，時而併行，延續至今之修正調整模式，其主要為因應時代變遷，貫徹考用配合政策，契合機關之任用需要，及維護國家考試之公平性等之考量。公務人員考試分為初任人員考試、現職公務人員升官

等考試兩大類，其中初任公務人員考試有諸多值得關注及探討之處。初任公務人員考試可分為二類，其一為全國性考試之高等、普通、初等考試；其二為配合特殊機關任用需要辦理之特種考試。本節將透過公務人員考試法制架構下各項重點議題梳理出現行初任公務人員考試之概略面貌。

壹、考試種類與應考資格

公務人員高等考試、普通考試、初等考試為最具傳統特色之考試，其中高等考試按學歷分為一級、二級、三級，共分為五個考試等級。另為因應特殊性質機關之需要及保障身心障礙者、原住民族之就業權益，比照高等考試、普通考試、初等考試之等級舉行一等、二等、三等、四等、五等之特種考試。依現行規定之特殊性質機關，係指實施地方自治之政府機關及掌理各項特殊業務之機關，包括：

一、掌理審判事項之司法院。

二、掌理國家安全情報事項之國家安全局。

三、掌理警察、消防行政、移民行政之內政部。

四、掌理外交及有關涉外事項之外交部。

五、掌理國防事項之國防部。

六、掌理關務事項之財政部。

七、掌理檢察、矯正、司法保護、行政執行及國家安全調查保防事項之法務部。

八、掌理國際經濟商務事項之經濟部。

九、掌理路政及航政事項之交通部。

十、掌理社會福利事項之衛生福利部。

十一、掌理國軍退除役官兵輔導事項之國軍退除役官兵輔導委員會。

十二、掌理海域及海岸巡防事項之海洋委員會。

十三、其他特殊性質機關。

依公務人員考試法相關條文規定，公務人員考試之應考資格條件規定可以分為共通性、特殊性、積極性及消極性等四大類，茲分別說明如下：

一、共通性資格

所稱共通性資格，係指各種公務人員考試均須適用之普遍性基礎資格條件。包括下列各項：

(一)國籍：具有中華民國國籍（大陸地區人民在臺灣設有戶籍未滿十年者得應考惟不得任用為公務人員）。

(二)年齡：各種公務人員考試應考資格均規定應考人年齡下限規定為年滿18歲。

二、特殊性資格

所稱特殊性資格，係指依用人機關任用之實際需要，僅適用於個別考試類科特殊性職務需求之資格條件。包括下列各項：

(一) 體格檢查

如公務人員特種考試司法人員考試規則規定，三等考試行政執行官、司法事務官、法院書記官、檢察事務官、監獄官、公職法醫師及鑑識人員等類科，四等考試各類科，應考人於筆試錄取通知送達十四日內，應繳交試務機關指定之醫療機構所出具之體格檢查表。體格檢查不合格或未依規定期限繳交體格檢查表者，不得應第二試或不予分配訓練。

(二) 年齡

個別考試規定不同類科之年齡上限規定。如公務人員特種考試外交領事人員及外交行政人員考試規則規定，各等別之應考年齡均須在18歲以上、45歲以下；公務人員特種考試法務部調查局調查人員考試規則均規定，各等別之應考年齡均須在18歲以上、30歲以下。

(三) 兵役

如公務人員特種考試國家安全局國家安全情報人員考試規則及公務人員特種考試法務部調查局調查人員考試規則均規定，服志願役者須於本考試筆試考

畢之次日起四個月內退伍並持有權責單位發給之證明文件，始得報考。

(四) 性別

如公務人員特種考試司法人員考試規則規定，三等考試監獄官類科及四等考試監所管理員、法警類科得依司法院及法務部實際任用需要，分定男女錄取名額。

三、積極性資格

所稱積極性資格，係指應考人必須具備擬報考各等級考試之學歷、工作經驗、專門職業證書等條件規定。

公務人員之考試，分高等考試、普通考試、初等考試三等。高等考試按學歷分為一級、二級、三級。另得比照高等考試、普通考試、初等考試之等級舉行一等、二等、三等、四等、五等之特種考試。依等級規定不同學歷條件規定如下：

(一)高等考試一級考試：公立或立案之私立大學研究院、所，或符合教育部採認規定之國外大學研究院、所，得有博士學位者。

(二)高等考試二級考試：公立或立案之私立大學研究院、所，或符合教育部採認規定之國外大學研究院、所，得有碩士以上學位者。

(三)高等考試三級考試：公立或立案之私立獨立學院以上學校或符合教育部採認規定之國外獨立學院以上學校相當院、系、組、所、學位學程畢業者，或高等考試相當類科及格者，或普通考試相當類科及格滿三年者。

(四)公務人員普通考試：公立或立案之私立職業學校、高級中學以上學校或國外相當學制以上學校相當院、系、科、組、所、學位學程畢業者，或普通考試以上考試相當類科考試及格者，或初等考試相當類科及格滿三年者。

(五)公務人員初等考試：無學歷條件規定。

上述有關公務人員考試法對於考試等級與應考資格學歷條件等相關規定歷經多次修正沿革，自民國 79 年至 84 年高等考試分為二級考試辦理，高考一級、二級分別為具碩士學位、專科以上學歷者報考。迄至 85 年時，修法將高等考試分級制度明確化，並相應規定一級、二級、三級應考資格，分別為博

士、碩士、專科以上學歷，以吸納不同學歷之人才。民國 97 年時，爲配合教育普及現況，刪除原有以高考二級、三級及格滿四年、二年，得應高考一級、二級考試之規定；高考三級應考資格由專科以上修正爲獨立學院以上畢業，並基於信賴保護原則，配套規定具專科學校畢業資格者，於修正後三年內得繼續應考之過渡期間，因此，自民國 100 年之後，具獨立學院學歷資格者始得應高考三級考試，專科學歷者需經普通考試及格滿三年始得應高考三級考試。

另依公務人員考試法第 17 條第 2 項規定，各種考試之應考資格，除依等級規定不同學歷條件規定外，必要時得視考試等級、類科需要，增列須具備下列各項應考資格條件始得應考：

(一) 提高學歷條件。

(二) 具有與類科相關之工作經驗或訓練並有證明文件。

(三) 經相當等級之語文能力檢定合格。

同條文第 3 項規定，公務人員考試類科，其職務依法律規定或因用人機關業務性質之需要須具備專門職業證書者，應具有各該類科專門職業證書。

依據前揭規定，現行公務人員高等考試三級考試計設置公職社會工作師、公職建築師、公職獸醫師、公職土木工程技師、公職食品技師、公職醫事檢驗師、公職測量技師、公職藥師、公職護理師、公職臨床心理師、公職諮商心理師、公職營養師、公職醫事放射師及公職防疫醫師等 14 類科公職專技人員類科考試，應考人除須具備各類科專門職業證書，並須具有與報考類科相關工作經驗證明文件。

四、消極性資格

所稱消極性資格係指不得具備的行爲事項，規定於公務人員考試法第 12 條及第 22 條，若應考人有第 12 條規定之下列各項情事之一者，不得應考：

(一) 動員戡亂時期終止後，曾犯內亂罪、外患罪，經有罪判決確定或通緝有案尚未結案。

(二) 曾服公務有貪污行爲，經有罪判決確定或通緝有案尚未結案。

(三) 褫奪公權尚未復權。

(四) 受監護或輔助宣告，尚未撤銷。

　　依法停止任用者，經公務人員考試錄取，於依法停止任用期間仍不得分配訓練或分發任用為公務人員。

　　另公務人員考試法第 22 條規定，應考人有下列情事之一，考試前發現者，撤銷其應考資格。考試時發現者，予以扣考。考試後榜示前發現者，不予錄取。考試訓練階段發現者，撤銷其錄取資格。考試及格後發現者，撤銷其考試及格資格，並註銷其考試及格證書。其涉及刑事責任者，移送檢察機關辦理。

(一) 有第 12 條第 1 項但書各款情事之一。

(二) 冒名頂替。

(三) 偽造或變造應考證件。

(四) 以詐術或其他不正當方法，使考試發生不正確之結果。

(五) 不具備應考資格。

　　民國 103 年修法復增訂應考人有前揭第 2 項至第 4 項情事之一者，自發現之日起五年內不得應考試院舉辦或委託舉辦之各種考試。

貳、多元考試方式

　　公務人員考試之考試方式多元，依規定得採筆試、口試、心理測驗、體能測驗、實地測驗、審查著作或發明、審查知能有關學歷經歷證明或其他方式行之。除單採筆試者外，其他應併採二種以上方式。筆試除外國語文科目、專門名詞或有特別規定者外，應使用本國文字作答。

　　各種考試方式定義，於典試法施行細則第 12 條有明確規定，說明如下：

一、筆試：以文字表達、符號劃記或電腦作答等方式，評量應考人之知能。

二、口試：以語言問答或討論方式，評量應考人之知能、態度、人格、價值觀與行為。

三、心理測驗：以文字、數字、符號、圖形或操作等方式，評量應考人之智力、性向、人格、態度及興趣等心理特質。

四、體能測驗：以實際操作或測量方式，評量應考人之心肺耐力、肌力與肌耐力、柔軟度、身體組成、速度、瞬發力、敏捷性、平衡性、協調性、反應

時間或其他與各該職務相關之綜合性體能要素。

五、實地測驗：以現場實際操作方式，評量應考人之專業知識、實務經驗、專業技能。

六、審查著作或發明：以應考人檢送其本人之著作或發明之說明書及必要之圖式等加以審查，評量應考人研究或創作之知能與成果。

七、審查知能有關學歷經歷證明：以應考人所考類科需具備之知能有關之學歷證件、成績單及服務經歷證明等加以審查，評量應考人學歷程度與專業成就表現。

　　現行初任公務人員考試大多採行筆試，併採二種以上考試方式之考試概採行分試，如：高階公務人員考試之公務人員高考一級考試分三試，分別採行筆試、審查著作或發明、口試；公務人員高等考試二級考試分二試，分別採行筆試、口試。特殊性質機關特殊用人需求之考試，如：一般警察人員特考分二試，採行筆試及體能測驗；外交領事人員考試分二試，採行筆試及口試等。惟併採筆試與實地測驗之考試，如：高考三級考試技藝類科及普考新聞廣播類科，則未採行分試辦理。

　　依現行口試規則規定，口試分個別口試、集體口試、團體討論。個別口試指個別應考人回答口試委員之問題，藉以評量其儀態、溝通能力、人格特質、才識、應變能力。集體口試指二位以上之應考人分別回答口試委員之問題，藉以評量其儀態、溝通能力、人格特質、才識、應變能力。

　　團體討論指五位以上之應考人輪流擔任主持人，藉以評量其主持會議能力、口語表達能力、組織與分析能力、親和力與感受性、決斷力，及參與討論時之影響力、分析能力、團體適應力、壓力忍受性、積極性。其評分觀察面向包括：

一、擔任主持人

　　主持會議能力（有效率推動個人或團體，引導朝正確之方向討論，以達成團體目標之能力）、口語表達能力（透過對話、討論，有效率以口語方式表達之能力）、組織與分析能力（能有系統整理相關之問題與資訊，並將問題本質予以明確化及探討核心原因之能力）、親和力與感受性（能設身處地為他人著

想，並以同理心來瞭解對方之感受與需求，適時予以協助，並真誠、有禮貌、親切讓對方感受之能力）、決斷力（能夠正確判斷並敏捷作成決定之能力）。

二、參與討論

　　影響力（富有自信，能吸引對方注意，並有效說服他人之能力）、分析能力（有邏輯觀念，條理井然分析問題之能力）、團體適應力（察覺不同狀況與變化加以因應，不固執自己之想法，真誠與他人討論，相處和諧，並能儘速融入團體討論，爭取友誼與合作之能力）、壓力忍受性（能坦然接受他人批評，並繼續保持情緒穩定之能力）、積極性（能建設性思考，主動提出具體有效之解決方法，並能突破困境，創造新局）。

　　目前併採口試之公務人員考試大多以辦理個別口試或集體口試為主，前者如高考三級公職專技人員類科考試、民航特考；後者如高考二級、司法官考試等；少部分則為團體討論，如高考一級等，如團體討論到考人數未達五人以上、集體口試未達二人以上，則以個別口試行之。而三種口試方式，因應機關用人需求及配合階段性任務，亦有強化口試之信度及效度之慮，時有調整之例，如外交領事人員考試由原團體討論修正為集體口試，司法官考試亦由早期之個別口試調整為集體口試。為期符合特殊性質機關業務需求，公務人員考試之考試方式日趨多元、彈性，以提升考試效度。

　　近年來，為使口試朝向結構化方向精進，研修各項結構化口試措施，如舉辦口試技術座談會、口試題目原則與範圍討論、召開口試會議討論口試程序及相關標準、設計觀察表記錄應考人表現、項目評分級距設定等級等，期使口試更見審慎及合理。所謂結構化口試，係指口試要求口試流程標準化、口試命題標準化、口試評分標準化及口試委員訓練標準化。就狹義定義而言，結構化口試旨將研究焦點放在「口試問題」及「評分標準」上；就廣義定義而言，除了前揭研究焦點外，其他條件如口試委員訓練、數人組成評分小組等有助於提升口試效度者均屬之。結構化口試，必須在內容、程序及評分上均有一套標準化的處理。在內容上，口試的問題須是預先設定、題目須有鑑別力。在程序上，包括口試前、口試中至口試後相關流程細節必須標準化。而在評分上，口試委員需根據問題回答的結果與預先設定的評分標準做比較後，給予公正客觀的評分。

參、正額錄取與增額錄取

依公務人員考試法第 2 條規定，公務人員之考試，應依用人機關年度任用需求決定正額錄取人員，依序分配訓練。並得視考試成績增列增額錄取人員，列入候用名冊，於正額錄取人員分配完畢後，由分發機關或申請舉辦考試機關配合用人機關任用需要依考試成績定期依序分配訓練。

正額錄取人員，依用人機關年度任用需求依序分配訓練。增額錄取人員是榜示錄取人員中正額錄取人員外增加之錄取人員，列入候用名冊，於正額錄取人員分配完畢後，配合用人機關任用需要依考試成績定期依序分配訓練。分發機關或申請舉辦考試機關於下次該項考試放榜之日前，於正額錄取人員分配完畢後，配合用人機關任用需要，每二個月依增額錄取人員成績順序分配訓練。

如遇應考人同時報考公務人員高考三級與普通考試，均獲正額錄取，為使用人配合，機關不致無人可用，正額錄取人員若有應同項考試同時正額錄取不同等級或類科者，應擇一接受分配訓練，未擇一接受分配訓練者，由分發機關或申請舉辦考試機關依應考人錄取之較高等級或名次較前之類科逕行分配訓練。

增額錄取制度，係為使用人機關於年度中仍隨時有可用之人，惟為免增額錄取人員累積多年未能完全分發，造成任用困擾，規定該等人員於下次該項考試放榜之日前未獲分配訓練，即喪失考試錄取資格。

肆、保留錄取資格

公務人員考試錄取人員於考試榜示後，若有無法立即接受分配訓練之事由，得檢具事證申請保留錄取資格，正額錄取人員及增額錄取人員均得申請，惟兩者之申請事由有別。

正額錄取人員無法立即接受分配訓練者，其申請事由及保留年限如下：

一、服兵役，其保留期限不得逾法定役期。

二、於公立或立案之私立大學或符合教育部採認規定之國外大學進修碩士學位，其保留期限不得逾二年；進修博士學位，其保留期限不得逾三年。

三、疾病、懷孕、生產、父母病危、子女重症或其他不可歸責事由，其保留期限不得逾二年。

四、養育 3 足歲以下子女，其保留期限不得逾三年。但配偶為公務人員依法已申請育嬰留職停薪者不得申請保留。

申請保留錄取資格者，於保留原因消滅後或保留期限屆滿後三個月內，應向公務人員保障暨培訓委員會申請補訓，並由公務人員保障暨培訓委員會通知分發機關或申請舉辦考試機關依序分配訓練。逾期未提出申請補訓，或未於規定時間內，向實施訓練機關報到接受訓練者，即喪失考試錄取資格。

增額錄取人員申請保留錄取資格之事由為，因服兵役未屆法定役期或因養育 3 足歲以下子女，無法立即接受分配訓練者，得於規定時間內檢具事證申請延後分配訓練。但是，增額錄取人員之配偶為公務人員依法已申請育嬰留職停薪者，不得因養育 3 足歲以下子女申請延後分配訓練。

增額錄取人員經分配訓練，應於規定時間內，向實施訓練機關報到接受訓練，逾期未報到並接受訓練者，或於下次該項考試放榜之日前未獲分配訓練者，即喪失考試錄取資格。

伍、限制轉調

考試錄取人員尚需經分配至政府機關實施訓練，訓練期滿，成績及格，方發給考試及格證書。限制轉調係指，訓練期滿，成績及格，取得考試及格證書之後尚須於限制範圍之機關服務一定期間，於規定期間內不得轉調，其用意在於維持人事安定。依現行規定，公務人員高等、普通、初等考試之考試及格人員於服務三年內，不得轉調原分發任用之主管機關及其所屬機關、學校以外之機關、學校任職。特種考試之及格人員於服務六年內，不得轉調申請舉辦特種考試機關及其所屬機關、學校以外之機關、學校任職。

但上述情形亦有例外，為應機關組織改造，考試及格人員因任職機關業務調整而精簡、整併、改隸、改制、裁撤或業務調整移撥其他機關，得不受轉調規定之限制。但於限制轉調期間再轉調時，以原考試轉調限制機關範圍、前所轉調之主管機關及其所屬機關之有關職務為限。有關實務將在下一節中討論。

因應少子女化問題，為營造養育子女之友善職場環境，又考量現今家庭型態多元，除由雙親養育子女外，亦有單親或與其他家庭成員共同養育或收養子女之情形，民國 112 年 2 月 15 日修正公布公務人員任用法第 22 條增訂第 2 項至第 4 項，規定公務人員高等、普通、初等考試、地方特考、身障特考及原民特考及格人員，實際任職達公務人員考試法所定三年（高普初考）、六年（地方特考、身障特考及原民特考）限制轉調年限三分之一，因現職機關所在地與 3 足歲以下子女實際居住地未在同一直轄市、縣（市），為親自養育該子女，得調任至子女居住地之機關，不受原轉調機關範圍限制，且原服務機關就該指名商調應優先考量。

第三節　值得關注的考選實務：資格保留與限制轉調

壹、申請保留錄取資格及影響

從公務人員考試錄取人員申請保留錄取資格制度之演變，可以發現公務人員考試法致力於衡平機關用人需求與錄取人員權益之軌跡。自民國 75 年制定公布公務人員考試法後，其時公務人員考試完全依用人機關提報之用人計畫辦理，雖足額錄取，惟錄取人員往往因在學或在役等因素導致考用無法配合。迄民國 85 年修正時增列增額錄取人員列冊候用制度，增定：「現役軍人經正額錄取，其法定役期尚未屆滿者，錄取資格准予保留，俟退伍後再行申請分發任用。」及至 90 年修正時，公務人員考試正額錄取人員保留錄取資格對象，由現役軍人擴及進修碩博士、疾病、懷孕、生產、父母病危及其他不可歸責等事由，均可提出申請。至此，雖然擴大正額錄取人員保留錄取資格事由範圍，影響考用配合政策落實，惟保留錄取資格尚未適用增額錄取人員。

民國 97 年修正時，增訂增額錄取人員因服兵役得申請保留錄取資格；103 年時經統計近五年各項公務人員考試錄取人員申請保留錄取資格人數，以進修碩博士者最多，為避免影響機關用人，將原規定期限（進修碩士，其保留期限不得逾三年；進修博士，其保留期限不得逾五年）分別縮短為碩士二年、博士

三年；另爲鼓勵國人養育子女，對有育嬰需求之應考人，提供政策誘因，增列子女重症及養育 3 足歲以下子女等保留事由，衡平機關用人需求與錄取人員權益。

　　公務人員考試爲任用考，依據用人機關提報任用需求辦理考試，考試錄取人員因法定事由得申請保留錄取資格，造成用人機關提報考試需用名額無法及時獲得分配，爲免影響機關業務推動，因此，公務人員考試法規定，得視考試成績增列增額錄取人員，列入候用名冊，於正額錄取人員分配完畢後，由分發機關或申請舉辦考試機關配合用人機關任用需要定期依序分配訓練。考選機關並依規定，於計算公務人員考試增額錄取名額時，將最近三年之申請保留錄取資格人數，列爲訂定計算方式之參酌因素。

　　現行實務運作情形，以 108 年公務人員高等考試三級考試暨普通考試爲例，經公務人員保障暨培訓委員會核定保留受訓資格人數，分別爲高考三級 149 人，占錄取人數比率爲 4.77%；普考 28 人，占錄取人數比率爲 1.04%。其中，以「進修碩士」事由最多，占 75.71%；其次爲「服兵役」事由，占 13.56%；再次爲「養育 3 足歲以下子女」事由，占 5.65%。

　　摘錄公務人員考試錄取人員申請保留錄取資格相關函釋如下：

一、有關申請保留錄取資格之「生產」事由包括分娩及流產，並依公務人員請假規則第 3 條第 1 項第 4 款規定所核定假別之最終日爲事由原因消滅之日。（95.10.11 選規字第 0950006806 號函）

　　公務人員考試法規定正額錄取人員因懷孕、生產得保留錄取資格，係爲貫徹憲法保障婦女工作權益之宗旨，並充分維護母體的身心健康，促進兩性地位之實質平等。經綜合審酌公務人員考試法、公務人員考試錄取人員訓練辦法、公務人員請假規則之規定，旨揭規定之「生產」事由係包括分娩及流產，並視分娩後之個別情形依公務人員請假規則第 3 條第 1 項第 4 款規定所核定假別之最終日爲事由原因消滅之日。

二、公務人員考試正額錄取人員經核准保留錄取資格者，於保留期限屆滿前倘已發生保留原因消滅之事由，應於保留原因消滅後三個月內申請補訓。（103.3.7 選規字一第 1030001266 號函）

　　公務人員考試法第 4 條第 4 款之立法意旨，係爲鼓勵國人養育子女，對有育嬰需求之應考人，提供政策誘因，參酌公務人員留職停薪辦法（以下簡

稱留職停薪辦法）增列正額錄取人員得因養育 3 足歲以下子女保留錄取資格不得逾三年之規定，俾保障其工作權，其保留期限計算至其子女滿 3 足歲為止，殆無疑義。公務人員考試法第 5 條第 2 項所稱應向公務人員保障暨培訓委員會（以下簡稱保訓會）補訓之期間為「保留原因消滅後或保留期限屆滿後三個月內」，係指至遲應於保留期限屆滿後三個月內申請補訓，但保留期限屆滿前倘已發生保留原因消滅之事由者，則應於保留原因消滅後三個月內申請補訓。準此，有關公務人員考試正額錄取人員依考試法第 4 條第 4 款以養育 3 足歲以下子女申請保留錄取資格獲准者，應於該子女滿 3 足歲後（即保留原因消滅後）三個月內向保訓會申請補訓。

三、對於公務人員考試正額錄取人員申請保留錄取資格之時點，應指分發機關及申請舉辦考試機關完成分配作業前。（103.3.26 選規字一第 1030001582 號函）

公務人員考試法第 4 條規定：「正額錄取人員無法立即接受分配訓練者，得檢具事證申請保留錄取資格，其事由及保留年限如下：……。」其立法意旨，係為避免正額錄取人員，於分配訓練後，因分配機關不符合其志願，以第 4 條之保留事由申請保留，造成機關用人及業務運作上之困難，故將第 4 條前段修正為須於分配訓練前申請保留。考選部 103 年 2 月 11 日選規一字第 1031300049 號函釋考試法第 4 條各款之適用原則中，有關「……三、考試法第 4 條各款之適用原則如下：……(四)第 4 條第 4 款（養育 3 足歲以下子女事由）：考試法 1 月 22 日修正公布後，各項考試（按：所稱各項考試指考試法修正公布後，始公告舉辦之考試，及考試法修正公布前，已公告舉辦之考試或已辦理竣事之考試）正額錄取人員因養育 3 足歲以下子女，無法立即接受分配訓練者，得於榜示後分配訓練前，檢具事證申請保留錄取資格，其保留期限不得逾三年。但配偶為公務人員依法已申請育嬰留職停薪者不得申請保留。……」一節，符合上開立法意旨。有關考試法第 4 條「正額錄取人員無法立即接受分配訓練」及前揭函釋「榜示後分配訓練前」所指正額錄取人員申請保留錄取資格之時點，按前揭立法意旨，為避免造成機關用人及業務運作之困難，應指分發機關及申請舉辦考試機關完成分配作業前，至分發機關及申請舉辦考試機關辦理分配作業所需之期程，應由該等機關本於權責訂定。

四、公務人員考試正額錄取人員因養育 3 足歲以下子女之事由申請保留錄取資格者，應不限制其申請次數，各子女別之保留期限予以從寬採取分別計算，以兼顧錄取人員之育嬰需求。（103.5.13 選規字一第 1030002467 號函）

基於憲法保障婦女工作權益，維護母體的身心健康，促進兩性地位之實質平等，為符公務人員考試法第 4 條第 4 款之立法意旨，公務人員考試正額錄取人員依考試法第 4 條第 4 款規定，因養育 3 足歲以下子女之事由申請保留錄取資格者，應不限制其申請次數，各子女別之保留期限予以從寬採取分別計算，以兼顧錄取人員之育嬰需求；惟依考試法第 4 條之規定，其須於分配訓練前提出申請。

貳、限制轉調期限及範圍

　　考試錄取人員限制轉調規定，追溯自民國 85 年 1 月 17 日公務人員考試法之修正，為貫徹特考特用原則，以因應特殊性質請辦考試機關用人需求，突顯其特殊性，並與公務人員任用法第 2 條所稱「專才專業」、「適才適所」之要旨相合，增訂限制特種考試錄取人員僅取得申請舉辦特考機關及其所屬機關有關職務任用資格，不得轉調其他機關之規定，亦即永久限制轉調。

　　迄至民國 90 年因用人機關及考試及格人員時有反應，特考特用永久制轉調之規定過於嚴格，影響特考及格人員之生涯發展，增加用人機關人員調動之困難，立法委員基於落實憲法第 15 條對人民工作權之保障及第 23 條對人民基本人權之維護等由，提案放寬限制轉調期限為三年，嗣經立法院審議通過折衷為六年，因此，修正公務人員特考及格人員限制轉調期限由永久放寬為六年。其後，於 97 年時，考量公務人員專業能力之養成，除學校教育外，尚須於同一機關服務一定年限之工作經歷，增訂公務人員高普初等考試及格人員於服務一年內不得轉調原分發任用之主管機關及其所屬機關、學校以外之機關、學校任職。

　　現行規定係民國 103 年時，為使公務人員高等考試、普通考試及初等考試及格人員得以具備完整之職務歷練，並參照現行地方特考於六年之限制轉調期

間，前三年必須服務原分發機關占缺任用機關之規定，將公務人員高等考試、普通考試及初等考試及格人員限制轉調年限由一年延長爲三年，以提升公務人力品質、平衡中央與地方機關人員權益及維護機關人事安定。

　　公務人員高普初等考試及格人員限制轉調之期限計算及範圍，於公務人員考試法施行細則有明確規定，公務人員高等考試一級考試、二級考試、三級考試、普通考試及初等考試之及格人員於服務三年內不得轉調，期間起算係自考試錄取訓練期滿成績及格，取得考試及格資格之日起實際任職三年內不得轉調。而限制轉調之範圍，依考試錄取人員分配訓練之任用機關、學校而異。公務人員考試法第6條第1項所稱原分發任用之主管機關及其所屬機關、學校，指下列之機關、學校：

一、總統府、行政院、立法院、考試院、監察院、省政府、省諮議會、直轄市議會、縣（市）議會、鄉（鎮、市）民代表會。

二、司法院及其所屬機關。

三、各部、委員會、總處、中央研究院、國史館、中央銀行、國立故宮博物院、同層級之二級機關或相當二級機關之獨立機關及其所屬機關、學校。

四、直轄市政府、縣（市）政府、鄉（鎮、市）公所及其所屬機關、學校。

　　茲彙整考選機關對於公務人員考試法限制轉調規定相關函釋如下：

　　　　某甲於103年地方特考四等分發至臺東縣某公所服務，後又經104年普通考試錄取，分發至原單位服務，已轉任爲普通考試錄取身分。因其兩次分發皆爲同一單位，請問：103年地方特考的年資是否可以累計？其何時可以申請轉調？三年內是否可轉調至其他鄉鎮公所或臺東縣政府所屬單位？（106.2.24選高二字第1060000713號書函）

　　民國103年地方特考四等錄取分發至臺東縣某鄉公所，復經104年普通考試錄取分發至原單位，依規定得以103年地方特考四等考試及格資格之日起於該鄉公所實際任職之年資，併計104年公務人員普通考試及格資格之日起於同機關實際任職之年資，計算爲103年地方特考得轉調原分發占缺任用以外之機關之服務年資，前揭年資合計滿三年後，尚須經原錄取分發區（花東區，包括花蓮縣、臺東縣）所屬機關再服務三年，始得轉調上述機關以外機關任職。如欲以104年公務人員普通考試及格資格轉調原分發之主管機關及其所屬機關、

學校以外之機關、學校，則必須自取得該項考試及格資格之日起於臺東縣某鄉公所及其所屬機關、學校實際任職滿三年，始得轉調前述機關以外之機關、學校（即其他鄉鎮公所或臺東縣政府所屬單位）。

> 某甲 103 年考取普通考試經訓練合格，取得考試及格資格，復於 106 年再次考取普通考試，其三年限制轉調是否重新起算？或是以 103 年合格實授時間點為基準，經三年期滿解除限制轉調？（106.9.28 選高二字第 1060004449 號書函）

已取得 103 年公務人員普通考試及格資格，復應 106 年相同考試並獲錄取，依規定，如 106 年考試錄取分發任用至原限制轉調範圍之機關、學校，得併計前、後兩項考試之任職年資，於實際任職滿三年後，以 103 年公務人員普通考試及格資格轉調至原分發任用之主管機關及其所屬機關、學校以外之機關、學校任職。如 106 年考試錄取分發任用至原限制轉調範圍以外之機關、學校，則年資無法併計，須於取得考試及格資格之日起，於考試分發任用之主管機關及其所屬機關、學校任職滿三年後，始得轉調原分發任用之主管機關及其所屬機關、學校以外之機關、學校任職。其重點在於原限制轉調範圍是否相同，得否為合併計算之基礎。

> 某甲 105 年高考三級錄取，於當年 10 月底分發至 A 機關任職，106 年又錄取高考三級同一職系，於當年 10 月底分發至 B 機關任職，若 107 年某甲又錄取高考三級同一職系，且又分發至 A 機關任職，請問某甲須於 A 機關任職幾年才能轉調他機關？（107.3.27 選高二字第 1070001282 號書函）

某甲於 105 年考試錄取訓練期滿成績及格，取得考試及格資格之日起，實際任職滿三年始得轉調 A 機關以外之機關、學校任職。惟某甲 106 年又錄取高考同一職系，於同年 10 月底分發至 B 機關，顯見某甲於取得 105 年高等考試及格資格之日起，於 A 機關實際任職未滿三年，嗣某甲 107 年再應考試錄取並分發至 A 機關，如擬轉調至他機關，需俟其取得 107 年高等考試及格資格之日起於 A 機關實際任職年資與前開取得 105 年高等考試及格資格之日起於 A 機關實際任職年資，兩者併計滿三年後始得為之。

104 年特種考試地方政府公務人員考試（以下簡稱地方特考）五
等考試錄取人員，復應 108 年公務人員普通考試錄取後之限制轉調疑
義。（108.11.12 選高二字第 1080005038 號書函）

104 年地方特考五等考試及格，於原分發占缺任用機關服務已滿三年，復
應 108 年公務人員普通考試錄取，如經分配至原地方特考錄取分發區所屬機
關，其訓練期滿成績及格取得考試及格資格之日起於該機關實際任職之年資，
得併計為 104 年地方特考五等考試及格之限制轉調年資，再服務滿三年，得轉
調上述機關以外機關任職；如經分配至原地方特考錄取分發區以外之機關，則
104 年地方特考五等考試及格之限制轉調年資未滿六年，無法以該考試及格資
格轉調其他機關。至 108 年公務人員普通考試及格之限制轉調年限，則仍應自
取得該考試及格資格之日起算，實際任職滿三年，始得轉調原分發任用之主管
機關及其所屬機關、學校以外之機關、學校。

第四節　考試制度的趨勢與變革

公務人員考選，乃公共人力資源管理的大門，「若守衛不嚴，豺狼入
室」，後果不堪收拾（張金鑑，1966：78）。然而，面對環境的變遷，民眾需
求及政府業務的增加，公務人員考選甄拔也應注入新的內涵及彈性；加以考選
制度實施日久，也出現了許多令人困惑現象，亟需加以檢討改善。本章強調考
選對健全文官制度的影響，亦從歷史及理論角度，探討公務人員考選的諸多重
要概念，如：公開競爭、擇優錄取、功績主義、考訓用合一等，此乃制度變革
的基石與原則。

公務人員考試法為我國目前規範整體公務人員考試制度運作的主要基
調，本章透過公務人員考試法制架構，梳理我國現行官制度之面貌，分別從考
試種類與應考資格、多元考試方式、錄取方式及保留資格、轉調規定等議題，
瞭解應考人及考選機關需求，期能強化考用配合，衡平機關用人需求與錄取人
員權益，透過制度設計因勢利導，有效達成拔擢人才蔚為國用之目標。最後，
本節針對未來制度變革與籌劃，特於文後概述，以為參考。

壹、公務人員考試制度變革趨勢

　　公務人員考試法於民國 103 年 1 月 24 日大幅修正通過（後又於 107.11.21 修正公布第 24 條條文）。於考試法修正公布後，始公告舉辦之考試，應適用新法，即 103 年公務人員特種考試警察人員考試、一般警察人員考試、特種考試交通事業鐵路人員考試及其以後辦理之各項公務人員考試。至於考試法修正公布前，已公告舉辦之考試或已辦理完畢之考試，基於信賴保護原則，可適用原考試法之規定外，其他則應適用新法規定。本次修正重點主要包括：

一、錄取人員同時錄取時應擇一分配。目的在落實考用配合政策，使得用人機關得以確實分配到考試錄取人員，應考人報考同項考試同時正額錄取者，例如報考公務人員高、普考試同時正額錄取，應考人僅能選擇其中一項考試錄取資格接受分配訓練；如未依法擇一接受分配訓練者，則由分發機關或申請舉辦考試機關依照應考人錄取之較高等級或名次較前之類科，逕行辦理分配訓練，以落實考用配合政策。

二、高普初等考試限制轉調由一年改為三年。此有利人事安定，並提升政府效能。有鑑於原本限制轉調年限一年之規定，高普初等考試及格人員，尚未具備嫻熟之行政經驗，於任職滿一年即可轉調其他機關，造成各機關須不斷培訓初任人員，浪費行政資源，因此延長限制轉調年限確有其必要性。現行法律將限制轉調年限延長為三年，自 103 年公務人員高等考試三級考試暨普通考試開始實施，期能培育初任公務人員，使其得以具備完整之職務歷練，並可與特種考試地方政府公務人員考試之限制轉調規定取得衡平，增加機關用人安定性，提升政府行政效能。

三、縮短因進修碩博士學位申請保留錄取資格之期限，增列子女重症及養育 3 足歲以下子女等保留事由。目的在衡平機關用人需求與錄取人員權益。規定正額錄取人員進修碩、博士學位申請保留錄取資格，期限不得逾二年及三年；為鼓勵國人養育子女，對有育嬰需求之應考人，提供政策誘因，增列正額錄取人員得因養育 3 足歲以下子女申請保留錄取資格，保留期限最長不得超過三年之規定，以提高應考人生育之意願。另增訂正額錄取人員得因子女患有重症之事由，申請保留錄取資格，期限不得逾二年。

四、女性應考人因懷孕或生產前後無法參加體能測驗，准予保留筆試成績，並

於下次逕行參加相同考試類科之體能測驗。目的在提高應考人生育意願，符合憲法平等權利規定，亦與世界人權公約、消除對婦女一切歧視公約等國際組織關注議題之發展趨勢相合。

五、活化高科技或稀少性工作取才流程，以提高用人彈性。為能有效發揮考試制度功能，強化考用配合，刪除高科技或稀少性工作類科之技術人員，須經公開競爭考試，取才仍有困難者，方得另行辦理考試之規定。目前改由另訂特種考試規則辦理。未來仍將積極與相關機關合作，配合國家政策及科技發展，增列高科技、稀少性技術類科，以因應機關業務需要。

六、引進分階段考試，強化評量功能。為使公務人員考試更具彈性，活化國家考試，部分類科採分階段考試，並引進多元考試技術與方法，以利篩選優秀人才，為國所用。公務人員分階段考試之目的係為活化考試方式，使公務人員考試更具彈性。

七、照顧經濟弱勢，彰顯社會正義。為持續落實照顧經濟弱勢，103 年公務人員考試法之修正，將應考人報名費得予減少之適用對象，除原有之身心障礙、原住民族應考人外，增列中低收入戶、低收入戶及特殊境遇家庭之應考人，另針對前述五種身分之考試及格人員，增訂其及格證書費得減徵、免徵或停徵之法源規定。

八、增訂考試舞弊懲罰規定，維護國家考試公平。考量公務人員須執行公權力，從事為民服務工作，應具良好品德，所以增訂應考人考試涉及重大舞弊，自發現之日起五年內不得應考試院舉辦或委託舉辦之各種國家考試。

　　縱觀本次變革，可增加機關用人安定性，提升政府行政效能，培育初任公務人員具備完整職務歷練，符合應考選制度實務需求，並維護國家考試之公平公正。公務人員考試法乃政府正式用人規範，也是各機關遴選基層人力的主要管道，已是廣受各界關注工作，在累積多年實施經驗後，這些考試的辦理已趨成熟穩定，同時考試公平性與程序嚴謹性也普遍為國人信賴，但也出現了許多非常態現象，例如：愈基層、一般工作的考試，錄取率愈低；初等考試不乏具博士學位者報考卻無一錄取之「高資低考」現象。這顯示公務人員考試在報考資格、科目設計，乃至於錄取標準等基本架構上，在制度設計與實務執行之間可能形成落差。蔡良文（2018：193-201）針對我國現行公務人員考選制度與方式，提出了檢討與建議，包括：

一、高級文官的選拔，應設置更客觀、層次分明之考試類科及應試科目，除兼
採各種考試方式之外，亦應運用適當之高級文官能力指標以為遴選標準。
有論者建議修正公務人員考試法第 15 條，增列具博士學位有三年優良經
歷者應考，及格者取得簡任 10 職等任用資格，以提升高級人才進入政府
服務意願。

二、高級科技人才之引用，必須建立一套客觀衡平的選拔標準與方法。除了公
開競爭考試的原則外，應思考另訂考試辦理的彈性機制。對於高級科技人
才及稀有技術工作等公職人員進用之待遇、陞遷等亦應與一般行政人員有
所區別，才能達到用才、留才之目的。

三、高資低考問題，自 93 年起三等、四等、五等考試首次同時舉辦，希望有
效解決高資低考，並改進以往應考人重複考試、重複錄取而產生不足額報
到之現象。但高資低考現象源於當前臺灣教育常態，高資低也需顧及應考
人的自由權益，似難以完全杜絕。雖然其對整體公共服務品質較無負面效
應，但可能讓低學歷報考不易錄取，高學歷者也很難適才適所，解決之道
只能漸次提高應考學歷，及增加工作潛能之考試方法等。

四、考選技術之檢討與革新，諸如：常設典試委員會之設置、擴大推動分階
段考試制度、彈性運用不同的考試方法、考試類科科目與考試技術之規劃
等，均有待未來適時評估檢討。

貳、因應少子化危機應有的措施

少子化與高齡化是現今社會共同關注的人口結構發展趨勢，影響所及，甚
至可以動搖國家生存的根本。依據 2010 年至 2060 年臺灣人口推計報告指出，
當前人口重要趨勢包括晚婚及不婚現象、遲育及少育趨勢、壽命延長及高齡人
口增加、跨國聯姻及國際淨移入情形趨緩（劉約蘭，2011：140）。由於生育
率長期下降，使我國人口結構朝少子化及高齡化快速轉型，未來即使總生育率
反彈回升，總人口數轉為負成長之走勢已無法逆轉。

面對少子化、高齡化的人口變遷趨勢，我國政府應採取宏觀的視野省思公
共人力資源規劃之合理性，並檢討考選機制各環節之規劃運作是否妥適，方能

達到為國選才、留才的目標。

　　首先，面對公共人力結構的弱點並檢討人力來源的足夠性。若按少子高齡化趨勢推測，未來各行各業就業人力都將呈現老化的現象，公務機關自然無法避免相同的衝擊。但各公務機關屬性有所差異，一般行政機關內中高齡人力對業務之影響仍屬有限，但對警察、調查、國安、海巡或外派機關而言，維持青壯人力是其達成機關任務之重要條件，若趨勢不變，考選時宜審慎評估合理的年齡上限，以免落入無法進用足額人力之窘境。

　　其次，因為高齡化、少子化社會之「育兒」與「照護」責任所衍生的困境，是政府用人、留才要先解決的問題。因為國家總生育率持續下降，年輕人因生養育兒的壓力，不婚或不生的情形增加。另外，父母長輩因病老健康問題需要額外照護的身心及經濟壓力，也是現代勞動者要面對的人生課題。公務人員當然也無法自外於這個處境，常因育兒或擔負家中照護責任，不能安於工作，甚至選擇離開政府，讓公務人力資源流失。因此，應加速研擬促進就業公平、推動彈性工作、留住優秀人才、激發工作效能等具體措施，以確保公共人力資源的長遠發展。

　　第三，確認專門職業及技術人員類別之適當性及核心職能之完備度（劉約蘭，2011：148）。為因應少子化高齡化的人口結構變遷，社會必將出現新的專門職業與技術需求。在既有的財務規劃、金融管理、長期照護、育幼教保、教學輔導、學校經營、建築空間設計、運輸系統規劃、老人醫學與運動休閒諮詢等層面，專業能力內涵都將與時俱進，配合未來人口結構變遷而提高，並且有能力進化的必要。一旦未來如需以外來移民人口補充我國專技人力，專技人員考試規範、語文作答方式是否要加以放寬？或需要直接採認國外專技人員執業資格？都是要提早研議，審慎評估的議題。

　　第四，提高考選制度與人口結構發展的回應能力（劉約蘭，2011：149-151）。針對總人口數之負成長，考選業務基金來源減縮，應做長遠規劃，可以定期儲蓄、購買政府公債或國庫券等方式開源，累積資本，以因應未來的衝擊。公務機關亦應適度放寬或取消應考年齡限制，以符合人口發展趨勢。另外，公務人員升官等考試應考服務年資之採計，則宜配合少子化下之鼓勵生育政策，從寬採計，減少育齡婦女生育的障礙。在應試科目方面，國家考試相關類科應試科目也要逐漸將少子化與高齡化概念引進試題內容；未來國家考試報

名人數勢必逐漸減少，為能以最少成本達到評量目的，宜考量合理簡併考試類科，並重新設計應試科目，維持核心專業並保留鑑別力最高的評量項目，以提升考選評量效能。其他考選試務人力資源，將隨著人口結構趨於老化，可考量適度延聘退休人員，充分運用資深教職與文官人力資源；隨著資訊科技大量引進，傳統試務流程可重整再造，以提高作業效能，減少人力需求。

參考文獻

張金鑑，1966，《人事行政學》，政大公企中心。

許道然、林文燦，2015，《考銓制度》，國立空中大學。

蔡良文，2018，《人事行政學—論現行考銓制度》，五南圖書。

賴維堯、謝連參、林文燦、黃雅榜，2007，《現行考銓制度》，國立空中大學。

許立一、蔡良文、黃雅榜、李嵩賢、林文燦、謝連參、黃煥榮、蔡秀涓，2019，《人事行政》，國立空中大學。

劉約蘭，2011，〈從少子化與高齡化趨勢論國家考試因應之道〉，《國家菁英》，7（3）：137-153。

第五章　任用與遷調

呂育誠、林怡君

摘要

任用與遷調可說是我國公共人力資源管理的重要核心。當人員考試錄取分發至機關，歷經試用與訓練合格，最後階段便是分發任用，而從此階段後直至退休或離職止，人員將可能會有長達數十年的公職生涯，並經歷不同官職等、機關，乃至於職系或工作專業轉換的任用與遷調。不僅如此，任用遷調還會與人員資格任定、考績、獎懲、俸給，以及相關權利相互影響，而形成「牽一髮動全身」現象，故探討任用與遷調議題，就像是思考「一個蘿蔔一個坑」的可能組合：亦即把特定種類、大小的蘿蔔（人），擺放至適當的坑（職位）中。本章內容主要介紹各種不同任用類型的內涵、特性，相關法制規定；並藉由實際案例介紹與分析，讓讀者能更瞭解任用遷調的具體影響，最後則分別從機關內、外部環境特性，展望未來可能思考的相關議題。

第一節　基本概念與政府任用之特性

任用（recruitment）可說是人事行政制度設計，以及實際人事管理運作的核心課題：一方面，任用是人力規劃、需求分析，以及考試制度的結果，也就是各項規劃設計與考試執行是否有成效？只要從最後所提供的「候用人選」是否優質即可判定；另方面，任用也是考績獎懲、俸給福利、訓練進修，乃至於退休撫卹的前階段工作，因為不同任用方式與條件，自然要輔以相對的職責內容與報酬待遇。基於此，任用的定義，就是組織為滿足特定職務需求，獲取適任人才的過程。此定義可分下列兩構面解釋：

第一，任用不是獨立或本位的人事行政項目，而以職務需求為前提的。

因此若需求單純，任用工作可以很簡化，甚至與考試合併；反之，若需求很特殊，任用設計與執行也要隨之細緻。

第二，任用目標是要獲取適任人才，也就是要能滿足前項職務需求。因此某人能力不足以滿足職務需求，固然不予任用，但是即便某人擁有優異能力或條件，若非職務所需，也將不予任用。

基上分析，俗諺中「一個蘿蔔一個坑」的說法，用來形容任用所可能涉及的議題，可說相當傳神。其中「蘿蔔」指人員；而「坑」則是欲擔任的職務：適當的任用制度與執行，不僅可以讓蘿蔔與坑能快速媒合，雙方需求也能順利發揮；反之，不當的任用對當事人而言，可能覺得「大材小用」或「扞格不合」；而對擬任職務則是「難以勝任」，不論何種情形，都是對彼此，乃至於對機關運作、政府人事管理工作的傷害。因此本節將先探討任用制度的內涵、執行，以及政府任用制度設計有別於企業的特性。

壹、任用與遷調在公共人事管理體系中的意涵

對於企業或民間組織而言，由於用人數量較有限，或是需求較單純，甚至在高度強調人事管理效率的 1990 年代，有學者主張乾脆委託外部專業公司辦理任用作業，將可更節省企業成本（Mondy and Noe III, 1993: 175）。然而今日基於善用人力資源或重視人員需求等概念，組織乃更重視任用前的能力管理與職務分析（Dessler, 2013: 59-62）：

一、能力管理

能力管理（talent management）指分析擬任人員所應具備的工作能力，以期先篩選可能任用對象、從而節省成本並增加未來「適才適所」機會。具體而言，能力管理包括下列：
(一)瞭解人員所具備能力與未來工作之關聯性。
(二)界定所需能力與後續訓練、工作指派、報酬等人事業務的配合性。
(三)將組織所需各項能力進行歸類，以利進行標準化的任用作業。

(四)根據前項分類，將擬任人員也進行不同的分類。
(五)建立不同能力間的連繫與關係圖。

二、職務分析

職務分析（job analysis）乃是具體界定人員擔任特定職務所應瞭解的資訊，以利後續任用能「爲事擇人」而非「因人設事」。其具體項目包括：
(一)應從事的行動、程序，時間等工作內容。
(二)相關的權利、義務，以及責任。
(三)人員須具備的能力、條件。
(四)本職務與其他職務間的分工合作，或是指揮隸屬等關係。

透過先期能力管理與職務分析過程，將使組織任用作業更有效率，也更能精準的延攬適任人才。至於任用的程序與內容，將於後文再行敘述。

對政府人事行政而言，任用除了前述因素外，更重視公平與落實政策等多元考量。以美國聯邦政府爲例，由於高度重視弱勢保障，以及對不同族群從事公職權益的公平對待，因此辦理任用工作時，均應先符合下列公平原則（Battaqlio, 2015: 121）：
(一)各項任用措施是否有對不同膚色、種族、性別、宗教等族群，產生差別待遇？
(二)各項措施是否有產生歧視或不公平對待的可能性？
(三)設定不同任用評估標準是否有先考慮前述兩項問題？
(四)任用執行流程是否符合公平原則？

從美國聯邦政府的做法可知，政府進行任用不只是單純的「職務／人才」契合問題，更要納入下列考量：

第一，各項任用制度設計或做法除了滿足形式要件，即遵守法令規範外，也要滿足實質要件，如確保公平競爭機會、避免歧視、保障弱勢等。

第二，除了結果考量，即「用人唯才」外，也要兼顧手段的公平、正當、民主，以及合理等政府運作的基本價值。

我國社會長久以來，均視擔任公務人員爲就業的重大榮耀，因此人事行政制度對任用的規範也格外嚴密，再加上我國政府人事體系的一致性，亦即中央

與地方各級政府機關採行相同人事制度，更使任用制度具有高度特殊性。例如本章標題為「任用與遷調」，所謂遷調一般係指人員在機關中職務的垂直或水平調動，即升遷、平調、降調等，在國外文獻基本上並不特別強調，而是融入任用概念，由機關自行辦理。但是在我國人事行政中，機關進行遷調除了考量到職務需求或人員能力外，尚會牽動到下列人事議題：

(一) 就當事人而言，可能改變既有身為國家公務人員的資格、相關權益，乃至於未來在整個政府體系中的生涯發展。

(二) 就機關管理者而言，可能改變預算、組織編制、專業認定等不同機關均應同樣遵守的人事法令。

(三) 就人事行政體系而言，則可能涉及俸給、官職等、陞遷序列，以及懲戒、保障等人事法令的適用。

　　綜上分析，探討政府以及人事行政任用議題時，除了要從概念本身瞭解其意涵，以及與相關人事行政概念的關係外，更要掌握實務上國家人事行政相關法制，以及整體人事行政制度設計的基本特性，才能夠有正確的理解。

貳、基於職位的任用：職務、職系與職組

　　探討職位與任用的關係，一般常會用「一個蘿蔔一個坑」的比喻，因此執行任用工作的基礎，就是先確定「坑」是什麼？也就是擬任職務的內容與特性。對一般民間組織而言，此部分就是進行前述職務分析，而結果就是「職務說明」（job description），整體而言，其內容可能包括下列（Dessler, 2013: 63-68）：

一、職務基本資訊：如職稱、工作內容、項目、時程等。

二、職務關係：包括有權指揮本職務的上級職務或監督職務、接受本職務指揮的下級職務、需要相互協調的單位內部或外部職務、需回報或回應的對象等。

三、職務權責：指從事本職務具有的權利（如薪水）、應履行的義務（如工時）、工作目標等。

四、績效指標：指評估本職務適任與否的績效指標、評估標準、獎懲方式等。

五、配合條件：指組織提供從事本職務的配合措施，如辦公處所、保險、出差等。

　　對政府或公部門而言，由於擬任職務不僅數量龐大，且彼此性質差異極大，加上要受到法令與政府政策規範，故進行職務分析時，尚要納入下列考量（Naff et al., 2014: 240-242）：

一、擬任職務特性：包括「常態性／臨時性」、「只需具備一般條件／要擁有特殊資格」、「單一工作項目／多元工作項目」等。

二、任職者評估：包括適任者是否需限定特定資格條件？民眾是否普遍擁有任職條件？事先進行任職者評估，將可避免任用違反公平待遇或法律保障人民權益等基本憲政原則。

三、任用者評估：即預先設定辦理任用的負責機關與人員、決定任用與否的標準。

四、任用資訊公布：即任用相關資訊應及時且普遍傳遞至潛在候選人，一方面確保公平性、另方面也讓主事者有更多的選擇機會。

　　就我國人事行政而言，前述政府額外考量因素，多屬考試議題範圍，故不在此處贅述，但是職務分析與職務說明部分，由於任用制度是涵蓋中央與地方各級政府機關公務人員，故相關法令有極為詳細的規定。根據公務人員任用法（以下簡稱任用法）第 3 條，我國各級政府機關對於公務人員擬任職務，均有下列具體定義：

一、職務：係分配同一職稱人員所擔任之工作及責任。

二、職系：係包括工作性質及所需學識相似之職務。

三、職組：係包括工作性質相近之職系。

四、職務說明書：係說明每一職務之工作性質及責任之文書。

五、職系說明書：係說明每一職系工作性質之文書。

　　另外，根據「職組暨職系名稱一覽表」（民國 108 年），我國各級政府目前共分為行政與技術兩類職系，其中行政類包括 9 個職組、25 個職系；技術類則包括 16 個職組、32 個職系。

參、基於品位的任用：職等、官等與職務列等

　　當確定了「坑」的內容後，接下來就要考量所需要的「蘿蔔」了。因此基於品位的任用，就是從人員角度來評估其擔任職務應具備的能力或條件。此部分在一般民間組織就是辦理前述的能力管理工作，也就是設定任職人員應具備的資格條件，以及應歸屬的等級。基本而言包括下列內涵（Dessler, 2013: 65-71）：

一、人力預測：即預測當前與未來就業市場的人力概況，包括相關專業人才供需情形、薪資水準、流動狀況，以及相關人力資訊。

二、機關人力類型：配合前述職務分析，設定符合需求的人力類型，包括橫向的，指基於不同業務領域或分工狀況，所需要的人員專業類別；以及縱向的，指個別職務在整個組織中應賦予的地位等級、晉升限制，或是轉換至其他職務的彈性幅度或限制等。

三、人員數與人員素質：即不同職位、單位以及組織整體應任用的人員數量，以及基於不同任用情境所需要的人員素質，包括個人潛能、專業訓練、經驗歷練等。

四、相關法令規定：即任用人員時應遵守的法令，包括消極性的，如不得歧視特定族群或設定不公平競爭標準等；以及積極性的，如應保障弱勢團體權益等。

　　上述四項對政府或公部門同等適用，而且常會更加關注確保合法與公平的原則。表 5-1-1 內容就是當前美國公部門評估人員條件時，所應注意的規範。

　　表 5-1-1 內容雖是美國特有情境，不一定適用我國，但是注意任用過程的公平、合理，乃至於申請人個資保護等原則，則應該是相同的。

　　儘管我國公務人員任用制度尚未有像表 5-1-1 如此細密的要求，然而基於「品位」概念乃是中華文化數千年來選才任官的悠久傳統，故任用法制對於任職者的要求可謂高度細密，例如任用法第 2 條即規定：「公務人員之任用，應本專才、專業、適才、適所之旨，初任與升調並重，為人與事之適切配合。」本條文雖然是宣示性的規定，然而卻指出了任用過程中，對擬任者的基本要求：

　　第一，應具備一定的才能（專才、專業）。

表 5-1-1　美國聯邦政府或公部門人事人員勝任職務與否的合理與不當行為

項目	合理的詢問	不當的詢問
姓名	您的全名？在從事其他工作時，是否曾使用不同的姓名或稱呼？	您的名字由來？你曾改名嗎？你較喜歡被稱為○○先生（小姐）嗎？
居所	您的地址？	您在現址住很久了嗎？您曾經有海外地址嗎？您跟誰同住？您的現址是租的嗎？
種族或文化族群	您是否具有合法工作資格？您的緊急聯絡人是誰？您最擅長使用的語言是什麼？您是否曾參加特定的專業團體？	您屬於哪一族群？您的家族來自哪一國？您的母語是什麼？您是否是某政治團體成員？
性別、婚姻	您是否有使用其他稱呼從事工作的經驗？您對於目前工作方式可否接受？	您是男性或女性？您配偶的姓名？您改名過嗎？您的性傾向？您結婚了嗎？您曾懷孕嗎？您有幾個小孩？您想再生養小孩嗎？
年齡	您成年了嗎？您是否有擬任本職務的年齡資格？	您幾歲了？您哪一年出生的？
健康與身心狀況	您是否有無法勝任本職務的健康考量？工作過程中，您是否有其他身心考慮？	您有失能情形嗎？您有隱疾嗎？您的身高或體重？您是否曾申請身心協助？
宗教	您的宗教信仰可以配合工作要求嗎？	您的宗教信仰是什麼？您是否要慶祝或紀念特定的節日？您有參加什麼團體嗎？
教育	您的畢業學校？專業領域？曾經參加某專業團體嗎？您是否有證照或獲獎經驗？	您畢業母校的傳統是什麼？您在校期間的表現如何？
財務狀況	您期望的報酬是什麼？	您的信用狀況？您的資產有多少？您有什麼債務或金錢糾紛嗎？
犯罪紀錄	您曾有違反與擔任本職務有關的法令嗎？	您曾有犯罪或被捕經驗嗎？
服役情形	您在軍中曾從事與本職務有關工作經驗，或是接受相關訓練嗎？您服役期間的軍種？退伍時間？退伍時軍階？	您服役期間有不良紀錄？您是適用哪一種退伍方式的？
工作經驗	您之前曾有哪些與本職務有關的工作經驗？之前擔任的職稱？離職原因？之前的薪水狀況？	與本職務無關之工作經驗詢問。

資料來源：Battaqlio (2015: 127-129).

第二，能力要符合職務與機關需求（適才、適所）。

第三，擇才應兼顧潛能與經驗（初任、升調）。

第四，人員要能勝任被指派的工作（人與事適切配合）。

以下就根據此基本原則，將任用法有關規定，即我國公務人員任用的基本架構說明如下：

一、具備一定才能

此處的「才能」是廣義的，即不僅要求人員具備相當專業能力，也同時要求個人具有品德、國家忠誠等條件，例如：「各機關任用公務人員，應注意其品德及對國家之忠誠，其學識、才能、經驗及體格，應與擬任職務之種類職責相當」（任§4）。

二、能力要符合職務與機關需求

指任用乃是任職者條件與機關需求的雙向結合。例如：「公務人員依官等及職等任用之」（任§5）；「各機關組織除以法律定其職稱、官等、職等及員額者外，應依其業務性質就其適用之職務列等表選置職稱，並妥適配置各官等、職等職務，訂定編制表，函送考試院核備」（任§6Ⅲ）。

三、擇才應兼顧潛能與經驗

指任用管道是多元的。例如：「公務人員之任用，應具有左列資格之一：一、依法考試及格。二、依法銓敘合格。三、依法升等合格。」（任§9）

四、人員要能勝任被指派的工作

指職務設計除應配合專業的職系考量外，也要設定任職人員的資格等級。例如：「各機關組織法規所定之職務，應就其工作職責及所需資格，依職等標準列入職務列等表。必要時，一職務得列二個至三個職等。前項職等標準

及職務列等表，依職責程度、業務性質及機關層次，由考試院定之。必要時，得由銓敘部會商相關機關後擬訂，報請考試院核定」（任§6Ⅰ、Ⅱ）。

　　上述任用法對於官等、職等，以及職務列等的相關規範，不僅形成中央與地方各級政府機關用人的統一標準，對任職者而言，更可作為公務人員的「生涯發展地圖」，因為在通過考試合格實授後，人員不論在哪一機關、哪一職務任職，都要依循任用法的規定直至離退，且任職過程中的遷調、考績、俸給、獎懲、保險、退休、撫卹，乃至於教育訓練等，均與任用有「牽一髮而動全身」的連帶關係，故任用可說就是整個人事行政制度的核心基礎，以及最根本的影響因素。

肆、契約與機要人員：重要的「多餘」設計

　　具備一定資格條件，並通過國家考試，最後合格實授取得官職等的公務人員，固然是整個人事行政制度設計與施行的主體，但是機關為因應時空環境變遷所產生的多元業務需求，自然更期待有更彈性且機關自主的任用管道，因此「臨時性員工」（temporary worker）、「替代性人力」（alternative staffing），乃至於各類「契約性」（contracting out）任用方式（Dessler, 2013: 79），乃成為今日機關普遍任用管道。就民間組織而言，由於僱用者與受僱者本來就是基於平等立場訂定工作契約，故臨時人力與正式人力基本上只是契約內容不同，而要遵守的法律（如勞動基準法）則沒有差別，故今日許多企業設計組織時，臨時或兼職人力甚至比正式人力還多（例如連鎖餐廳即是）。

　　上述現象對政府機關任用而言，卻有下列不同考量：

　　第一，機關雖然也需要更彈性的任用管道，但基於「依法行政」原則，人員常需要通過一定程序（如國家考試），且具備一定條件（如忠誠），才有資格來執法。

　　第二，依法考試及格、依法銓敘合格，或是依法升等合格的公務人員，其身分與權益均受國家法律保障，故機關自行任用臨時人力，可能排擠甚至侵犯公務人員權益。

　　第三，我國人事制度係要求中央與地方各級政府遵守同一規範，故特定機

關採行彈性用人，將可能會破壞整體性的人事管理架構（如組織編制膨脹），以及行政管理作為（如機關人員間指揮命令的合法性）。

綜上理由，今日政府任用臨時人力，仍要回歸整體人事行政體系，並遵守一致性的規範，整體而言，目前各機關普遍採行的進用管道有下：

一、「聘用人員」：主要為各機關應業務需要，定期聘用之人員。此類進用主要依據「聘用人員聘用條例」規定。

二、「約僱人員」：主要係針對臨時性機關，或臨時性的業務需求等條件來任用。此類人員主要依據「行政院暨所屬機關約僱人員僱用辦法」規定。

三、「臨時人員」：主要指各機關學校進用處理臨時性工作之人員。此類人員則與一般企業員工一樣，均適用「勞動基準法」的規範。

除了透過契約人力來增加任用彈性外，我國人事行政體系尚有「機要人員」的特殊規定。根據任用法及其施行細則的規定，機要人員具有下列特性：

第一，機要人員主要指擔任經銓敘部同意列為機要職務，得不受法定任用資格限制，並經銓敘審定以機要人員任用之人員（任細§11）。

第二，機關長官得隨時免職。機關長官離職時應同時離職（任§11）。

第三，各機關辦理進用機要人員時，應注意其公平性、正當性及其條件與所任職務間之適當性；各機關機要人員進用時，其員額、所任職務範圍及各職務應具之條件等規範，由銓敘部擬訂辦法，報請考試院核定之（任§11-1，任細§12）。

從上述法規內容可知：機要人員主要是基於機關特殊考量所設置的彈性職務：一方面其具備契約用人的彈性（任職者無需經由考試或資格審核程序）；另方面也是正式法定職務，可依法行使相關職權。我們常在戲劇中看到政府首長身旁常出現的「機要秘書」，常常就是以機要人員身分任用。不過要注意的是，儘管是彈性設計，但機要人員任用亦受到相當限制，主要有二：

一、機關設置機要職務仍應遵守由銓敘部擬定、考試院核定之規範。

二、機要人員任免由機關長官決定，且機關長官離職時應同時離職。

綜合上述契約人力與機要人員制度設計內容後可知：在整個人事體系中，「公務人員」只是政府各種任用方式的一種而已，其他不同的任用型態所產生的差異也應注意，如表5-1-2所示。

表 5-1-2　一般行政機關不同任用方式的人員

任用途徑	舉例	備註
選舉產生	總統、地方政府首長、民意代表	依「公職人員選舉罷免法」規定
政務人員	行政院長、各部會政務次長、大法官、監察委員、考試委員、直轄市副市長	1. 部分政務人員依各機關組織法（條例）規定，又稱為特任官 2. 地方政府政務人員身分係依照地方制度法規定
公務人員	司長、科長、專員、科員	依公務人員任用法施行細則第 2 條規定
工友	工友	依「工友管理要點」進用
契約人員	聘用人員、約僱人員、臨時人員	依聘用人員聘用條例，或是依「行政院暨所屬機關約僱人員僱用辦法」，或是依各機關業務需求任用
機要人員	機要秘書	依照公務人員任用法規定

資料來源：作者自行整理。

伍、我國公務人力任用制度的重要議題

　　從前述基本概念分析可知，公部門（政府）任用制度設計與執行，與民間組織的任用，在技術層次，如職務內容分析、人員條件設定等，或許是相同的，但是在制度設計層次，乃至於滿足機關或擬任人員需求上，則有高度差異，此情形在採行「五權」制，以及中央與地方各機關均適用相同人事行政法制的我國而言，則尤為明顯。以下本章將進一步從任用實務上普遍遭遇的問題，來說明此差異。

一、高資低用

　　高資低用指擬任人員的能力或條件，高於用人機關對於職務的要求水準。例如參加普通考試的學歷條件為「公立或立案之私立職業學校、高級中學以上學校或國外相當學制以上學校相當院、系、科、組、所、學位學程畢業

者。……」（考試 §14）然而目前實務上卻有許多具有大專甚至碩士以上學歷者參加考試，這些人員若及格並接受分發，就會產生高資低用問題。

就民間組織而言，只要人員任職後表現依循工作契約規定即可，至於其是否「屈就」職務則並不重要，因為只要勞僱雙方合意，同時在法律範圍內，就可以調整工作契約。但是在我國人事行政體系，因為個別職務任用也會連帶影響機關其他職務的任用與人事管理，因此高資低用可能會產生下列問題：

(一) 排擠原有符合資格人員任用機會。

(二) 同一等級職務人員執行工作時的不公平競爭。

(三) 進行各項人事管理工作，如考績、遷調等，無法反映真實狀況。

除了上述問題外，能力或條件較佳人員擔任較低等級工作，也是人才的浪費。

二、「事」與「人」並重

民間組織任用不論採行何種途徑，主要都是以滿足職務需求為前提，來甄補適當的人才。然而就我國人事行政體系而言，任用制度設計與執行除了考量職務需求外，人員特性與條件則也要同步配套，兩者缺一不可。之所以會有此特殊考量，是因為我國人事行政任用制度設計，乃是將整個政府（涵蓋中央與地方各機關）的所有職務同時納入設計範圍，並非個別職務單獨考量的，因此任何職務任用方式改變，都會產生「牽一髮而動全身」的效果，這也是前項高資低用的問題所在。基於此，當機關某編制內正式職務出缺，從而想從內部任用人才時，就職務而言，可能要考量下列：

(一) 該職務本身的工作內容與專業需求。

(二) 該職務適用的職系、職組，職等範圍，以及是否可以與不同職系共用人才。

(三) 該職務在機關中的層級，或是否為主管職務。

(四) 該職務是否一定要由具備公務人員身分者擔任。

相對地，就人員而言，想要任職該職務，也要考量下列：

(一) 基本資格條件，如是否具備所需職系與職等。

(二) 是否符合陞遷序列。

(三) 相關品德、學識、經驗、考績、年資等條件是否符合需求。
(四) 是否有其他配套考量？如與上級親屬關係的迴避。

　　綜上說明可知：機關某一職務出缺所產生的任用問題，實際上就是整體人事行政法令的適用問題。例如交通部觀光局出缺一位科員，局長在決定最後任用人選時，除了要考量該科員職位工作需求，也要連帶遵守本局業務與相關人事行政作業規定，以及交通部、行政院人事行政總處，乃至於考試院所主管的人事行政法令。

三、內陞與外補

　　人事行政體系對於任用議題的重視，除了表現在前述機關內部外，也連帶包括外部其他機關，而「內陞」與「外補」方式的運用可說是最具體的表現。根據「公務人員陞遷法」第 5 條規定：「各機關職務出缺時，除依法申請分發考試及格或依本法得免經甄審（選）之職缺外，應就具有該職務任用資格之人員，本功績原則評定陞遷。各機關職缺如由本機關人員陞遷時，應辦理甄審。如由本機關以外人員遞補時，除下列人員外，應公開甄選。……」本條文中的甄選就是指「外補」，即從機關外部任用人才；而甄審則是指「內陞」，也就是自機關內部任用人才。「公務人員陞遷法」對機關辦理甄選與甄審除了有詳密條件與程序規定外，還要成立甄審委員會，負責辦理並監督各項工作。之所以如此繁複，除了消極目的，即維持任用公平性，並防止政治或其他力量影響公務人力外，尚有積極目的，即「擇優陞任或遷調歷練，以拔擢及培育人才」（陞§2）。由此可見，任用對於人事行政而言，不僅是多元考量，而且承載了多元人事管理目標。當然，在眾多法令規範下，機關首長個人期望、機關選才任用範圍，乃至於任用作業的效率與彈性等，相對就會受到大幅度的限制了。

四、特殊的調任

　　人員在機關中轉換不同職位，基本上都是任用的範圍，因此執行時都要遵守「專才、專業、適才、適所」原則，並依照相關法定程序。然而為了兼顧

「事」與「人」的特殊考量，還是有一些彈性的調任規定值得注意，此即任用法第 18 條內容，以下歸納其要點如下：

(一) 簡任第 12 職等以上人員，在各職系之職務間得予調任。

(二) 經依法任用人員，除自願者外，不得調任低一官等之職務。自願調任低官等人員，以調任官等之最高職等任用。

(三) 在同官等內調任低職等職務，除自願者外，以調任低一職等之職務為限，均仍以原職等任用，且機關首長及副首長不得調任本機關同職務列等以外之其他職務。

(四) 主管人員不得調任本單位之副主管或非主管，副主管人員不得調任本單位之非主管。但有特殊情形，報經總統府、主管院或國家安全會議核准者，不在此限。

必須先說明的是，上述「調任」並非懲戒，而是機關首長基於機關或業務需求的考量，但是即便如此，其仍然與一般任用規定有很大不同，其中第 1 項主要是打破職系界限，而第 2 項至第 4 項則一方面限制首長任用彈性，另方面卻維持當事人的地位或權益，表面觀之或許相當突兀，然而此設計主要目的是希望保障公務人員合法權益，不會受到外界力量的任意干預，亦即首長以調任為藉口，實際上作為脅迫甚至處罰公務人員的手段。當然，對公務人員而言，本條文規定也不能成為其抗拒首長行使任用權，甚至於透過自願降調低官等或低職等職務，作為逃避責任的藉口，因為任用法第 18 條第 2 項與第 3 項同時規定：

(一) 人員之調任得就其考試、學歷、經歷或訓練等認定其職系專長，並得依其職系專長調任。

(二) 考試及格人員得予調任之機關及職系等範圍，依各該考試及任用法規之限制行之。

(三) 現職公務人員調任時，其職系專長認定標準、再調任限制及有關事項之辦法，由考試院定之。

總之，上述四項重要議題，不僅顯示我國政府任用制度的特殊考量外，也提醒吾人探討任用問題時，除了擬任職務與人員外，更要宏觀的評估機關內外部的多元影響因素。

第二節　任用相關法制及案例

壹、官等、職等與職務

一、官等職等任用資格

　　現行我國公務人員任用制度採「官等職等併立制」，每個公務人員經銓敘審定的資格，同時會有「官等」與「職等」併立，例如：某甲現為「委任第3職等」辦事員、某乙現為「薦任第7職等」科員、某丙現為「簡任第12職等」司長。那麼，每個人官等、職等的任用資格，究竟如何取得？

　　首先來看「官等」任用資格。

　　公務人員取得官等任用資格的方式，有「考試」或「訓練」等二種途徑，分述如下：

(一) 考試取得

　　以考試取得官等任用資格，主要係經由高／普／初考或特考取得。依公務人員任用法第13條規定，應高／普／初考及各等級特考及格者，可取得薦任第9／第7／第6職等或委任第3／第1職等任用資格。此外，現職委任第5職等之公務人員，於符合一定年資及考績條件後，尚可經由升官等考試取得薦任官等的任用資格。

(二) 訓練取得

　　現行「薦任」及「委任」官等之任用資格，都可經由考試取得，但「簡任」官等之任用資格無法經由考試途徑取得，只能經由參加升官等訓練的方式取得。依公務人員任用法第17條規定，現職薦任第9職等／委任第5職等本俸最高級之公務人員，於符合一定年資及考績條件後，可參加升官等訓練，並於訓練合格後取得簡任／薦任官等資格。但須注意的是，經由升官等訓練所取得的「薦任」官等資格是受有限制的，訓練合格人員原則上只能擔任職務列等

最高為薦任第 7 職等以下之職務（但具碩士以上學位且符合一定考績條件者，得擔任列等最高為薦任 8 職等以下職務）；至於升官等訓練合格所取得的「簡任」官等資格，則無類此限制。

接下來看「職等」任用資格。

如前述，經由各等級公務人員考試或訓練可取得各自對應之官等職等任用資格，至於其後各職等的任用資格又是怎麼取得？換句話說，公務人員如何晉升職等？

公務人員職等之晉升，係依年終考績結果辦理，所謂「考績升等」，指的就是以考績晉升職等。依公務人員考績法第 11 條規定，年終考績二年列甲等，或一年列甲等二年列乙等者，取得同官等高一職等之任用資格。但值得注意的是，考績升等在相當程度上可說是受有限制的，並不是每累積二年甲等或 1 甲 2 乙，就可以一路一直晉升職等上去，而是必須視所擔任職務的列等而定。此外，考績升等如有跨列官等，先決條件仍是必須取得高一官等的任用資格。

相關案例與議題

1. 某甲現為薦任第 6 職等科員，去年年終考績甲等，如今年年終考績又獲甲等，則可於明年 1 月 1 日考績升等為薦任第 7 職等；但其升等至薦任第 7 職等後，縱使來年再累積二年考績甲等，也無法升等為薦任第 8 職等，這是因為科員的職務列等為委任第 5 職等或薦任第 6 職等至第 7 職等，並未列至薦任第 8 職等，因此，在某甲陞遷到另一個列等至薦任第 8 職等的職務（例如專員）之前，都只是取得可升等為薦任第 8 職等的資格而已，尚無法真正辦理考績升等為薦任第 8 職等。

2. 某乙現為委任第 5 職等科員，去年及前年考績均列甲等，惟因尚未經委任升薦任官等訓練合格，因此無法於今年 1 月 1 日考績升等為薦任第 6 職等。其後某乙於今年 7 月參加升官等訓練合格，取得薦任官等任用資格並經機關首長改派為薦任科員，此時，始得辦理升等任用為薦任第 6 職等。又，某乙將來於科員職務考績升等至薦任第 7 職等之後，受限於其薦任官等任用資格係經升官等訓練而來，且其僅具學士學位，因此，無法再陞遷到專員或秘書等高於薦任第 7 職等的職務。

二、職務列等

　　依公務人員任用法第 6 條規定，各機關組織法規所定之職務，應視其工作職責及所需資格，訂定適當的職務列等；必要時，一職務得列 2 至 3 個職等。目前各機關之職務僅單列 1 個職等者，通常係主管職務，例如：「司長」列簡任第 12 職等；其餘多數職務的列等則會跨列 2 至 3 個職等，例如：「辦事員」列委任第 3 職等至第 5 職等。

　　前述司長、辦事員等職務之列等如何決定？可否由機關自行決定？又，同樣職稱之職務，在不同機關中所列之職等是否相同？茲說明如下。

　　依公務人員任用法第 6 條規定，各機關應依其適用之「職務列等表」選置職稱及配置官等職等；也就是說，各機關中可以有哪些職務、每個職務的列等為何，都必須受「職務列等表」之限制，無法自行決定。而「職務列等表」係由考試院訂定，依該表規定，基層與中層之職務，在各機關所列之職等相同，但中高層以上之職務，在各機關中則可能不同；原則上，中央機關列等會高於地方機關、上級機關會高於下級機關。

相關案例與議題

1. 基層／中層職務：例如「科員」一職，在各機關中列等相同，均列委任第 5 職等或薦任第 6 職等至第 7 職等。又例如「書記」一職，在各機關均列委任第 1 職等至第 3 職等；「辦事員」一職在各機關均列委任第 3 職等至第 5 職等。

2. 中高層職務：例如「科長」一職，在各機關中列等不同，在中央二、三級機關及直轄市列「薦任第 9 職等」；在縣市政府列「薦任第 8 職等至第 9 職等」；在中央四級及直轄市二級機關列「薦任第 8 職等」。又例如「專門委員」一職，在中央二級機關可至簡任第 11 職等，但在其他層級機關則最高僅至簡任第 10 職等。

三、任用程序

公務人員任用之程序，依公務人員任用法第 24 條規定，係由各機關依職權先派代理，再送銓敘部銓敘審定。也就是說，公務人員的任用權在各機關首長，但派代後須送銓敘部審查當事人資格；如符合規定，銓敘部即予以審定，如不符規定，則退回機關另為適法之處置。因此，公務人員會收到二份任用公文，第一份是機關核發的「派令」，代表首長行使之用人權；第二份則是銓敘部核發的「銓敘審定函」，代表肯認首長核派的任用案是合法而有效的。

此外，如係初任人員之任用，還必須經「試用」程序。依公務人員任用法第 20 條規定，初任各官等人員原則上均應先予試用六個月，期滿成績及格，予以實授；成績不及格，予以解職。例如某甲大學畢業後考上高考三級，初任公職並分發至某機關任薦任科員職務，其必須先予試用六個月，期滿成績及格，始能合格實授。但如非初任公職者，則可能不必先予試用，例如某乙現為委任第 5 職等辦事員，參加升官等訓練合格並調陞薦任科員，因其已具委任第 5 職等之經驗六個月以上，因此可免予試用，直接合格實授薦任第 6 職等。

相關案例與議題

先予試用人員還不是正式的公務人員？

有個迷思認為，先予試用人員還不是正式的公務人員，其實，先予試用人員已具公務人員身分，除了必須在專人指導下工作、不得擔任各級主管職務、無法參加考績之外，其餘權利義務與合格實授人員並無不同。因此，如在先予試用期間辭職而未完成試用程序，所具的公務人員任用資格並不會消失，日後仍可以該資格再任公職，只是須注意再任時得任職的機關範圍，仍須受考試法相關規定限制（例如：高考及格人員於試用期間辭職，日後擬以該資格再任時，得再任之機關限於原分發任用之主管機關及其所屬機關），且再任後須重新試用六個月，試用期滿成績合格，始予合格實授。

貳、職組與職系

一、職組職系之劃分

　　依公務人員任用法第 8 條規定，各機關組織法規所定之職務，均應歸入適當的職系。機關中每一個職務之所以要區分職系，主要目的是爲了便於機關取才，例如：機關中負責會計審計工作之職務，就予以歸入會計審計職系；如此一來，惟有具備會計審計職系任用資格者，才可擔任該等職務，以確保機關能任用合適之專業人才。

　　至於職組，是由性質相近的職系所組成；職組設置之主要目的，係爲利於機關靈活用人，因爲同職組內各職系間可相互調任，如此機關用人時便有了彈性，可視實際狀況調整。例如：會計審計、財稅金融、統計等三個職系同屬「財務行政」職組，如有會計審計職系之職務出缺，除可派任具會計審計職系資格者任職外，亦可考量具財稅金融或統計職系資格者，如此，機關於調度或甄補人員時，人選範圍就比較大，用人較有彈性。

　　職組與職系之設置與區分，係規範於「職組暨職系名稱一覽表」及「職系說明書」。依該二規定，現行公務人員職系共 57 個，分爲「行政類」與「技術類」等二大類；其中，行政類職系計 25 個，分爲 9 個職組；技術類職系計 32 個，分爲 16 個職組。[1]

　　職組與職系並非一成不變，其區分或設置是否合理妥適，攸關政府機關人才羅致及業務推動，影響重大，必須配合環境與時勢變遷適時檢討，因此，歷年來已有多次修正。其中，屬大幅度之修正共二次：

(一)第 1 次大幅修正係於民國 95 年 1 月施行，當時修正前原有 60 個職系，修正後大增至 95 個職系，[2] 主要是爲了因應專業分工日益精細，因此將原有

---

[1] 「職組暨職系名稱一覽表」（108.1.16），https://law.exam.gov.tw/LawContent.aspx?id=FL016702&kw=%e8%81%b7%e7%b5%84%e8%81%b7%e7%b3%bb。

[2] 「職組暨職系名稱一覽表」（93.8.27），https://law.exam.gov.tw/LawContentHistory.aspx?hid=1599&id=FL016702。

的職系予以細分或新增職系，並配合做職組的調整。

(二) 第 2 次大幅修正則是民國 109 年 1 月施行的現行規定，修正前原有 96 個職系，修正後大減為 57 個職系，主要是因為國內外環境快速變遷，單一專業能力已不足以處理事務，因此把原本分工很細的職組及職系予以整併，以期能培育兼具多專業性及通才能力之公務人員。

相關案例與議題

1. 特定機關之特殊職系：現行 57 個職系中，有些是在特定機關才有，例如：行政類的地政職系通常在地政局或地政事務所、外交職系在外交部、警察行政職系在警政署或各地警察局。又例如：技術類職系的衛生技術職系通常在衛生署暨所屬機關、衛生局或公立醫院；天文氣象職系在氣象局；消防技術職系在消防署或各地消防局。

2. 各機關共同職系：各機關中共同常見的行政類職系，包括綜合行政、人事行政、會計審計、法制、廉政等職系，通常可見於各機關的總務處、人事室、主計室、法規會、政風室中；至於常見的技術類職系，則有資訊處理職系，通常可見於各機關的資訊部門中。

二、職系資格之取得

初任公職人員係透過考試取得職系資格。依公務人員任用法第 13 條第 4 項規定，各等級考試職系及格者，取得該職系之任用資格。例如：應高考三級人事行政職系考試及格者，即取得人事行政職系之任用資格。

至於現職人員之職系資格，除了原本以考試取得之職系外，還可以經由「職系專長認定」的方式，取得其他職系的任用資格。依公務人員任用法第 18 條第 2 項及現職公務人員調任辦法規定，現職公務人員得以「學歷」、「經歷」或「訓練」認定職系專長。實務上，以學歷認定職系專長而取得職系任用資格者，占絕大多數，以經歷或訓練認定者則少，因此，以下僅就以學歷取得職系資格之方式做簡要說明。

以學歷認定職系專長可細分為兩種方式，最常見的是以曾修習的「學分」認定，另一種則是以「系所或科別」認定：

(一) 以「學分」認定

　　具專科畢業以上學歷，且最近十年曾修習與擬認定之職系相關的科目達20學分以上，取得該職系之專長。實務上，現職公務人員如想「換跑道」轉不同職系，最常見的就是至大學學分班選讀，俟修習相關科目滿20學分，再經認定職系專長取得該職系任用資格。

(二) 以「系所或科別」認定

　　具大學畢業以上學歷，其學系、輔系或研究所性質與擬認定職系相近者，取得該職系之專長。此外，僅具專科或高中／職畢業學歷，亦得以專科或高中／職之科別性質認定職系專長，惟係分別取得薦任、委任官等之職系資格。

相關案例與議題

1. 某甲係大學畢業，在校時曾修習民法、刑法、行政法、商事法等科目共計20學分，且其大學畢業迄今僅五年餘，上述科目均符合於最近十年修習之要件，故可認定具法制職系之專長，並得調任法制職系之職務。
2. 某乙係大學土木工程學系畢業，得認定具土木工程職系之專長，並得調任土木工程職系職務。又例如：某丙係高職機械科畢業，得認定具委任機械工程職系之專長，並得調任該職系之委任職務。

三、職系調任

　　依現職公務人員調任辦法第4條規定，簡任第12職等以上之現職公務人員，在各職系之職務間得予調任；其餘各職等人員，在銓敘審定有案職系同職組各職系之職務間得予調任，並得單向調任與銓敘審定有案職系視為同一職組職系之職務。據上規定，職系調任可分三大類，分別說明如下。

(一) 簡任第12職等以上人員之調任

　　簡任第12職等以上之人員，例如：常務次長、主任秘書、秘書長、司

長、參事等，係公務體系中最高階的文官層級，渠等人員除專業能力外，更具豐富職務歷練及領導與協調能力，因此，法規明文規定渠等在各職系之職務間均得予調任，以使這群高階通才人員的調任更有彈性。

(二) 同職組各職系間之調任

職組是由工作性質相近的職系所組成，既然屬性質相近，則同職組之各職系間自得相互調任。現行 25 個職組中，最大也最常見的職組爲「綜合」職組，其下包括綜合行政、社勞行政、社會工作、文教行政、新聞傳播、圖書史料檔案及人事行政等七個職系，彼此之間均得相互調任，因此，現行一般機關常見的行政類職系，有很多是同屬綜合職組而得相互調任。

(三) 視爲同一職組之職系間的調任

有些職系雖然分屬不同職組，但所須具備的專業知能中，有一部分是相近的，因此「視爲同一職組」，並可據以「單向」調任或「相互」調任。有關哪些職系可以視爲同一職組之相關規定，亦是規範在「職組暨職系名稱一覽表中」。茲舉例說明如下。

相關案例與議題

1. 相互調任：某甲現爲內政部移民署「廉政」職系之科員，該署現有「移民行政」職系之科員職務出缺，則該署首長得否調任某甲遞補該職缺？

依職組暨職系名稱一覽表規定，法務職組下的「廉政」職系與安全職組下的「安全保防、情報行政、移民行政」職系視爲同一職組，現職人員得相互調任。這是因爲廉政職系的工作內涵含括調查貪瀆或相關不法事項、處理公務機密與維護機關安全等工作，與安全保防、情報行政、移民行政等職系之工作性質相近，且所需專業知能亦頗爲相近，因此規定這四個職系「視爲同一職組」，彼此間得「相互調任」。本案因廉政職系與移民行政職系之現職人員間得相互調任，故該署首長得經廉政人員任免權責機關同意後，調任某甲遞補該職缺。

2. 單向調任：某乙現爲經濟部水利署「機械工程」職系之技士，得否應徵新北

市政府政風處「廉政」職系之科員職缺？

依職組暨職系名稱一覽表規定，分屬不同職組之「財稅金融、土木工程、電機工程、資訊處理、機械工程」等六職系之現職人員與「廉政」職系視為同一職組，但以該六職系之人員「單向調任」廉政職系為限。這是因為廉政職系之工作內容包括重大工程及巨額採購業務之預防審視與稽核，需借重財經、工程、科技等各類專長且具實務經驗之人才，但具廉政職系專長之人員，卻尚難逕予認定得勝任上述財稅金融等六職系之工作，因此規定財稅金融等六職系人員與廉政職系「視為同一職組」，但以該六職系「單向調任」廉政職系為限，廉政職系無法反向調任該六職系。本案因機械工程職系之現職人員得單向調任廉政職系職務，故某乙得應徵該職缺。

參、機要人員

一、員額、範圍及資格

機要人員之設置，是常任文官體制中很特別、但卻是必要的設計，立法意旨主要係考量機關首長肩負政策成敗之重責，自然需要進用熟悉其施政理念與行事風格，且理念相同並能充分信任之人，協助首長貫徹施政。故從此一角度而言，機關首長「進用私人」擔任機要人員，其實係屬必然，也正是此一機制的設置目的；惟機關首長縱得進用私人為機要人員，當事人之資格條件及進用是否符合公平與正當性，仍須符合法令規定，而非可恣意進用，且須遵守利益衝突迴避規定，不得「進用親人」。

依公務人員任用法第 11 條規定，機要人員有二大特徵：「不受任用資格限制」及「隨首長進退」，亦即，機要人員不須具備國家考試及格資格即可任職，但必須與機關首長同進退，無任期之保障，且首長可隨時將其免職或調職。

機要人員不受任用資格限制，故應有適當規範，以避免遭濫用。公務人員任用法第 11 條之 1 特別揭示，各機關辦理進用機要人員時，應注意其「公平

性」、「正當性」及其「條件與所任職務間之適當性」，並授權由考試院訂定「各機關機要人員進用辦法」，以明確規範機要人員之進用，茲說明如下。

(一) 員額限制

各機關機要人員員額有嚴格之限制。依各機關機要人員進用辦法第 3 條規定，機要人員員額最多之機關為總統府及行政院，上限分別為 18 人及 10 人。其次，為其餘中央一級機關（院級）、中央二級機關（即部、會層級，如：交通部、中央選舉委員會）、安全機關、直轄市政府及縣（市）政府等機關，員額上限為 5 人。

至於除前述層級以外之機關，其機要人員員額上限原則為 2 人，例如：中央各部會所屬一級機關、直轄市政府所屬一級機關、縣（市）政府一級機關、直轄市及縣（市）議會、鄉（鎮、市）公所等機關，其機要人員員額上限為 2 人。再其餘機關之機要人員員額上限則為 1 人。

(二) 職務範圍限制

依各機關機要人員進用辦法第 4 條規定，機要人員所任職務範圍以「行政類」職務為限。也就是說，機要人員可以擔任專門委員、秘書等行政類職務，但不能擔任簡正技正、高級分析師等技術類職務。

另該條亦以負面表列方式，列舉機要人員不得擔任之職務，包括：首長、副首長、主管、副主管、參事、研究委員等職務，均不得由機要人員擔任。至於「秘書長」及「主任秘書」等二職務，雖屬主管職務，惟該二職務係機關幕僚長，綜理機關大小事務，必須能與首長密切配合，因此，機要人員進用辦法第 4 條亦特別明訂，各機關之秘書長及主任秘書，如經上級機關核准，得以機要人員進用，但直轄市及縣（市）政府、部分縣轄市公所除外（地制法另有規定）。

(三) 資格條件

機要人員之資格條件，依官等之不同，分別訂於各機關機要人員進用辦法第 4 條至第 6 條中。依規定，機要人員資格條件大致可分為「曾任相當官等之職務」、「以學、經歷進用」、「曾任低一官等職務滿一定年限」等三大類；

其中，前二類實務上較常見，分別說明如下。

1. 曾任相當官等之職務：曾於軍／公／教／公營事業任職，或曾民意代表者，得擔任相當官等之機要人員。例如：曾任軍職少校（相當薦任官等）者，得擔任薦任機要人員；曾任縣議員（相當簡任官等）者，得擔任簡任機要人員。

2. 以學、經歷進用：博士畢業並有二年相關工作經歷、或碩士畢業有四年經歷、或大學畢業有六年經歷者，得擔任簡任機要人員；碩士畢業、或大學畢業有二年經歷者，得擔任薦任機要人員；大學畢業、或專科畢業有一年經歷、或高中職畢業有三年經歷者，得擔任委任機要人員。

二、與約聘人員之比較

　　機要人員與約聘人員的共同點，是均不須具備公務人員任用資格，亦即毋須經國家考試及格；但兩者進用所依據的法源不同、設置目的及制度規劃亦不同，本質上其實是兩種不同的身分屬性。然而，因為約聘人員不須具任用資格，進用上較有彈性，故實務上機關可能會基於業務需要，進用「具機要性質」的約聘人員，這也讓這兩類人員有時候被混淆。

　　機要人員進用的法源依據是公務人員任用法第 11 條，既是規範於公務人員任用法中，表示機要人員的身分屬性仍為「公務人員」，與其他具考試及格任用資格的公務人員並無二致，差別只在機要人員不受任用資格之限制及應隨首長進退而已。因此，機要人員也是機關的正編專任人員，所任職務為法定編制內職務，任用案須送銓敘部銓敘審定，並依公務人員任用法及俸給法規定，審定官等職等及俸給；其保險及退休事項，同樣適用公務人員保險法及公務人員退休資遣撫卹法，並參加公教人員保險及繳納退撫基金。

　　至於約聘人員進用的法源依據則是聘用人員聘用條例。依該條例第 2 條、第 3 條暨其施行細則第 2 條規定，各機關為應業務需要，得以契約定期聘用專業或技術人員，但須以非本機關現有人員所能擔任者為限。聘用人員之身分屬性為「臨時人員」，並不具公務人員身分，所擔任的職務為機關編制以外的職務，且職稱不得與正編職務之名稱相同；聘用人員不適用公務人員俸給法，不會審定官等職等，其保險及退休事項亦不適用公務人員法令，而係參加勞工保險及勞工退休基金。

　　依前述說明可得，機要人員與聘用人員雖均毋需具考試及格資格，但兩者其實是兩種完全不同的制度設計，不過因為聘用人員本質是政府的彈性用人機制，進用人員本有其彈性，以機要業務而言，機要事務之處理可能涉及專門性業務，且須非常熟悉首長理念及處事方式，機關現有人員不一定能勝任，因此，機關如認確有業務需要，且為現有人員所無法勝任，依聘用條例規定進用身分屬性為「臨時人員」之聘用人員來辦理專門性機要事務，尚難謂與聘用人員聘用條例未合。是以，實務上即產生「具機要性質」之聘用人員，渠等人員的身分為「聘用人員」，惟因具機要性質，常被泛稱為機要人員，而與真正的機要人員有所混淆。

相關案例與議題

　　近來曾經新聞媒體廣泛報導之「機要人員」案例如下。
1. 高雄市政府觀光局主秘（報載通稱「閨密」案）：
　　如前所述，公務人員任用法明定各機關主任秘書職務如經上級機關核准，得以機要人員進用。因此，該主任秘書之身分屬性為機要人員，高雄市政府本得依權責指派首長信任且能忠實執行首長政策理念的人擔任該職。
2. 立法院顧問：
　　有關立法院院長進用未能連任成功之前立委擔任其機要顧問一節，查立法院為中央一級機關，依規定機要人員上限 5 人，該顧問一職為供院長進用之機要員額，立法院院長本得依權責進用信任之人擔任該顧問職務，襄助院長處理事務及提供建議。
3. 臺北市政府副發言人（報載通稱「學姐」案）：
　　臺北市政府副發言人「學姐」原本先後擔任市府研考會機要組員、資訊局機要專員，並借調至市府本部擔任副發言人（非屬機關法定編制之職務），其後因從事選舉業務辭職；選後再回任時，據報載，因考量輿論批評市府常借調所屬局處機要人員至府本部任職，故學姐辭職後再回任時，即改以府本部之「聘用研究員」進用，並擔任市府副發言人，此時，其身分屬性已轉為聘用人員，惟外界一般多仍誤認其為機要人員。
4. 外交部駐外單位組長（報載通稱「口譯哥」案）：

外交部「口譯哥」原本擔任外交部簡任機要秘書，其後外派至駐美代表處時，改以「聘用一等諮議」進用，並擔任政治組組長（非屬機關法定編制之職務），且依慣例於聘用契約內訂定須隨同館長離職之約定，此時，其身分屬性已轉為聘用人員，惟外界一般多仍誤認其為機要人員。

由上述幾個曾在媒體上報導的案例來看，「機要人員」和「具機要性質之聘用人員」在實務上可能會交錯運用，且因均具機要色彩，外界一般多可能會誤認渠等為機要人員。

三、與常任文官之比較

前已述及，機要人員身分屬性仍為「公務人員」，因此，其官職等、俸給、考績、保險、退休等事項，原則上均與具考試及格任用資格之常任文官相同；至於兩者不同之處，除了機要人員不受任用資格之限制及應隨首長進退外，最主要的差別，在於機要人員不適用公務人員陞遷法，其陞任與遷調，不受該法相關規定之限制。

茲以機要人員性質特殊，須與機關長官同進退，並得隨時免職，故公務人員陞遷法第 3 條明文排除渠等於適用對象外。因此，機要人員如擬內陞，毋須辦理甄審，如擬外補，亦毋須辦理公告，均逕由首長核定派任即可。

相關案例與議題

有關機要人員的陞遷，有二個議題可以來思考一下：

1. 機要人員的陞遷逕由首長核定即可，是否影響常任文官之陞遷管道？

前曾說明，各機關可進用之機要人員員額有嚴格限制，因此，機關內可以列為機要職務的職缺數量極少。機要人員的陞遷，僅得在列為機要職務的職缺範圍內辦理，至於機關內其他多數未列為機要職務的職缺，機要人員並無法擔任。據上，機要人員和常任文官各自有其可遷陞的職缺範圍，原則上並不會互相影響彼此的陞遷機會。

2. 是否會產生「跳級陞遷／坐直升機」的不公平現象？

常任文官的陞遷必須謹守「逐級陞遷」原則，不允許有「跳級陞遷／坐直

升機」的情況出現，主要係爲維護陞遷之公平性；至於機要人員則無此考量，渠等係隨首長進退，且僅能於少數機要職缺內晉升，故只要首長認爲有業務之需要，且當事人具備法定各官等機要人員之進用資格，即可將之陞任或遷調其他機要職務。

第三節　遷調相關法制及案例

壹、陞任、平調與降調

一、判斷基準

　　公務人員之調任，如以調任職務的高低區分，可分「陞任」、「平調」與「降調」等三種態樣。首先，須瞭解如何判斷陞任、平調或降調。

　　何謂陞任？依公務人員陞遷法第 4 條暨其施行細則第 2 條規定，所稱「陞任較高之職務」，指依法陞任較高職務列等之職務。其職務如跨列二個以上職等時，以所列最高職等高者，爲較高之職務；所列最高職等相同時，以所列最低職等高者，爲較高之職務。上述法條簡單來說，就是以比較「職務列等」的高低，來判斷是否屬陞任；比的時候先比職務之最高職等，如最高職等相同，再比最低職等。

相關案例與議題

　　如何比較各職務之職務列等高低？茲舉例說明如下。
1. 單一職等職務間之比較：股長 vs. 科長。股長爲單列第 8 職等、科長爲單列第 9 職等，故科長職務較股長職務爲高。
2. 跨列職等與單一職等職務之比較：專員 vs. 股長。專員爲第 7 職等至第 9 職等、股長爲單列第 8 職等，專員之最高列等（九職等）比股長之職等爲高，故專員職務較股長職務爲高。

3. 跨列職等職務間之比較：辦事員 vs. 助理員。辦事員為第 3 職等至第 5 職等、助理員為第 4 職等至第 5 職等，先比最高職等，兩者最高職等相同，均為第 5 職等，故再比最低職等，助理員之最低職等（第 4 職等）比辦事員之最低職等（第 3 職等）為高，因此，助理員職務較辦事員職務為高。

　　以上是單純就「職務列等」高低之比較，也是一般認定是否屬「陞任」的基本原則，但須注意，如係屬「同一機關」內之職務調任，則必須以機關之「陞遷序列表」，作為認定是否屬「陞任」的準據，而非單就職務列等之高低做比較。

相關案例與議題

　　同一機關內之職務如何比較高低？茲舉例說明如下。

1. 辦事員 vs. 助理員：如前述，單純比較職務列等高低時，助理員職務列等較高；惟如係屬同一機關內辦事員與助理員間之調任，就必須看該二職務在機關陞遷序列表中是如何排序；如機關將該二職務列於陞遷序列表中之同一序列，則在該機關中由辦事員調任助理員，即非為「陞任」而係「平調」。

2. 編審 vs. 科長：編審為第 8 職等至第 9 職等、科長為單列第 9 職等，單純比較職務列等時，科長係較高之職務，故由編審調任科長，一般而言都屬陞任，也符合一般人直觀的認知；惟部分機關因業務特殊考量，將編審與科長列為同一陞遷序列，則在該等機關中，由編審調任科長即非屬「陞任」而係「平調」。

　　以上是如何判斷「陞任」的基準，至於平調或降調之判斷基準，則可同理類推。亦即，原則上係以調任前、後兩個職務間之職務列等高低為準，惟如係同一機關內的調任，則以該機關之陞遷序列表之排序為準。

二、陞任

　　陞任係對公務人員有利之調動，也是多數公務人員追求的職涯目標之一，因此，法制上除要求機關辦理陞任時必須遵守法定程序外，就當事人本身，亦訂有積極資格、消極資格及優先陞任資格；此外，為利首長落實政策，另有免經甄審（選）職務之設計，茲分別說明如下。

(一) 積極資格

陞遷以具任用資格為前提，因此，陞任之積極資格條件，即是須具備擬陞任職務之法定任用資格，包括：官等、職等任用資格，以及職系任用資格等。

(二) 消極資格

依公務人員陞遷法第 12 條規定，最近三年內因故意犯罪，曾受有期徒刑之判決確定者，不得辦理陞任。但受緩刑宣告者，不在此限。另曾在一定年限內受有特定種類之懲戒處分、依考績法受免職之處分、考績列丙等或平時考核受記一大過處分、因酒駕或對他人為性騷擾或跟蹤騷擾，致平時考核曾受記過一次以上處分之人員，均不得辦理陞任。此外，於留職停薪、依法停職或延長病假等特定期間內，除留職停薪之事由係因育嬰 [3] 或配合政策奉派國外（或借調其他機關）等情形外，亦不得辦理陞任。

(三) 優先陞任資格

依公務人員陞遷法第 11 條規定，曾在一定年限內獲特殊榮譽，例如：獲頒功績獎章、公務人員傑出貢獻獎個人獎、經核定一次記二大功專案考績等，且無前述消極資格情事者，得經甄審委員會同意後優先陞任。亦即，機關首長如擬陞任該等人員，得經甄審委員會同意後，免辦理經甄審程序逕予派任。

(四) 免經甄審（選）職務

依公務人員陞遷法第 10 條規定，各機關首長／副首長、幕僚長／副幕僚長、內部一級單位主管、較一級業務單位主管職務列等為高之職務等，得免經甄審（選），由本機關或上級機關首長逕行核定。該條之立法意旨，係為使機關首長能遴用理念相同之人員擔任所屬機關首長、副首長或中、高級主管，因

3　育嬰留職停薪人員得於陞任之日實際任職者，始不受不得辦理陞任規定之限制。亦即，育嬰留職停薪人員於留職停薪期間，尚得參加本機關之內陞或外機關之外補陞任作業，惟以其能於陞任之日回職復薪實際任職者為限，反之，如無法於陞任之日回職復薪，則無法陞任。

此讓渠等人員得免受有關陞遷序列、公開評分積分、甄審程序等之限制，而得由本機關或其上級機關首長核定逕行陞遷。

三、平調

　　平調係指職務列等及職務相當人員間之調任，因未涉及職等之調陞，亦不若降調般之不利當事人，因此，法制上對平調並無特別的限制性規定，反而是爲了培育人才、增進行政歷練及提升行政效率，在制度上有特別的設計以鼓勵平調。

　　依公務人員陞遷法第 13 條規定，各機關對職務列等及職務相當之所屬人員，應配合職務性質及業務需要，實施各種遷調；遷調範圍除包括本機關主管／副主管／非主管間人員之遷調外，亦含括本機關與所屬機關間人員之遷調，以增進所屬人員之職務歷練。

相關案例與議題

　　實務上，各機關辦理前述職務遷調時，通常會規劃以薦任主管人員、薦任非主管人員、委任人員等三個區塊實施人員的定期職務輪調。例如：依層級分別辦理科長間之輪調、專員／編審／秘書間之輪調、科員間之輪調、辦事員／助理員間之輪調、書記間之輪調等；且通常會規定在同一單位任現職達一定年限者，必須參加輪調，例如：在同一單位擔任科長達三年以上者，須參加職務遷調，與其他單位同樣任科長達三年以上者互換，以增加工作歷練。

四、降調

　　降調係屬對公務人員有重大不利益之調動，因此，爲保障常任公務人員之尊嚴與地位，使其能不受政權更替影響依法行政，法制上對降調有嚴格的限制及配套保障措施。茲依公務人員任用法第 18 條規定，分別就不同態樣之降調，說明其相關限制。

(一)「官等」之降調

法制上對降官等有最嚴格之限制，必須是當事人自願始得為之，首長無法逕行降調官等。此外，自願調任低官等人員，無論其降調職務之列等為何，均以降調官等之最高職等任用。

(二)「職等」之降調

法制上對降職等之限制未若降官等般嚴格，如為同官等內降調低一職等職務，機關首長可行使用人權逕予調任，毋須當事人自願，但送銓部審定時必須敘明降調之充分具體理由；至於如係降調低二職等以上職務，則必須當事人自願始得為之。同官等內調任低職等職務者，均仍以原職等任用。

(三)「主管」調任「非主管」

基於行政倫理考量，法制上明文規定首長不得調任本機關同職務列等以外之其他職務、主管人員不得調任本單位之副主管或非主管、副主管人員不得調任本單位之非主管，以避免出現調任後，原受指揮監督之部屬反變成直屬上司之情形。

相關案例與議題

1. 官等之降調：某甲因身體健康因素，自請由職責繁重之簡任秘書職務降調為薦任科員，因係屬自願，故機關首長如同意某甲所請，即可逕予調派；又科員之職務列等雖最高僅至第 7 職等，但某甲降調科員後，依規定仍可以薦任官等最高之第 9 職等任用。
2. 職等之降調：某乙現任分析師（薦任第 7 職等至第 9 職等）職務，並已敘至薦任第 9 職等，機關首長擬以某乙工作表現不佳有具體事證為由，將其降調為管理師（薦任第 6 職等至第 8 職等），因係屬同官等內調任低一職等職務，且有具體理由，故機關首長可逕予調派，毋須經某乙同意，降調後，某乙仍可敘薦任第 9 職等。
3. 主管降調非主管：某丙現任某機關總務司第一科科長（薦任第 9 職等），辦理採購案出現重大過失，機關首長擬將其降調為非主管之專員（薦任第 7 職

等至第 9 職等），此時，僅得將其調至總務司以外之其他司處；如仍擬留在總務司，則僅得調任該司除第一科以外之其他科。

貳、機關內、外之調任

依公務人員陞遷法第 2 條規定，公務人員之陞遷，應本人與事適切配合之旨，考量機關特性與職務需要，依功績原則、兼顧內陞與外補，採公開、公平、公正方式，擇優陞任或遷調歷練，以拔擢及培育人才。復依公務人員陞遷法施行細則第 3 條規定，各機關人事單位於辦理陞遷前，應依本法第 2 條所定原則，簽報機關首長決定職缺擬辦理內陞或外補後，再行辦理。

由上述法規可得，機關如有職務出缺須遞補人員時，首先必須決定的，就是審酌究竟要辦理「內陞」或是「外補」；茲將內陞與外補之優點，分述如下：

一、內陞之優點

(一) 可激勵人員士氣

機關內之職缺如能由本機關人員晉陞，自然較進用機關外部人員遞補更能激勵員工士氣，尤其愈高之職缺辦理內陞，可帶動內部一連串之陞遷，當能更振奮士氣。例如：專門委員出缺，先辦理內陞由科長陞任，所遺科長缺接續辦理內陞，由專員陞任，所遺專員缺，再辦理內陞，由科員陞任；如此，一個職務出缺可帶動三波陞遷，自可大為激勵員工士氣。

(二) 業務較熟悉，可縮短學習期

如由內部人員陞任，因對機關業務已有所瞭解並有實務經驗，兼又熟悉行政作業流程及機關文化，故就任新職後應能較快上手；反之，如由機關外部遞補人員，則可能須花費較長之學習期與磨合期。

(三) 可較快遞補人員，避免商調等候期

　　如進用其他機關現職人員來遞補本機關職缺，需先行文對方機關辦理指名商調，獲同意後，始能核發派令並過調。實務上，辦理商調除公文往返耗時外，有時對方機關考量業務銜接需要，可能要求俟一段時間後再行過調，因此，整個商調過程可能花費很長的等候期。相較之下，職缺如由本機關人員內陞，機關首長發派後即可調任，毋須辦理商調，可避免職務懸缺太久。

二、外補之優點

　　至於機關之職缺如辦理外補，其優點正是辦理內陞之缺點，說明如下：

(一) 可引進外部意見，避免僵化

　　在同一機關任職相當時間並熟悉業務後，可能習於制式化之思維與固定做法，較不易發掘問題及尋求創新作為，此時如引進外部人才，可帶入客觀意見，有助於避免組織僵化。

(二) 可找到更符合需要之人選，毋須侷限於現有人員

　　有時機關內現有人員不一定能切合出缺職務之需要，尤其因為內陞必須辦理現職人員的資績評分，首長僅得就資績評分排名前三名人員中圈定陞任，有時會出現前三名人員均非最適當人選的情形。因此，如對外公開甄選，可能找到更符合出缺職務需要的人員，而更有助機關推動業務。

　　綜上，內陞與外補各有其優點，需視實際情況審慎決定之，尤其應注意內陞與外補並重，避免僅為激勵員工士氣而偏重內陞。

　　又前述之介紹，均係由機關的視角來看內陞或外補，至於如由公務人員個人的視角來看，決定是否留在本機關等待內陞機會，抑或向外尋求他機關外補職缺，其考量點則通常為：工作量與難易程度、工作壓力與工作成就感、陞遷機會、組織氣候、工作地離家距離遠近等。

參、中央／地方、上級／下級機關間之調任

　　公務人員之調任，如以機關層級區分，可分爲「中央機關與地方機關」間之調任、「上級機關與下級機關」間之調任，說明如下。

一、由地方調任中央，或由下級調任上級機關

　　此類型遷調的調任動機，通常係因考量中央機關與上級機關的陞遷機會較多。就如同前面章節曾述及的，中央機關職務之列等原則上會高於地方機關、上級機關會高於下級機關，且中央機關與上級機關編制內較高職務列等之職務數量亦較多，因此，爲能有更好的陞遷機會，可能會尋求調任中央或上級機關。

相關案例與議題

　　舉例而言，民國 99 年 12 月 25 日新北市、桃園市、臺中市、臺南市及高雄市等五都升格或合併改制爲直轄市後，其所屬機關的職務列等隨之調高，相較於遴近之其他縣市政府更有陞遷機會，因此曾引起「磁吸現象」，讓遴近的縣市政府出現人才流失的情形。爲舒緩此種磁吸現象，考試院爰於民國 108 年通過縣市政府職務調整方案，將縣市政府之「副局處長」一職，由原列之薦任第 9 職等調高爲薦任第 9 職等至簡任第 10 職等，雖仍不及直轄市副局處長所列之簡任第 11 職等，惟差距已經縮小；另亦將縣市政府之「科長」一職，由原列之薦任第 8 職等調高爲薦任第 8 職等至第 9 職等，上限與直轄市科長所列之薦任第 9 職等相同，以利縣市政府留才及攬才。

二、由中央調任地方，或由上級調任下級機關

　　至於如係由中央機關調任至地方機關，或由上級機關調任至下級機關，主要的調任動機則通常係爲了返鄉服務，或是想調任至離家近的地方服務；實務上亦常見新進公務人員在過了高普初／特考之考試限制轉調期限後，即開始應徵位於家鄉或離家較近之地方機關或下級機關職缺，並於獲選後調任之情形。

此外，由上級調任下級機關，還可能係因實施職務遷調制度，故上級機關人員因職務輪調而調任至下級機關進行職務歷練。

肆、不得任用與遷調期間

　　為避免機關首長於卸任前乘機大量安置私人，影響公務人員權益，公務人員任用法第 26 條之 1 設有不得任用與遷調期間之機制。依該條規定，各機關首長於提出退休、辭職，或被免職、調職、停職，或受免除職務、撤職、休職等懲戒處分，或擬參加公職選舉，或被提起罷免案時，均有各別對應之不得任用與遷調期間。此外，未有法定任期之中央各級機關政務首長、地方政府所屬機關政務首長及其同層級機關首長，除上述所列因其自身之故而有不得任用與遷調期間外，尚因其上層主管（總統／縣市長）是否競選連任而有額外的不得任用與遷調期間。

相關案例與議題

　　茲舉數例說明首長不得任用與遷調之期間如下。

1. 提出辭職：某甲現任某中央部會之首長，擬辭官參選縣市長，依規定其自提出辭職書之日起，不得任用或遷調人員，一直至實際離職日止。
2. 民選首長：某乙現任某縣之縣長並擬競選連任，依規定其自次一屆縣市長選舉候選人名單公告之日起，不得任用或遷調人員；如連任成功，於當選人名單公告之次日起可恢復用人權；惟如連任失敗，則至離職日止都不得任用或遷調人員。又如某乙係自始即放棄競選連任或已滿二屆任期不得再參選，則自候選人名單公告之日起至離職日止，均不得任用或遷調人員。
3. 地方政府所屬機關政務首長：某丙為上述某乙所任命之該縣一級局處政務首長，如某乙選連任但未當選，或未再競選連任，則某丙自次屆縣市長選舉當選人名單公告之日起至當選人宣誓就職止，不得任用或遷調人員。憲法或法規未定有任期之中央各級機關政務首長，於總統競選連任未當選或未再競選連任時，亦同。

伍、遷調辦理程序

一、前置作業

在辦理公務人員的遷調之前，有幾個前置作業必須先處理好，分別是：訂定陞遷序列表、訂定陞任評分標準表、組設甄審委員會。以下分別說明。

(一) 陞遷序列表

依公務人員陞遷法第 6 條規定，各機關應訂陞遷序列表，將編制內之職務做高低排序，以為本機關人員內陞時逐級陞任之準據。訂定陞遷序列表時，應依陞遷法施行細則第 4 條規定排序，職務列等相同者，原則上列為同一序列；職務所列最高職等相同者，亦得視業務需要列為同一序列，但最高職等相同之主管與副主管職務，除應業務特殊需要並經主管機關核准外，不得與非主管職務為同一序列。

相關案例與議題

茲舉一陞遷序列表之範例如表 5-3-1：

表 5-3-1　陞遷序列表範例

序列	職稱	職務列等
一	參事	簡任第 12 職等
二	副司長	簡任第 11 職等
三	專門委員 / 秘書 / 視察 / 技正 / 高級分析師	簡任第 10 職等至第 11 職等
四	科長	薦任第 9 職等
五	秘書 / 視察 / 技正 / 專員 / 分析師	薦任第 8 職等至第 9 職等 薦任第 7 職等至第 9 職等
六	科員 / 組員 / 技士	薦第 6 職等至第 7 職等
七	助理員 / 辦事員	委任第 4 職等至第 5 職等 委任第 3 職等至第 5 職等
八	書記	委任第 1 職等至第 3 職等

以上述範例來說明，專門委員、簡任秘書／視察／技正、高級分析師等職務，因列等相同，故列為同一序列；助理員及辦事員則係最高職等相同，故亦列為同一序列；至於科長一職，雖與薦任秘書／視察／技正／專員／分析師等職務之最高職等相同，惟因科長係主管職，而其他薦任秘書等職係非主管職，故列為不同序列。

(二) 陞任評分標準表

依公務人員人陞遷法第 7 條規定，各機關辦理內陞時，應就考試、學歷、職務歷練、訓練、進修、年資、考績、獎懲、發展潛能及綜合考評等項目，訂定標準，評定分數；必要時，得舉行面試或測驗；如係主管職務，並應評核其領導能力。另依其施行細則第 5 條規定，陞任評分標準表以 100 分為滿分。

實務上，陞任評分標準表會區分共同選項（40 分）、個別選項（40 分）、綜合考評（20 分）等三大項，合計 100 分；如有舉行面試或業務測驗，則面試或測驗占 20 分，其他三項依比例合計占 80 分。共同選項包括學歷、考試、年資、考績、獎懲等項目，有固定之配分，每位參加內陞人員各依其過去服務的實際情況計分；個別選項包括職務歷練與發展潛能、訓練及進修、語言能力、領導能力等，各機關得視需要自行決定各項之配分；至於綜合考評，則係由機關首長依出缺職務需要、參加內陞人員服務情形、品德等做綜合考評。

(三) 甄審委員會

依公務人員陞遷法第 8 條暨其施行細則第 7 條規定，各機關辦理公務人員之陞遷，除鄉鎮市民代表會及直轄市山地原住民區民代表會外，應組織甄審委員會，辦理甄審相關事宜。委員會組成人數應在 5 至 23 人之間，可由機關視需要自行決定；又任一性別之委員人數，其比例原則上不得低於三分之一，以落實性別平等政策。

在委員的組成上，分為當然委員、指定委員、票選委員等三類；其中，當然委員由各機關人事主管擔任，票選委員由本機關人員票選產生，指定委員則由機關首長就本機關人員中指定；實務上，機關首長多係指定由單位主管擔任指定委員。有關票選委員之設置，立法目的係為強化甄審委員會之民主性及增加核議功能，爰就其人數訂有保障—依公務人員陞遷法施行細則第 7 條規定，

甄審委員會每滿 4 人應有 2 人係由票選產生，例如：甄審委員會總人數如為 12 人，則應有 6 人由票選產生；如總人數為 23 人，即應有 10 人由票選產生。

二、作業流程

前已述及，機關職務出缺時，人事單位首先即應簽報機關首長決定職缺擬辦理內陞或外補。決定內陞或外補後之作業流程，依公務人員陞遷法第 9 條規定，依序為資績評分及造冊、提甄審委員會、簽報首長圈選等，分別說明如下。

(一) 簽報首長決定內陞或外補

機關職務出缺時，人事單位首先必須簽報首長決定要辦理內陞或外補。如決定內陞，則本機關以外的人員自無法參加；反之，如決定外補，則本機關之人員即無法參加。實務上曾見機關首長已決定辦理外補，於對外公開徵才時，竟收到本機關人員之投件，因於法未合，爰不予列入候選人。

(二) 資績評分及造冊

各機關人事單位應就具有擬陞遷職務任用資格人員，依積分高低順序造列名冊，且因陞遷以具任用資格為前提，故造冊時僅須將具有擬陞遷職務任用資格之人員列入。例如：法制職系專員職務出缺辦理內陞，造冊時毋須將本機關內次一序列之科員全部列入，僅須將具法制職系任用資格之科員列入即可。造冊時，係將各候選人員所具資歷，依陞任標準評分表所列各項目計分加總後，再由高至低排序。

(三) 提甄審委員會審查

人事單位完成造冊後，應檢同有關資料，報請機關首長交付甄審委員會評審。甄審委員會主要任務，係就候選人之資格條件及依規定評分後之資績分數加以審查，再依審查後確認之積分高低，排定名次，不得以其他非法定之方式排定名次。

(四) 簽報首長圈選

　　甄審委員會審查並排定名次順序後，人事單位應即依程序報請機關首長就前三名中圈定陞補人選；如陞遷 2 人以上時，就陞遷人數之 2 位中圈定陞補人選。亦即，如僅 1 個職務出缺，首長可在排名前三名的範圍內圈定人選，並未限制必須圈選名列第 1 之人員，此係為合理維護首長之用人權，實務上亦不乏圈選第 2 名或第 3 名之案例。如係 2 個職務出缺，首長可在前四名中圈選 2 位人選；3 個職務出缺則可在前六名中圈選 3 位人選，以此類推。

　　值得注意的是，如機關首長對甄審委員會報請定陞遷之人選有不同意見，依公務人員陞遷法第 9 條第 2 項暨其施行細則第 10 條第 3 項規定，首長得加註理由將該案退回重行改依其他甄選方式辦理，例如：內陞改為外補，或外補改為內陞，或增列面試／筆試等。實務上較常見到的，是先辦理內陞，結果前三名人選均未盡適合擔任該職缺，因此改以外補方式對外徵才。

三、內陞程序

　　前曾述及，各機關辦理內陞時，首要注意的就是必須「逐級」辦理陞遷，亦即職務出缺時，必須由次一序列職務之人員陞任，不得跳級辦理；惟為保留彈性，仍設有例外規定—依公務人員陞遷法第 6 條第 2 項後段但書規定，次一序列中無適當人選時，得由再次一序列人選陞任。所稱「次一序列中無適當人選」，依該法施行細則第 4 條規定，係指次一序列具有擬陞任職務任用資格人員均經甄審委員會評定為非適當人選，或次一序列均未具有擬陞任職務任用資格人員。

相關案例與議題

1. 科長職務出缺辦理內陞，原應由次一序列之薦任秘書／視察／專員等人員先辦理，惟如用人單位認為機關內現職之秘書等人員都不適任該科長職務，則必須提甄審委員會確認渠等人員均為非適當人選後，始得由再次一序列之科員中辦理甄審作業。

2. 法制職系科長職務出缺，但機關內次一序列之現職秘書等人員均未具法制職系資格，則可毋須經甄審委員會評定，直接由次一序列之科員中辦理陞任甄審。

　　此外，內陞程序比較特別的是，依公務人員陞遷法第 9 條第 1 項後段規定，機關具擬陞任職務任用資格人員，經書面或其他足以確認之方式聲明不參加該職務之陞任甄審時，得免予列入當次陞任甄審名冊。也就是說，如當事人主觀上無意願陞任，即得免列入造冊範圍，故實務上辦理內陞時，人事單位會先做意願調查，再就表達有陞任意願者進行績資評分及造冊。又，該條文既係規定此種情形「得」免列入名冊，即表示當事人之意願尚無拘束機關之效力，機關仍得就適任人選中擇優陞任，以利業務推動。

四、外補程序

　　依公務人員陞遷法第 5 條及其施行細則第 3 條規定，各機關職缺辦理外補時，應公開甄選，並將職缺之機關名稱、職稱、職系、職等、辦公地點、報名規定及所需資格條件等資料，於報刊或網路公告三日以上。目前實務上，各機關多係以網路辦理公告，且除於本機關之官網登刊外，通常亦均會同步登載於行政院人事行政總處「事求人徵才系統」，以擴大徵才效果。

　　外補與內陞之辦理程序，主要有三點不同：

(一)內陞之基本原則為「逐級陞遷」，須依本機關之陞遷序列表所列職務層級逐級辦理；惟外補時候選人均為本機關以外人員，無從適用本機關之陞遷序列表排序，因此並無逐級陞遷原則之適用，實務上，係直接在外補公告上明訂資格條件，例如：科長職務出缺辦理外補，其資格條件訂為「須合格實授薦任第 9 職等滿三年之人員」。

(二)辦理外補時，除正取名額外，尚得增列候補名額，辦理內陞則無候補名額。依公務人員陞遷法施行細則第 3 條規定，辦理外補時增列之候補名額不得逾職缺數 2 倍，並以依序遞補原公開甄選職缺，或職務列等相同、性質相近之職缺為限，且候補期間為三個月。舉例來說，如有 1 個科員職缺辦理外補，可正取 1 名、備取 2 名；如正取人員無法到任，可逕由備 1 人

員遞補；如機關在三個月內又有另一個性質相近的科員職務出缺擬外補，則可逕由備 2 人員遞補。此一候補機制之設置，係考量如機關職務出缺頻繁擬外補，勢必遇缺即須辦理公開甄選，增加許多行政作業程序並延遲人員遞補所需時間，因此乃設置候補名額；且為避免影響他機關人員再參加公開甄選之機會，就候補名額、得遞補之職缺及候用期間等，均予以適當設限。

(三)辦理外補通常都必須進行指名商調作業。依公務人員任用法第 22 條規定，各機關不得任用其他機關人員，如業務需要時，得指名商調之。茲以外補錄取之人員，通常係其他機關之現職人員，因此，必須先向其現職機關辦理指名商調，俟其現職機關同意後，始得發派及過調。

第四節　結語：蘿蔔選坑或坑挑蘿蔔？

　　綜合本章各節分析，任用制度不僅是考試以外，各項人事管理作為的工作起點，同時也高度影響機關人力運用，以及公務人員權益的核心議題，並成為人員公務人員生涯過程不斷的循環過程：一方面，任用是人員通過考試後的任職起點，不同任用方式，將會影響後續機關人事管理作為與人員權利義務；另方面，不同人事管理作為與人員權利義務的最後，又是新的任用階段起始。

　　不過展望未來，若將公務人員從個別的任職者，轉換為當代公務人力資源的思維，同時將任用所關注的焦點從滿足機關特定職務需求，擴大為整個政府體系的功能發揮，則或許應超越「一個蘿蔔一個坑」的觀念限制，從而納入機關內外更多元而動態的考量因素：

　　第一，就機關內部而言，所須從事的業務項目與工作負擔不僅持續增加，且各界更期望政府能更有效率且效能的滿足民眾需求，因此，機關更需要任用優秀且多樣性的人力。

　　第二，就機關外部而言，社會開放、科技進步，乃至於全球人才交流頻繁，使民眾就業選擇更為多樣化，因此政府乃需要與國內，甚至於全球各公私部門競爭，以期獲取優質人力。

　　基於上述考量，未來任用問題的思考，實有必要超越法令與制度本位的限

制，轉而以更開闊的視野，同時納入公務人員、機關，乃至政府整體運作的多元考量。以下本書將列舉在考量前述環境影響下，任用制度未來可能的變革議題。

壹、品位與職務兩制外應有的考量變數

「品位（簡薦委）制」與「職位分類制」不僅是我國人事制度的基礎，也是構成任用制度的基本框架（蔡良文，2018：28-32），而民國 75 年完成立法，並自民國 76 年開始施行的現行公務人員任用法，雖然兼採兩種制度特色，從而有效調合品位與職位兩制的可能衝突，但是相對的，整個任用法，乃至於相關人事法律設計，便會傾向「公務人員本位」，也就是主要以具備公務人員 [4] 身分者為對象，並以其為主體來規範相關權利義務。

「公務人員本位」固然有助於釐清公務人員擔任公職時之權責分際，但是若從今日政府業務快速增加且更趨多元的環境特性而言，則現行任用制度將會產生彈性不足，甚至無法迅速滿足需求的問題，基於此，未來任用制度需要在「公務人員本位」與「用人機關本位」間尋求平衡，包括下列：

一、現行職系、官職等認定或調任限制的放寬。

二、人員在機關內部，以及不同機關間轉任規定的變革。

三、機關組織架構與員額編制的彈性設計。

四、機關進用契約與臨時人力的鬆綁。

五、不同機關差異，包括業務屬性、中央與地方、都市與偏鄉等，相關任用規定的選擇或配套。

---

[4]　任用法施行細則第2條：「本法所稱公務人員，指各機關組織法規中，除政務人員及民選人員外，定有職稱及官等、職等之人員。……」亦即一般對任職於政府人員範圍最狹義範圍的規定。

貳、社會與科技因素的考量

除了納入機關運作並儘量滿足需求，今日任用課題的思考，更應納入 21 世紀社會與科技因素的影響：就前者而言，尚可包含主觀與客觀兩層面：

第一，就主觀面言：當社會發展更多元，民間組織，包括企業與各類第三部門或民間團體，不僅種類繁多，在創意或發展空間上，均較政府機關更有彈性，因此政府如何在就業市場上維持高度競爭力或吸引力，特別是吸引優秀年輕人才進入政府服務，自然形成任用的重要課題。

第二，就客觀面言：高齡化、少子化已成為今日人口結構發展趨勢，如此將不僅衝擊原有任用供需平衡，也會連帶影響任用相關條件或規定，另外，全球性人才快速流動，現行任用制度限定本國公民的規定，也可能形成吸引人才的障礙。

而就後者而言，今日科技對政府運作最普遍的影響，可說就是資訊與網路科技快速進步，昔日需要大量人力提供的服務，如資料處理、櫃檯服務等，均可藉由引入新技術而達成人員精簡但效率增加的效益，甚至於運用人工智慧、大數據等新技術，未來更可能取代分析、研判、決策等非例行性工作。因此當科技持續快速發展，加上前述社會條件變遷，將產生下列任用問題：

一、職系職組與官職等的再定義

職系職組與官職等併立不僅是品位制與職位分類制整合的基礎，也是我國現行人事行政體系的基本骨幹。此縱向與橫向的分類系統，作為區隔公務人員專業屬性與等級高低的標準，可說兼顧了品位與職位的考量，然而若從今日社會環境重視跨領域合作，以及運用科技常可取代例行性、事務性的趨勢觀之，未來或有重新界定職系職組與官職等內涵的可能性，具體舉例如下：

首先，就橫向的職系職組而言，雖然任用法第 18 條規定：「簡任第十二職等以上人員，在各職系之職務間得予調任；其餘各職等人員在同職組各職系及曾經銓敘審定有案職系之職務間得予調任……」。但是目前職系的主要作用則是作為區隔機關不同正式職務屬性，並作為銓敘部監督的依據（任§8），展望未來，若跨專業、跨領域合作是發展趨勢，則除了目前銓敘部推

動的職系整併工作外，或可進一步考量下列：

(一)除了以工作項目、內容等以職務為導向的界定方式外，也可以納入工作知能、工作職責等以人員或機關需求為導向的界定方式。

(二)除了現行依「依法考試及格人員考試類科適用職系對照表」與「職組暨職系名稱一覽表」規定職系間的調任標準外，也可以建立透過考試、訓練進修、證照等方式取得不同職系資格的途徑。

二、多元任用途徑的常態化

必須強調的是，以上論述並非主張改變現行人事行政任用制度，而是賦予機關更大的用人彈性與裁量空間。而若此想法可接受，則未來任用制度發展，則需要考量除了現行任用法規定的用人途徑外，機關是否可以有其他的自主用人空間？事實上，目前各級政府多已經採行下列做法，來紓緩公務人力負擔，例如：

(一)民營化」：指業務採委外或「民營化」（privatization）方式辦理。

(二)引進契約人力或臨時人力。

(三)運用新技術或科技輔助，減併業務項目或工作流程。

(四)授權其他機關辦理，或是採「合署辦公」、「聯合服務」方式簡少人力。

上述措施雖然已經相當普遍，但是並不影響現行任用法制與運用，機關也不能藉以改變組織編制與員額，因此如何將其納入人事體制，從而成為正式的任用途徑，實宜儘早規劃因應。

綜合前文各部分所述，任用問題對人事行政而言，常是「牽一髮而動全身」，故任何作為或變動若沒有置於整體系絡評估，經常會「未見其利、先見其弊」，但也正因為其影響巨大，面對 21 世紀的環境挑戰，或許更應重新檢討傳統以制度為本位的「一個蘿蔔一個坑」思維，納入更多人員需求、組織特性，乃至於國家發展的權衡，或才是任用制度未來能永續經營的最佳保證！

參考文獻

蔡良文，2018，《人事行政學：論現行考銓制度》，五南圖書。

Battaqlio, Jr., R. P. 2015. *Public Human Resource Management: Strategies and Practices in the 21st Century*. Sage Publication, Ltd.

Dessler, G. 2013. *A Framework for Human Resource Management* (7th ed.). Pearson Education Inc.

Mondy, R. and Noe III, R. M. 1993. *Human Resource Management* (5th ed.). Allyn & Bacon, Inc.

Naff, K. C., Riccucci, N. M., and Freyss, S. F. 2014. *Personnel Management in Government: Politics and Process* (7th ed.). Taylor & Francis Group, L.I.C.

第六章　考績與績效

蘇偉業、莫永榮

摘要

政府機關之績效是建基於政府員工之工作表現與品質，對公務人員進行考績乃爲了反映機關的績效，以及促進人員績效之改善與提升，並協助機關的人力資源管理。近年，對員工的考績也逐漸與組織的績效管理整合，使考績更具客觀性及策略性。本章第一節會從理論與應然性角度說明員工考績之功能，及可採用之各種技術方法；然後從實然性角度，分析員工考績所遇到之困境，而公部門之特殊性更突顯這困難。第二節會簡介我國政府公務人員考績制度，並就法制面重點分析現行考績制度內涵。第三節會詳細說明我國行政機關考績之流程，並就部分機關採行團體績效評核做案例介紹。最後一節會回顧近年國外對考績制度改革之嘗試，特別是如何與組織績效管理結合之做法，還有針對表現不佳者之處理，從學理與經驗剖析這些改革對人力資源管理之啟示。

第一節　考績的功能與技術方法

中國歷代皇朝皆有對其官員考績之制度，各朝代名稱不一，秦漢稱爲「上計」；[1] 魏晉後通稱爲「考課」。考績在古代主要是針對官員之「政績」及其他個人行爲表現進行定期考核與考察，並進行評等。考績之功能是定官員之善惡功過，並依此予以獎懲與官職升降，即所謂「黜陟幽明」。考績不僅針對政

---

[1] 「上計」就是指地方郡國向中央呈上計簿。計簿是一種簿冊，記載戶口、墾田、錢穀入出、盜賊多少等事項。地方需每年呈上計簿一次，以便檢查當年的行政成果而定等第優劣。

績及官員在工作上之能力與勤怠，也涉及官員個人的品德，要求官員「德才兼備」。顯例為唐代官員考績的「四善二十七最」標準，四善為適用於所有官員的品德操行表現的 4 項標準；[2] 而二十七最則為非通用性，按照職務性質所要求的 27 種工作表現。考績評等以「善」與「最」搭配，分為九等，由上上至下下。一最四善為上上、一最三善為上中、一最二善為上下、無最二善為中上、無最一善為中中。由此可見，唐代官員考績對德行之重視程度。而獎懲上，評等中上以上者可加祿，中下以下者會奪祿（即減俸），下下者更會被解任（邱創煥，1993）。

　　而明代之考績（稱為「考滿」）評等分三等：稱職、平常、不稱職。稱職者升等，不稱職者降等。明代進一步另立就官員負面或不良表現之考核，稱為「考察」，對貪、酷、浮躁、不及、老、病、罷、不謹八種情況進行處分，四品以上官員由皇帝決定，五品以下「老、病」者致仕（即退休），「浮躁」、「不及」者降調，「罷」、「不謹」者閒住，「貪」、「酷」者貶為民（邱創煥，1993）。因此，古代官員之考績實已融入陞遷與懲罰之功能。

　　上述古代皇朝已建立十分完備而周密的文官考績體制，我國當今文官考績之制度建立也反映著這遺緒，以「綜覈名實，信賞必罰」為宗旨，並一直將「操行」納入考績項目中。然而，當今民主體制下的文官考績功能顯與古代不同，最明顯的是，現文官僅指事務性的公務人員，不會考核其政績。此外，上述古代考績理念也與現代西方人力資源管理之觀念並非一致。

　　西方的員工考績是源於現代工業發展對提升工人生產力需求之回應，最早受科學管理（scientific management）理論觀念影響，主要衡量工人之產出。後來逐漸趨向評估員工的知識、技術與能力（knowledge, skills, and abilities），以及加入一些個人特質的心理學評估、分析與工作表現有關的資訊，回饋給管理者與工人（Prowse and Prowse, 2009; Valcik and Benavides, 2012）。無論如何，員工考績僅及與工作有關的表現，不會擴及個人德行。這原則基本上也適用於公部門的考績。

　　不過，不論東方或西方，基於公部門的特殊性，文官考績皆遇到不少相同的困境，不易達至令人滿意之效果。

---

[2]　四善是指：1.德義有聞；2.清慎明著；3.公平可稱；4.恪勤匪懈。

壹、員工考績的意涵

　　員工考績，英語一般稱為 performance appraisal，簡單而言，就是對組織內員工的工作表現進行評估。不過什麼是「工作表現」可以有很多解讀，可包含工作過程、產出、成果、品質，甚至任何可與工作聯繫的員工個人因素（例如員工的態度）。當然，合理地，考績的面向不應是不確定的或因人而異，所以理論上考績應只針對一些事前已告知員工的範圍與標準。因此，經濟合作暨發展組織（Organization for Economic Cooperation and Development, OECD）就定義考績為：依據一組既定相關效率與效能的準則來評估個人在履行其同意的一組任務。[3]

　　一般而言，考績就是純粹對過去工作表現之衡量或考核，但考績也可以指對員工的知識、技術與能力之評估，以探索員工的發展潛能，是一種未來性的發掘。因此員工考績的目的可二分為判斷性（judgmental）及發展性（developmental）兩類（Cummings and Schwab, 1973）。前者主要是對員工過往績效之考核，以供人事上行政決定之參考，例如獎懲與陞遷；而後者是支援辨識員工工作可改善與成長之處，以提升未來績效與發展潛能（參表6-1-1）。

表 6-1-1　判斷性與發展性考績之比較

	判斷性	發展性
焦點	過往績效	改善未來績效
目標	藉由更有效的人事和獎勵管理改善績效	透過自我學習和成長來改善績效
方法	多樣化的評級和排名程序	反映在目標管理中的一系列發展性步驟
主管的角色	判斷、評估	諮商、協助或引導
部屬的角色	被動或反應地經常會自我辯護	主動參與學習

資料來源：Cummings and Schwab (1973: 5).

3　OECD.Stat: https://stats.oecd.org/glossary/detail.asp?ID=4799.

　　簡單而言，考績就是一種員工工作表現資訊的反映，這資訊可作之用途包括：

一、協助就員工的工作品質進行溝通，並向員工與管理者提供績效之回饋資訊。

二、改變或修正員工的不良工作行為。

三、辨識員工的強弱之處，以適當調配工作或進行培訓補強。

四、評估員工的潛能，以協助未來培訓及人力發展規劃。

五、作為人事獎懲的依據。

六、作為各人事決策的依據之一：調薪、陞遷、處分及人力規劃等。

　　依近年組織理論研究之歸納，績效是由能力與工作機會及激勵加總而成（performance = abilities + opportunities + motivation）（Shah et al., 2011），而考績則可被視為激勵工具，同時也可以間接影響員工的工作能力（經培訓及人力發展），其亦可衍伸人事陞遷調動，締造發揮員工才能的工作機會。故此，考績應是一個重要的績效管理工具。

貳、文官考績的技術方法

一、誰擔任評估者

　　在建立員工考績制度上，首先要處理「誰」擔任評估者。這些人可包括：員工的直屬主管、員工本人、同儕、下屬、外部人士。

　　員工的直屬主管普遍地負責評估工作，可說是考績的「傳統評估者」，因為他負有監督屬員工作的責任，其也要為組織或單位績效與工作成敗負直接責任。在權責相稱之前提下，直屬主管理應有誘因善用考績作為管理工具。

　　不過，員工的自我評估也有其作用，其可協助員工與主管就工作表現進行溝通，澄清雙方之期望，並做調整。其亦可達至發展性目的，讓員工瞭解其需要改善之處，及辨識未來培訓的標的。因此，員工自我評估一般會與直屬主管之考績搭配進行，並以考績面談方式進行溝通及資訊回饋。

　　同儕評估可適用於團隊性的工作環境（若其不會帶來競爭性獎勵），也會用於專業或學術人力之考績。公部門組織一般不會單獨使用同儕評估方法，而是結合其他評估來源，即所謂「多元評估」。

　　同樣地，下屬評估也多與其他評估來源結合使用，特別是用來評核高階管理者之管理表現，提供更為全面的績效資訊。其與自我評估及同儕評估結合成一種所謂「180 度考績」。

　　最後，考績也可以納入組織外部人士參與。外部人士可指涉外部專家，其可以提供中立的分析，特別是全面評估受考者的工作潛能，甚至跳脫職場之表現，利用評估中心（assessment center），評估受考者多方面的潛能，以做未來人事陞遷決定之參考。外部人士也可以指涉組織服務對象或客戶，還有外部合作夥伴，與上述「180 度考績」結合，形成所謂「360 度考績」。

　　縱然有多元評估方式之出現，但政府機關一般會以直屬主管作為主要評估者。以歐盟為例，40% 國家僅以這傳統評估者作為唯一的考核者；33% 會加入自我評估；16.6% 會加入更上級的主管以確保監督。只有少數歐盟國家採用多元評估制度，當中一些僅適用於層峰管理者之考績（參表 6-1-2）。

表 6-1-2　歐盟國家文官考績評估者組合（2016 年調查）（N=30）

評估者組合	國家	總數（%）
傳統評估者作為唯一的考核者（直屬主管）	捷克、克羅埃西亞、義大利、盧森堡、馬爾他、挪威、波蘭、羅馬尼亞、斯洛維尼亞、塞爾維亞、斯洛伐克、瑞典	12（40%）
傳統評估者＋自我評估	保加利亞、歐盟委員會、芬蘭、愛爾蘭、拉脫維亞、匈牙利、葡萄牙、西班牙、瑞士	10（33%）
傳統評估者＋直屬主管以上的主管	比利時、保加利亞、賽普勒斯、法國、德國	5（16.6%）
傳統評估者＋180 度考績（在自願基礎上）	瑞士	1
傳統評估者適用一般文官＋多元評估適用層峰管理者	愛沙尼亞、法國、愛爾蘭	3（10%）
傳統評估者＋多元評估	拉脫維亞、荷蘭	2
僅採多元評估	希臘	1

資料來源：Staronová (2017: 30).

二、如何衡量工作表現

考績主要就是衡量員工的工作表現，而衡量方式大致可分爲三大類：(一) 主觀技術；(二) 比較技術；(三) 客觀技術（Daley, 1992）。

(一) 主觀技術

是指由評估者就員工的工作表現各種面向做出判斷，其可以是描述性評語方式（narrative essay）呈現，也可以簡化爲量表評核（graphic rating scales）或清單檢核（checklists），針對員工在工作上個人特徵（personal traits）（如順從性、責任感）及工作活動（job activities）（如準時完成任務）進行衡量。描述性評語比較開放地容許評估者對受考者做出各種可能之評價，不受衡量格式選項所侷限。因此，就算組織採用客觀技術來考核員工，大多仍會保留評語一欄。而量表評核與清單檢核是採用比較籠統通用性的評核表，無法連結到各個特定工作職務或確保考核內容與工作相關，因此被視爲主觀性較大。

(二) 比較技術

是指對員工之間工作表現進行比較，理論上其具有較爲客觀之標準，因爲必須用同一尺度來衡量所有同類員工。然而，比較技術要求對員工表現進行排序，這意味著員工之間表現不能完全相同，起碼要做出等級區隔，因此評估者可能會滲入其他因素於考核中，這又產生一定的主觀性。比較技術包括兩兩比較（paired comparison）及強制分配（forced distribution）兩種方法，其特別適合於配合職務晉升或派訓之決策上。

(三) 客觀技術

之所以客觀是因爲所考核的工作內容或表現是可以標準化的。第一種方法是行爲定錨評量表（behaviorally anchored rating scales），其要求事前對職務要求進行分析，並對工作表現好壞進行描述及高低分等。雖然這方法是相對客觀，但必須由主管及員工共同參與製作量表，獲取雙方同意後才執行，故十分費時及複雜。

另一種方法是目標管理（management by objectives）。目標管理是一項綜

合性管理方法，其重點在事前目標設定，並定期衡量達成目標的進度。因此，考績僅針對事前設定之目標項目進行考核。目標管理可配合發展性的考績目的，持續改善員工的績效（Cummings and Schwab, 1973）。

　　相對而言，行為定錨評量表較為針對工作行為做衡量，較聚焦在投入與過程之衡量；而目標管理則較聚焦在結果之衡量。不過，這差異性視乎主管與員工如何設定目標，目標管理不必然僅衡量結果。較明顯的差異是行為定錨評量一般會用於具明確工作標準的工作團體，而目標管理可為不同員工量身訂造目標，以達至個別輔導之功能（Daley, 1992）。

三、考績評等

　　考績常涉及對受考者的評等問題。不論是主觀性或客觀性的技術，最終評估者皆要對員工做出評等，以區分員工工作表現之優劣。當然，在非比較性的技術下，每一個受考者可被視為孤立個案，以相同的標準來衡量他們的工作表現。原則上，所有人皆可以表現良好或不良，這是絕對性績效評量（absolute performance rating）。而比較技術則是相對性績效評量（relative performance rating），其要求主管對員工的表現做高低排序，員工表現之優劣並非在乎於衡量標準尺度本身，而是在乎於其他受考者之相對表現。

　　相對性績效評量有時會結合強制分配之規定，要求主管將員工考績等第按預設比例分配，例如 15% 可列最高考績等第，50% 列中間等第，其餘皆為最低等第。由於文官考績普遍出現過度寬仁情況，大部分文官考績評等過高，所以強制分配規定被視為糾正寬仁現象之手段。

　　然而，實際採用強制分配規定的國家並不多。以歐盟為例，只有五個國家採用強制分配。當中，義大利雖有法律規定，但並沒有落實。而德國僅限制最高兩個評等額度為 10% 與 20%；葡萄牙則僅針對非主管文官最高評等進行額度限制，為 25%。對所有等第做配額限制的僅有拉脫維亞及馬爾他兩國，其中拉脫維亞將考績等第分為五級，並各有固定比例限制：優（excellent）（5%）、頗佳（very good）（15%）；佳（good）（70%）、需改善（should be improved）（7%）、不滿意（unsatisfactory）（3%）（參表 6-1-3）（Staronová, 2017: 40-42）。

表 6-1-3　歐盟國家政府文官考績評等制度（2016 年調查）（N=30）

	國家	數目	(%)
有設評等但沒有額度分配		16	53%
二等第	歐盟委員會、愛爾蘭	2	
三等第	葡萄牙（管理者）	1	
四等第	比利時、捷克、賽普勒斯、盧森堡、馬爾他、荷蘭、瑞士	7	
五等第	保加利亞、克羅埃西亞、匈牙利、拉脫維亞、波蘭、斯洛伐克、斯洛維尼亞、塞爾維亞	8	
評等配額（強制分配）	義大利	5	16.6%
只對最高考績等第設分配額度	德國（給最高的兩個等第）、葡萄牙（只給一般的公務人員）	2	
固定比例分配	拉脫維亞、馬爾他	2	
分權到組織層次	丹麥、芬蘭、德國	3	10%
尚未實施評等制度	愛沙尼亞、法國、希臘、立陶宛、挪威、羅馬尼亞、西班牙、瑞典＋義大利（雖然法律有強制分配規定）	8+1	26.6%

資料來源：Staronová (2017: 40).

　　值得注意的是，不是所有歐盟國家皆採文官考績採評等制度。而有採評等制度的，等第可從 2 等至 5 等，最多為 4 等與 5 等。有一些國家並不會統一規範考績等第，而是交由組織自行規範，包括丹麥、芬蘭及德國（Staronová, 2017: 40-42）。

參、文官考績的特殊性與困境

　　雖然員工考績是組織激勵管理的重要一環，但也是主管工作中最棘手的事務。首先，考績是對過去工作表現之判斷，其與改善未來表現之發展性目的

常有衝突。任何對員工工作表現的負面判斷反而會打擊而非激勵士氣，這是導致考績寬仁取向的主要原因之一。此外，考績的主觀性常常難以排除，主管的個人偏見或以偏概全的印象使考績不夠精確。縱然，可透過事前明定工作要求或利用目標管理來降低主觀性，但並非所有職務皆可如此安排。採用多元評估（如 360 度考績）也被視為改變主管壟斷考績權力之方法，提升考績之客觀性。但多元評估實多為了獲取工作表現的回饋資訊，而非作為評等判斷（Prowse and Prowse, 2009）。

考績最大的困境就是工作績效之可衡量性。Hans de Bruijn（2001: 13-15）就認為在下列情況下，績效可衡量性皆成疑問：

一、工作沒有實質產品，且傾向義務性及價值導向性（如維持民眾的生命安全）。
二、產品傾向多樣性或過程性。
三、合產性（co-production）的工作或不同組織之產出會相互影響。
四、努力與成果因果關係難以確定的工作。
五、宜以非量化的品質來衡量績效時。
六、同一工作表現在不同情境可以有不同的意義。
七、組織運作環境是非常動態性的。

明顯地，大部分公部門的工作性質皆符合上述難以衡量績效之屬性。而為了處理公部門績效不可衡量性，不少機關便引進「目標管理」手段來提高可衡量性，但這正會導向以偏概全之謬誤。

為糾正寬仁問題所引進的「強制分配」也是備受爭議的，因為強制分配是預設了組織員工的工作表現落差之分布，其背後之理念並非是客觀衡量員工之工作表現是否達標，而是意圖促進員工之間的競爭，最終提升組織在市場中的競爭力。所以強制分配並非追求「平等」價值（意旨所有人都有可能獲得相同評價或待遇），而是追求差異化及卓越進步。因此，「強制分配」規定一般被認為最不公平的考績模式（Roch et al., 2007）。

根據研究發現，適用「強制分配」考績是有一些先決條件，包括：一、組織的內外部具高度競爭性；二、績效可客觀衡量性高；三、不太依賴團隊及責任共同分擔之工作；四、管理層有足夠之人事權，掌握員工的晉升、薪資及解僱之決定等（Guralnik et al., 2004）。此外，曾經歷寬仁考績制度之組織也不

適宜轉用「強制分配」考績。因爲這類組織之員工僅會因應初遇危機感時變得努力，但當大部分員工發現自己無法維持過往的考績等第時，便會士氣大降，反而在後續階段生產力驟降。只有那些從一開始就接受「強制分配」考績的員工才沒有這現象出現（Berger et al., 2013）。

依此，除績效可衡量性問題外，組織競爭性不足，依賴團隊工作及責任模糊性，對文官之保障制度，管理層欠缺人事自主權力等種種不利於運用「強制分配」考績之因素，皆是大部分公部門組織情況之寫照。

第二節　我國公務人員考績制度

我國公務人員考績是以「公務人員考績法」（以下簡稱考績法）及「公務人員考績法施行細則」（以下簡稱施行細則）作爲法源，統一規範全國中央與地方機關／學校內公務人員之考績。本節會以上節之各個面向分析我國的相關制度。

壹、考績制度之性質

考績法第 2 條揭示以「綜覈名實，信賞必罰」爲公務人員考績的宗旨，要求「做準確客觀之考核」。意思就是要求考績之結果要與實際工作表現相符，考績必須準確客觀，並以此作爲獎懲之依據。

因此，公務人員考績性質上爲「判斷性」，即以過往績效優劣作爲焦點，以獎懲作爲主要目的。具體上，獎勵涉及嘉獎、記功、獎金、調薪、晉升資格；懲罰涉及申誡、記過，甚至免職等處分。此外，考績不僅針對與工作有關之表現，也會評核人員之操行與學識。

考績區分三類：

一、年終考績：指各官等人員，於每年年終考核其當年 1 月至 12 月任職期間之成績。

二、另予考績：指各官等人員，於同一考績年度內，任職不滿一年，而連續任

　　職已達六個月者辦理之考績。

三、專案考績：指各官等人員，平時有重大功過時，隨時辦理之考績。

　　因此，一般而言，會對公務人員進行一年一考（即年終考績），以年度累積表現作為考核的分析單位；但在某一機關工作不滿一年，但又滿六個以上者仍會進行考績（另予考績）；而遇到人員重大功過時，也可以馬上進行考績，予以獎懲（專案考績）。故此，我國公務人員考績也融入懲罰功能。

貳、評估者與程序

　　考績法第 14 條規定，各機關對於公務人員之考績，應由主管人員就考績表項目評擬，遞送考績委員會初核，機關長官覆核，經由主管機關或授權之所屬機關核定，送銓敘部銓敘審定。因此，我國公務人員考績之評估者包括直屬主管、考績委員會及機關首長，屬於「傳統評估者＋直屬主管以上的主管」之類型。

　　簡要而言，考績程序先由單位主管「評擬」，然後檢同受考人全年平時成績考核紀錄，依規定加註意見後，予以逐級評分簽章，彙送考績委員會「初核」（考績細 §18）。「初核」完成後上呈機關首長「覆核」，機關首長如對初核結果有意見時，除未變更考績等次之分數調整，得逕行為之外，應交考績委員會「復議」。機關長官對復議結果，仍不同意時，得加註理由後變更之（考績細 §19）。因此，機關首長對公務人員考績結果是有最終決定權。

　　上述考績委員會依「考績委員會組織規程」（§2）規定，由 5 人至 23 人組成，除機關人事主管人員為當然委員及票選委員外，其餘由機關首長就機關人員中指定之，並指定 1 人為主席。主席因故未能出席會議者，得由主席就委員中指定 1 人代理會議主席。

　　但並非所有考績必須經過考績委員會。在非於年終辦理之另予考績或長官僅有一級，或因特殊情形報經上級機關核准不設置考績委員會時，除考績免職人員應送經上級機關考績委員會考核外，得逕由其長官考核（考績 §14）。

參、衡量方式

　　我國公務人員考績衡量有多重準則同時並行，其同時進行評分及評等。雖然分數與等第是有對應掛勾，但考績評分與考列某些等第上各自有其準則，不一定能連貫。

一、衡量什麼及如何衡量

　　以評分衡量而言，考績法列出四項衡量項目，包括工作、操行、學識、才能（§5）。依施行細則第 3 條，工作占考績分數 65%；操行占 15%；學識及才能各占 10%。在考績表中，工作細目包括：質量、時效、方法、主動、負責、勤勉、協調、研究、創造、便民；操行細目包括：忠誠、廉正、性情、好尚；學識細目包括：學驗、見解、進修；才能細目包括：表達、實踐、體能（見表 6-2-1）。按考績法要求，年終考績應以平時考核為依據（§5），而平時考核也有其紀錄表，其項目可聯繫到考績表的各項目，用語較為具體（見表 6-2-2）。

　　衡量方法上，我國公務人員考績偏向採主觀技術，即由主管針對下屬在工作上個人特徵及工作活動進行評價。而考核內容也包括一些與工作內容沒有直接相關的項目，例如操行項目比較相關個人的德行。此外，考績表也有評語欄位，但法規並沒有規範其功能。

二、評等

　　考績法第 6 條規定：年終考績以 100 分為滿分，分甲、乙、丙、丁四等，各等第有相對應分數：甲等：80 分以上；乙等：70 分以上，不滿 80 分；丙等：60 分以上，不滿 70 分；丁等：不滿 60 分。

表 6-2-1　我國公務人員考績表

機關名稱：
機關代號：　　　　　　　　　　　　　　公務人員考績表

姓名		到職		請假及曠職	項目	日數	平時考核獎懲	項目	次數
國民身分證統一編號		送審			事假			嘉獎	
職務		官等職等			病假			記功	
職務編號					延長病假			記大功	
					遲到			申誡	
職系（代號）		俸級俸點			早退			記過	
					曠職			記大過	

規定工作項目		

項目	細目	考核內容	項目	細目	考核內容
工作（65%）	質量	處理業務是否精確妥善暨數量之多寡。	操行（15%）	忠誠	是否忠於國家及職守言行一致誠實不欺。
	時效	能否依限完成應辦之工作。		廉正	是否廉潔自持予取不苟大公無私正直不阿。
	方法	能否運用科學方法辦事執簡馭繁有條不紊。		性情	是否敦厚謙和謹慎懇摯。
	主動	能否不待督促自動自發積極辦理。		好尚	是否好學勤奮及有無特殊嗜好。
	負責	能否任勞任怨勇於負責。	學識（10%）	學驗	對本職學識是否充裕經驗及常識是否豐富。
	勤勉	能否認真勤慎熱誠任事不遲到早退。		見解	見解是否正確能否運用科學頭腦判斷是非分析因果。
	合作	與其他有關人員能否密切配合。		進修	是否勤於進修充實學識技能。
	檢討	對本身工作能否不斷檢討悉心研究。	才能（10%）	表達	敘述是否簡要中肯言詞是否詳實清晰。
	改進	對本身工作能否隨時注意改進。		實踐	作事能否貫徹始終力行不懈。
	便民	處理人民申請案件能否隨到隨辦利民便民。		體能	體力是否強健能否勝任繁劇工作。

總　評		直屬或上級長官	考績委員會（主席）	機關首長
	評語			
	綜合評分	分	分	分
	簽章			

考列甲等人員適用條款	公務人員考績法施行細則第　　條第　　項第　　款第　　目
考列丁等人員適用條款	公務人員考績法第　　條第　　項第　　款
備註及重大優劣事實	

表 6-2-2　公務人員平時成績考核紀錄表

（機關名稱）公務人員平時成績考核紀錄表

（考核期間：　年　月　日至　月　日）

單位		職稱		姓名		官職等級			
工作項目									
考核項目	考核內容					考核紀錄等級			
						A	B	C	D	E
工作知能及公文績效	嫻熟工作相關專業知識，且具有業務需要之基本電腦作業能力，並能充分運用。公文處理均能掌握品質及時效，臨時交辦案件亦能依限完成。									
創新研究及簡化流程	對於承辦業務能提出具體改進措施，或運用革新技術、方法及管理知識，簡化工作流程，提升效能效率，增進工作績效。									
服務態度	負責盡職，自動自發，積極辦理業務，落實顧客導向，提升服務品質。發揮團隊精神，對於工作與職務調整，及與他人協調合作，能優先考量組織目標之達成。									
品德操守	敦厚謙和，謹慎懇摯，廉潔自持，無驕恣貪惰，奢侈放蕩，冶遊賭博，吸食毒品，足以損失名譽之行為。									
領導協調能力	具判斷決策溝通協調能力，並能傳授知識、經驗、技能，適當指導同仁，且經常檢討工作計畫執行情形，達成預定績效目標。（主管職務始填列）									
年度工作計畫	工作計畫按預定進度如期完成或較預定進度超前，充分達成計畫目標，績效卓著。									
語文能力	積極學習英語或其他職務上所需之語言，已通過全民英檢或相當英語能力測驗或其他語言能力之認證，有助於提升工作績效者。									
個人重大具體優劣事蹟									
面談紀錄									
單位主管綜合考評及具體建議事項（請簽章）					直屬主管綜合考評及具體建議事項（請簽章）				

附記：
一、依據行政院及所屬各機關公務人員平時考核要點第 4 點之規定訂定，但各機關仍得視業務特性及需要自行訂定。
二、平時考核紀錄等級分為 5 級，為強化績效考評功能，結合團體績效考核與平時考核，各機關得依據其發展策略願景或年度施政目標，訂定內部單位之年度工作目標，再由主管及受考人於年初共同商訂個人年度工作計畫，據以設定計畫量指標（評量指標之設計應儘量予以量化）及預定完成期程，並依規定按時考評。平時考核紀錄等級分述如下：
　　A：表現優異，足為同仁表率（年度工作計畫執行進度按預訂進度完成或進度超前，且充分達成原訂績效目標者）
　　B：表現明顯地超出該職責的要求水準（年度工作計畫執行進度落後 10% 以內，或與原訂目標差距 10% 以內者）
　　C：表現均能達到要求水準（年度工作計畫執行進度落後 10%、並在 20% 以內，或與原訂目標差距 10%、並在 20% 以內者）
　　D：表現未盡符合基本要求（年度工作計畫執行進度落後 20%、並在 30% 以內，或與原訂目標差距 20%、並在 30% 以內者）
　　E：表現多未達基本要求，經勸導仍未改進者（年度工作計畫執行進度落後 30% 以上，或與原訂目標差距 30% 以上者）
三、為鼓勵公務人員積極學習英語或其他職務上所需語言，各機關對於受考人通過英語檢測或其他語言能力認證者，得於平時成績考核紀錄表酌列適當等級。
四、受考人如有工作、操行、學識、才能等重大具體優劣事蹟，足資記錄者，應填列於「個人重大優劣事蹟欄」，以作為考評之重要參據。
五、公務人員考績考列甲等人數比例已予合理設限，為免造成受考人不必要之聯想，徒增機關主管評定考績之困難，平時考核之考核等級與公務人員考績法之考績等第並不完全等同，以求彈性。各級考評主管每年 4 月、8 月應按考評內容評定各考核項目之等級，提出對受考人培訓或調整職務等具體建議。受考人當次考評項目中有 D 或 E 者，主管長官應與當事人面談，就其工作計畫、目標、方法及態度等進行溝通討論，面談內容及結果應紀錄於「面談紀錄」欄，以提升其工作績效，並作為年終考績評列等第及機關人事管理之重要依據。如受考人考評結果無提醒改進之必要者，則「面談紀錄」欄得不予填列。
六、單位、職稱、姓名、官職等級及工作項目欄，由受考人填列。平時考核紀錄等級，個人工作、操行、學識、才能重大優劣事蹟，面談紀錄，綜合考評及具體建議則由主管人員填列；「直屬主管綜合考評及具體建議」欄由受考人之直屬主管予以考評填列並簽章，「單位主管綜合考評及具體建議」欄則由處室主管等機關內部單位主管予以考評填列並簽章（考評單位主管時，本欄無須填列）。

　　然而，年終考績評等並非僅以上述評分決定。施行細則有列出考列甲等之特殊條件與一般條件。受考人在考績年度內具有下列特殊條件各目之一或一般條件二目以上之具體事蹟，始得評列甲等（§4）：
　　特殊條件：
(一) 因完成重大任務，著有貢獻，獲頒勳章者。
(二) 依獎章條例，獲頒功績、楷模或專業獎章者。
(三) 依本法規定，曾獲一次記一大功，或累積達記一大功以上之獎勵者。

(四)對本職業務或與本職有關學術，研究創新，其成果獲主管機關或聲譽卓著之全國性或國際性學術團體，評列為最高等級，並頒給獎勵者。

(五)主辦業務經上級機關評定成績特優者。

(六)對所交辦重要專案工作，經認定如期圓滿達成任務者。

(七)奉派代表國家參加與本職有關之國際性比賽，成績列前三名者。

(八)代表機關參加國際性會議，表現卓著，為國爭光者。

(九)依考試院所頒激勵法規規定獲選為模範公務人員或獲頒公務人員傑出貢獻獎者。

一般條件：

(一)曾獲一次記功二次以上，或累積達記功二次以上之獎勵者。

(二)對本職業務或與本職有關學術，研究創新，其成果經權責機關或學術團體，評列為前三名，並頒給獎勵者。

(三)在工作或行為上有良好表現，經權責機關或聲譽卓著團體，公開表揚者。

(四)對主管業務，提出具體方案或改進辦法，經採行認定確有績效者。

(五)負責盡職，承辦業務均能於限期內完成，績效良好，有具體事蹟者。

(六)全年無遲到、早退或曠職紀錄，且事、病假合計未超過五日者。

(七)參加與職務有關之終身學習課程超過一百二十小時，且平時服務成績具有優良表現者。但參加之課程實施成績評量者，須成績及格，始得採計學習時數。

(八)擔任主管或副主管職務領導有方，績效優良者。

(九)主持專案工作，規劃周密，經考評有具體績效者。

(十)對於艱鉅工作，能克服困難，達成任務，有具體事蹟，經權責機關獎勵者。

(十一) 管理維護公物，克盡善良管理職責，減少損害，節省公帑，有具體重大事蹟，經權責機關獎勵者。

(十二) 辦理為民服務業務，工作績效及服務態度良好，有具體事蹟者。

因特殊條件或一般條件各目所列優良事蹟，而獲記功一次以上之獎勵者，該優良事蹟，與該次記功一次以上之獎勵，於辦理年終考績，應擇一採認。

除了正面列舉外，施行細則也有列出不得考列甲等之條件如下（§4）：

(一) 曾受刑事或懲戒處分者。

(二) 參加公務人員相關考試或升官等訓練之測驗，經扣考處分者。

(三) 平時考核獎懲抵銷後，累積達記過以上處分者。

(四) 曠職一日或累積達二日者。

(五) 事、病假合計超過十四日者。

(六) 辦理為民服務業務，態度惡劣，影響政府聲譽，有具體事實者。

考績法也明定考列丁等的必須條件如下（§6 III）：

(一) 挑撥離間或誣控濫告，情節重大，經疏導無效，有確實證據者。

(二) 不聽指揮，破壞紀律，情節重大，經疏導無效，有確實證據者。

(三) 怠忽職守，稽延公務，造成重大不良後果，有確實證據者。

(四) 品行不端，或違反有關法令禁止事項，嚴重損害公務人員聲譽，有確實證據者。

此外，考績法也規定在平時考核之功過抵銷後或免職者外，曾記二大功人員，考績不得列乙等以下；曾記一大功人員，考績不得列丙等以下；曾記一大過人員，考績不得列乙等以上（考績 §13）。

由以上可見，法規上透過正負面的列舉方式建立了（不能）考列各等第之門檻或條件。這無疑降低了主管之裁量權，同時也使評等之顯著性高於評分，即先決定評等，再決定評分；而非以評分項目之累計總積分決定評等。不過，明列條件可以強化考績之客觀性。縱然如此，考列甲等之條件仍十分廣泛，而且不必然跟工作業務直接相關，例如參加國際會議或比賽也可作為特殊條件之一。

考績法並沒有對考績等第作比例分配規範，所以在法律層次上是屬於「絕對性績效評量」。不過，在行政管理上並非如此（請見下文說明）。

肆、考績的效果

一、年終考績

考績法第 7 條規定，年終考績獎懲具有下列四個等第之俸給晉級及獎金、留原俸級及免職等規範如下：

(一)甲等：晉本俸一級，並給與一個月俸給總額（即為公務人員俸給法所定之本俸、年功俸及其他法定加給）之一次獎金；已達所敘職等本俸最高俸級或已敘年功俸級者，晉年功俸一級，並給與一個月俸給總額之一次獎金；已敘年功俸最高俸級者，給與二個月俸給總額之一次獎金。

(二)乙等：晉本俸一級，並給與半個月俸給總額之一次獎金；已達所敘職等本俸最高俸級或已敘年功俸級者，晉年功俸一級，並給與半個月俸給總額之一次獎金；已敘年功俸最高俸級者，給與一個半月俸給總額之一次獎金。

(三)丙等：留原俸級。

(四)丁等：免職。

考績法第 11 條規定，公務人員可憑年終考績等第獲得晉升職等的資格。即各機關參加考績人員任本職等年終考績，具有下列各款情形之一者，取得同官等高一職等之任用資格：

(一)二年列甲等者。

(二)一年列甲等二年列乙等者。

二、另予考績

另予考績之受考人，因在考績年度內任職不足一年或僅有六個月，其有關獎勵部分，最高者給予一個月俸給總額之一次獎金，但不晉俸級；至於懲罰部分，則因其為同為不良事實，與年度內工作時間長短無關，故仍照年終考績規定辦理（考績 §8）：

(一)甲等：給與一個月俸給總額之一次獎金。

(二)乙等：給與半個月俸給總額之一次獎金。

(三) 丙等：不予獎勵。

(四) 丁等：免職。

三、專案考績與平時考核

專案考績僅有獎懲各一項：(一) 一次記兩大功；(二) 一次記兩大過；其結果如下（考績§12）：

(一) 一次記兩大功：晉本俸一級，並給與一個月俸給總額之獎金；已達所敘職等本俸最高俸級或已敘年功俸級者，晉年功俸一級，並給與一個月俸給總額之獎金；已敘至年功俸最高俸級者，給與二個月俸給總額之獎金。但在同一年度內再因一次記二大功辦理專案考績者，不再晉敘俸級，改給二個月俸給總額之一次獎金。

(二) 一次記兩大過：免職。

平時考核結果，獎勵分嘉獎、記功、記大功；懲處分申誡、記過、記大過。於年終考績時，併計成績增減總分。平時考核獎懲得互相抵銷，無獎懲抵銷而累積達二大過者，年終考績應列丁等（考績§12）。所謂獎懲相抵指嘉獎、記功、記大功與申誡、記過、記大過得互相抵銷。獎懲除了相抵性外，也有累積性，嘉獎三次作為記功一次；記功三次作為記一大功；申誡三次作為記過一次；記過三次作為記一大過（考績細§15）。

此外，專案考績與平時考核設置意義不同，前者針對特定事件考查，後者針對平時之考查，故專案考績一次記二大功，並不等於平時考核之二次記大功；專案考績之一次記二大過，亦不等於平時考核之二次記大過；故專案考績不得與平時考核功過相抵銷（考績§12Ⅱ）。

第三節　我國行政機關考績流程實務

本節會詳細說明行政機關公務人員考績的一般流程步驟。不過，由於部分機關系統近年採取團體績效評比作為各機關/單位個人績效考列甲等比例分配之依據，故本節也會舉例說明這類情況之考績流程。

壹、行政機關考績的一般流程

我國行政機關之整年度的一般考績作業步驟如下：

一、每季填寫平時考核紀錄表：每季由人事單位送請受考人填寫「公務人員平時考核紀錄表」，並由直屬主管及單位主管進行綜合考評及填寫具體建議事項。

二、辦理年終考績清查受考人數：由人事主管人員查明機關之全體受考人數。

三、主管人員就考績表項目「評擬」：由人事單位將「公務人員考績表」連同受考人全年平時成績考核紀錄送主管人員；並請主管人員就上述考績表之工作、操行、學術及才能等四個項目進行評擬，加註意見後，並予綜合評分及簽章。惟各機關考列甲等比例有不斷擴大之趨勢，縱然有上述明列考列甲等之條件要求。故此自民國 90 年迄今，銓敘部及行政院人事行政總處每年均由其首長以聯名箋函方式，請中央與地方各主管機關首長配合執行限制考列甲等之比例「先以 50% 為原則，最高不超過 75%」。因此，主管人員在進行評擬前，已受評分評等限制。更重要的是，在行政管理上，考績評等實屬「相對性績效評量」。

四、考績委員會「初核」：人事單位就各單位主管評擬完成之考績表，彙送考績委員會初核。其次，考績委員會係採委員制，對於考績案件，一般情形經主席徵得委員同意後，均照案通過外，其餘如認為有疑義時，得調閱有關考核紀錄及案卷，並得向有關人員查詢。該委員會對於擬予考績列丁等及一次記二大過人員，處分前應給予當事人陳述及申辯之機會。此一陳述及申辯事項，機關應以書面通知當事人以書面或言詞為之，並列入該委員會議紀錄。

五、機關長官「覆核」：機關長官可完全覆核同意各單位主管之綜合評分。

六、如機關長官覆核有意見之處理方式：

(一)未變更考績等次之分數調整，機關長官得逕行調整。

(二)上述以外之調整，應交考績委員會「復議」。

(三)如機關長官對復議結果，仍不同意時，得加註理由後變更之。

七、主管機關或授權之所屬機關「核定」：各機關陳報之考績案，由主管機關或授權之所屬機關進行核定作業。如發現有違反考績法規情事者，應照原

送案程序，退還原考績機關另為適法之處分。

八、銓敘部「銓敘審定」：各機關報送銓敘部之考績案，由該部進行銓敘審定作業。

九、考績結果通知（含註明考績救濟事項）：各機關考績案經銓敘部銓敘審定同意後，應以「考績通知書」書面通知受考人。其次，在通知書之附註欄，需註明考績救濟事項，一般體例敘明重點事項三項如下：

(一) 考績列甲等以上：受考人對考績等次如有不服時，依公務人員保障法（以下簡稱保障法）相關規定，得於收受考績（成）通知書之次日起三十日內，以書面向服務機關提起「申訴」。

(二) 受考人對考績獎勵結果（晉級、獎金、留原俸級）之銓敘審定結果如有不服時，依保障法相關規定，得於收受考績（成）通知書之次日起三十日內，繕具復審書由銓敘部重新審查後，轉轉公務人員保障暨培訓委員會（以下簡稱保訓會）提起「復審」。

(三) 另保訓會建置了公務人員保障事件（「再申訴」、「復審」事件）線上申辦平臺，受考人如有需要，可逕至該會官網（https://www.csptc.gov.tw/）參考運用。

貳、採機關團體績效評核之流程

若機關系統採行團體績效評核與個人考績連結時，必須先針對所屬機關及單位進行績效評分或評比。然後如上述一般流程，在進行「評擬」前，依績效結果限制各所屬機關及單位的考列甲等人員之比例。以下會以行政院人事行政總處及經濟部為例做闡釋。

一、案例一：行政院人事行政總處團體績效評等

自民國 99 年 4 月 7 日行政院人事行政局已訂定「行政院人事行政局團體績效評核作業規定」，開啟團體績效評核結果與個人年終考績考列甲等人數暨分配議獎人數連動設計之濫觴。上述規定歷經數次修正，迄至民國 105 年 11

月 28 日改爲以績效管理計畫方式呈現（此一時期已爲民國 101 年 2 月 6 日組改後的行政院人事行政總處，以下簡稱人事總處），即訂定「行政院人事行政總處績效管理考評計畫」（行政院人事行政總處，2020）。

(一) 目的與適用對象

此計畫之目的爲強化人事總處績效管理制度，提升施政效能。適用對象爲人事總處一級單位及所屬機構（以下簡稱各單位，不含法規會及公關組），就整年度之團體工作目標達成結果，於年度終結時，綜合評核其績效。

(二) 目標選定之原則

績效目標項目應以各單位年度業務推動之重點及預期達成之成果爲內容，並應依下列事項設定：
1. 人事總處年度施政計畫、中程施政計畫暨其配合施政計畫所訂之策略績效目標及重要施政計畫項目。
2. 各單位年度之重點工作。
3. 臨時交辦重大案件或指示事項。

(三) 績效目標評核面向及其評核項目之配分標準

1. 業務面向之配分爲 85 分。
(1) 設定目標達成度配分爲 55 分，各單位應就所訂績效目標項目，設定數項預定於當年 11 月底前得辦理完成之評核指標。
(2) 績效目標項目與設定目標之挑戰度配分爲 30 分。
2. 共同評核面向之配分爲 15 分，其評核項目、評分標準及配分由人事總處定之。

(四) 績效評核小組

爲辦理績效之考核，人事總處設績效評核小組，由人事長、兩位副人事長（政務、常務）及主任秘書組成，幕僚作業由業務單位綜合規劃處擔任，該處主要辦理下列事項：
1. 審核各單位年度績效目標項目。

2. 參考各單位填寫之績效考評表，綜合評比各單位績效等第、分數。

3. 建議各單位年終考績考列甲等人數及比率。

(五) 考評作業之流程

1. 目標項目設定：各單位於每年 1 月底前，將績效目標項目呈送綜合規劃處彙陳人事長核定。人事長於核定前認有必要時，得由績效評核小組進行審核。

2. 定期檢討：各單位應於每年 7 月 5 日前，就上述核定之績效目標項目，依目標執行進度填寫績效考評表，必要時由政務副人事長邀集各單位主管及相關人員召開檢討會議。

3. 目標項目與目標值調整：

(1) 績效目標項目及設定之目標值，於執行成果彙整前，如有因政策因素或其他不可歸責於主辦單位致無法執行或需調整者，得於事實發生之日起三個月內以公文簽陳人事長核定修正或刪除該項目，並會知綜合規劃處；至於調整情形則列入該項目年終挑戰度評分之參考。

(2) 就已完成之績效目標項目，得配合重要政策或長官指示，於年度中再研提新項目。

4. 彙整期程：

(1) 業務面向之績效目標項目達成情形，由綜合規劃處配合年度考績作業期程，彙請各單位填列績效考評表。

(2) 共同評核面向各單位成績（1 月至 11 月），由綜合規劃處配合年度考績作業期程，彙請權責單位進行評核。

(六) 績效評定結果與個人年終考績之連動設計

1. 由幕僚單位綜合規劃處彙總各單位業務面向及共同評核面向成績提人事總處績效評核小組會議，並由該小組參酌定期檢討之結果，綜合評比年度績效等第、分數及建議各單位年終考績考列甲等人數及比率。

2. 績效等第分三等如下：(1) 績效評核成績「95 分以上為特優」；(2)「90 分以上未滿 95 分為優良」；(3)「未滿 90 分為良好」。

3. 各單位年終考績考列甲等人數，以單位績效評核成績及單位受評人數為計算基準，依單位績效占總體績效之比率核算，原則採無條件捨去法，其考列甲

等人數、比率並應符合績效評定結果，並得由績效評核小組調整。績效成績獲前三名者，得酌予增加考列甲等名額。

4. 前述考列甲等人數計算調整後，如尚有餘額，併入保留由人事長考列甲等名額辦理。

5. 有關前述績效評核小組建議之各單位考列甲等人數、比率，則由綜合規劃處送人事室據以作爲辦理各單位年終考績之參考。

二、案例二：經濟部團體績效評比

自民國 96 年 4 月 30 日經濟部已訂定「經濟部實施績效管理計畫」，建構團體績效評核制度（考試院，2013），並作爲個人年終考績評定之參據。計畫從早期研訂績效指標（行政績效、財務效能）、選定績效目標項目四項至六項爲原則、設立績效目標評估委員會、運用績效點數制度，及以量化方式計算各單位（機關）得考列甲等人數等（經濟部，2011），迄今歷經數次修正，茲就現行計畫說明如下（經濟部，2020）。

(一) 目的與適用對象

此計畫目的爲落實施政績效管理，並加強團體績效與考績制度之連結。計畫適用對象爲經濟部本部幕僚單位及所屬行政機關如下：

1. 幕僚單位：商業司、技術處、投資業務處、國際合作處、中部辦公室、研究發展委員會、秘書室、總務司、人事處、會計處、統計處、政風處、法規委員會、訴願審議委員會、資訊中心及專業人員研究中心等 16 個單位。

2. 行政機關：工業局、國際貿易局、智慧財產局、標準檢驗局、加工出口區管理處、中小企業處、中央地質調查所、水利署、礦務局（含礦業司）、國營事業委員會、投資審議委員會、貿易調查委員會及能源局等 13 個機關。

(二) 目標選定之原則

爲使經濟部所屬各單位、機關聚焦核心業務之推動，並簡化各類計畫（考核）之行政及管考作業，其績效目標不用另行設定，各單位及機關依下列事項之推動作爲目標：

1. 行政院核定之四年中程施政計畫、當年度施政方針及國家發展計畫。
2. 經濟部四年中程施政計畫及當年度施政計畫。
3. 上級機關或部次長核定（指示）之重大專案工作（含重大推動計畫、方案、
　考核等）。
4. 其他配合經濟部施政重點自行推動之重要業務（含創新性或改善性工作）。

(三) 績效目標評核項目及其配分權重

　　經濟部所屬各單位、機關先審酌核心業務推動需要，填列「年度重要業務
具體績效一覽表」。在「一覽表中由各單位、機關自行訂定『主標題』，並敘
明各標題係屬施政重點或主軸、○○○○」推動方案等，就其重要性程度授權
由各單位、機關依業務發展需要自訂不同權重（%，各項合計 100%）。另在
「次標題」中敘明係屬行政院、經濟部施政計畫、前瞻基礎建設計畫、部次長
指示，及自訂創新或改善工作等。

(四) 績效評核小組

　　為辦理績效之考核，經濟部係由政務次長、常務次長及主任秘書組成，幕
僚作業由人事處擔任，主要辦理初複評會議作業及複評結果簽陳。

(五) 考評作業之流程

1. 區分「幕僚單位」及「行政機關」兩組各自進行評核，由經濟部統一於年終
　時分別辦理內部單位間及所屬機關間團體績效之評比。
2. 請各受評單位、機關於當年 11 月 16 日前，填報全年度推動重要業務之具體
　績效，並函送人事處彙辦。
3. 評核作業程序，區分初評及複評如下：
(1) 初評：由各督導業務之次長就所管單位、機關填報之具體績效，併同年度
　　中執行各項工作情形予以綜合考評（次長得視需要召開會議，請各受評單
　　位、機關列席說明，由人事處負責會議幕僚工作），並依幕僚單位、行政
　　機關二組分別評比及排序。在實務作業上，各督導業務之次長會將幕僚單
　　位、行政機關二組，各自再細分為四個小組進行評比及排序，最後由人事
　　處彙整初評結果。

(2) 複評：由政務次長、常務次長及主任秘書召開複評會議，就全部受評單位、機關之年度團體績效進行評核，並依幕僚單位、行政機關二組分別評比及建議排序。在實務作業上，政務次長及常務次長會將上述二組各自再細分為四個小組進行評比及排序，主任秘書提供法令諮詢及記錄重要結果事項；最終由主任秘書將具共識之單一複評結果送人事處簽陳部長核定。

(六) 績效評定結果與個人年終考績之連動設計

1. 由人事處彙總各單位、機關之團體績效評核複評結果，及分配（增列）經濟部各幕僚單位、行政機關年終考績考列甲等比例（人數）之參據簽陳部長核定（各單位、機關考列甲等人數、比率，均符合績效評定結果；如尚有甲等人數餘額，將保留由部長考列甲等名額辦理）。
2. 此一團體績效評核複評結果，並作為評擬幕僚單位主管及三級機關首長年終考績分數、經濟部能源局核發未具公務人員任用資格留用人員考核獎金之依據。

第四節　文官考績的新發展

　　傳統文官考績是針對個別人員進行工作表現之評斷，其並沒有連接到組織的績效。當人員考績出現寬仁，評等過高問題，而民眾卻對機關績效表現不滿時，便會突顯考績制度之缺失。所以最直接的修正途徑就是將個人考績與組織績效掛勾。隨著結果導向績效管理之流行，文官考績愈來愈被視為績效管理的其中環節而已，人員考績功能主要是為了達成組織目標，所以團體績效考核便成為落實這方針的手段。此外，要有效精確衡量一般人員工作表現仍然是困難重重；既然機關主管須負起組織績效優劣的最終責任，所以另一個改革趨勢就將焦點集中在少數人員，強化對高階文官的績效管理，為他們另建不同的考績制度。

　　另一方面，不論公私部門，要建立臻於完善的員工考績制度仍遙不可及，且耗費不少資源。著名管理專家戴明（Deming, 1994: 102, 109）更認為考績往往「助長短視的績效、摧毀長期的規劃、製造恐懼、敗壞團隊、孕育敵對

與政治」。要達至完全公平的考核根本是不可能的，因為工作表現是受多種外在因素所影響。或許要精確衡量各員工績效差異並不容易或存在爭議，但我們仍可以無誤地辨識工作表現落差較大的不良員工，針對他們做出處理。因此，強化對表現不佳者之處理是潛在的新趨勢。

壹、從考績到績效管理

　　績效管理就是透過各種管理上干預手段達至不斷改善組織績效。其一般會透過策略規劃，建立工作目標及指標，定期衡量工作成果，以達至引導及控制工作表現。上述績效管理工作主要針對組織部門、政策或方案而言，並沒有涉及員工考績之面向（Tolbot, 2005）。近年人力資源管理之討論更重視如何管理員工績效，透過全面品質管理（total quality management）、員工協助方案（employee assistance program）等方法來促進績效改善，並倡導從考績過渡到績效管理。這並非主張取消員工考績，而是將考績視為管理績效之其中一項元素（Hickman and Lee, 2001; Cederblom and Pemerl, 2002）。那麼員工考績如何銜接到績效管理呢？

一、團體績效考核

　　相對於員工考績，績效管理更重視對組織的績效衡量，即「團體績效考核」。上一節提及我國部分行政機關採行的團體績效與文官考績連接的做法便可說是一例。過去第 11 屆考試院提出的公務人員考績法修正草案，就新增團體績效評比，將團體績效評比法制化。

　　修正草案首先在「甲等」之上新增「優等」評等，同時明定優等、甲等以上比例上限及丙等比例下限（分別為 5%、65% 及 3%）。而主管機關可依所屬機關特性辦理績效評比，並依團體績效評比結果，彈性分配所屬各機關受考人考列甲等以上及丙等人數比率，但甲等以上人數比率以增減 10%；丙等人數比率以增減 3% 為限（草案 §9-3）。

　　雖然上述草案並未獲得立法院通過，但不少機關已實施團體績效評比，並

依據評比結果分配機關／單位員工考績考列甲等之比例。不過，這做法僅是以團體績效優劣來決定機關／單位人員考績評等人數比例，其實仍然無法確保主管依下屬客觀績效優劣來分配考績評等，且仍會出現上述強制分配評等所衍伸之問題。

　　嚴格而言，與績效管理連接的團體績效考核應是事前設定團體績效目標，然後各員工再設定與團體績效目標直接連結的工作目標（Pynes, 2009）。所以，員工考績的標的就是對工作目標達成程度之考核，類似上述的目標管理之做法。簡單而言，在團體績效考核之下，各機關會因應自身整體績效目標拆解成各單位到個人的目標，因此，各員工考績項目並非一樣。而個人考績的標的僅針對關鍵工作責任（critical job responsibility）（Riccucci and Naff, 2008）。要履行如此的操作，機關任務目標必須明確與單純，不能受太多不可預先控制的變項干擾。

二、高階文官的特殊考績

　　就算上述績效管理下的團體績效考核對某些機關是可行，但操作上仍是頗為複雜，因此在制度設計上，可將個人績效目標連結侷限到管理階層即可。這也是多為各國所採用之方法。具體上，這做法往往是各國在建立有別於一般文官的高階文官制度（senior civil service）時之配套措施之一。這些高階文官採契約式任期制，在契約內明定績效目標，並以達成目標之情況作為延長任期或升遷之依據（彭錦鵬，2007）。

　　根據 OECD 2016 年針對其成員國及其他合作國家之調查，有多達 20 個西方國家，再加上東亞的韓國，有針對政府高階管理者的績效管理體系。就算不必然另立不同於一般文官的績效管理體系，部分其他國家也會採用一些與績效相關的特殊措施，包括採定期契約任用、績效掛勾薪資，或高階管理者與上級部長或文官首長定訂績效協議（performance agreement）；部分國家會依績效良窳做人員晉升或解職之決定（參表 6-4-1）。

表 6-4-1　高階管理者有特殊績效管理制度之 OECD 及其合作國家

績效管理政策	國家
有針對高階管理者的績效管理體系	澳洲、比利時、加拿大、智利、丹麥、愛沙尼亞、芬蘭、法國、愛爾蘭、以色列、義大利、韓國、拉脫維亞、紐西蘭、挪威、葡萄牙、瑞典、英國、美國、哥倫比亞、立陶宛
具體措施	**國家**
定期契約	奧地利、比利時、智利、愛沙尼亞、芬蘭、希臘、以色列、義大利、韓國、拉脫維亞、荷蘭、挪威、葡萄牙、瑞典、土耳其
績效掛勾薪資	澳洲、加拿大、智利、丹麥、愛沙尼亞、法國、希臘、義大利、韓國、拉脫維亞、紐西蘭、挪威、斯洛維尼亞、西班牙、瑞典、瑞士、英國、美國、立陶宛
與部長定訂績效協議	澳洲、比利時、智利、法國、愛爾蘭、義大利、韓國、拉脫維亞、荷蘭、挪威、葡萄牙、西班牙、瑞典、瑞士、土耳其、哥倫比亞、立陶宛
與文官首長定訂績效協議	澳洲、加拿大、智利、丹麥、荷蘭、紐西蘭、挪威、英國、美國
因良好績效晉升	芬蘭、以色列、韓國、土耳其、美國
因不良績效解職	澳洲、奧地利、比利時、智利、芬蘭、希臘、以色列、義大利、韓國、墨西哥、葡萄牙、西班牙、瑞士、英國、美國、哥斯大黎加、立陶宛

資料來源：https://qdd.oecd.org/subject.aspx?Subject=GOV_SHRM。

　　在上述各項措施中，尤以績效協議值得進一步闡釋。以韓國高階文官績效協議為例，每年度高階主管皆會與其上司訂定績效協議。協議是依照每年年初機關所訂定具體策略目標，再層層具體化為各級局處的績效目標，由正副局長與部長簽署績效協議；正副處長與局長簽署績效協議。到 7 月至 8 月會進行年中評估，其容許對績效目標做出調整。最後，年終會做出目標達成之評估，並因應評估結果對主管們做考績（Kong et al., 2013: 87-92）（參圖 6-4-1）。

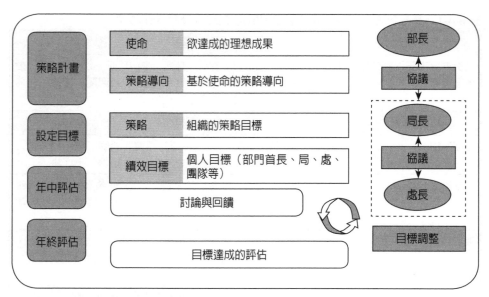

圖 6-4-1 韓國高階文官績效協議架構

資料來源：Kong et al. (2013: 90).

貳、強化對表現不佳者之管理

　　要區分績效「合格者」之優劣高低往往是極具爭議性，引致「不公平」之聲討，但要辨識少數績效不佳之員工並不困難。惟由於文官的工作保障度較高，處理並不容易。除非有嚴重違法犯規，否則不容易以工作表現不佳為由免除他們職務。就算主管想認真處理，但處理手段往往太少及複雜耗時，不具效益（蔡秀涓，2005）。或許，我們可以將處理合格者之間評等區分之精力轉移集中處理績效不佳者問題上。

　　愛爾蘭的經驗可說是這途徑之典範，為歐盟成員國的學習範例（Staronová, 2017）。該國在 2013 年曾推行五等級強制分配的考績制度，要求只有列最高三等考績者才可以晉俸級（占 70%），但這改革受到文官的強烈抵制，認為制度不公，結果成效不佳。當地學者 Richard Boyle（2014）就做出檢討指出，實行強制考績等級分配對員工的工作投入及整體績效有負面作

用，也無必要建立單一標準化的考績制度；但建議在考績制度以外，發展處理長期工作表現不佳（underperformance）（特別是由於逃避工作責任或欠缺對工作投入）員工之手段。

其後，愛爾蘭真的做了相應的改革，對文官考績進行了根本性的變革，於2016年將原五等級制度改為二等級制度，僅分為滿意（satisfactory）與不滿意（unsatisfactory）（Civil Service Management Board, 2016）。這變革明顯就是要降低考績列等的重要性，並將考績重點改為辨識「有問題」的員工，並加以處理。

2017年進一步實施新的績效不佳管理政策（the policy for the management of underperformance），對績效不佳者提供最長為期十個月的密集式績效改善計畫（performance improvement plan, PIP）。在正式執行計畫前，由直屬主管先進行非正式的處理。當中，主管或員工可尋找公務員員工輔導服務（civil service employee assistance service）的支援，解決導致員工工作表現不佳的職場或生活問題。若處理沒有成效，就會召開績效評估會議（performance review meeting）釐清員工績效不佳的具體狀況及其影響，然後正式啟動PIP。

PIP是一個輔導工作表現不佳員工的行動方案，主管要規劃改善方案以糾正員工的工作問題，並進行追蹤與提供員工意見回饋。PIP啟動後，每二個月會召開進度會議（progress review meeting）。會議決議可包括：一、表現已有改善，但仍須追蹤監督；二、進度不令人滿意；三、表現問題已獲解決。若是進度不令人滿意，則會檢討修正改善方案，並向員工發出警告通知；若表現問題已獲解決，則結案。

上述進度會議原則上以四次為上限，但主管可決定展延到第五次。若任何一次進度會議決議認為員工改善進度不令人滿意，並發出最高級別（第三級）的警告通知，則宣告改善計畫失敗，進入紀律處分程序（Department of Public Expenditure and Reform, 2016）（參圖6-4-2）。

我國公務人員考績法修正草案也有提出對工作表現不佳考績列丙等之公務人員進行輔導，十年內三次考列丙等應辦理資遣或退休（草案§7）。由於修正案沒有通過，故如何辦理輔導方案就沒有跟進了。不過，上述愛爾蘭之經驗仍值得我國參考。

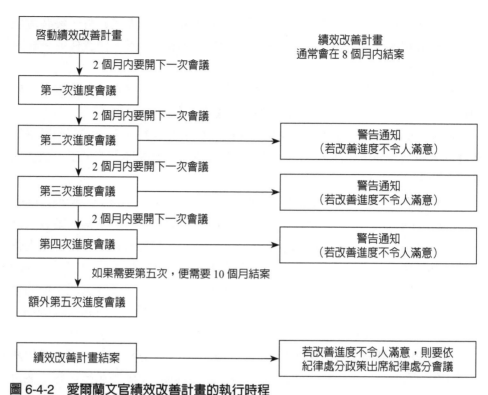

圖 6-4-2　愛爾蘭文官績效改善計畫的執行時程

資料來源：Department of Public Expenditure and Reform (2016: 15).

參考文獻

行政院人事行政總處，2020，〈行政院人事行政總處績效管理考評計畫〉，行政院人事行政總處 2020 年 3 月 25 日總處綜字第 1090029429 號函。

考試院，2013，〈公務機關團體績效指標建構之研究〉，考試院研究發展委員會。

邱創煥，1993，《文官制度論叢》，中華民國國家發展策進會。

經濟部，2011，〈經濟部實施績效管理計畫〉，經濟部 100 年 12 月 28 日經人字第 10003529970 號函。

經濟部，2020，〈經濟部 109 年度團體績效評核計畫〉，經濟部 109 年 1 月 22

日經人字第 10903651890 號函。

彭錦鵬，2007，〈高級文官團制度之聚合趨勢〉，《歐美研究》，37（4）：
635-679。

蔡秀涓，2005，《績效不佳員工之處理：政府管理者觀點》，雙葉書廊。

Berger, J. et al. 2013. "Performance Appraisal and the Impact of Forced Distribution An Experimental Investigation." *Management Science*, 59(1): 54-68.

Boyle, R. 2014. *Revisiting Performance Appraisal: Can the Performance Management and Development System (PMDS) be Made to Work?* Tom O'Connor Working Paper Series, Department of Government, University College Cork, Ireland.

Cederblom, D. and D. E. Pemerl. 2002. "From Performance Appraisal to Performance Management: One Agency's Experience." *Public Personnel Management*, 31(2): 131-140.

Civil Service Management Board. 2016. *The Civil Service Renewal Plan: Second Progress Report*. Department of Public Expenditure and Reform, Ireland.

Cummings, L. L. and D. P. Schwab. 1973. *Performance in Organizations: Determinants and Appraisal*. Scott, Foresman and Company.

Daley, D. M. 1992. *Performance Appraisal in the Public Sector: Techniques and Applications*. Quorum Books.

de Bruijn, H. 2001. *Managing Performance in the Public Sector*. Routledge.

Deming, W. E. 1994. *Out of the Crisis*. Cambridge University Press.

Department of Public Expenditure and Reform. 2016. *Civil Service Management of Underperformance Policy*. 27 Oct 2016, Circular 24/2016. https://assets.gov.ie/16025/a5efeb98977a4c8387a1be854deb713a.pdf.

Guralnik, O. et al. 2004. "Forced Distribution: Is it Right for You?" *Human Resource Development Quarterly*, 15(3): 339-345.

Hickman, G. R. and D. S. Lee. 2001. *Managing Human Resources in the Public Sector: A Shared Responsibility*. Harcourt College Publishers.

Kong, D. et al. 2013. *Individual Performance Appraisal in the Government of Korea*. Ministry of Strategy and Finance.

Prowse, P. and J. Prowse. 2009. "The Dilemma of Performance Appraisal." *Measuring Business Excellence*, 13(4): 69-77.

Pynes, J. E. 2009. *Human Resources Management for Public and Nonprofit Organizations* (3rd ed.). John Wiley & Sons.

Riccucci, N. M. and K. C. Naff. 2008. *Personnel Management in Government: Politics and Process* (6th ed.). Taylor & Francis.

Roch, S. G. et al. 2007. "Absolute vs Relative Performance Rating Formats: Implications for Fairness and Organization Justice." *International Journal of Selection and Assessment*, 15(3): 302-316.

Shah et al. 2011. "Workload and Performance of Employees." *Interdisciplinary Journal of Contemporary Research in Business*, 3(5): 256-267.

Staronová, K. 2017. *Performance Appraisal in the EU Member States and the European Commission*. Government Office of Slovakia.

Talbot, C. 2005. "Performance Management." In E. Ferlie et al. eds., *The Oxford Handbook of Public Management* (pp. 491-517). Oxford University Press.

Valcik, N. A. and T. J. Benavides. 2012. *Practical Human Resources for Public Managers: A Case Study Approach*. CRC Press.

第七章　俸給與待遇

胡至沛、葉俊麟

摘要

本章的主題在於分析與說明，公共人力資源當中的俸給與待遇，共計分為四節：第一節是概念與理論的介紹：此部分先說明俸給與待遇的概念與理論基礎，比較政府與企業在待遇設計上的差異，介紹當前我國公務人員俸給制度的主要結構與特色，最後說明先進國家的發展經驗；第二節是公務人員俸給與待遇內涵：此部分主要介紹公務人員待遇項目，並就上開項目之法源依據—公務人員俸給法、公務人員加給給與辦法、全國軍公教員工待遇支給要點等規定進行介紹，部分規定內容並舉例說明，協助讀者將艱澀的文字轉化為淺白的知識；第三節是相關重要議題解析：此部分主要透過「今年軍公教員工調薪嗎？」「都是從事相似工作之同職等公務人員，為什麼有人領的比較多？」「公務人員支領的獎金費用真如外界所言都沒有法律依據嗎？」以及「公部門是不是吃大鍋飯？」等4則相關報導，就公務人員待遇衍生之相關重要議題進行探討，希望有助揭開我國公部門待遇管理的神祕面紗，並期盼讀者日後對公部門待遇相關議題能有更深層的思考；第四節是結語：制度意涵與展望：說明待遇管理的重要性，以及現行制度的缺失，並且提出未來改進方向與建議。

第一節　概念、理論與發展趨勢

　　對雇傭雙方而言，待遇經常是一個重要的影響因素：首先，對雇主來說，它是一個影響經營管理的成本，亦是一般認為足以吸引與留住優秀人才的條件，同時也常被當作激勵員工表現的一種策略性誘因工具；其次，對組織的員

工來說，待遇是一種工作而來的資源所得，除了彰顯與肯定個人的表現，亦是隱含了社會地位的象徵。然而，不論公私部門，組織所設計的待遇制度，皆反映出其獨特的歷史傳統、當時的社會經濟狀況，以及企圖追求的組織行為規範。

壹、概念與理論基礎

一、概念

　　待遇（compensation）是指個人在從事勞務工作結束後，所獲得的基本報酬，大致上可以區分為金錢與物質兩個層面。在組織制度下，係指組織對內部員工所提供勞務的對價給付，例如在我國公務人員所稱的待遇，通常是指公務人員每月或者定期支領到薪資外，尚包括年終工作獎金、考績獎金等項目（林文燦，2009）。對此，Lawler（1995）認為薪資待遇（pay compensation）是實現組織目標的一種手段工具，透過指導（direct）、建構（structure）及控制（control）的方式，作為管理組織中的個人行為。

　　因此，薪資待遇是組織用以決定給予其組織內員工報酬的政策，藉以誘導或塑造出組織所期待的員工行為（Bergmann & Hills, 2000; Lewison, 2006; Messmer, 2006；行政院研究發展考核委員會，1987），並且維持組織內部的同工同酬（內在衡平），以及外在的市場競爭力（外在衡平）（Risher & Randow, 1998; Barry, 2000）。

(一) 傳統人事行政觀點

　　「俸給」、「待遇」、「工作報酬」三者是日常生活中經常交互使用之名詞，然而從人事行政學理來說，三者意義與範圍卻不盡相同。對此，馮惠平（2011）則是認為：

1.「工作報酬」係屬最廣義者，指因工作所得的精神性與物質性酬勞，亦即整體性報酬，包括內在無形的精神性酬勞，以及外在有形的物質性酬勞等二

類，對此趙其文（2004）將前者稱之為內滋性報酬，後者為外顯性報酬。

2.「待遇」則指是指外顯性報酬，包括廣義的俸給與福利。

3.「俸給」專指政府為安定公務員生活，酬勞其服務，所定期給付之財物酬勞，狹義的俸給指基本俸給（即公務人員俸給法所稱之本俸、年功俸、加給），廣義的俸給尚包括績效俸給（即公務人員考績法規定之考績獎金）。

(二) 當代人力資源管理的觀點

Noe（2007）等人認為薪資待遇之良窳，關乎組織的員工本身權益，它不僅是延攬優秀人才加入組織、激勵留任及工作表現的工具，也是達到組織目標、影響組織競爭力的重要一環。實務上，薪資是組織成員因勞心勞力，付出貢獻所應得的所有報酬，包括金錢性（又可細分為直接性與間接性）與非金錢性兩種，因此又稱為「綜合性報酬制度」（total reward system）（溫金豐等，2020）。

事實上，由於薪資待遇與俸給所涉及的概念甚多，因此 Milkovich 與 Newman（2005）則是嘗試以「總待遇」（total compensation）一詞，用以統攝待遇相關用語和內涵。所謂總待遇指的是員工所領取的各種形式現金給付、具體的服務以及各項福利措施，當中包含底薪（base pay）、功績薪（merit pay）與誘因（incentives）、服務（services）與福利（benefits）等四個主要項目（許道然、林文燦，2019）。這些項目所代表的意義分別為：

1. 底薪是反應員工所負責的職務與工作價值。

2. 功績薪是獎勵過去的工作表現與成就，設計績效薪等誘因是引導員工未來的表現。

3. 服務指的是各種給假，例如陪產假、育嬰假，或是員工協助方案與心理諮詢。

4. 福利包含保障性的項目，例如醫療保健、保險與退休年金。

據此，本章所討論的待遇或稱俸給，則是鎖定在所謂的「底薪」，專指各種直接性的金錢給付，例如公務人員的本俸（年功俸）與各種加給，或是私人企業所發的各種薪資與獎金。

二、理論基礎

　　任何組織所設計與建立的待遇制度，背後都有參考其社會發展環境情況，進而加以調整，並且融入所預期達成的目標，因此整體的待遇制度所涉及的相關理論基礎，大致上可以區分為三部分：從早期的經濟理論觀點探討，以市場經濟供給與需求的情形分析組織成員薪資情況，逐漸演變為後期考慮到報酬之心理層面的動機理論，以及社會層面的社會理論。然而，若是進而細分公私部門在設計與考量待遇制度時，其著眼的重點則是有所差異：

　　首先，就公部門而言：在我國具有一定資格的人民，都有權利參加國家考試，通過考試後，經過一定的任用程序，得以成為國家的公務員，有關公務員服公職權所衍生出來的權利，其中首要者係為俸給權。俸給權所稱的俸給乃是國家或地方自治團體對公務員所負擔之公法上金錢債務，亦即公務員一方對行政主體另一方之金錢請求權。

　　然而從公務員俸給的性質與作用觀之，分別計有對待給付說、生活照顧說、身分品位說、高薪養廉說等四種理論，當中對待給付說屬於將公務員關係視為近似與勞動契約關係，其他三種大致上是延續傳統官吏對君主的概括身分從屬關係之特質衍生而來。事實上，作為公務員俸給制度的理論基礎，這 4 種理論觀點彼此間應屬互補關係，而非互斥的關係，且透過權衡各說之主張，即可建構出完整的公務員俸給制度（馮惠平，2011）。

　　其次，就私人企業而言，對於組織員工的薪資管理，不能侷限於成本控制與技術層次，必須要提升到策略層次的探討，也就是組織的薪資策略與制度，需要和企業的策略緊密結合，才能提升企業的競爭優勢。換言之，私人企業所進行的策略會受到外在環境的影響，並且配合企業本身的發展策略，建立出一套策略性薪資制度，促使員工產生態度與行為上的改變，強化企業的競爭優勢（溫金豐等，2020）。因此，除了內部管理上公平性的要求外，也會針對外部市場的薪資水準與結構，進行必要的調查以瞭解與調整本身的政策方向。

貳、政府與企業在待遇設計上的差異

　　不論公私部門，在薪資管理設計上首要的目標在於組織內部的公平，使得員工知覺受到組織公平的對待，並且將影響或改變其努力投入工作的程度。然而，要達到公平薪資管理的目標，就是要達到同工同酬的目的，此時要注意的是內部與外部的薪資公平，並且做好外部薪資調查與內部薪資結構建立。雖然如此，公私部門在待遇設計上仍呈現出一些差異：

一、設計與考量因素

　　政府部門在設計員工的薪資待遇目的，主要在於維持軍公教人員基本生活需要的基礎上，從制度化管理面建立一套健全化、法制化與合理化的薪資待遇制度，不僅彰顯軍公教具一定的社會經濟地位水準，能夠延攬、留用及激勵人才外，亦兼顧平衡國家整體財政支出與軍公教人員的工作付出（林文燦，2009；歐育誠，2014）。

　　私人企業在薪資待遇設計上，除了基本的公平原則之外，其所強調的是「薪資策略應與組織經營策略的適配性」，因此當中所關切的議題在於：企業策略如何與外部經濟及複雜的條件連結，以及在組織整體人力資源系統的內部連結；薪資策略具備差異化，以獲取競爭優勢；薪資設計能否為企業創造更大的附加價值，減少成本壓力。

二、給付關係與雇主認定

　　從法理上而言，公務員所擁有的俸給權是屬於「法律明訂」的給付行為，也就是政府機關單方給付給公務員薪酬的行政處分，同時所給付的範圍、種類與金額，在中低階層級的公務員是普遍優於一般在私人企業的勞工；相反地，企業勞工的薪資主要還是採取「合意議定」的方式進行，固然有勞動基準法的規範，本質上是屬於勞工與雇主之間的雙方契約行為，並且需要由勞雇雙方意思之合致，始能成立，而公務員俸給僅由機關單方意思決定即可，兩者有所不同（馮惠平，2011）。

　　此外，就私部門而言，勞資雙方一方為雇主、一方為受僱者，甚為明確，相較於公務部門所謂的「雇主」，則不甚明確。當中，最大不同處在於公務員服務關係中，公務員所屬服務機關，其首長扮演主管的角色，同時亦為其中之一員，因此單純以僱傭契約關係，仍無法詮釋整個公務員俸給制度（劉坤億、張育哲，2009）。

參、當前我國公務人員待遇結構與特色

一、結構

　　當前掌理我國公務人員待遇（俸給）制度的主要依據為「公務人員俸給法」，該法自民國 43 年 1 月 9 日公布之後，當中歷經多次的修正，成為當前進行公部門薪資管理的核心依據。我國的公務人員經考試分發，取得任用資格後，由銓敘部依公務人員俸給法定予以銓敘審定之俸給。然而，現行公務人員所領取的俸給待遇，主要區分為現金性給與、福利性給與、補貼性給與及退職性給與等四類（林文燦，2009），當中退職性給與將另於第八章說明，其餘前三項將於次節詳細介紹。

　　值得一提的是，相較於政府機關的公務人員，我國廣大受僱於私人企業的勞工，其薪資結構則是呈現出另一種面貌，例如依照勞動基準法第 23 條第 1 項的規定，勞工雇主對於「工資各項目計算方式明細」有其參考規範（參見表 7-1-1），從當中不難發現，勞工的薪資結構主要可以分為：

(一)應發項目：包含底薪、各類獎金與津貼。

(二)應扣項目：各種保險費與請假扣薪。

(三)特別休假或加班補休：符合年資應有特別休假天數，以及約定補休時數。

二、特色

　　有關我國公務人員俸給制度特色，彙整相關研究其看法如下（行政院人事行政局，1999；洪國平，2008；許道然、林文燦，2019）：

表 7-1-1　企業勞工薪資結構參考範例

姓名	應發金額（A）						應扣金額（B）				合計 (A)-(B)
	底薪	全勤獎金	伙食津貼	加班費	未休特別休假工資	屆期未補休折發工資	勞保費	健保費	團保費	請假	

＊備註：貴事業單位如有實施特別休假遞延或加班補休制度，請參考下列表格使用：

特別休假		加班補休	
請休期間：年　月　日－　年　月　日		勞僱雙方約定之補休期限：	
經過遞延的特別休假日數	○日	至上月止未補休時數（Ⅰ）	○小時
今年可休的特別休假日數	○日	本月選擇補休時數（Ⅱ）	○小時
今年已休的特別休假日數	○日	本月已補休時數（Ⅲ）	○小時
今年未休的特別休假日數	○日	屆期未補休折發工資時數（Ⅳ）	○小時
今年特別休假的請休期日		至本月止未補休時數 （Ⅰ）＋（Ⅱ）-（Ⅲ）-（Ⅳ）	○小時

資料來源：勞動部網站。

(一) 兼顧新舊制度

　　我國文官制度早期可分為品位制與職位分類制二種類型，前者著重文官本身的地位與身分，後者則是偏重工作職務性質，現行公務人員俸給法仍延續這兩種制度的精神與特色，同時配合新的人事制度加以整合，成為官職併立的俸給制度。

(二) 待遇權益規範簡明扼要

　　對於俸給支給種類、俸級區分、初任各官等職務人員之等級起敘規定、再任人員等級之銓敘審定、調任人員薪級之核敘等，皆有完整與詳實的規定。

(三) 本俸採俸表制具有彈性

　　依據俸給法規規定，有關本俸、年功俸俸點，依公務人員俸給表支給，當中俸點是計算俸給折算俸額之基數。當前公務人員依照職等可以換算出不同俸級，並且就所列俸點折算俸額發給，折算俸額標準，必要時得分段定之。當政府調整俸給，就不需要動輒修正俸給表，此舉使得政府得以隨時依財政狀況調整俸給外，亦可以隨時調整高低職務間俸給的差距。

(四) 俸給制度的「常」與「變」設計

　　公務人員待遇（金錢報酬）部分，主要包括基本薪資、固定津貼及獎金等三個主要項目。對照我國公務人員俸給制度，當中則是包含本俸與加給，本俸所指的是不論員工的工作性質及專業類別，銓敘相同等級的各類人員均支領相通標準的本俸，此為身分性的給與，也為制度上的「常」；加給是依照專業、職責與危險程度訂定不同項目與標準支給，並且分為職務、專業與地區加給等三種，以因應機關不同時期、業務需要，屬工作性給與，為制度上的「變」。換言之，兼顧常與變為我國公務人員俸給制度之特色，亦符合政府再造講究彈性自主的需求。

(五) 充分保障公務人員生活，確保公務人員權益

　　現行公務人員俸級經銓敘部審定後，如有不服得依保障法提起救濟；此外如有明顯錯誤，或是發生新事實、新證據等行政程序再開事宜，得依行政程序法相關規定辦理。

肆、先進國家的發展經驗

　　近年來為深入瞭解其他國家公務員之待遇制度現況，行政院人事行政總處特別組成二次考察團，分別親赴韓國（2016）與新加坡（2017）進行考察，在此分述其當中的重要發現（人事行政總處，2017a、b）。

一、韓國經驗

　　1948 年至 1960 年爲韓國政府文官制度建立的初期，時至 1949 年開始奠定國家公務員法及公務員薪資規定，並且於 1962 年隨著公務員津貼規定完成公務員待遇制度的基礎。之後，韓國政府隨著任務的多元化，在 1981 年開始將公務員職級由 5 級擴大到 9 級，並且在 1999 年配合特定業務需要，導入按件計酬制的薪資；同年，因應追求績效化的政府改革，開始針對局長級以上的公務員實行「成果年俸制」，隨後在 2005 年與 2016 年陸續擴大其適用對象，目前 1 級至 5 級課長以上人員皆爲其適用對象，亦開始對於具有專業性職務人員，發放重要職務津貼（allowance）。同時，在本次考察報告中也指出，韓國政府在 2016 年所推動的待遇制度改革中，值得我國借鏡參考之處如下：

(一) 實施公務員分級成果評鑑制度

　　韓國公務員之成果評鑑，針對不同階層採取不同之評鑑項目，並且聚焦於工作面向，例如韓國 5 級（不含 5 級課長）至 9 級公務員之勤務成效評鑑項目，當中包含個人工作實績及職務落實能力等，評鑑結果運用於發給一次性績效獎金、陞遷審查及人力資源管理措施等；另外 5 級課長以上中、高階公務員之成果評鑑項目，則是包含成果目標達成程度、業務實績、職務落實度、與職務相關之資質、能力，以及各機關團體之績效，除了自身工作表現外，所帶領團隊之實績亦影響其評鑑之結果。

(二) 導入中、高階公務員績效待遇制度

　　韓國政務職人員之待遇主要採取固定年俸制，年俸爲固定數額，與我國正、副總統及政務人員採取固定薪資之制度類似；5 級不含 5 級課長以下公務員之待遇採取號俸制，與我國公務員本俸制度類似；而其 1 級至 5 級中、高階公務員採行成果年俸制。同時，韓國公務員之待遇包含基本年俸及成果年俸。當中成果年俸具有考績績效獎金之意涵，主要是依據該年度成果評鑑結果發給，但是與績效獎金不同之處在於，當年度之成果年俸將以一定比例累進，並且作爲次年度之基本年俸。是以，成果評鑑績優人員，除了當年可以領取較高數額之成果年俸外，其工作成果亦直接影響次年度待遇調整幅度。

(三) 明確規範公務員薪資決定及調整機制

　　韓國政府在國家公務員法中明定職級別、生計水準、外部衡平與內部衡平等薪資決定原則，以及薪資調整之程序性規範，藉以取得相關決定及調整機制之正當性與合法性，避免政治及輿論干預。另外，韓國就公務員薪資外部衡平性而言，在每年進行薪資調整前，均會進行「產官薪資水準實情調查」，其中所包含的民間企業薪資水準，主要是勞動部調查韓國規模達 100 人以上之企業薪資，作爲參考比較之基礎。

二、新加坡經驗

　　新加坡公務人員薪資水準，長期以具有強烈市場競爭性著稱，因此爲了有效吸引及留任人才，公務人員所支領之薪資，相較於私部門中類似職務爲高，並且隨市場薪資水準定期調整。新加坡公務人員待遇制度主要是由公共服務署統一制定，公務人員支領之月薪取決於任職之部會、工作及適任程度等而有所不同，其他的花紅獎金則取決於工作表現，而不是基於學術成就、國籍或年齡。新加坡公部門的薪酬政策和許多國家大爲不同，最明顯的差異在於：支付公務人員具有競爭力的薪資水準原則。新加坡政府每年均進行薪酬調查，以確保政府支付給公務人員的薪酬不致太落後於私部門，當中主要的特色在於：

(一) 反映經濟成長的彈性工資制度

　　新加坡公務人員彈性的待遇制度，造就每一位公務人員的年薪 40% 以上都是變動薪，如果進一步再比較其差異，便可發現新加坡公務人員變動薪除了第十三個月薪資以外（相當我國年終工作獎金）尚有個人表現花紅（performance bonus）（類似我國考績獎金），以及與經濟景氣掛勾的常年可變動花紅（annual variable component）。

(二) 有效的考核制度，使固定薪仍具激勵效果

　　新加坡對於同一類別職務，根據不同的學經歷等條件，訂有薪金區間，換言之，做類似的職務，並不必然領到相同的薪資，因爲不同的學經歷做相同的

職務，所產生的貢獻度，不一定相同，至於眞正實際表現，則有賴公平的考核制度，並且考核等第人數呈現常態分布，反應於次年度晉級結果的薪資。

(三) 確實將民間薪資調查應用於公務人員待遇調整

　　新加坡公共服務署每年進行公私部門薪資比較，向私人顧問管理公司購買薪資市場相關分析資料，將公部門與私部門相當職務之薪資水準進行比較後，必要時做出適當的調整，當中包括通案或個案的調整，讓新加坡公務人員薪酬與市場連結，雖然不必然一定要與市場具有一樣高的薪資水準，但是一方面可以讓公務人員瞭解其待遇與私部門的差距所在，另一方面也可以取得公務人員信賴，相信政府對於如此的差距，仍是有一定的機制來調整處理，維護他們基本的權益。

第二節　公務人員俸給與待遇內涵

壹、公務人員待遇項目

　　經由前節的說明，我們可以知道從總待遇的觀點是最能夠瞭解一國公務人員待遇內涵，而依許道然、林文燦（2019：151）的看法，我國公務人員整體待遇相當於實務法律用語的「給與」一詞，作者並借用林文燦（2009：95）對政務人員給與項目之分類，亦將公務人員待遇項目區分爲現金性給與、福利性給與、補貼性給與及退職性給與等四類，鑑於公務人員退休與撫卹另有專章介紹，本節之給與項目探討係以前三類爲主，並參考相關人事規定整理如表7-2-1，茲說明如下：

一、現金性給與

(一)固定薪：依公務人員俸給法（以下簡稱俸給法）支給之法定俸給，包含本俸（年功俸）、專業加給、各項職務加給、地域加給等。

(二)變動薪：其他給與，包含各項獎金及工作費，依支給對象均可再分為普遍性及個別性等二類，其中個別性獎金依發給目的可再區分為激勵性及績效性等二類。

二、福利性給與

(一)生活津貼：包含婚、喪、生育及子女教育四項補助，除子女教育補助係採定額〔新臺幣（以下同）500 元至 35,800 元〕補助外，其餘補助均係按薪俸額發給二個月至五個月不等。

(二)健康檢查補助：依「中央機關（構）員工一般健康檢查補助基準表」辦理，簡任第 12 職等擔任一級單位主管或相當職務以上人員、國立大學與獨立學院校長及副校長、國立專科學校校長每人每年最高補助 16,000 元，其餘 40 歲以上之公教人員每人每二年最高補助 4,500 元，地方機關比照辦理。

(三)因公住院醫療補助：公教人員具有「因公傷病」、「住院」及「健保不給付並經醫師指定所必須之醫療費用」等事實，服務機關得覈實給與補助。

(四)全國公教員工房屋貸款（築巢優利貸）及急難貸款

1. 貸款利率：前者按中華郵政二年期定期儲蓄存款機動利率固定加碼 0.465% 機動計息（民國 112 年為年息 2.06%）；後者係中華郵政二年期定期儲蓄存款機動利率減年息 0.025% 機動調整。

2. 貸款期限：前者最長三十年；後者最高六年。

(五)員工協助方案：依「行政院所屬及地方機關學校員工協助方案」，透過委外或內部專責單位（人員）規劃，提供包含個人層次在工作、生活及健康等面向，以及組織及管理層次之各項服務。

三、補貼性給與

交通補助費，惟行政院及所屬機關自民國 101 年 1 月 1 日起已依立法院審查中央政府總預算所做通案決議停發，目前僅臺北市及屏東縣等少數縣市仍有發給交通補助費。

表 7-2-1　公務人員整體待遇分類一覽表

	現金性給與		福利性給與	補貼性給與
固定薪（法定俸給）	本俸、專業加給、主管職務加給及其他法定加給。		生活津貼（含婚、喪、生育及子女教育補助）。	上下班交通補助費（行政院及所屬機關自民國 101 年 1 月 1 日起不再支給）。
變動薪（其他給與）	獎金	普遍性：考績獎金、年終工作獎金。	健康檢查及因公住院醫療補助。	
		個別性： 1. 激勵性：醫師不開業獎金及清潔獎金等。 2. 績效性：工程獎金、警察人員工作獎勵金及法務部行政執行署員工績效獎金等。	全國公教員工房屋貸款（築巢優利貸）。	
	工作費	普遍性：考試酬勞、講座鐘點費及兼職費等。	急難貸款。	
			員工協助方案。	
		個別性：大專校院兼任教師鐘點費及交通部民用航空局查核作業鐘點費等。		

資料來源：作者自行整理。

貳、公務人員俸給待遇法制規範

　　我國公務人員給與項目，具有法律或法律授權依據的主要係固定薪部分，即所謂的公務人員俸給制度，法源依據主要有「俸給法」及其施行細則與公務人員加給給與辦法（以下簡稱加給辦法），茲說明如下：

一、俸給種類（俸給 §§2、3、5）

　　公務人員之俸給，分為本俸、年功俸及加給等三大部分，均以月計之，茲就名詞定義說明如下：

(一)本俸：係指各職等人員依法應領取之基本給與（共 66 級）。

(二)年功俸：係指各職等高於本俸最高俸級之給與（共 80 級）。

(三)加給：係指本俸、年功俸以外，因所任職務種類、性質與服務地區之不同，而另加之給與，包含以下三種：

1. 職務加給：對主管人員或職責繁重或工作具有危險性者之加給。

2. 技術或專業加給：對技術或專業人員之加給，但目前公務人員均係支領專業加給，無人支領技術加給。

3. 地域加給：對服務邊遠或特殊地區與國外者之加給，依各機關學校公教員工地域加給表規定，服務地區可區分為山僻及離島地區，員工可按月支領該地區之基本數額，又為鼓勵久任，尚訂有年資加成規定，即服務該地區每滿一年按俸額加 2% 計給，按服務地區不同最高可分別加 10%、20% 或 30%。

二、俸表結構

(一) 俸級區分（俸給 §§2、4）

俸級係指各職等本俸及年功俸所分之級次，並訂有公務人員俸表（該俸表粗線以上為年功俸俸級，粗線以下為本俸俸級），而公務人員俸級區分如下：

1. 委任分為 5 個職等：第 1 職等本俸分 7 級，年功俸分 6 級，第 2 職等到第 5 職等本俸各分 5 級，第 2 職等年功俸分 6 級，第 3 職等及第 4 職等年功俸各分 8 級，第 5 職等年功俸分 10 級。

2. 薦任分為 4 個職等：第 6 職等到第 8 職等本俸各分 5 級，年功俸各分 6 級，第 9 職等本俸分 5 級，年功俸分 7 級。

3. 簡任分為 5 個職等：第 10 職等到第 12 職等本俸各分 5 級，第 10 職等和第 11 職等年功俸各分 5 級，第 12 職等年功俸分 4 級，第 13 職等的本俸與年功俸均分 3 級，而第 14 職等本俸只有 1 級，無年功俸。

4. 綜上，因我國公務人員各職等本俸、年功俸級數不一，致公務人員俸表呈現不規則形狀，其俸表結構為階梯式，且扣除重複俸級後，實際可運用之級數共 46 級，重疊率偏高，無效級數多。

(二) 俸點及俸額規定（俸給 §§2、4、18）

1. 俸點係指計算俸給折算俸額之基數。
2. 本俸、年功俸之俸級及俸點，依公務人員俸表之規定。
3. 各職等本俸俸點每級差額，第 1 職等至第 5 職等為 10 個俸點，第 6 職等至自第 9 職等為 15 個俸點，第 10 職等至第 13 職等為 20 個俸點，第 14 職等為單一俸點自無差額，各職等年功俸之俸點比照同列較高職等本俸或年功俸之俸點。

三、初任公務人員之起敘

(一) 考試及格初任各官等職務人員之俸級起敘如下（俸給 §6）

1. 高等考試之一級考試或特種考試之一等考試及格者，初任薦任職務時，敘薦任第 9 職等本俸 1 級；先以薦任第 8 職等任用者，敘薦任第 8 職等本俸 4 級。
2. 高等考試之二級考試或特種考試之二等考試及格者，初任薦任職務時，敘薦任第 7 職等本俸 1 級；先以薦任第 6 職等任用者，敘薦任第 6 職等本俸 3 級。
3. 高等考試之三級考試或特種考試之三等考試及格者，初任薦任職務時，敘薦任第 6 職等本俸 1 級；先以委任第 5 職等任用者，敘委任第 5 職等本俸 5 級。
4. 普通考試或特種考試之四等考試及格者，敘委任第 3 職等本俸 1 級。
5. 初等考試或特種考試之五等考試及格者，敘委任第 1 職等本俸 1 級。

(二) 升官等考試及格初任各官等職務等級之起敘如下（俸給 §7）

1. 簡任升官等考試及格者，初任簡任職務時，敘簡任第 10 職等本俸 1 級。
2. 薦任升官等考試及格者，初任薦任職務時，敘薦任第 6 職等本俸 1 級。
3. 委任升官等考試及格者，初任委任職務時，敘委任第 1 職等本俸 1 級。

四、調任公務人員之俸級核敘（俸給 §§11、15）

(一) 平調人員

依法銓敘合格人員，調任同職等職務時，仍依原俸級銓敘審定。

(二) 調陞人員

1. 在同官等內調任高職等職務時，具有所任職等職務任用資格者，自所任職等最低俸級起敘；如未達所任職等之最低俸級者，敘最低俸級；如原敘俸級之俸點高於所任職等最低俸級之俸點時，敘同數額俸點之俸級。
2. 升任官等人員，自升任官等最低職等之本俸最低級起敘。但原敘年功俸者，得敘同數額俸點之本俸或年功俸。曾任公務人員依考試及格資格，再任較高官等職務者，亦同。
3. 現任或曾任公務人員，依所具較高考試及格資格，升任或再任較高職等職務時，其原敘俸級，高於擬任職等最低俸級者，得敘同數額俸點之本俸或年功俸。

(三) 權理人員

仍依其所具資格銓敘審定俸級。

(四) 降調人員

1. 在同官等內調任低職等職務以原職等任用人員，仍敘原俸級。
2. 調任低官等職務以調任官等之最高職等任用人員，其原敘俸級如在所調任官等之最高職等內有同列俸級時，敘同列俸級；如高於所調任官等之最高職等最高俸級時，敘至年功俸最高級為止，其原敘較高俸級之俸點仍予照支。例如陳君及林君現職銓敘審定合格實授，分別核敘薦任第 7 職等年功俸 2 級 505 俸點、薦任第 8 職等年功俸 3 級 550 俸點，均自願調任委任第 1 職等至第 3 職等職務，其俸級核敘如下：
(1) 陳君核敘委任第 5 職等年功俸 9 級 505 俸點。
(2) 林君核敘委任第 5 職等年功俸 10 級 520 俸點，照支 550 俸點。

五、轉任及再任人員之俸級核敘（俸給 §§12、14）

(一) 轉任人員

公立學校教育人員、公營事業人員轉任行政機關職務時，其俸級之核敘，除其他法規另有規定外，依其考試及格所具資格或曾經銓敘審定有案之職等銓敘審定俸級。行政機關人員轉任公立學校教育人員或公營事業人員時，其服務年資之採計，亦同。

(二) 再任人員

本法施行後，經銓敘合格人員，於離職後再任時，其俸級核敘比照第 11 條規定辦理。但所再任職務列等之俸級，高於原敘俸級者，敘與原俸級相當之俸級；低於原敘俸級者，敘所再任職務列等之相當俸級，以敘至所任職務之最高職等年功俸最高級為止。如有超過之俸級，仍予保留。俟將來調任相當職等之職務時，再予回復。

六、俸級晉敘、提敘及降敘

(一) 晉敘（俸給 §§16、20）

1. 公務人員本俸及年功俸之晉敘，依公務人員考績法之規定辦理，即年終考績甲等或乙等者均可晉本俸 1 級，已達所敘職等本俸最高俸級或已敘年功俸級者，晉年功俸 1 級。
2. 在同官等內調任低職等職務仍以原職等任用，並敘原俸級人員，考績時得在原銓敘審定職等俸級內晉敘。
3. 降級人員依法再予晉級時，自所降之級起遞晉；其無級可降，比照俸差減俸者，應依所減之俸差逐年復俸。

(二) 提敘（俸給 §17，俸給細 §16）

1. 得按年核計加級至其所銓敘審定職等之本俸最高級：在政府機關（構）、公立學校依聘用人員聘用條例、行政院暨所屬機關約僱人員僱用辦法或比照上

開法規自行訂定並報經上級機關核准之單行規章聘（僱）用之年資、軍事單位編制內軍聘、軍僱或義務役之年資。

2. 得按年核計加級至其所銓敘審定職等之年功俸最高級：經銓敘部銓敘審定有案之年資、公營事業機構具公務員身分之年資、依法令任官有案之軍職年資、公立學校之教育人員年資、公立訓練機構職業訓練師、曾任政務人員、民選首長、公立專科以上學校教師、公立社會教育機構專業人員及公立學術研究機構研究人員年資，並繳有成績優良證明文件。

(三) 降敘（俸給 §§20、23）

1. 基於俸級法律保障，經銓敘部銓敘審定之等級，非依俸給法、公務員懲戒法及其他法律之規定，不得降敘。
2. 降級人員，改敘所降之俸級，如其在本職等內無級可降時，以應降級為準，比照俸差減俸。
3. 給與年功俸人員應降級者，應先就年功俸降級。

七、俸給計支

(一) 服務未滿整月者（俸給 §3）

　　除死亡當月之俸給，係按全月支給外，其餘係按實際在職日數覈實計支；其每日計發金額，以當月全月俸給總額除以該月全月之日數計算。前者如某甲於民國 109 年 8 月 1 日 12 時過世，因該月俸給已發給，其家屬無須繳還，後者如某乙及某丙分別於民國 109 年 6 月及 7 月之 15 日報到，則該月全月之日數分別為三十天及三十一天。

(二) 照常支給情形（俸給細 §17）

　　包含按規定日期給假、因公出差、奉調受訓及奉派進修考察等四種情形。

(三) 特定期間（俸給 §21）

1. 停職期間：

(1) 依法停職人員：得發給半數之本俸（年功俸），至其復職、撤職、休職、免職或辭職時為止。此係考量公務人員因違法失職依法停職，於停職期間仍具公務人員身分，在未受刑事判決或懲戒處分前，理應為無罪之推定，仍應照顧其基本生活，且公務人員涉及違法失職之程度有別，依法停職之態樣眾多，爰由各機關首長本於職權，依個案實際情形審慎衡酌其停職原因及相關情事後，決定是否發給其半數之本俸（年功俸）。

(2) 復職人員：補發停職期間之本俸（年功俸），在停職期間領有半數之本俸（年功俸）者，應於補發時扣除之。

(3) 先予復職人員：應俟刑事判決確定未受徒刑之執行；或經移付懲戒，須未受撤職、休職之懲戒處分者，始得補發停職期間未發之本俸（年功俸）。

(4) 停職、復職、先予復職人員死亡者：得補發停職期間未發之本俸（年功俸），並由依法得領受撫卹金之人具領之。

2. 失蹤期間，在未確定死亡前，應發給全數之本俸（年功俸）。

(四) 曠職或請事假超過規定日數之俸給計支（俸給 §22）

　　按俸給法第 3 條第 2 項計算方式，扣除其曠職或超過規定事假日數之俸給。

八、公務人員加給制度

　　公務人員加給之給與係依俸給法第 18 條規定訂定之加給辦法辦理，說明如下：

(一) 衡量因素（加給辦法 §4）

1. 職務加給：主管職務、職責繁重或工作危險程度。
2. 技術或專業加給：職務之技術或專業程度、繁簡難易、所需資格條件及人力市場供需狀況。
3. 地域加給：服務處所之地理環境、交通狀況、艱苦程度及經濟條件。

(二) 支給標準 (加給辦法 §5)

　　職務加給、技術或專業加給，除權理人員依權理之職務所列最低職等支給及銓敘審定職等高於所任職務所列最高職等者，其職務加給依所任職務所列最高職等支給外，其餘均依其銓敘審定職等支給。

(三) 主管職務加給之支給

1. 專任 (加給辦法 §9)

(1) 各機關組織法規規定並實際負領導責任之主管人員，或組織法規以外之其他法律規定應置專責承辦業務人員並授權訂定組織規程，其擔任組織規程內所列主管職務，並實際負領導責任之主管人員。

(2) 在加給辦法發布施行前，各機關組織法規未規定，但經行政院核定支給有案之職務。如在該辦法發布施行後，純係各機關首長命令指派或權責機關核准成立任務編組之主管職務，不得支領主管職務加給。

2. 兼任 (加給辦法 §10)

(1) 經權責機關依法令規定核派兼任機關組織法規規定之主管職務，在不重領、不兼領之原則下支給兼任主管職務加給。

(2) 兼任之主管職務如列有官等、職等者，其主管職務加給應在該兼任主管職務列等範圍內依本職銓敘審定職等支給。但本職所銓敘審定之職等高於或低於該主管職務列等範圍時，應依該主管職務之最高或最低職等支給。

(3) 兼任之主管職務未列有官等、職等者，按相當職務之職等比照前款規定辦理。

(四) 簡任非主管比照主管職務之職務加給如何支給 (加給辦法 §9)

　　簡任（派）非主管人員職責繁重，得由機關首長衡酌職責程度，比照主管職務核給職務加給，並在其職務列等範圍內按銓敘審定職等支給。至其支給人數扣除兼任或代理主管職務之簡任（派）非主管人數後，不得超過該機關簡任（派）非主管人員預算員額二分之一。但機關簡任（派）非主管人員預算員額僅 1 人，且職責繁重經機關首長核准者，不在此限。如機關有簡任非主管 17 人，其中 1 人兼法規會執行秘書依規定得支領主管職務加給需先排除，該機關

可支領人數為8人（17/2），再加上執行秘書，合計有9人可領前開職務加給。

(五) 代理期間之加給支給（加給辦法 §12）

1. 各機關現職人員經權責機關依法令規定核派代理職務（包括依規定日期給假期間或因公出差期間核派代理之職務、留職停薪或出缺之職務、失蹤或停職之職務、帶職帶薪於國內外訓練、進修、考察依規定給假期間核派代理之職務）連續十個工作日以上者，其加給之給與，在不重領、不兼領原則下，自實際代理之日起，依代理職務之職等支給。
2. 如所代理之職務列等列為跨等者，依所定最低職等支給。但代理人銓敘審定之職等已超過被代理之職務最低職等者，在職務列等範圍內，依代理人銓敘審定職等支給；超過被代理之職務最高職等者，依所定最高職等支給。
3. 前開所稱連續十個工作日，指扣除例假日後，連續出勤合計達十個工作日。但職務代理人例假日因公出差、業務輪值出勤或奉派加班，如係執行被代理人職務上之業務，得併計工作日；職務代理人奉准給假期間視為代理連續，但不予計入工作日。

九、變動薪（其他給與）

　　除少數具有法律依據或法律授權依據，主要係依「全國軍公教員工待遇支給要點」第7點規定，由各機關學校專案報經行政院核定後實施。至於為何係以行政規則規範，而無法律保留之原因歸納有二（葉俊麟，2013：31）：
(一) 前開給與項目多係行政部門為遂行與人民權益有關之重大政策所採取之領導統御措施，屬行政管理權限，且該等給付行政措施並非涉及公共利益之重大事項及限制或剝奪公務人員之權利者，非有以法律訂定之必要。
(二) 前開給與項目有肆應環境變化並依政府財政負擔狀況彈性調整特性，如納入法律規範，恐因修法過程繁複費時，而有不及因應環境變遷及實際需要之情形，故以行政規則為之。

第三節　相關重要議題解析

　　鑑於待遇是人力資源管理策略的核心要素之一，如何健全公務人員待遇制度一直是學界及行政部門努力的課題，以下從「今年軍公教員工調薪嗎？」、「都是從事相似工作之同職等公務人員，為什麼有人領的比較多？」、「公務人員支領的獎金費用真如外界所言都沒有法律依據嗎？」，以及「公部門是不是吃大鍋飯？」等四則相關報導，就公務人員待遇衍生之相關重要議題進行探討，希望有助揭開我國公部門待遇管理的神祕面紗，並期盼讀者日後對公部門待遇相關議題能有更深層的思考。

壹、今年軍公教員工調薪嗎（待遇調整機制之探討）？

一、報載資料

　　賴清德表示，行政院經過審慎評估討論後，決定為軍公教加薪3%，是想帶動民間企業響應提高薪資、促進消費與經濟發展，並鼓舞軍公教士氣，讓推動施政更加順暢。

　　賴清德說，今天在院會中，他也特別要求各部會首長，政府在服務績效上一定要提升，做好績效管考，相信可以更進一步獲得民眾支持。

　　賴清德說，外界有人擔心物價是否會因加薪而上漲，初估軍公教加薪會讓消費者物價指數（CPI）年增提高 0.04%，如果民間企業全體響應，將增加 0.28%，共增加 0.32%；加上近年平均每年物價指數增加 0.76%，全年約增加 1.08%，「物價尚稱溫和（指平穩）」。

　　行政院主計總處主計長朱澤民表示，這次調薪，中央與地方軍公教人員，包括約聘人員，總計 115 萬人受惠，中央與地方各級政府

支出共 240 億元。[1]

　　行政院今年初起爲公務員加薪 3%，帶動私人企業加薪效果顯現，行政院長賴清德今（9）日說，根據主計總處調查，約有 50% 私人企業跟進加薪，非常感激他們的響應。[2]

二、說明

　　軍公教員工待遇調整因牽涉到政府預算、物價指數及民間企業員工薪資，且具有高度政治敏感性，一直是各界關注的議題，特就我國公教員工待遇調整機制說明如下：

(一) 何謂待遇調整

　　待遇調整有廣狹二義，廣義待遇調整係泛指公務人員待遇所得之變動，包括因年資或績效而晉升職等之加薪，因懲處而減薪等個人因素而導致待遇增減均屬之；狹義待遇調整係專指公務人員每年全面性待遇調整（林文燦，2009：271）。又所謂全面性待遇調整，依目前實務運作主要係指俸給調整。

(二) 待遇調整機制

　　軍公教員工待遇調整所需考量之因素眾多，且涉及全國總資源之分配及政府財政之支應能力，屬高度政策性之議題，我國目前係綜合衡量「民間企業薪資水準」、「物價指數變動情形」、「平均每人國民所得」、「經濟成長率」與「政府財政負擔」等相關因素，以及其他國家公務人員俸給調整情形審慎評估後，再由相關政府機關代表及產、學界之學者專家共同組成之「軍公教員工待遇審議委員會」審議後提出建議，並由行政院人事行政總處（以下簡稱人事

---

[1] 顧荃，2017，〈軍公教加薪 賴揆：物價指數僅漲0.04%〉，《中央通訊社》，https://www.cna.com.tw/news/firstnews/201709140143.aspx（檢索日期：2020/8/16）。

[2] 張語羚、王英豪，2018，〈公務員加薪3%效應顯現 賴揆：50%私人企業跟進〉，《工商時報》，https://www.chinatimes.com/realtimenews/20180509001948-260407?chdtv（檢索日期：2020/8/16）。

總處）簽陳行政院決定下年度軍公教員工待遇是否調整，所以我國軍公教員工待遇調整機制具備實質面及程序面的制度設計。

(三) 歷來待遇調整幅度

依人事總處資料，[3]民國88年以前軍公教員工幾乎年年加薪，不過民國90年加薪3%以後，僅民國94年、100年及107年分別加薪3%，民國111年則加薪4%。另行政院於112年6月1日宣布核定113年軍公教員工調薪4%。[4]而民國86年至112年，調薪計有不調或調3%與4%等三種方式，截至民國112年為止，二十多年來，共調了七次3%，民國94年以後輿論更有「調薪總在選舉前、選舉後總是不調薪」的臆測。

(四) 問題分析

目前各國公部門待遇調整制度可大致區分為團體協商及待遇主管機關專業主導等二種類型。前者是歐洲統合主義下之產物，較重視正當民主程序；後者較側重專業決定（高明德，2007：34；林文燦，2009：251-254）。我國公部門待遇調整，歷來向係由行政院配合全國總資源分配狀況及政府預算支應能力等，本整體衡平原則通盤訂定，故係採後者之方式辦理，但該調整機制簡單來說存在以下問題：

1. 實質面：因研議或調整時未能將前述參考指標影響調薪比例之因素予以數據化，迭遭外界質疑調整待遇過程不夠客觀具體。
2. 程序面：前開待遇審議委員會委員以機關代表為大宗，專家學者僅四人，且無公務人員代表，[5]易使外界對於其是否能公正客觀產生疑慮。蔡良文

---

[3]　2022，〈我國歷年來軍公教人員待遇調整之幅度為何？〉，https://www.dgpa.gov.tw/information?uid=15&pid=4929（檢索日期：2023/8/4）。

[4]　2023，〈113年度軍公教員工待遇調整作業〉，https://www.ey.gov.tw/Page/448DE008087A1971/f7a0461b-9ab9-4d8c-864c-f7e035001aaf（檢索日期：2023/8/4）。

[5]　依行政院108年3月28日修正發布軍公教員工待遇審議委員會設置要點第3點第1項規定：「本委員會置召集人一人，由行政院人事行政總處人事長兼任；置副召集人二人，分別由銓敘部及行政院人事行政總處副首長兼任；另置委員十四人至十六人，其

（2007：19）亦認為會引起公務人員對待遇調整幅度不滿，甚至導致一般民眾誤認為公務人員待遇調整即將帶動物價上漲等後遺症。

貳、都是從事相似工作之同職等公務人員，為什麼有人領的比較多（專業加給決定程序）？

一、原行政院人事行政局民國 100 年 8 月 29 日新聞稿摘要

「保護性社工人員」因為從事兒少保護、家暴、性侵害防治、身心障礙保護及老人保護等工作，須全天待命，日夜辦理處遇事件，工作辛苦，所以提高其待遇〔專業加給由現行「公務人員專業加給表（一）」調高為「公務人員專業加給表（七）」〕，至於一般性社會工作人員則維持現在待遇，不調增。

二、說明

(一) 專業加給衡量因素及種類

依加給辦法第 4 條第 2 款規定，專業加給係衡酌各類人員職務之技術或專業程度、繁簡難易、所需資格條件及人力市場供需狀況等因素，訂定不同數額支給，但揆其建制過程，實係以當時各項工作補助費及專業補助費逕行整合設計，執行過程又難以祛除政治或策略性個案的衝撞，並鑑於公務人員專業加給表種類過多，為落實公平、彈性及績效待遇給與之宗旨，原行政院人事行政局擬具「公務人員專業加給簡併計畫」，初期將原 55 種公務人員專業加給，簡併至 29 種（表 24、表 27 再分為 2 種），民國 94 年再簡併為 25 種（表 4、表 21、表 22、表 25 停止適用）。

中四人聘請學者專家兼任，其餘委員由下列機關或其所屬機關簡任或相當簡任第十二職等以上主管人員聘兼之：……。」

(二) 問題分析

　　然而，目前公務人員專業加給表 25 種中各類人員專業性程度如何認定，迭受外界質疑，尤其每當公務人員待遇調整時，各類人員常會運用各種手段並舉出各種理由，要求提高其專業加給，易陷入會吵的小孩才有糖吃之迷思，外界甚至覺得整個加給制度是黑箱作業，蔡良文（2007：14）認為此種紛歧制使薪給造成之「不均」為文官俸給的最大弊端之一，許道然與林文燦（2019：173）認為某類專業加給的提高，往往是專業與政治（非專業性）考量的結果，作者認為或可稱為該專業加給表調增之政策之窗開啟，但各類人員迭有援比或以業務特性及羅致人才需要為由，競相要求支給較高標準之專業加給確是不爭的事實，正本之道似應回歸法制，即落實工作評價，確依加給辦法第 4 條第 2 款規定辦理，並儘速依該辦法第 7 條規定，由主管機關研訂各專業加給間之比值（相對係數）後定期檢視調整，以期提高政府規劃公務人員待遇時之行政管理效能，降低外界對公務人員待遇公平合理性之質疑。

參、公務人員支領的獎金費用真如外界所言都沒有法律依據嗎？（法定俸給以外其他給與項目未能依其性質決定其法制化型態）

一、監察院民國 107 年 4 月 12 日新聞稿摘要 [6]

　　監察院調查軍公教法定給與以外其他給與項目，部分欠缺明確法律依據等情案，行政院自民國 96 年推動法制化作業迄今仍未有具體進展，遷延過久，其中稅務獎勵金更造成外界質疑，影響政府形象；另現行加給制度中關於專業

---

[6]　2018，〈監察院調查軍公教法定給與……提出調查意見促請確實檢討改善〉，https://www.cy.gov.tw/News_Content.aspx?n=124&sms=8912&s=12804（檢索日期：2020/8/20）。

加給、警勤加給、常設性任務編組主管加給、地域加給等亦迭有爭議，監察院提出調查意見促請確實檢討改善。

二、說明

(一) 緣起

　　目前公務人員法定給與以外其他給與項目（以下簡稱其他給與項目），主要係依「全國軍公教員工待遇支給要點」第7點規定，報經行政院核定後實施，因該支給要點為行政規則，立法院及審計機關近年亦一再質疑此等給與之核發缺乏法律授權依據（按：精確來說應為法制化位階尚待提升），立法院並於審查民國102年中央政府總預算案作成決議略以，要求人事總處對於各機關支領類此未法制化之預算項目，應秉於職權嚴加督促相關機關檢討，並提出相關改革方案（葉俊麟，2016b：20-21）。

(二) 人事總處處理方式

　　為通盤檢討其他給與項目之適當性、合理性，並妥適處理其法制化型態，人事總處參考民國102年委託國立臺北大學陳愛娥教授進行「軍公教人員俸給以外其他給與法制化型態之研究」，[7]擬具「軍公教人員法定給與以外其他給與項目法制化推動計畫」，嗣經行政院民國103年4月1日函轉各主管機關，人事總處並按該計畫於民國105年12月31日前完成相關給與項目之審查作業，除就給與項目之適當性及合理性評估外，另就擬存續給與項目之法制化型態決定處理原則如表7-3-1，並建立所有給與項目檢討機制。

(三) 問題分析

　　從上述可知，目前其他給與項目在相關法律位階規範尚未完備前，多係

7　該研究就我國現況從學理上進行分析，並蒐集德國、美國及日本等三國政府機關之給與法制事項，歸納德國係採較嚴格之法律保留原則，日本採「給與法定主義」，美國則採較為彈性的薪酬制度，惟三國公務人員之薪酬均較我國有高密度之法律授權。

表 7-3-1　給與項目處理原則一覽表

給與項目性質	項目名稱	處理原則
獎金型態之給付	如醫療獎勵金。	應以法律或法律明確授權為依據。
本職工作衍生之給付	如公共職業訓練機構導師費。	
與本職無涉之工作給付（執行本職工作以外之給付）	如各機關（構）學校兼任醫師應診費。	得以行政規則規範。
具補充性質之給付	如護理人員夜班費。	
具有期限性之給付	如公務獸醫師執行小型畜牧場偶蹄類動物疫苗注射工作之注射酬勞費。	

資料來源：修改自葉俊麟（2016b：23）。

透過法規命令或行政規則確立管理規範，但有關獎金型態之給付及本職工作衍生之給付，人事總處原擬以「公務人員基準法」（草案）作為法律授權依據之規劃，因該草案主管機關銓敘部現階段已改以修正公務員服務法替代致難以執行，所以人事總處或應思考就目前待遇制度所遇到的問題（含待遇調整）採制定專法方式處理，方能走完前開推動計畫所做系統化檢討之最後一哩路，有效化解立法院及審計機關長期存在的疑慮。

肆、公部門是不是吃大鍋飯（策略性待遇[8]之探討）

一、報導摘要

　　政府公部門總給人吃大鍋飯印象，不問個別員工貢獻，齊頭式平等經常拖垮行政效率，因此，清潔隊員「獎金制度」，本來就應該依能力、貢獻給予不同獎勵，環保局願意堅持理想、建立制度，外

---

[8] 策略性待遇，係指組織依所定策略，透過適切的待遇組合方式，結合其他人力資源管理職能，使組織的策略目標及與員工行為得以有效連結之待遇設計（葉俊麟，2016a：9-10）。

界應該給予肯定，惟有提出更嚴謹的獎金分級制度，這才符合公平正義。

環保局發放清潔人員獎金，因外勤人員 7,000 元與駕駛 8,000 元不同金額，引發基層清潔人員不滿，但清潔人員工作量差異頗大，除鄉下、都會區垃圾量差異外，處理的垃圾不同，辛苦程度也不同，怎能全部齊頭平等，統統發給定額獎金？

清潔隊工作繁雜，回收廚餘工作最乏人問津，另資源回收車隨車人員，不僅要在短時間分類垃圾，且幾乎全程站在車斗，暈車伴隨體力流失，不少隊員寧抗調，就是不想做這些「屎缺」。[9]

二、說明

(一) 俸給制度設計意旨

上開報導雖係談論清潔人員獎金，但應以績效為考量之獎金實務上都有可能按月固定發給，遑論屬固定薪的俸給，事實上以公務人員俸給法為基本架構的我國公務人員待遇制度，係以「公平」為主要追求的待遇價值（林文燦、曾惠絹，2007：43），因為本俸（年功俸）為身分性給與，基本上隨年資而逐年晉級；加給屬工作性給與，主要係以職等高低決定支給數額，落實同工同酬。陳焜元（2013：17-19）認為當前公部門員工的待遇調整與規劃，存在「重形式公平，輕實質績效的設計邏輯」，以及「結構失衡，責酬不稱」的問題，亟待行政部門積極處理。

(二) 問題分析

一般公務人員加計一點五個月年終工作獎金、一個月考績獎金及半個月的未休假加班費及休假補助後，年薪推估約為十五個月的俸給，所以固定薪與變動薪的比率是 4：1，由於變動薪比率偏低，且多數人均可領到一點五個月的

---

9 葉德正，2017，〈新聞透視－齊頭式平等 不是平等〉，《中國時報》，https://www.chinatimes.com/newspapers/20171012000419-260107?chdtv（檢索日期：2020/8/16）。

年終工作獎金及半個月的考績獎金，加上俸給制度設計意旨是追求公平，重視同工同酬，難免外界認為公部門就是吃大鍋飯，但為提升政府組織績效，公部門當使待遇管理成為支持組織變革的工具，方能有助組織願景及策略之達成，所以主政者需因應環境變化，根據所擬定的願景及發展策略決定之適切待遇組合，更要與其他人力資源管理職能如考核、升遷結合，方能有效誘發強化員工產生機關意欲的行為。

第四節　結語：制度意涵與展望

壹、待遇管理的重要性

蔡良文（2007）指出公務人員服務國家，政府給與服務酬勞以維持其生活，是為俸給。在公共人力資源管理上，俸給（待遇）問題頗為複雜，不僅在公務機關可能發生激勵作用，亦可能引起誤解與衝突，即使在私人企業亦復如是。

首先，就政府部門而言，公部門待遇具有管理、社會、經濟、政治，以及倫理等多元的價值內涵。在管理意涵方面，理想的待遇制度能夠有效激勵員工的士氣，進而提升政府的整體績效；在社會意涵方面，合理的待遇給與可以讓員工享有適當的社會地位，並且維持社會的公平性；在經濟意涵方面，合宜的待遇制度不僅能夠維持員工實質的生活水準，亦可調控政府的主要消費性支出；在政治意涵方面，公部門的待遇政策實蘊含決策者對有限資源、價值的權威性分配；在倫理意涵方面，公部門待遇制度和政策之良窳，將影響到公共預算配置的妥當與否，是否具有吸引和延攬適格優秀人才的條件，能否將待遇成本之消費性支出轉化為生產性支出，乃至間接影響到政府的施政品質（林文燦，2004）。

其次，就私人企業而言，薪資管理的重要性彰顯於三個面向：員工個人、組織，以及社會安全與經濟發展。對一般受薪階級而言，薪酬是其賴以為生的主要憑藉，亦可享受較高的物質生活水準；然而對組織而言，薪資的支出代表

的是營運的成本，因此特別對於勞力密集的企業而言，薪資控管變成為企業營運的重要課題；就社會安全與經濟發展的角度而言，具有保障的薪資可以讓人民安分守己，社會才得以安定（溫金豐等，2020）。

事實上，當前我國公私部門在薪資待遇制度上的設計與結構差異甚大，一般來說公部門較為固定與保守穩定，私部門的彈性與變化性較大，也較能回應當時組織所處環境與營運狀況。面對這樣的差異，如何使公部門的薪資待遇能有效彰顯其重要性與功能，對此施能傑（1995）主張，須以策略薪資觀點來探討我國行政機關的待遇政策。而所謂策略薪資觀點，是指公務人員待遇制度建立及其發展，至少能夠滿足以下三項目的：其一，行政機關所提供之待遇，必須能夠延攬並留用優秀的人才；其二，待遇制度必須更具彈性化，以回應行政機關內、外環境的急遽變遷；其三，公務人員的待遇必須更具績效精神，除了落實依個人實際工作績效給薪之原則，更進一步促使待遇制度成為單位和機關整體績效成長的策略性管理工具。

貳、現行制度缺失

待遇（pay）係指「組織對員工所提供勞務之對價給付」；在我國，公務人員待遇，通常是指「公務人員月支（定期）之本俸、年功俸、專業或技術加給、職務加給及地域加給等項目外，尚包括考績獎金、考績獎金及年終工作獎金等；某些機關特有之工程獎金、營運獎金等獎勵措施」（林文燦，2009）。

對此，蔡良文（2006）認為我國公務人員俸給制度應簡化類型、並予合理化與法制化（尤其是加給部分），同時強調專業加給的公平性；此外「只加不減」的俸給政策、「有福大家享」的考績獎金制度，成為公開化的分贓條款，亦未能建立績效導向的俸給政策。俸給待遇公平與業務需要之間調和的困境等問題，亟待考試院與行政院共同解決，亦需要學界提供良方，以資建立良善、激勵的俸給政策與制度（許南雄，1993；丘昌泰，1998）。此外，施能傑（1994）亦從學術的觀點曾指出，我國公務人員俸給制度的問題包括：

一、實質俸給水準不斷增加，但俸給滿意度並未因而增加。

二、俸給仍具激勵功能，但是必須以高調薪幅度才能達成。

三、俸給政策的內在、外在和個人衡平性均不足。

四、俸給程序公平性欠缺。

五、俸給制度設計不符合工作俸給制的理論要義。

　　再者，劉坤億、張育哲（2009）曾利用文獻分析、問卷調查與深度訪談等方法，針對我國公務人員待遇制度改進方向進行實證性的調查研究，當中發現：一、現行待遇政策過於保守並缺乏策略思考；二、績效評核的客觀及公正性是績效待遇制度能否成功的關鍵；三、加給制度須儘速通盤檢討改進；四、待遇調整機制有必要進行合理改革；以及五、有必要儘速研擬高階文官適用之獨立俸表。同時，許道然、林文燦（2019）亦指出，我國現行公務人員制度實質上仍是以職位分類制為主體，因此當強調職等與員工待遇緊密相關時，卻也造成過分強化同工同酬的內在公平，削弱工作外在公平與個人公平的待遇考量，以及限制績效與市場決定基本薪資的可能性（曾惠絹，2006）。

　　誠如蔡良文（2007）所言：我國公務人員俸給體制的缺失，過去源自於政治環境的特殊，亦來自於法制、俸給政策與俸給管理的缺失，俸給體制所承受的包袱壓力已重，待遇調整的政策與管理又欲振乏力，欲期公務人員俸給制健全，並不容易。因此，可行改善方向包括：積極注入變動性的績效獎金制度，精確界定公務人力供需與人事預算，適切調整俸給待遇結構，並予法制化，強化引進組織團體績效與個人績效配合，以及彈性俸給給與，才可能改造整個俸給體制，吸納優秀人才進入政府體系服務。

參、改進方向與建議

　　回顧我國公務人員待遇制度之興革歷程，例如行政院曾於民國 62 年提出「公務人員待遇改進方案」、民國 69 年又提出「公務人員繼續改善待遇方案」，以及民國 79 年再策訂「改進公務人員待遇結構方案」。綜觀上述歷次興革方案，均有強化我國公務人員待遇制度化、標準化及合理化之功能（劉坤億、張育哲，2009）。然而，任何制度的設立都有其時代背景與優劣缺失，當前公務人員俸給法為我國公務人員待遇制度基本架構，當中係以「公平」為主要追求的待遇價值，因此如何改革過度偏重內在一致性的結構設計，亦成為無

法規避的課題。事實上，任何一個組織的待遇制度都是由許多策略性決定所構成，任何單一待遇方案，絕對不適用於所有組織之中，每一個組織都必須設計出一套匹配本身所處情境的待遇制度。據此提出以下建議：

一、俸給結構設計面

(一) 俸給結構彈性調整

綜觀我國公務人員待遇制度，本俸（年功俸）為身分性給與，基本上隨年資而逐年晉級；加給屬工作性給與，主要係以職等高低決定支給數額，落實同工同酬，以固定薪性質呈現（林文燦、曾惠絹，2006；2007）。實務上，僵化的俸表結構設計，已經產生不少的問題，例如：俸級重疊與跳空、有效級數、本俸與年功俸的區分意義，以及專業加給的爭議。因此，若不在變動現在俸表結構下，可以透過「折算俸額標準，必要時得按俸點分段訂定之」的彈性規定，提高中高階公務人員俸點折算標準，藉以延攬、留用中高階公務人員（許道然、林文燦，2019）。

(二) 績效待遇制度的導入

從經濟合作發展組織國家待遇制度的改革方向來看，其核心的理念是將傳統官僚組織所採用以年資為基礎的職等和固定的俸級結構，改變成為納入績效因素的俸給寬帶（broad pay band），然後再進一步採用更為個人化的績效薪俸制（Murlis, 1993；彭錦鵬，2003；林文燦、曾惠絹，2007）。對此，蔡良文（2007）指出在俸給制度中，若以個人績效為著眼點，即係指功績俸給，強調業務績效獎金或以同工同酬及論件計酬之獎金俸給制；若重視以組織團體績效為著眼，即係強調業務成本節省分享制，或強調創造利潤以共同分享制之獎金俸給制。因此，整體績效俸給（pay-for-performance）制度，是一種考量兩者併重的設計（彭錦鵬，2003）。

因此，此種績效待遇制度（performance-related pay），主要是私部門為因應激烈的競爭環境，提高企業生產力，在待遇制度上一向強調績效與待遇的高度連結，具體方法包含利潤分享、員工認購股份等（Blinder, 1990; Risher,

1998）。公部門師法私部門績效待遇制度，雖在理念上頗具吸引力，實務上貶多於褒（OECD, 1997），執行上亦是毀譽參半（江岷欽等，2001）。對此，我國行政院亦於民國 91 年試辦「行政院所屬各級行政機關績效獎金實施計畫」，各機關自訂績效獎金發給規定，以落實授權與員工參與之民主精神，在不增加經費的情況下，對原核定之預算人事費進行合理與有效之重分配（陳姿蓉，2000；林文燦，2001）。雖然此計畫存在許多爭議與討論，隨後宣布終止試辦，但是此舉為僵化的公務人員待遇制度導入績效管理的精神與制度動能，亦有相關研究建議再次重啟此類強調績效獎金制度（劉坤億、張育哲，2009）。

二、俸給調整制度化與法制化

(一) 提升法制位階

待遇調整可謂是「俸給彈性管理」之一環，主要係回應外在（私部門）俸給水準、社會經濟生活之變遷。我國公部門年度待遇全面調整係由行政院依據「全國軍公教員工待遇支給要點」辦理，並且於民國 88 年 4 月成立由產、官、學界代表所組成的「軍公教員工待遇審議委員會」，審議軍公教員工待遇調整方案，期使待遇調整更為客觀化、制度化與透明化（朱武獻，2001）。然而，待遇調整仍亟需與其他相關人事法制配合，全面推動法制化之工作（錢士中，2000）。待遇的調整攸關所有公務人員的重要權益，如何運作標準化與具有合理調整程序，審議委員會的組成與設計是為關鍵，不宜以「設置要點」為之，建議於法律中做明文規定與授權。

(二) 明確調整因素與指標

現行在待遇調整依據原則方面，行政院所考量之因素大致仿效各國情形，包含平均每人國民所得、家庭收支狀況、民間企業薪資水準、經濟成長率及消費者物價指數等變動情形（陳榮順，1994）。然而，陳素桂（2016）指出，公務人員待遇調整幅度，實際上並沒有真正考量到民間薪資水準（工業及服務業）、消費者物價指數與上一年比較變動情形、平均每人 GDP、經濟成

長率等因素；同時在調整過程中雖然消費者物價指數與上一年比較變動情形，有顯著關聯性且呈正相關，但是解釋力卻不強。因此，就公私部門薪資的相互影響關係上，該項研究發現除失業率及基本工資外，私部門薪資對公部門並無影響力，而且公部門待遇調整對私部門薪資稍有影響但是並不高。因此，若想要以私部門薪資影響公部門待遇，實際上要依各經濟指標、國民所得及政府財政等相關因素，作為公務人員待遇調整之指標變項。

(三) 加入公務人員代表參與協商

蔡良文（2007）指出過去公務人員對待遇問題之意見，僅能以投書表達，此與歐美各國有公務人員團體代表參與協商待遇情形不同。由上節可知，我國現行公務人員待遇調整制度，係屬待遇主管機關專業主導之類型，由於我國待遇決策過程中，缺乏公務人員代表與專家學者參與，易引起公務人員對待遇調整幅度不滿，以及導致一般民眾誤認為公務人員待遇調整即將帶動物價上漲等後遺症。因此，為健全待遇調整決策過程，似宜再設立公務人員俸給調整研議委員會，其成員包括政府代表、公務人員代表及社會公正人士，專責俸給調查研究工作，以期我國俸給調整過程更為客觀合理化。據此，許道然、林文燦（2019）也提出類似建議，為落實公務人員協會俸給調整建議權，可將公務人員協會列入現行「軍公教員工待遇審議委員會」的成員。

三、落實績效考核，建立策略性待遇

長期以來我國對於施政績效管理制度、考績制度，或是各機關原依行政機關績效獎金，以及增進績效考評制度之公平合理，一直是政府部門重要討論之課題（林文燦、曾惠絹，2007）。事實上，建立一個有效的績效管理制度，忠實呈現員工的真正工作表現，才能給予合理適當的薪資待遇，因此當中的關鍵在於績效評估之過程應透明化與簡單明瞭；應及早訓練員工及主管，以使其瞭解制度如何運作；執行過程中應不斷地溝通，提供反饋的意見等，最後再給予正確與適當的工作報酬。

然而，政府部門採行策略性待遇，旨在適應環境的變遷並尋求績效和競爭力的提升，其策略思考和方案調整，均須與組織發展的各項策略進行校準

（alignment），以發揮有效的制度性誘因，對組織成員產生正向的激勵，以及促進組織目標之達成。據此，此一制度的策略性思考應該包括：達成員工內在一致公平性、促進具有外在市場薪資競爭力、合理反應員工的貢獻，以及有效機關薪資待遇管理等四個面向（劉坤億、張育哲，2009）。

參考文獻

江岷欽、丘昌泰、陳伯羽，2001，〈績效導向的薪給制度之研究〉，銓敘部委託研究計畫。

行政院人事行政局，1999，〈我國公務人員待遇制度的過去、現在及未來：兼論管制人事費的措施〉，行政院人事行政局。

行政院人事行政總處，2017a，〈韓國公務員待遇、獎金及福利制度〉，行政院人事行政總處出國報告書。

行政院人事行政總處，2017b，〈民間薪資調查及應用於公務人員待遇調整之考察〉，行政院人事行政總處出國報告書。

行政院研究發展考核委員會，1987，〈我國大專教師聘任及待遇制度之研究〉，行政院研究發展考核委員會。

林文燦，2001，〈行政機關績效獎金制度研訂始末〉，《人事月刊》，33（6）：33-46。

林文燦，2004，《行政部門待遇政策的策略研究》，國立政治大學公共行政學系博士論文。

林文燦，2009，《公部門待遇管理：策略、制度、績效》，元照。

林文燦、曾惠絹，2006，〈彈性導向待遇制度之研究〉，《人事月刊》，248：21-40。

林文燦、曾惠絹，2007，〈我國公部門待遇制度之省思—美國聯邦政府待遇改革經驗與啟示〉，《考銓季刊》，51：29-44。

施能傑，1994，《行政機關俸給政策：公平性理論的觀點》，洪葉文化。

施能傑，1995，〈績效俸給制度：概念理論與實踐理論的分析〉，《考銓季刊》，1：55-65。

洪國平，2008，〈公務人員俸給法制相關議題之探討〉，《國家菁英季刊》，4

（4）：185-205。

高明德，2007，〈公務人員待遇調整制度化—勞資關係觀點之借鏡〉，《人事月刊》，260：31-35。

許道然、林文燦，2019，《考銓制度》（修訂再版），國立空中大學。

陳姿蓉，2000，〈概述人事局研訂實施行政機關員工績效獎金制度之經過〉，《人事月刊》，31（6）：60-62。

陳素桂，2016，《公務人員待遇調整機制改革之探討》，東海大學公共事務碩士專班碩士論文。

陳焜元，2013，〈員工待遇規劃的挑戰與前瞻〉，《人事月刊》，335：16-20。

陳愛娥，2013，〈軍公教人員俸給以外其他給與法制化型態之研究〉，行政院人事行政總處委託研究。

陳榮順，1994，〈瑞士公務人員待遇制度概述〉，《人事月刊》，19（1）：26-29。

彭錦鵬，2003，〈英國公部門薪俸制度改革的經驗與探討〉，《政治科學論叢》，18：71-100。

曾惠絹，2006，〈公部門策略待遇之研究〉，行政院人事行政局薦送95年度公務人員出國專題研究報告。

馮惠平，2011，《公務員俸給制度的法理與實務探討》，世新大學法律學系碩士論文。

溫金豐、黃良志、黃家齊、廖文志，韓志翔，2019，《人力資源管理：基礎與應用》（第3版），華泰文化。

葉俊麟，2013，〈我國公部門獎金制度及其法制化型態之研析〉，《人事月刊》，335：28-37。

葉俊麟，2016a，《公立醫院醫療獎勵金制度及策略性待遇：臺大醫院及臺北市立聯合醫院之比較分析》，政治大學公共行政學系博士論文。

葉俊麟，2016b，〈析論我國公部門法定給與以外其他給與項目—法制化推動與展望〉，《人事月刊》，366：20-28。

趙其文，2004，〈公務員俸給問題面面觀〉，《公務人員月刊》，99：10-20。

劉坤億、張育哲，2009，〈我國公務人員待遇制度改進方案之研究〉，行政院人事行政局專案委託研究案。

歐育誠，2014，〈公務人員待遇制度：回顧與實務〉，《人事月刊》，345；22-32。

蔡良文，2006，《人事行政學—論現行考銓制度》，五南圖書。

蔡良文，2007，〈我國公務人員俸給與福利制度相關議題之分析〉，《考銓季刊》，51：10-28。

錢士中，2000，〈全面推動軍公教人員待遇法制化〉，《人事月刊》，31（3）：43-47。

Barry, G. 2000. *Compensation Strategy and Organizational Performance*. Jossey-Bass.

Bergmann, T. J. and Hills, F. S. 2000. *Compensation Decision Making*. Dryden Press.

Blinder, Alan S. 1990. *Paying for Productivity*. Brookings Institution.

Lawler, E. E. 1995. "The New Pay: A Strategic Approach." *Compensation & Benefits Review*, 27(4), 14-22.

Lewison, J. 2006. "The Work/Life Balance Sheet so Far." *Journal of Accountancy*, 202(2), 45-49.

Messmer, M. 2006. "Four Keys to Improved Staff Retention." *Strategic Finance*, 88(4), 13-14.

Milkovich, G.T. and Newman, J.M. 2005. *Compensation* (8th ed.). Irwin Mcgraw-Hill.

Murlis, Helen. 1993. "Reward Management Strategies?" In OECD ed., *Pay Flexibility in the Public Sector*. OECD.

Noe, R. A., Hollenbeck, J. R., Gerhart, B., Raymond A., and Wright, P. M. 2007. *Human Resource Management: Gaining a Competitive Advantage* (3rd ed.). McGraw-Hill College.

OECD. 1997. *Performance Pay Schemes for Public Sector Managers: An Evaluation of the Impacts*. OECD.

Risher, H. W. and Randow, C. E. 1998. *Public Sector Compensation: An Overview of Present Practices and Emerging Trends*. Americaion Compensation Association Press.

第八章　退休、資遣與撫卹

胡至沛、呂易芝

摘要

本章的主題在於分析與說明，公共人力資源當中的退休資遣與撫卹，共計
分爲四節：第一節，制度介紹與重要內容：此部分先說明退休與撫卹的概
念，以及此議題在我國當前的重要性與挑戰，此外比較分析我國公務機關
與一般企業在退休撫卹上的差異與做法，並且說明我國公私部門在退休撫
卹上的現況，最後分析先進國家的發展經驗。第二節，法制分析：此部
分介紹我國公務人員退休資遣撫卹法制的沿革及重要規範與制度之介紹，
並分析大法官釋字第782號解釋文之重點分析。第三節，實務案例介紹：
現行公務人員退休資遣撫卹法制度設計複雜，此節將透過重要實務案例
分析，讓讀者更瞭解制度設計的意涵以及公務人員退休所得與現職待遇比
較。第四節，結語：制度意涵與展望：說明退休金籌措類型與給付方式，
瞭解公私部門在此領域上的不同制度設計，並且分析我國當前持續推動相
關退休年金制度影響與衝擊，呈現國外先進國家的發展經驗，作爲未來改
進方向的參考。

第一節　基本概念

　　根據行政院國家發展委員會所進行的人口推估，我國早在民國 82 年已經
成爲高齡化社會，隨後於民國 107 年轉爲高齡社會，進而推估將於民國 115 年
邁入超高齡社會，預計在民國 151 年，每十人中大約有四位是 65 歲以上老年
人口，並且這四位中即有一位是 85 歲以上之超高齡老人；同時，國人的平均
餘命亦達到 84.87 歲，若以目前 65 歲退休算起，國人平均將有接近二十年的
退休生活。此種現象不但造成國內勞動人口與生產能力的下降，亦嚴重衝擊我

國社會福利與公私部門退休金制度，必須不斷大幅度的增加支出或進行改革調整。

壹、理論基礎

　　退休意味著年老，必須退離工作職場，因此當職工人口老化所衍生之問題，除了提供長期照護和相關身心保健之協助措施外，尚包括收入之維持；同樣的撫卹，也作撫恤，是組織、機構對於因公受傷或殘廢的人員，或因公殉職以及病故人員的家屬進行安慰並給予物質幫助。實務上，我國公部門在退休撫卹的制度相對比較完整，私人企業則主要採用勞工退休金條例、勞工保險條例，以及企業本身的相關規範。

　　首先，就私人企業而言，針對勞工的退休生活保障，世界銀行曾於 1994年首次提出所謂「三柱理論」型態的退休金（World Bank, 2005），並且於2005 年再度修正當中的內涵為五個層面：
一、零層或稱基層保障（zero or basic pillar）：為「非繳費型」的最低水平保障。
二、第一層保障（the first pillar）：採取「強制性」社會保險年金制度。
三、第二層保障（the second pillar）：為「強制性」的員工退休制度。
四、第三層保障（the third pillar）：採取「自願性」個人商業保險儲蓄制度。
五、第四層保障（the forth pillar）：附加的非正式「倫理性家庭供養制度」。
　　然而，對照世界銀行所建構架構，我國勞工退休生活保障，亦涉及三個主要層次（葉孟峰，2008），見圖 8-1-1：
一、第一層保障：強制納保採年金型態之「勞工保險老年給付」。
二、第二層保障：屬強制性，並且由雇主全額負擔之勞退新、舊制。
三、第三層保障：「得自由參加」的任意性部分。

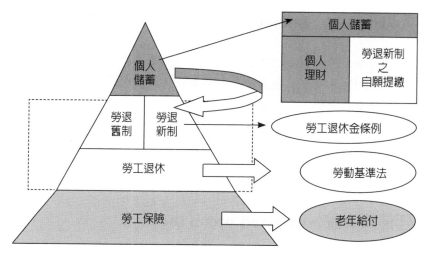

圖 8-1-1　我國勞工退休生活保障之層次

資料來源：葉孟峰（2008：121）。

　　其次，就公部門而言，如同司法院釋字第 717 號解釋文所闡述：「公教人員退休制度，目的在保障退休公教人員之生活條件與尊嚴，俾使其於在職時得以無後顧之憂，而戮力從公」。當中所涉及的理論，主要包括（徐有守，1991；葉長明，1995；柯木興，2013；朱月中，2014；許道然、林文燦，2019）：

一、人事機能說（personnel organism theory）

　　組織運作的持續，必須有人力的加入促進新陳代謝，當年老體弱不適宜繼續工作時，必須離開職場，建立良好退休制度，可使人力進退有據，維持組織機能。

二、功績報償說（merit gratuity theory）

　　公務員獻身公務，自有其功績，除在職時予以薪俸以養其身外，當其退離職位後，亦應酌予金錢實物以為報償。

三、人力折舊說（human depreciation theory）

　　基於經濟學上機會成本的概念，將人力資源物力化，將之視為廠房或機械設備等會耗損的生產要素，在計算生產成本時，經營者將其計入機會成本內，因此對於長期僱用之員工，因退休後收入能力的喪失，雇主應給予相當於充分折舊的退休金以為補償。退休制度建立，不但有助於被汰換之年老勞動者，於退出職場之際獲取補償金，或於老年時仍取得替代薪資，亦將有助於促進勞資關係和諧。

四、延付薪資說（deferred wages theory）

　　認為退休金本來就是薪資的一部分，區別僅在於支付時間不同而已，退休金亦屬於服勞務之對價，權利之取得與薪資無異。同時為了個人終生所得與消費需求的平衡，乃於在職服務時保留一部分薪資，待到其退休、殘廢或死亡時再行給付，所以退休給予是政府對公務人員所負擔的公法上金錢債務，不可視為人道贈與或服務賞金。

五、社會保險說（social insurance theory）

　　國家應提供其生活保障，並且透過社會保險方式為之，由勞動者和雇主共同分擔保險費用，成立基金運用保險經費，俟合於請領年齡時才按月支付老年退休金。

六、適當生活維持說（adequate living maintenance hypothesis）

　　認為員工於達到一定年齡及資格條件時所受領之退休年金金額，應足以維持其退休後之適當生活水準與相當消費能力，並且應維持與退休前相當「所得替代率」為準。

　　然而，綜觀各先進國家，對於公務人員的退休制度的設計與規劃，當前大多採用雇主與員工共同提撥退休金方式，並且結合社會保險年金架構，因此上述的「延付薪資說」與「社會保險說」，兩者學說較為受肯定與採用。

貳、重要性與挑戰

　　退休制度主要是基於強化人力新陳代謝、提高行政效能、安定老年生活等目的，據此所建立之制度。從人力資源管理角度而言，組織具有完善的退休制度，本質上是一種照顧員工物質與精神生活的福利措施，進而達到激勵與吸引員工願意留在組織內貢獻心力效果，因此它是一個重要的「留才」管理工具；另外，從公部門所從事的人事管理的角度而言，健全公務人員退休制度，可以促使政府部門擁有源源不絕之新血加入，為行政機關注入新的活力，使公務人員在職時得以專心工作，於其老年時由政府保障其經濟安全。

　　據此，對私人企業而言，退休制度的建立與設計，主要影響以下部分：

一、營運成本的估算

　　企業對於員工薪資給付考量因素，除了著重於員工對組織的貢獻程度及未來的發展潛力，同時需在未來不可預知的經營環境下，承擔持續累積的退休成本，若能明確掌握退休所負擔之費用，將有助於反應於員工薪資水準調整。

二、促進員工尋求生涯發展與勞動力流動

　　一個完善健全的退休制度，可以使得勞工在行、職業間的移動更形容易，勞動移動彈性亦呈增加，同時企業得以根據員工表現，經由彈性調整薪資（如調薪與否、變動調幅等）使得薪資彈性變大。換言之，員工可以依據個人的能力與屬性，選擇不同的職涯發展方向，並且不影響其退休保障，企業也因員工具體表現給予合理薪資與負擔其退休費用支出。

三、鼓勵中高齡就業

由於退休制度當中企業勞動成本一旦明確，企業不論僱用中高齡或其他年齡層勞工之退休金，當中所必須負擔的成本將更公開透明，促使中高齡勞工有公平就業機會，更能促進中高齡非勞動力人口投入勞動市場機率提升，對於鼓勵中高齡人口之就業有正面效果。

然而，公部門而言，公務人員的退休制度，並非僅有上述之表面意涵，尚有其內在意義之功能（朱月中，2014）：

一、促進新陳代謝

不僅可使資深之人員退離，亦可使新進、年輕之人員獲得較多晉用機會，如此方能促進政府機關之新陳代謝，保持生生不息之活力，當資深之勞動者有退離之管道，保障老年之生活（柯怡伶，2000）。

二、免除生活憂慮、澄清吏治道德

因為有健全退休制度之存在，現職之公務人員因為老年生活受保障，故無須為其煩憂，因而能戮力從公，有助澄清吏治，同時可以將全部的精力注入於工作當中。

三、建立永業制度、促進社會進步

公務人員之生活受到保障，此舉可使優秀之人員留任，促進人力之永業化，全力投入工作。

四、落實社會安全、避免社會風險

基於發揚互助精神，加強社會安全的理念制度公務人員在職時須參加保險

退休時領取養老給付，可提供公務人員老年的生活保障，無形中落實社會安全和退休時領取養老給付，避免社會風險的發生（郝鳳鳴，2008）。

事實上，公務人員退休制度保障的內容與項目，近年來成為政府管理者之難題，主要是因為保障若是過少，將置行政部門於危險之中，但是保障若是過多，則是可能造成廣大人民與勞工之間相互對立。因此，退休制度可以視為當前政府實施社會福利重要政策之一，其實施方式事關重要。

參、公私部門在退休撫卹上的做法與現況

不論是退休與撫卹，在私人企業管理上皆屬於經濟性福利措施（溫金豐等，2019），當中有關退休金部分，採用「勞動基準法」（舊制，同一家企業服務十五年以上，55歲或工作滿二十五年），或是「勞工退休金條例」（新制，可攜式換工作不怕年資重新起算）；撫卹部分企業主要採用勞工保險條例（§§62～65），以及企業本身的相關規範。根據勞動部勞動基金運用局（2019）所公布的年報，攸關企業員工退休的「勞工退休基金」，以及撫卹項目的「勞工保險基金」，其運作情況如下：
一、新制勞退基金：民國108年評價後收益為2,670億717萬元，收益率11.4477%，同時自民國94年至108年度運用淨利益為6,015億4,995萬元。
二、舊制勞退基金：民國108年度評價後收益為1,143億7,584萬元，收益率13.4742%，自民國76年至108年度運用淨利益為4,595億3,874萬元。
三、勞保基金：民國108年度評價後收益為898億959萬元，收益率13.3023%，民國84年至108年度運用淨利益為4,487億3,064萬元。

至於公務人員部分，在民國106年改革後，大致上可以分為二層的年金架構：第一層為強制性社會保險，也就是投保一次性給付的公務人員保險，以及第二層的職業退休金，由政府與當事人依照比例撥繳公務人員退休撫卹基金，並且依照所滿足的退休條件，得以選擇一次或按月請領。當前運作狀況如下：
一、公務人員保險：由臺灣銀行公教保險部承辦，根據民國108年所出版的《公教人員保險統計》，民國108年財務營運為：

(一) 收支：公教人員保險民國 108 年度總收入為 66,627 百萬元，總支出 21,269 百萬元，收支相抵計結餘 45,358 百萬元，結餘數全數轉為保險準備金；退休人員保險民國 108 年總收入 309 萬元，總支出 205 萬元，收支相抵結餘 104 萬元。

(二) 準備金：至民國 108 年底止，公教人員保險準備結餘為 341,472 百萬元；退休人員保險準備金主要運用項目為墊借國庫未撥補數，截至民國 108 年底止，退休人員保險準備結餘為 267 百萬元。

二、公務人員退休撫卹基金：依據公務人員退休撫卹基金管理委員會所公布的第 7 次精算報告（2019），若是以民國 106 年 12 月 31 日為精算基準日，四類身分別公務人員，以及五類政府各別基金提撥狀況，公、教、軍、政等四類人員之精算負債分別為 1 兆 3,246 億元、1 兆 2,370 億元、3,282 億元及 6.44 億元，全部精算負債合計 2 兆 8,905 億元。

肆、先進國家發展經驗

如同 OECD（2017）所指出，OECD 國家不應該等到下一次危機爆發時，才實施必要的改革，這樣是不足以應對日益增長人口老化的需求，以及老化人口所產生的風險與工作型態的改變。根據行政院國家發展委員會的推估，在民國 155 年臺灣就要步入超高齡社會，未來如果勞工保險破產，企業不願改善超低勞退提撥率，臺灣上千萬勞工的退休財源，將會出現問題。對此，外商企業韋萊韜悅（Willis Towers Watson）曾在 2019 年進行調查，發現在亞洲 13 個市場中，我國政府的法定強制退休金提撥比例，不僅比中國、新加坡和越南差，企業額外補充的退休辦法也是亞洲倒數，我國企業雇主除了法定退休金，額外為員工提供補充退休辦法的比例實際上不到二成。[1]

根據聯合國統計，目前全球共有 9% 人口，正位處退休年齡，而這個數字

---

[1] 盧沛樺，2019，〈【退休福利】請主動向老闆爭取！原來，外國老闆這樣幫員工存退休金〉，《天下雜誌》，684，https://www.cw.com.tw/article/5097306（檢索日期：2020/7/24）。

再過五十年，也就是 2070 年，將會暴增到 20%。對此，2019 年墨爾本美世全球退休金指數（Melbourne Mercer Global Pension Index），[2] 針對占全球三分之二人口的 37 個國家進行調查，並且根據 40 多項因素，進而評定各國的退休金制度。在該項評比當中，最重要的三大指標分別是：退休金的充足性、永續發展性，以及完善程度。據此，該報告亦指出，退休制度的改革是一個長期與持續的過程，這樣的改變主要來自於退休收入制度（retirement income systems）的改善，並且提出以下的建議（Mercer, 2019）：

一、提高請領年資的年紀或退休年齡，以滿足現在或對未來的生活期待，同時減少公共年金在財政上的支付成本。

二、提高中高齡勞工參與的比率，此舉將增加退休年金的資金存款，同時限制不斷增加的退休年數。

三、不論是否在年金體制內，政府必須鼓勵或需要提高私人退休資金存款，以減少未來對公共年金的依賴，亦可提升工作者本身對它的期待。

四、增加勞工在私人年金制度中的比例，並且要認知許多人在沒有強迫或自動扣繳的情況下，是不會對未來預做存款準備。

五、在退休之前盡可能減少退休金存款的耗損，確保基金得以確實保存，同時取得賦稅上的支援，以增加退休資金收入的來源。

六、不斷檢視各種公共退休年金的指標水準，確保年金的真實價值與取得平衡，得以長期與永續發展。

七、改善私人退休年金計畫的治理能力，引進更多的管理上的透明性，以提高參與年金計畫者的信任。

2　評比10大最佳退休金制度國家分別為：荷蘭、丹麥、澳洲、芬蘭、瑞典、挪威、新加坡、紐西蘭、加拿大、智利。

第二節　公務人員退休資遣撫卹制度介紹

壹、公務人員退撫制度之沿革

　　公務人員退撫制度之建立，自民國 32 年分別訂定公務員退休法及公務員撫卹法，有關公務人員退撫經費，係由政府逐年編列預算支應，公務人員無須提撥費用，屬恩給制（以下簡稱退撫舊制）。民國 48 年時將公務員退休法及公務員撫卹法修正名稱為公務人員退休法及公務人員撫卹法，另於民國 49 年起就一次退休金及民國 63 年發布退休公務人員公保養老給付金額優惠存款要點，將公務人員保險養老給付納入優惠存款範圍。

　　民國 70 年代後，由於公務人員薪資逐漸調高，依最後在職所得計算之退休金也跟著大幅稱加，加上政府優惠存款利息補貼額度，隨金融市場利率之持續走低而增加，均造成政府龐大的財務給付壓力。於是在民國 82 年 1 月 20 日修正「公務人員退休法」（84.7.1 施行），將過去的「恩給制」改為共同提撥之「儲金制」，並且由政府及公務人員共同成立公務人員退休撫卹基金，公務人員在職期間必須提撥薪俸之固定比率金額（本人分攤 35%、政府分攤 65%）進入退撫基金，以供退休時領取退休金（以下簡稱退撫新制）。退撫新制實施後，新制年資計算之退休金也不再適用 18% 優惠存款。

　　退撫新制設計之給付機制仍維持確定給付制，制度實施運作後，雖於民國 99 年時曾較大幅度修正公務人員退休法，例如：法定退撫費用提撥率提高為 15%，支領月退休金條件也由「75 制」變更為「85 制」、取消 55 歲退休加發 5 個基數退休金之優惠、從嚴規範退休再任及配偶支領月撫慰金年齡條件等規定。但隨著我國人口結構走向老年化及少子化、退休人數逐年累增及年輕世代負擔沉重等困境，造成政府及退撫基金財務支出壓力與日俱增，政府爰於民國 105 年 6 月再次推動年金改革，並於 106 年 8 月 9 日制定公布「公務人員退休資遣撫卹法」（以下簡稱退撫法，除第 8 條第 4 項及第 69 條自公布日施行外，其餘條文自民國 107 年 7 月 1 日施行），並於民國 111 年 1 月 19 日及 112 年 1 月 11 日兩度修正部分條文。

　　上開退撫法將退休、資遣和撫卹事項合併立法，並且採取提高提撥費

率，延後退休年齡，引進退休所得替代率及年資制度轉銜等規定，可謂我國公務人員退撫制度重大變革的一項法案。

另依退撫法第 93 條第 1 項規定，中華民國 112 年 7 月 1 日以後初任公務人員者，其退撫制度由主管機關重行建立，並另以法律定之。政府爰於 112 年 1 月 11 日制定公布「公務人員個人專戶制退休資遣撫卹法」（112.7.1 施行），因前開法律適用對象係 112 年 7 月 1 日以後初任公務人員者，目前適用人數不多，爰本節仍係以現行多數公務人員適用之退撫法作制度介紹。

貳、公務人員退撫制度介紹

現行退撫法分為六章，包含總則、退休、撫卹、退撫給與之支（發）給、保障及變更、年資制度轉銜及附則等，總計 95 條，以下針對重要之制度規定逐一介紹。

一、適用對象（§3）

退撫法適用對象係依公務人員任用法及其相關法律任用，並且經銓敘審定之人員，又除退撫法另有規定外（如第 51 條規定，公務人員於休職、停職或留職停薪期間死亡者，其遺族或服務機關得申辦撫卹），以現職人員為限。

二、財源（§§6、7）

(一) 退撫給與

包含退撫新舊制年資給與，屬退撫舊制年資部分，由各級政府編列預算支給；屬於退撫新制年資部分，由退撫基金支給。

(二) 退撫基金

由公務人員與政府共同按月撥繳退撫基金費用，並由政府負最後支付保證

責任，其費用計算如下：

1. 原則：按公務人員本（年功）俸（薪）額加 1 倍 12% 至 18% 之提撥費率，按月由政府撥繳 65%；公務人員繳付 35%。

2. 例外：依法令辦理育嬰留職停薪之年資，得選擇全額負擔並繼續繳付退撫基金費用。

三、退休制度

(一) 退休種類

　　區分為自願退休、屆齡退休及命令退休等三種。

1. 自願退休（§17）：包含一般、身心傷病或障礙、危勞降齡、具原住民身分及彈性自願退休等五種

(1) 一般自願退休，係公務人員有下列情形之一者，應准其自願退休：

A. 任職滿五年，年滿 60 歲。

B. 任職滿二十五年。

(2) 身心傷病或障礙自願退休，係公務人員任職滿十五年，有下列情形之一者，應准其自願退休：

A. 出具經中央衛生主管機關評鑑合格醫院（以下簡稱合格醫院）開立已達公教人員保險失能給付標準（以下簡稱公保失能給付標準）所訂半失能以上之證明，或經鑑定符合中央衛生主管機關所定身心障礙等級為重度以上等級。

B. 罹患末期之惡性腫瘤，或為安寧緩和醫療條例第 3 條第 2 款所稱之末期病人，並且繳有合格醫院出具之證明。

C. 領有權責機關核發之全民健康保險永久重大傷病證明，並且經服務機關認定不能從事本職工作，亦無法擔任其他相當工作。

D. 符合法定身心障礙資格，並且經依勞工保險條例第 54 條之 1 所定個別化專業評估機制，出具為終生無工作能力之證明。

(3) 危勞降齡自願退休，認定之程序與標準如下：

A. 擔任具有危險及勞力等特殊性質職務（以下簡稱危勞職務）者，由權責主

管機關就所屬相關機關相同職務之屬性，及其人力運用需要與現有人力狀況，統一檢討擬議酌減方案後，送銓敘部核備後施行。

B. 調降後之自願退休年齡不得低於 50 歲。

C. 危勞職務之認定標準，由考試院會同行政院另外訂定。

(4) 原住民公務人員自願退休，考量原住民平均餘命與全體國民平均餘命之差距調降自願退休年齡，但需定期檢討，說明如下：

A. 具原住民身分者，自願退休年齡降為 55 歲。

B. 配合原住民平均餘命與全體國民平均餘命差距之縮短，逐步提高自願退休年齡至 60 歲，並由銓敘部每五年檢討一次，報考試院核定。

(5) 彈性自願退休（§18）：公務人員配合機關裁撤、組織變更或業務緊縮，經服務機關依法令辦理精簡並符合下列情形之一者：

A. 任職滿二十年。

B. 任職滿十年而未滿二十年，且年滿 55 歲。

C. 任本職務最高職等年功俸最高級滿三年，且年滿 55 歲。

2. 屆齡退休（§19）：包含一般及危勞降齡屆齡退休二種

(1) 一般屆齡退休：公務人員任職滿五年，且年滿 65 歲者。

(2) 危勞降齡屆齡退休：調降後之屆齡退休年齡不得低於 55 歲，其認定程序及標準，與上述危勞降齡自願退休相同。

(3) 屆齡退休至遲生效日：

A. 於 1 月至 6 月間出生者，至遲為 7 月 16 日退休生效。

B. 於 7 月至 12 月間出生者，至遲為次年 1 月 16 日退休生效。

3. 命令退休（§§20、21）：包含一般及因公命令退休二種

(1) 一般命令退休，公務人員任職滿五年且有下列情事之一者，由服務機關主動申辦命令退休：

A. 未符合自願退休條件，並且受監護或輔助宣告尚未撤銷。

B. 有下列身心傷病或障礙情事之一，經服務機關出具其不能從事本職工作，亦無法擔任其他相當工作之證明：

　　a. 繳有合格醫院出具已達公保失能給付標準之半失能以上之證明，並且已依法領取失能給付，或經鑑定符合中央衛生主管機關所定身心障礙等級為重度以上等級之證明。

　　b. 罹患第三期以上之惡性腫瘤，並且繳有合格醫院出具之證明。

(2) 因公命令退休，經服務機關證明並經審定公務人員之身心傷病或障礙，確
　　與下列情事之一具有相當因果關係者，此種退休不受任職年資滿五年之限
　　制：

A. 於執行職務時，發生意外危險事故、遭受暴力事件或罹患疾病，以致傷病。

B. 於辦公場所、公差期間或因辦公、公差往返途中，發生意外危險事故，以
　　致傷病。但因公務人員本人之重大交通違規行為以致傷病者，不適用本規
　　定。

C. 於執行職務期間、辦公場所或因辦公、公差往返途中，猝發疾病，以致傷
　　病。

D. 戮力職務，積勞過度，以致傷病。

(二) 退休金種類與計算（§26）

　　　公務人員退休金區分為一次退休金、月退休金及兼領二分之一之一次退休
金與二分之一之月退休金。

1. 退休金計算基準及基數內涵（§27），依公務人員退休生效日之時間點區分如下

(1) 民國 107 年 6 月 30 日前退休生效者：

A. 退撫舊制年資之給與：一次退休金以最後在職同等級人員之本（年功）俸
　　（薪）額加新臺幣 930 元為基數內涵；月退休金以最後在職同等級人員之
　　本（年功）俸（薪）額為基數內涵，另十足發給新臺幣 930 元。

B. 退撫新制年資之給與：以最後在職同等級人員之本（年功）俸（薪）額加
　　1 倍為基數內涵。

(2) 民國 107 年 7 月 1 日後退休生效者：

A. 退撫舊制年資之給與：

　　a. 一次退休金：依表 8-2-1 所列退休年度適用之平均俸（薪）額，加新臺
　　　幣 930 元為基數內涵。

　　b. 月退休金：依表 8-2-1 所列退休年度適用之平均俸（薪）額為基數內涵；
　　　另十足發給新臺幣 930 元。

B. 退撫新制年資之給與：依附表一所列各年度平均俸（薪）額加 1 倍為基數

表 8-2-1　公務人員退休金計算基準

實施年度	退休金計算基準
民國 107.7.1～108.12.31	最後在職 5 年平均俸（薪）額
民國 109 年度	最後在職 6 年平均俸（薪）額
民國 110 年度	最後在職 7 年平均俸（薪）額
民國 111 年度	最後在職 8 年平均俸（薪）額
民國 112 年度	最後在職 9 年平均俸（薪）額
民國 113 年度	最後在職 10 年平均俸（薪）額
民國 114 年度	最後在職 11 年平均俸（薪）額
民國 115 年度	最後在職 12 年平均俸（薪）額
民國 116 年度	最後在職 13 年平均俸（薪）額
民國 117 年度	最後在職 14 年平均俸（薪）額
民國 118 年度以後	最後在職 15 年平均俸（薪）額

資料來源：摘錄自公務人員退休資遣撫卹法附表一。

內涵。

C. 特別保障規定：為避免計算公務人員退休金給與之基數內涵修正，造成現職公務人員搶著退休，特別規定民國 107 年 6 月 30 日以前已符合法定支領月退休金條件，但於民國 107 年 7 月 1 日以後才退休生效之公務人員，仍按最後在職等級計算退休給與。

2. 退休金給與標準（§§28、29）

(1) 具退撫舊制任職年資之退休金：

A. 一次退休金：任職滿五年者，給與 9 個基數；以後每增一年，加給 2 個基數；滿十五年後，另一次加發 2 個基數；最高總數以 61 個基數為限。其退休年資未滿一年之畸零月數，按畸零月數比率計給；未滿一個月者，以一個月計。

B. 月退休金：每任職一年，照基數內涵 5% 給與；未滿一年者，每一個月給與一千二百分之五；滿十五年後，每增一年給與 1%；最高以 90% 為限。其退休年資未滿一年之畸零月數，按畸零月數比率計給；未滿一個月者，以一個月計。

(2) 具退撫新制任職年資之退休金：

A. 一次退休金：按照任職年資，每任職一年，給與 1.5 個基數，最高三十五年，給與 53 個基數；退休審定總年資超過三十五年者，自第三十六年起，每增加一年，增給 1 個基數，最高給與 60 個基數。其退休年資未滿一年之畸零月數，按畸零月數比率計給；未滿一個月者，以一個月計。

B. 月退休金：按照任職年資，每任職一年，照基數內涵 2% 給與，最高三十五年，給與 70%；退休審定總年資超過三十五年者，自第三十六年起，每增一年，照基數內涵 1% 給與，最高給與 75%。其退休年資未滿一年之畸零月數，按畸零月數比率計給；未滿一個月者，以一個月計。

3. 擇（兼）領全額月退休金資格（§§30、31、33）

(1) 屆齡及命令退休：任職滿十五年以上。

(2) 自願退休：

A. 一般自願退休，公務人員任職滿十五年，符合下列月退休金起支年齡規定：

  a. 民國 109 年 12 月 31 日以前退休者，須符合年滿 60 歲，或任職年資滿三十年且年滿 55 歲。

  b. 民國 110 年退休者，應年滿 60 歲，其後每一年提高 1 歲，至民國 115 年 1 月 1 日以後為 65 歲。

B. 身心傷病或障礙：任職滿十五年，並且年滿 55 歲。

C. 危勞降齡：任職滿十五年，且年滿 55 歲者。

D. 具原住民身分：民國 109 年 12 月 31 日以前退休者，須符合任職滿二十五年，年滿 55 歲；民國 110 年後退休者，其後每一年提高 1 歲，至民國 115 年 1 月 1 日以後為 60 歲。

E. 精簡彈性退休：任職滿二十年者，並且年滿 60 歲。

F. 過渡規定，退休生效時符合下列年齡規定，並且可採計退休年資與實際年齡合計數大於或等於表 8-2-2 所定年度指標數：

  a. 民國 109 年 12 月 31 日以前退休者，應年滿 50 歲。

  b. 民國 110 年 1 月 1 日至民國 114 年 12 月 31 日退休者，應年滿 55 歲。

  c. 民國 115 年 1 月 1 日以後退休者，應年滿 60 歲。

表 8-2-2　公務人員自願退休人員年資與年齡合計法定指標數

適用期間	指標數
民國 100 年 1 月 1 日至 100 年 12 月 31 日	75
民國 101 年 1 月 1 日至 101 年 12 月 31 日	76
民國 102 年 1 月 1 日至 102 年 12 月 31 日	77
民國 103 年 1 月 1 日至 103 年 12 月 31 日	78
民國 104 年 1 月 1 日至 104 年 12 月 31 日	79
民國 105 年 1 月 1 日至 105 年 12 月 31 日	80
民國 106 年 1 月 1 日至 106 年 12 月 31 日	81
民國 107 年 1 月 1 日至 107 年 12 月 31 日	82
民國 108 年 1 月 1 日至 108 年 12 月 31 日	83
民國 109 年 1 月 1 日至 109 年 12 月 31 日	84
民國 110 年 1 月 1 日至 110 年 12 月 31 日	85
民國 111 年 1 月 1 日至 111 年 12 月 31 日	86
民國 112 年 1 月 1 日至 112 年 12 月 31 日	87
民國 113 年 1 月 1 日至 113 年 12 月 31 日	88
民國 114 年 1 月 1 日至 114 年 12 月 31 日	89
民國 115 年 1 月 1 日至 115 年 12 月 31 日	90
民國 116 年 1 月 1 日至 116 年 12 月 31 日	91
民國 117 年 1 月 1 日至 117 年 12 月 31 日	92
民國 118 年 1 月 1 日至 118 年 12 月 31 日	93
民國 119 年 1 月 1 日至 119 年 12 月 31 日	94

註記：本表所定過渡期間指標數之年齡，在民國 109 年以前退休者，須年滿 50 歲；民國 110 年 1 月 1 日至民國 114 年 12 月 31 日退休者，須年滿 55 歲；民國 115 年以後退休者，須年滿 60 歲。

資料來源：摘錄自公務人員退休資遣撫卹法附表二。

4. 展期及減額月退休金規定（§31Ⅳ、Ⅴ）

(1) 展期月退休金：先退休等到年滿月退休金起支年齡之日起，才開始領取全額月退休金。

(2) 減額月退休金：先退休並提前於年滿月退休金起支年齡前，開始領取月退

休金；每提前一年，減發 4%，最多得提前五年，減發 20%。

5. 退休所得調整：採取調降優惠存款利率及限制退休所得替代率兩措施

(1) 調降優惠存款利率（§36）：

A. 支領月退休金者，公保一次養老給付之優惠存款利率（以下簡稱優存利率），依下列規定辦理：

　　a. 自民國 107 年 7 月 1 日至民國 109 年 12 月 31 日止，年息 9%。

　　b. 自民國 110 年 1 月 1 日起，年息爲 0。

B. 支領一次退休金者，一次退休金與公保一次養老給付之優存利率，依下列規定辦理：

　　a. 一次退休金與公保一次養老給付合計之每月優存利息高於最低保障金額（指公務人員委任第一職等本俸最高級之本俸額與該職等一般公務人員專業加給合計數額，以民國 107 年待遇標準計算，爲 33,140 元）者：

　　　　(A) 最低保障金額之優存利息相應之本金，以年息 18% 計息。

　　　　(B) 超出最低保障金額之優存利息相應之本金，其優存利率依下列規定辦理：

　　　　　　(a) 自民國 107 年 7 月 1 日至民國 109 年 12 月 31 日止，年息 12%。

　　　　　　(b) 自民國 110 年 1 月 1 日至民國 111 年 12 月 31 日止，年息 10%。

　　　　　　(c) 自民國 112 年 1 月 1 日至民國 113 年 12 月 31 日止，年息 8%。

　　　　　　(d) 自民國 114 年 1 月 1 日起，年息 6%。

　　b. 一次退休金與公保一次養老給付合計之每月優存利息低於或等於最低保障金額者，其優存本金以年息 18% 計息。

(2) 退休所得替代率（§§37～40）：

A. 退休人員之每月退休所得，不得超過依退休所得替代率（以下簡稱替代率）上限計算之金額。上開替代率係指公務人員退休後所領每月退休所得占最後在職同等級人員每月所領本（年功）俸（薪）額加計 1 倍金額之比率。但兼領月退休金者，其替代率上限應按兼領月退休金之比率調整之。

B. 替代率應依退休人員審定之退休年資，任職滿十五年者，替代率爲 45%，年資十五年至三十五年期間，每增加一年，替代率增給 1.5%，超過第三十五年者，每增加一年，增給 0.5%，最高增至四十年止。未滿一年之畸零年資，按比率計算；未滿一個月者，以一個月計。前開替代率之上限，依退休人員審定之退休年資，照表 8-2-3 所列各年度替代率認定。

表 8-2-3　公務人員退休所得替代率上限一覽表

年度比率年資	民國107.7.1～108.12.31	109年度	110年度	111年度	112年度	113年度	114年度	115年度	116年度	117年度	118年以後
40	77.5%	76.0%	74.5%	73.0%	71.5%	70.0%	68.5%	67.0%	65.5%	64.0%	62.5%
39	77.0%	75.5%	74.0%	72.5%	71.0%	69.5%	68.0%	66.5%	65.0%	63.5%	62.0%
38	76.5%	75.0%	73.5%	72.0%	70.5%	69.0%	67.5%	66.0%	64.5%	63.0%	61.5%
37	76.0%	74.5%	73.0%	71.5%	70.0%	68.5%	67.0%	65.5%	64.0%	62.5%	61.0%
36	75.5%	74.0%	72.5%	71.0%	69.5%	68.0%	66.5%	65.0%	63.5%	62.0%	60.5%
35	75.0%	73.5%	72.0%	70.5%	69.0%	67.5%	66.0%	64.5%	63.0%	61.5%	60.0%
34	73.5%	72.0%	70.5%	69.0%	67.5%	66.0%	64.5%	63.0%	61.5%	60.0%	58.5%
33	72.0%	70.5%	69.0%	67.5%	66.0%	64.5%	63.0%	61.5%	60.0%	58.5%	57.0%
32	70.5%	69.0%	67.5%	66.0%	64.5%	63.0%	61.5%	60.0%	58.5%	57.0%	55.5%
31	69.0%	67.5%	66.0%	64.5%	63.0%	61.5%	60.0%	58.5%	57.0%	55.5%	54.0%
30	67.5%	66.0%	64.5%	63.0%	61.5%	60.0%	58.5%	57.0%	55.5%	54.0%	52.5%
29	66.0%	64.5%	63.0%	61.5%	60.0%	58.5%	57.0%	55.5%	54.0%	52.5%	51.0%
28	64.5%	63.0%	61.5%	60.0%	58.5%	57.0%	55.5%	54.0%	52.5%	51.0%	49.5%
27	63.0%	61.5%	60.0%	58.5%	57.0%	55.5%	54.0%	52.5%	51.0%	49.5%	48.0%
26	61.5%	60.0%	58.5%	57.0%	55.5%	54.0%	52.5%	51.0%	49.5%	48.0%	46.5%
25	60.0%	58.5%	57.0%	55.5%	54.0%	52.5%	51.0%	49.5%	48.0%	46.5%	45.0%
24	58.5%	57.0%	55.5%	54.0%	52.5%	51.0%	49.5%	48.0%	46.5%	45.0%	43.5%
23	57.0%	55.5%	54.0%	52.5%	51.0%	49.5%	48.0%	46.5%	45.0%	43.5%	42.0%
22	55.5%	54.0%	52.5%	51.0%	49.5%	48.0%	46.5%	45.0%	43.5%	42.0%	40.5%
21	54.0%	52.5%	51.0%	49.5%	48.0%	46.5%	45.0%	43.5%	42.0%	40.5%	39.0%
20	52.5%	51.0%	49.5%	48.0%	46.5%	45.0%	43.5%	42.0%	40.5%	39.0%	37.5%
19	51.0%	49.5%	48.0%	46.5%	45.0%	43.5%	42.0%	40.5%	39.0%	37.5%	36.0%
18	49.5%	48.0%	46.5%	45.0%	43.5%	42.0%	40.5%	39.0%	37.5%	36.0%	34.5%
17	48.0%	46.5%	45.0%	43.5%	42.0%	40.5%	39.0%	37.5%	36.0%	34.5%	33.0%
16	46.5%	45.0%	43.5%	42.0%	40.5%	39.0%	37.5%	36.0%	34.5%	33.0%	31.5%
15以下	45.0%	43.5%	42.0%	40.5%	39.0%	37.5%	36.0%	34.5%	33.0%	31.5%	30.0%

資料來源：摘錄自公務人員退休資遣撫卹法附表三。

C. 特殊保障條款：

　a. 人道關懷弱勢保障：支（兼）領月退休金者，每月退休所得低於替代率

調降方案最末年（第十一年）之上限金額，屬於公保一次養老給付優存利息部分，照年息 18% 計算其公保一次養老給付可辦理優惠儲存之金額。

b. 維持最低生活保障：調降之後每月退休所得低於或等於最低保障金額者，按最低保障金額中，屬於公保一次養老給付優存利息部分，照年息 18% 計算其公保一次養老給付可辦理優惠儲存之金額。但原月退休所得即低於最低保障金額者，仍維持原金額支給。

(三) 遺屬一次金及遺屬年金（§§43、44、45）

1. 遺屬一次金，支領或兼領月退休金人員死亡後，另核給其遺族遺屬一次金

(1) 遺族範圍及順序：

A. 未再婚配偶領受二分之一，其餘由子女、父母、兄弟姊妹、祖父母之遺族，依序平均領受。

B. 但如亡故退休人員無子女且已無父母者，則由未再婚配偶單獨領受；無配偶時，其應領之遺屬一次金，依序由各款遺族領受；同一順序遺族有數人時，遺屬一次金由同一順序有領受權之遺族平均領受。

(2) 給與標準：

A. 先依退休人員審定之退休年資及最後支領月退休金之計算基準及基數內涵，按退休人員退休時適用之支給標準，計算其應領之一次退休金並扣除已領月退休金後，核給其餘額（沒有無餘額者，即不發給）。

B. 再依退休人員最後在職同等級人員每月所領本（年功）俸（薪）額加計 1 倍金額，另計給 6 個基數之遺屬一次金（沒有上開所定餘額者，亦發給 6 個基數之遺屬一次金）。

2. 遺屬年金，遺族為配偶、未成年子女、身心障礙且無工作能力之已成年子女或父母，選擇不支領遺屬一次金者，得依下列規定，按退休人員亡故時所領月退休金之二分之一或兼領月退休金之二分之一，改領遺屬年金

(1) 具備以下條件之一且未再婚配偶，給與終身。但以其法定婚姻關係於退休人員亡故時，已累積存續十年以上為限：

A. 年滿 55 歲（未滿 55 歲者，得自年滿 55 歲之日起，支領終身遺屬年金）。

B. 身心障礙且無工作能力。

(2) 未成年子女給與至成年為止。但身心障礙且無工作能力之已成年子女，給與終身。

(3) 父母給與終身。

四、資遣與撫卹制度

(一) 資遣條件與給付標準

1.資遣條件（§22）：公務人員有下列三種情事之一，可辦理資遣：

(1) 機關裁撤、組織變更或業務緊縮時，不符退撫法所定退休條件而須裁減之公務人員。

(2) 現職工作不適任，經調整其他相當工作後，仍未能達到要求標準，或本機關已無其他工作可予調任。

(3) 依其他法規規定，應予資遣。

2.給付標準（§42）：公務人員之資遣給與，準用一次退休金給與標準計給。

(二) 撫卹

公務人員在職死亡者，由遺族或服務機關申辦撫卹。又公務人員於休職、停職或留職停薪期間死亡者，其遺族或服務機關亦得依退撫法規定，申辦撫卹。

1. 撫卹原因及給卹標準（§§51～53、56～59）

公務人員在職死亡之撫卹原因包含病故或意外死亡；及因執行公務以致死亡（以下簡稱因公死亡）。茲因撫卹原因不同，給卹標準即有差異，爰將相關規範彙整如表 8-2-4，以利讀者瞭解制度設計。

2. 撫卹金之種類與計算（§54）

(1) 撫卹金之種類如下：

A. 一次撫卹金。

B. 一次撫卹金及月撫卹金。

(2) 撫卹金計算：

A. 任職未滿十五年者，發給一次撫卹金：

表 8-2-4　公務人員各項撫卹事由與給卹標準彙整表

撫卹事由		月撫卹金給卹月數	加發一次撫卹金	備註
病故或意外死亡（自殺死亡比照病故或意外死亡認定）		120 個月	無	1. 月撫卹金領受人屬未成年子女者，於前開所定給卹期限屆滿時尚未成年者，得繼續給卹至成年為止；子女雖已成年，仍在學就讀者，得繼續給卹至取得學士學位止。 2. 月撫卹金領受人屬重度身心障礙而無工作能力之子女，得申請終身給卹。 3. 每一未成年子女每月再比照國民年金法規定之老年基本保證年金給與標準，加發撫卹金，至成年為止（無論死亡情事或年資長短，均發給）。
因公死亡	執行搶救災害（難）或逮捕罪犯等艱困任務，或執行與戰爭有關任務時，面對存有高度死亡可能性之危害事故，仍然不顧生死，奮勇執行任務，以致死亡	240 個月	50%	
	於辦公場所，或奉派公差（出）執行前款以外之任務時，發生意外或危險事故，或遭受暴力事件，或罹患疾病，以致死亡	180 個月	25%	
	於辦公場所，或奉派公差（出）執行前二款任務時，猝發疾病，以致死亡	120 個月	10%	
	執行第 1 款任務之往返途中，發生意外或危險事故	180 個月	15%	
	執行第 1 款或第 2 款任務之往返途中，猝發疾病，或執行第 2 款任務之往返途中，發生意外或危險事故	120 個月	10%	
	為執行任務而為必要之事前準備或事後之整理期間，發生意外或危險事故，或猝發疾病	120 個月	10%	
	戮力職務，積勞過度，以致死亡	120 個月	10%	

資料來源：作者自行整理。

a. 任職滿十年而未滿十五年者，每任職一年，給與 1.5 個基數；未滿一年者，每一個月給與八分之一個基數；其未滿一個月者，以一個月計。

b. 任職未滿十年者，除依上開規定給卹外，每少一個月，加給十二分之一個基數，加至滿九又十二分之一個基數後，不再加給，但曾依法令領取由政府編列預算或退撫基金支付之退離給與或發還退撫基金費用本息者，其年資應合併計算；逾十年者，不再加給。

B. 任職滿十五年者，依下列規定發給一次撫卹金及月撫卹金：

　　a. 每月給與二分之一個基數之月撫卹金。

　　b. 前十五年給與 15 個基數一次撫卹金。超過十五年部分，每增一年，加給二分之一個基數，最高給與 27.5 個基數；未滿一年之月數，每一個月給與二十四分之一個基數；未滿一個月者，以一個月計。

C. 上開基數內涵之計算，依表 8-2-1 所列平均俸（薪）額加 1 倍為準。

(3) 撫卹金年資計算：

A. 病故或意外死亡者，依實際任職年資計算。

B. 因公死亡之人員採擬制年資計算：

　　a. 執行搶救災害（難）、逮捕罪犯或執行與戰爭有關任務者，其任職未滿十五年者，以十五年計給撫卹金；其任職滿十五年而未滿二十五年者，以二十五年計給撫卹金；其任職滿二十五年而未滿三十五年者，以三十五年計給撫卹金。

　　b. 上開事由以外之因公撫卹者，其任職未滿十五年者，以十五年計給撫卹金；其任職滿十五年者，以實際任職年資計給撫卹金。

3. 撫卹金領受人（§62）

(1) 公務人員之遺族撫卹金，由未再婚配偶領受二分之一；其餘由子女、父母、祖父母、兄弟姊妹等遺族，依序平均領受。

(2) 亡故公務人員無子女、父母、祖父母等遺族者，其撫卹金由未再婚配偶單獨領受；無配偶或配偶再婚時，其應領之撫卹金，依序由前項各款遺族領受；同一順序遺族有數人時，撫卹金由同一順序具有領受權之遺族平均領受。

五、其他重要制度規範

　　現行之退撫法相較以往公務人員退撫法制之規定，訂有下列重要規範：

(一) 退撫基金永續（§40）

　　為維持退撫基金永續發展並適度減輕年輕世代負擔，明定各級政府因公務人員調降退休所得及優惠存款利息所節省經費，應全數挹注退撫基金。

(二) 年資制度轉銜（§§85、86）

　　為促進公、私部門之人才交流，並且保障公務人員離職後原有任職年資權益，訂有職域轉換之年資保留及年資併計領取月退休金機制。

1. 年資保留：公務人員任職滿五年，未辦理退休或資遣而離職，其任職年資得予保留，等到年滿 65 歲之日起六個月內，以書面檢同相關證明文件，送原服務機關函轉審定機關審定年資及退休金。

2. 年資併計：

(1) 私部門轉公部門，在公部門辦理退休：公務人員辦理屆齡或命令退休且任職年資未滿十五年者，得併計曾任適用其他職域職業退休金法令且未曾辦理退休（職、伍）、資遣或年資結算已領取退離給與之年資，成就請領月退休金條件。

(2) 公部門轉私部門，在私部門辦理退休：公務人員任職滿五年，未辦理退休或資遣而離職且未支領退撫給與者，於轉任其他職域工作後辦理退休（職）時，得併計原公務人員年資成就請領月退休金條件，並於年滿 65 歲之日起六個月內，以書面檢同相關證明文件，送原服務機關函轉審定機關審定其年資及月退休金。

(三) 離婚配偶退休金請求權（§§82、83）

　　考量配偶在婚姻期間對家庭貢獻，特別是無工作的弱勢配偶給予離婚後經濟生活保障，所以增訂離婚配偶退休金請求權規定。

1. 基本條件：婚姻關係存續期間滿二年者，並且配偶無工作或配偶工作所適用之退休規定有相同分配規定（互惠原則）。

2. 分配項目及額度：

(1) 以一次退休金標準計算一次給與。

(2) 分配比率按婚姻關係期間占公職期間部分比率二分之一計算。

(3) 分配比率顯失衡平時，得聲請由法院裁定。

3. 排除對象：不適用傷病命令退休及退撫法施行前已退休或已離婚者。

4. 請求權時效：自知悉有分配請求權時起，二年間不行使而消滅。但自法定財產制或共同財產制關係消滅時，逾五年者，亦同。

5. 發給方式：離婚時先協議為原則；協議不成，再向退休金支給機關請求一次發給（代發），之後再由支給機關從退休人員退休金中收回。

(四) 退撫制度調整與檢討機制（§§67、92、93）

1. 月退休金調整機制：公務人員退休後所領月退休金，或遺族所領之月撫卹金或遺屬年金，於中央主計機關發布之消費者物價指數累計成長率達正、負 5% 時，應予調整，其調整比率由考試院會同行政院，考量國家經濟環境、政府財政與退撫基金準備率定之；或至少每四年應予檢討。
2. 定期檢討年金制度：考試院應會同行政院建立年金制度監控機制，5 年內檢討制度設計與財務永續發展，之後定期檢討。
3. 健全基金財務：配合建立新退撫制度，退撫基金財務缺口，由政府依退撫基金財務精算結果，分年編列預算撥款補助之；政府依規定完成撥補後，應依退撫基金財務精算結果，接續分年編列預算撥補現行退撫基金。

參、大法官釋字第 782 號解釋重點

一、背景說明

退撫法於民國 106 年 8 月 9 日制定公布後，部分立法委員因行使職權，認為所訂提高退撫基金共同撥繳費用之基準、變更公務人員退撫給與之條件與計算基準、降低退休所得替代率、削減公務人員保險養老給付優惠存款利息、限制再任私立學校職務停止領受月退休金權利等，違反法律不溯及既往原則、信賴保護原則及比例原則，侵害公務人員受憲法保障之財產權、生存權、服公職權、工作權及平等權，爰向司法院聲請解釋，大法官於民國 108 年 8 月 23 日做出釋字第 782 號解釋。

二、解釋文重點

(一) 整體性概念

1. 憲法對退休公務人員之保障、退撫給與之性質、受保障之程度與司法院審查密度之關聯性：
(1) 退撫給與請求權固受憲法財產權之保障，但因退撫給與之財源不同，其請求權受保障之程度，應有差異；亦即應依其財源是否係退休公務人員在職時所提撥，而受不同層級之保障。
(2) 退撫給與中之財源如係個人提撥費用本息部分，屬個人財產上請求權，應採較為嚴格之審查標準；例如財源係自政府預算，性質上屬恩給制之範疇，因涉及國家財政資源分配之社會關聯性，就此財源產生之財產上請求權，立法者得有相對較高之調整形成空間，應採較為寬鬆之審查標準。
2. 政府負最後支付保證責任之意涵與本號解釋之考量：退撫法第 7 條第 1 項所定「由政府負最後支付保證責任」，係為採行「共同提撥制」之退撫新制所設之配套措施，如基金發生收支不足時，應先採行相關因應措施，包括檢討調整撥繳費用基準、延後退休給與起支年齡等。倘退撫基金於遇到收支平衡困難時，未先嘗試採行相關開源節流措施，完全仰賴政府預算支應，將無異回到舊日之恩給制，此反而有悖於共同提撥制之精神。因此，上開相關規定所稱「由政府負最後支付保證責任」，由共同提撥制之意旨理解，應指採行符合信賴保護原則與比例原則之各項開源節流，以及相關措施仍無法因應時，為保障退休公務人員依然領得到調整後之退撫給與，由政府以預算適時介入，以維持基金之運作。
3. 退撫給與並非遞延工資之給付：公務人員在職時執行職務之對待給付為俸給，係本俸（年功俸）及職務加給、技術或專業加給、地域加給之總和，在職期間確定，俸給總額因而可得確定；退撫給與則為公務人員因服公職而取得之國家對其退休後生活照顧義務之給與，公務人員月退休所得之總額，繫於退休後餘命之長短，爰退撫給與並非遞延工資之給付。

(二) 各爭點分析

　　大法官釋字第 782 號解釋文之爭點眾多，茲就各爭點之重點整理說明如表 8-2-5 所示：

表 8-2-5　第 782 號解釋文重點分析

性質	爭點	解釋文重點
合憲	第 7 條第 2 項「有關退撫基金提撥費率」規定	**審查密度：寬鬆。** 系爭法律係施行後始對未來發生效力，並未溯及適用於過去已完成之撥繳，無法律溯及適用之情形，亦無侵害受規範對象工作權之問題。
	第 4 條第 6 款、第 39 條第 2 項「有關最低保障金額」規定	1. 系爭法律施行而被調降後之退休公務人員各年度退休所得，均不低於最低保障金額，以保障其退休後之基本生活，**與憲法保障服公職權之意旨尚無違背**，並且其性質係在保障退休人員之權益，而非不利之規定。 2. 此與最低生活費標準（社會救助法第 4 條參照）之概念有別，所以對原退休所得低於最低保障金額者，即使不予補足，**亦與憲法所保障之生存權無違**。
	第 4 條第 4 款、第 5 款、第 37 條、第 38 條「有關退休所得替代率調降」規定	1. 審查密度：寬鬆。 2. 無涉法律不溯及既往原則：非屬一次性之退撫給與，例如月優存利息、月補償金、月退休金，因退撫給與法律關係之構成要件事實，在現實生活中尚未完全具體實現，倘新法規變動退撫給與內容，並且將之適用於新法規施行後仍繼續存在之事實或法律關係，而未調降或追繳已受領之退撫給與，即非新法規之溯及適用，無涉法律不溯及既往原則。 3. 與信賴保護原則、比例原則尚無違背： (1) 對原退撫給與作適度之調降，係為追求重要公共利益（政府負擔沉重、人口結構老化、退撫基金存續等），其目的正當，並且採取之調降手段（替代率設定），有助於目的之達成，並且未逾必要程度。 (2) 扣減順序規定有助於處理繼續領取全部優存利息之不合理性，及消除因新舊制年資比例不同，所致退休所得之不均衡等重要公共利益目的之達成。 (3) 上開過渡期間、底限及不予調降等規定，核屬適度減緩受規範對象之生活與財務規劃所受衝擊之手段。
	第 18 條第 2 款、第 3 款「有關彈性退休」規定	
	第 36 條「有關優存利率調降」規定	
	第 39 條第 1 項「有關扣減退休所得順序」規定	

表 8-2-5　第 782 號解釋文重點分析（續）

性質	爭點	解釋文重點
合憲，但要調整	第 67 條「有關月退休金調整機制」規定	1. 為貫徹依退撫法第 36 條至第 39 條所設定之現階段合理退休所得替代率之改革目的，國家自有維持依退撫法重新審定之退撫給與之財產上價值，不隨時間經過而產生實質減少之義務。 2. 本條規定並未對相關機關課以依消費者物價指數調整月退休金、月撫卹金或遺屬年金之義務，與退撫法改革初衷不盡一致。相關機關應依本解釋意旨儘速修正上開規定，於消費者物價指數變動累積達一定百分比時，適時調整月退休金、月撫卹金或遺屬年金，俾符憲法上體系正義之要求。
合憲，但要調整	第 92 條「有關定期調整機制」規定	倘現階段改革目的確可提前達成，則相關機關至遲應於第一次定期檢討時，依本解釋意旨，就退撫法附表三中提前達成現階段改革效益之範圍內，在不改變該附表所設各年度退休所得替代率架構之前提下，採行適當調整措施，俾使調降手段與現階段改革效益目的達成間之關聯性更為緊密。
違憲	第 77 條第 1 項第 3 款「有關再任私校」規定	1. 審查密度：嚴格。 2. 與憲法保障平等權之意旨有違，應自本解釋公布之日起，失其效力：因受規範對象是否再任私立學校職務及支領超過法定基本工資之薪酬為分類標準，而直接限制受規範對象之財產權；又退休公務人員多為中高年齡族群，上開規定適用結果實際係對此等受規範對象之工作權，構成主觀資格條件之限制，使其受有相對不利之差別待遇。

資料來源：作者自行整理。

(三) 針對上開大法官釋字 782 號解釋，銓敘部已於民國 111 年 1 月 19 日修正退撫法第 67 條退撫給與之調整機制規定，及第 77 條刪除退休公務人員再任私立學校每月支領薪酬總額超過法定基本工資者須停止領受月退休金權利規定。

第三節　相關實務案例分析

現行退撫法多達 95 條文，其重點規範內容如上節所述，但因退撫制度設計複雜，退撫舊制、新制年資所計算之退休金各有其計算基準，加上優惠存款利率調整，退休所得替代率逐年調降等措施，僅透過文字平鋪直敘介紹法條規定，一般讀者恐難真正理解退撫制度的內容。因此，此節將透過實務案例分析，讓讀者更瞭解制度設計的意涵及公務人員退休所得與現職待遇的比較。

壹、實務案例分析

一、在職時每月要扣繳之退撫基金如何計算？

【案例】

王小明為現職公務人員，民國 112 年 1 月以委任第 3 職等本俸 1 級 280 俸點任用，此時提撥費率為 15%，則王員任職當月應繳納之退撫基金費用為何？

【說明】

(一)依退撫法第 7 條規定，退撫基金費用係按公務人員本俸（薪）加 1 倍 12% 至 18% 之費率計算，現職公務人員繳付 35%，政府撥繳 65%。

(二)實務運作上，退撫基金撥繳費用係依下列三步驟計算：

1. 先計算退撫基金費用總額：19,780（本俸）×2×15%（當時費率）= 5,934（四捨五入）。

2. 再計算個人自繳部分：5,934×35% = 2,077（四捨五入）。

3. 最後政府撥繳部分為退撫基金費用總額減去個人自繳金額：5,934 − 2,077 = 3,857

(三)綜上，本案王員以委任第 3 職等本俸 1 級 280 俸點任用（以專業加給表一計算，每月薪資為 38,890 元），每月個人應繳付 2,077 元，政府撥繳 3,857 元，總計 5,934 元撥入退撫基金。

二、我可以退休了嗎？可以請領月退休金嗎？

【案例】

陳小婷民國 85 年 7 月 1 日出生，於民國 109 年 2 月 1 日起擔任公務人員，任職年資一直未中斷，陳員於民國 134 年 7 月 1 日年滿 49 歲時，因生涯規劃想申請退休，符合規定嗎？又陳員可以請領月退休金嗎？

【說明】

(一)依退撫法第 17 條規定，公務人員任職滿二十五年即可申請退休，陳員任職至民國 134 年 6 月 30 日止，已任職滿二十五年五個月，雖然當時才 49 歲，但仍符合申請自願退休規定。

(二)另，依退撫法第 31 條規定，民國 115 年 1 月 1 日以後退休者，須年滿 65 歲才能選擇支領月退休金，所以陳員雖符合申請自願退休之規定，但不符合請領月退休金資格，民國 134 年 7 月 1 日退休時僅能選擇一次退休金；或選擇展期月退休金，至年滿 65 歲時（即民國 150 年 7 月 1 日）始支領月退休金。（註：減額月退休金最多於年滿月退休金起支年齡前五年支領，陳員 49 歲退休，不符合請領減額退休金之規定。）

(三)以本案例可知，符合退休條件和是否可領月退休金係屬二事，在實務上，如果人事人員遇到服務單位內之公務人員詢問退休金事宜，會先確定當事人已經符合申請退休條件，再依任職年資與年齡確認請領退休金之種類。

三、退休金金額怎麼計算？

【案例】

張大勇任職於某中央機關科長職務，預計民國 110 年 7 月 16 日屆齡退休（最後在職俸級為薦任第 9 職等年功俸 7 級，710 俸點），依退撫法附表一計算均俸為 710 俸點（48,505 元），任公職年資總計三十年（舊制四年、新制二十六年），張員選擇支領月退休金，每月退休所得多少錢？

【說明】

(一)簡單三步驟計算月退休金（單位：元）：

1.先依年資計算月退休金：

舊制年資四年：(48,505×5%×4) + 930 = 10,631【（均俸 ×5%× 年資）+ 930 元】

新制年資二十六年金額：48,505×2×2%×26 = 50,445【均俸 2 倍 ×2%× 年資】

舊新年資加總金額：10,631 + 50,445 = 61,076

※ 註：依退撫法規定，民國 110 年 1 月 1 日以後優存利息為 0，所以本案張員無優存利息可以支領。

2. 再計算所得替代率：

(1) 退休所得替代率公式：

$$\frac{月退休（月補償）金+優存利息（或社會保險年金）}{最後在職本（年功）俸（薪）2 倍} \leq 當年度退休所得替代率$$

(2) 計算替代率上限金額：

依退撫法附表三規定，民國 110 年退休，任職三十年，所得替代率為 64.5%，逐年調降 1.5%，至民國 118 年為 52.5%，各年度退休所得上限計算如表 8-3-1：

表 8-3-1　各年度退休所得上限金額

年度	替代率	上限金額（元）
民國 110 年	64.5%	62,571
民國 111 年	63%	61,116
民國 111 年	61.5%	59,661
民國 113 年	60%	58,206
民國 114 年	58.5%	56,751
民國 115 年	57%	55,296
民國 116 年	55.5%	53,841
民國 117 年	54%	52,385
民國 118 年以後	52.5%	50,930

資料來源：作者自行整理。

表 8-3-2　各年度每月實際可領退休所得

年度	每月實際可領退休所得（元）
民國 110 年	61,076
民國 111 年	61,076
民國 112 年	59,661
民國 113 年	58,206
民國 114 年	56,751
民國 115 年	55,296
民國 116 年	53,841
民國 117 年	52,385
民國 118 年以後	50,930

註：本表各年度實際支領金額可能因政府依退撫法第 67 條調整月退休金而有所差異。
資料來源：作者自行整理。

3. 每月實際可領退休所得：

依退撫法規定，每月退休所得不得超過當年度替代率上限，以本案為例，每年實際可領金額如表 8-3-2（即依年資計算月退休金與當年度替代率上限金額相比，取其低者為每月實際可領退休所得）。

(二) 另為簡化人事業務，並提供快速、正確及完整的退休服務，銓敘部、教育部及行政院人事行政總處共同建置及管理全國公教人員退休撫卹整合平臺系統，人事人員可利用此系統試算各類退休金之金額，提供服務單位同仁參考。

貳、公務人員退休所得與現職待遇比較

我國公務人員依官等及職等任用，官等又分委任、薦任、簡任三種，表 8-3-3 將針對各官等關鍵性職務公務人員之現職待遇及退休所得作比較，以瞭解退撫法規定對於不同官等人員月退休所得的差異。

【假設條件】
・現職待遇：依民國 107 年度待遇標準，均支領專業加給表 (一) 計算
・退休日期：民國 114 年 7 月 1 日
・退休年資：純新制年資三十年
・均俸：與最後在職俸級相同

表 8-3-3　不同官等人員現職待遇與月退休所得差異比較表

退休等級		現職待遇	每月實際可領退休所得	
			民國 114 年退休當年	民國 118 年以後
委任 5 等年功俸 10 級 520 俸點	主管	58,810	41,500	37,244
	非主管	54,950		
薦任 9 等年功俸 7 級 710 俸點	主管	84,025	56,751	50,930
	非主管	75,055		
簡任 12 等年功俸 4 級 800 俸點	主管	122,010	66,609	59,777
	非主管	94,730		

註：本表各年度實際支領金額可能因政府調薪及依退撫法第 67 條調整月退休金而有所差異。
資料來源：作者自行整理。

　　由表 8-3-3 可知，因公務人員退休金及所得替代率均係以本（年功）俸計算，並且不包含主管加給，所以在相同職等俸級情形下，無論主管或非主管人員，其退休後實際支領的月退所得相同，此立法設計主要係考量退休給付旨在維持退休人員退休後基本經濟生活安全，爰規劃相同年資與俸級之退休人員，退休所得替代率均相同，與在職待遇反映員工個人專業及勞動價值而高低差異有別，這樣的制度設計應可免除過去外界對公務人員退休改革制度都是「肥大官、瘦小吏」之批評。

第四節　結語：制度意涵與展望

壹、年金制度時代的來臨

　　在年輕力壯時，能夠透過自身之勞力、智力獲取維持生存的基本薪資，並且就家庭之開銷等予以負擔，但是隨著年齡增長，在體力上、精神上已無法如年輕時所承擔相對應的工作條件，老年生活的持續性，便成爲最各國政府優先考量的問題之一。正當個人對於老年生活的憂慮，以及國家所需承擔的責任來看，退休年金制度便是在這種需求上所生成之產物。因此，所謂年金（pension annuity）是指一種定期性、持續性的現金長期支付模式，年金給付主要目的在於，一是應社會安全中連續性之經濟需求滿足或損失填補；二是預防或保障經濟生活可能發生之危險。年金制度從本質而言係屬社會安全網之建設議題，也是社會保障制度之核心，例如老年（退休）、身心障礙（失能）或遺屬經濟安全等各種社會風險，當中又以老年風險之因應最爲典型（鍾秉正，2018）。

貳、退休金的籌措

　　從財務管理的角度而言，對於退休金的準備方式，大致上可以分爲三種：分別是「隨收隨付制」（pay as you go, PAYG）、「完全準備制」（fully funded）與「部分準備制」（partially funded），在此分述如下：

一、隨收隨付制

　　由當年度的收入，用來支應當年度的退休金，如有不足，則由政府預算支應或調高下一年度的保費。政府當中角色僅僅扮演一個中介者，因此可免於預算不足造成財務赤字。對此，多數西方工業民主福利國家在二次戰後的年金制度，都採行以隨收隨付搭配確定給付爲原則的社會保險方案，當時青壯年人數眾多，然而隨著人口老化與少子化趨勢，支領退休金的人數持續上升，造成隨

收隨付制欲維持下去確有困難之處（石泱，2005）。

二、完全提存準備制

　　未來退休給付皆由工作期間逐期提繳部分所得，並且透過基金操作投資產生孳息。因此，退休金的現值等同於工作期間所提繳的所得加上利息的總額，亦等同於個人為老年經濟生活進行儲蓄，其精神在於同世代不同階段的所得重分配。此類設計通常採用「平準保險費率」（Level Premium Rate），將各年齡層所可能遇到之風險打散到各年齡層計算保費，保費將不會隨著年齡增長而增加，較具有穩定性，保費水準能維持一定的標準當中，依照提存的對象與來源，一般又可分成三種類型（鄭清霞、王靜怡，2014）：
(一) 個人帳戶：僅個人生命周期的所得重分配，目前勞退新制專戶乃採用之。
(二) 社會保險帳戶：強制性參加。
(三) 私人保險帳戶：自願參加。

三、部分提存準備制

　　以提存準備為前提，同時以隨收隨付為輔，也就是基金仍保有一定水準的責任準備金，但是若基金出現不足以支付的情形時，則以隨收隨付制方式補足。據此，我國目前的公務人員退休撫卹基金，以及國民年金皆屬此種財源籌措方式。

參、退休金的給付

　　由於退休金是一種未來給付的支出，因此所需考慮的是未來是否具有充分的資金水準以供支付，所以依照對未來給付水準的假設，可以分為以下給付類型：

一、確定提撥制

　　雇主或員工依相關辦法，於工作期間定期提撥一定薪資比例，交予基金受託人保管運用，於員工退休時將員工與雇主共同提撥之資金和孳息給付給退休之員工。當中雇主無法保證退休金給付之數額，但是此種制度具有高度可攜性，有助於人才流通，不致流失退休年資。事實上，退休金的多寡是透過投資獲取收益孳息及本金，倘若投資得當，有創作高獲利報酬之機會，相對地，若投資失誤則會減損退休所得（張哲琛，2008）。

二、確定給付制

　　雇主承諾員工於退休時，依據退休辦法給付確定的退休金數額，並且約定採用給付一次定額之退休金，或是分期給付一定數額之退休金，退休金數額按薪資水準及工作年資計算，因而幾乎不具可攜性。此種制度性質屬於長期給付承諾，故退休金之精算成本為估計值，財務上的不確定因素較高，退休金提撥率須依精算結果對參與人進行提繳，對於基金財務管理投資風險須由雇主或基金管理者承擔，並且產生世代轉移的問題。

肆、公私部門分屬不同的退休制度設計

　　我國現行對於組織員工退休的設計與保障，主要可以區分為受雇私人企業的勞工保險給付與退休金，以及服務於公部門的公務人員保險與退休撫卹 2 種：

　　首先，為了保障勞工老年及退休後之生活水準，我國法令依性質訂有「勞工保險老年給付」及「勞工退休金制度」。當中勞保老年給付是依據「勞工保險條例」所提供的一項保險給付，由勞工、雇主及政府依一定比例（20%、70%、10%）每個月繳交保險費給勞保局，當被保險人符合老年給付條件時，勞保局將依規定核發老年給付；而勞工退休金制度係指勞工退休時，雇主依法給與勞工之退休金，其又分為新制、舊制兩種。勞退舊制依據「勞動基準法」

辦理，由雇主依勞工每月薪資總額 2% 至 15% 按月提撥到臺灣銀行的勞工退休準備金專戶中儲存，因此當勞工符合退休條件向雇主請領退休金時，雇主可由勞工退休準備金專戶中支付。[3]

　　其次，對於公務人員而言，同樣也是採保險與退休金兩制合併進行，當中公務人員保險制度創始於民國 47 年，其目的在於保障公務人員生活，增進其福利，以提高工作效率，並且以銓敘部為主管機關，民國 97 年 6 月以前係以中央信託局為承保機關，同年 7 月 1 日中央信託局與臺灣銀行合併後，奉考試院、行政院會同指定臺灣銀行為公教人員保險之承保機關，繼續辦理公保相關業務；[4] 至於退休金部分，主要來自於公務人員退休撫卹制度，自民國 32 年建制後，原係維持由政府負擔退撫經費之「恩給制」，中間歷經民國 62 年與民國 84 年的改革，現今改採共同提撥制，由政府與公務人員共同撥繳費用建立公務人員退休撫卹基金，以支付改制後年資之退撫經費，並且在考試院下成立公務人員退休撫卹基金監理委員會與公務人員退休撫卹基金管理委員會二個機關，分別負責退撫基金監督與管理等相關事項。

　　換言之，我國當前公私部門所涉及的各種主要退休基金（包含無雇主之國民年金），例如公保、勞保、勞退新舊制及公教退撫基金，就雇主責任及提撥型態而言，大致上可區分為確定給付制及確定提撥制，當中除了勞退新制為確定提撥制外，國民年金、勞保、勞退舊制與軍公教退撫基金基本上屬於確定給付制。

伍、公私部門年金改革的實施與影響

一、改革內容

　　綜觀我國目前所存在的各種退休年金制度，普遍存在實際費率一直低於均

3　「勞動福祉、退休」，https://www.mol.gov.tw/topic/3078/（檢索日期：2020/7/26）。

4　「公保服務」，https://www.bot.com.tw/tw/policy-business/government-employees-insurance-service（檢索日期：2023/8/25）。

衡費率，導致各種年金保險的潛藏債務不斷累積，成為財務上的一大隱憂。另一方面，受到高齡化與少子化現象的影響，可以預見未來領取年金給付人數將逐年大幅增加，而且領取年金的期間也將會隨平均餘命的增加而延長。反觀繳交年金保險費的人數則必然呈現遞減趨勢，形成「領者多，繳者少」的現象，使得各種年金保險財務更加速惡化。對此，我國政府分別在民國98年與民國94年，分別實施新制的勞工保險與退休金制度，針對公務人員部分，則是在民國106年大幅修正了公務人員退休撫卹制度。當中重要的做法，分述如下：

　　首先，就受雇於廣大私人企業的勞工而言：民國94年7月1日所實施的新制勞工退休金制度，當中有關勞工退休金之收支、保管、滯納金之加徵及罰鍰處分等業務，由中央主管機關委任勞動部勞工保險局（以下簡稱勞保局）辦理，並且以「個人退休金專戶」為主，「年金保險」為輔的制度；[5] 至於勞工保險部分，民國98年正式實施勞保年金，除了將原有的「殘廢給付」名稱改為「失能給付」外，之前有關失能、老年及死亡三種給付，更增加了可以每個月領年金的方式，也就是「老年年金」、「失能年金」和「遺屬年金」三種給付方式。[6]

　　其次，對於服務公部門的公務人員而言：近年來對於退休撫卹的改革，主要在於民國84年將退休金由恩給制改為儲金制，民國95年針對公務員退休及公保養老給付享有18%優惠利息制度作部分限額修正，以及民國106年對「公務人員退休資遣撫卹法」與「公立學校教職員退休資遣撫卹條例」的修法。當中民國106年的改革重點在於（賴偉文等，2017）：

(一)終結優惠存款制度：根據此次年金制度的改革方案，退休之公教人員支領月退休金（含兼領）者，其總額超出最低保障金額，18%優存利率二年半後歸零（優存利率至民國109年降至9%、民國110年降至0%）。

(二)調降所得替代率：公務人員之所得替代率將分十年調降，從75%調降至60%（以年資三十五年者為例）。

(三)延後月退休金起支年齡：月退休金起支年齡逐年延後至65歲。

5　「勞退新制簡介」，https://www.bli.gov.tw/0012933.html（檢索日期：2020/7/26）。

6　「勞保簡介」，https://www.bli.gov.tw/0000105.html（檢索日期：2020/7/26）。

(四) 調整退休金計算基準：公務人員之退休金計算基準，由「最後在職往前五年平均俸（薪）額」，逐年拉長一年，調整至民國 118 年以後爲「最後在職往前十五年平均俸（薪）額」爲退休金之計算基準。

(五) 提高費率上限，漸進調整費率：法定費率提撥區間上限由爲 12% 調整至 18%，但政府與個人分擔比率仍爲 65%：35%。

二、衝擊與影響

　　我國的年金改革，同時面對特有的「高齡化」與「職業間不平等」的雙重危機。臺灣的高齡化危機，已經迫在眉睫，民國 106 年老年人口已達到 14%，正式進入「高齡社會」，並且很快速在民國 115 年達到 20%，成爲「超高齡社會」。目前我國不同職業別之間的社會保障存在著巨大落差，未來將成爲社會內部衝突的引爆點。

　　首先，就私人企業的勞工而言：根據該勞工保險局的精算報告，勞保將提前在民國 116 年入不敷出造成虧損，勞保財務危機這個早已存在的客觀事實，引起社會大眾的廣泛注意，甚至引爆勞工提早請領的恐慌潮；此外，勞保爲了應付老年一次給付，必須經常性累積龐大基金，然而龐大基金的管理運用卻也成爲一個重要的議題，如何有效穩定獲利，進而減緩財務上的虧損，正考驗著基金管理者的智慧；同時，在民國 94 年之前所實施的勞退舊制中，目前尚有不少企業雇主未足額提撥，甚至把未來該給員工的退休金，使用不當手段提早搬運出來，以解決本身企業的資金問題。

　　其次，就公務人員而言：民國 106 年的改革，同樣也造成廣大與深遠影響，賴偉文等（2017）指出，本次公部門的年金改革，對總體經濟與勞動市場的衝擊，主要將來自三個面向：(一) 退休撫卹支出以及社會福利支出的增加，將造成「政府移轉性支出提高」；(二) 勞工與公教人員終生所得的下降，導致「家計部門消費減少」；(三) 勞保費率的調整造成「企業勞動成本的增加」。此外，改革的效應也出現在公部門組織內部，對此許道然與林文燦（2019）便指出，在改革之後可以支領月退休金的年齡將會往後延至 65 歲，對於公務人力的影響在於：

(一) 加速高齡化組織的出現：超過 55 歲以上的公務人員，預測在民國 115 年

　　將超過 20%，更進一步邁入超高齡組織。

(二)出現代謝症候群：委任 5 職等、薦任 7 職等，以及簡任 11 職等的公務人員留任的比例大幅增加，使得升遷與流動速度減緩。

(三)擴大專家斷層：具有長年服務經驗的公務人員，向來都是組織的寶貴資產，並且具有一定的專業性與歷練，改革後使得具有退休資格者提早離開組織，外界優秀的人才則是採取觀望的態度，至於新進的公務人員則是可能因為升遷緩慢，容易產生工作士氣的低落。

陸、他山之石：先進國家的發展經驗

　　OECD（1998）曾建議各國政府，在進行公共年金改革時，必須以建構一套具有永續穩定之年金制度作為目標，避免短視與便宜行事的調整行動：首先，制度上延後退休年齡，擴大私部門年金（商業保險）的角色；其次，降低給付水準，朝向「確定提撥制」，才不會造成財務上適度負擔；最後，提高保費或是投保薪資，以提供充足的退休保障。對此，分述歐美國家在公務人員退休年金改革上的策略與經驗（莊鴻文，2016）：

一、多層次社會安全保障的制度設計：採取世界銀行建議，將老年經濟安全可透過三種保障：第一層是法定公共年金基礎年金，政府以稅收為財務基礎，主要功能在減少老人貧窮問題，並且提供最基礎的經濟保障；第二層是法定私營年金與職業年金，以自營式強制完全提存準備為財務來源；第三層是自願參加的儲蓄型年金計畫個人年金。為了使老人能達到更為高級的生活享受與醫療照顧，政府應該以稅賦優惠為誘因，鼓勵個人在工作期間自我儲蓄，或以存款方式，或以保險公司的退休年金等方式來累積個人財富（周正山，2003）。

二、以確定給付為主，兼採成確定提撥制：例如美國政府在 1998 年退休計畫中確定給付制之比率為 68%，確定提撥制之比率為 32%，並且規劃將確定提撥制之比率將提高至 65%（陳聽安，2003）。

三、提高撥繳率：為減輕國家財政負擔，例如英國政府在 2002 年 10 月所實施退休新制，將撥繳率由 1.5% 大幅提升至 3.5%。

四、延長領取退休金：例如美國政府將社會安全福利領取年齡，由 2000 年的
　　65 歲逐漸延至 67 歲。

五、實施展期年金支付或減額年金支付：展期年金係指年金之支付，因若干原
　　因而延後，例如未符年齡條件前離職或退休，須等待相當期限才能領取之
　　退休年金，若要提早領取則要減額給付，例如美國、英國、法國等均訂有
　　退休年金給付最低年齡，並且將退休條件與給付年齡區分，使退休制度更
　　具彈性。

六、所得替代率部分：各國政府對退休年齡及年資規範不同，並且經費分擔方
　　式有別，故無一致標準，因此對於月退休金最高金額之規定差距甚大，例
　　如英國政府為 50% 至 55%、日本政府為 70%、法國及德國政府為 75%，
　　以及美國政府為 80%。

　　綜合以上，雖然各國政府對於退休條件與給付年齡規定有所不同，但是所
面臨出生率減少、人口老化、政府預算緊縮等環境因素卻是相同，當中可以發
現，他們的改革方向均主張延後退休年齡，以因應未來勞動力將日益萎縮之趨
勢，藉以確保年金制度能永續發展。

參考文獻

公務人員退休撫卹基金管理委員會，2019，〈退撫基金第 7 次精算報告書〉，
　　https://www.fund.gov.tw/News.aspx?n=3307&sms=11798。

石泱，2005，〈老人經濟安全保障制度之探討〉，《社區發展季刊》，110：
　　260-273。

朱月中，2014，〈我國現行公務人員退休制度之研究—以信賴保護原則為中
　　心〉，103 年行政人事研究發展作品。

周正山，2003，《公務人員老年經濟安全保障制度之研究》，國立政治大學公共
　　行政學系碩士論文。

柯木興，2013，《社會保險》，中國社會保險學會。

柯怡伶，2000，《我國公務人員退休法制之研究》，國立中正大學法律學研究所
　　碩士論文。

徐有守，1991，〈我國撫卹制度的基本概念〉，載於《中華民國公務人員退休撫卹制度》，正中書局。

郝鳳鳴，2008，〈國民年金法評釋〉，《月旦法學雜誌》，153：226-231。

張哲琛，2008，〈公務人員退休撫卹基金運用之探討〉，《考銓季刊》，56：9-23。

莊鴻文，2016，《我國公務人員退休制度改革方案之研究》，淡江大學公共行政學系公共政策碩士在職專班碩士論文。

許道然、林文燦，2019，《考銓制度》（修訂再版），國立空中大學。

陳聽安，2003，《國民年金制度》，三民書局。

勞動基金運用局，2019，《108年度年報》，行政院勞動部。

溫金豐、黃良志、黃家齊、廖文志，韓志翔，2019，《人力資源管理：基礎與應用》（第3版），華泰文化。

葉孟峰，2008，〈從世界銀行「三柱理論」檢視我國勞工退休保障之建構〉，《社區發展季刊》，123：117-129。

葉長明，1995，〈軍公教人員退撫制度改革之研究〉，《考銓季刊》，2：72-83。

臺灣銀行公教保險部，2019，《公教人員保險統計》，臺灣銀行。

鄭清霞、王靜怡，2014，〈社會性長期照護保險的財務處理〉，《台灣社會福利學刊》，12（1）：65-119。

賴偉文，辛炳隆、劉峰瑋、張詩雋，2017，〈年金制度改革對總體經濟及勞動市場之影響〉。臺北：行政院國家發展委員會委託研究報告。

鍾秉正，2018，〈勞工保險年金與社會安全—兼論相關財務制度〉，《臺灣海洋法學報》，26：21-46。

Mercer, 2019. *Melbourne Mercer Global Pension Index*. Monash Centre for Financial Studies, Melbourne. https://info.mercer.com/rs/521-DEV-513/images/MMGPI%20 2019%20Full%20Report.pdf.

OECD, 1998. *Maintaining Prosperity in an Ageing Society*. OECD.

OECD, 2017. *Pensions at a Glance 2017: OECD and G20 Indicators*. OECD.

World Bank, 2005. *Old Age Income Support in the 21st Century: An International Perspective on Pension Systems and Reform*. World Bank Group.

第九章　公務員的權利、義務與懲戒

趙達瑜、葉俊麟

摘要

本章主題在於分析與說明公務員之權利、義務與懲戒，共計分為四節：第一節，基本概念：闡述公務員的權利、義務與懲戒之意義、規範目的、類型與特徵。第二節，相關法制說明：分就涉及公務員權利、義務與懲戒之法令（主要為公務人員保障、公務人員考績法、公務員服務法、公職人員利益衝突迴避法及公務員懲戒法等法令）沿革及內容進行說明，讓讀者對於公務員的權利、義務及所負責任有所認識。第三節，相關案例解析：從公務員權利、義務及懲戒各提出二個案例，探討其所涉法令，分析其應如何提請救濟或行為是否適法，亦使讀者瞭解公務員相較私部門員工一旦有違法、廢弛職務或其他失職行為所需付出的代價。第四節，問題與未來改進方向：介紹我國公務員權利、義務與懲戒制度的問題與未來改進的方向。

第一節　公務員權利義務與懲戒之基本概念

誠如前大法官吳庚所言，公務員關係並非所謂「權力關係」而是「法律關係」之一種，而法律關係之具體內容，不外權利與義務（吳庚、盛子龍，2020：216）。換言之，公務員與國家間法律關係的核心概念，其實就是「權利義務關係」，也就是身為公務員，可以享受何種權利，以及必須要盡何種義務，違反義務就會受到處罰（如受到懲戒），可見此三項制度的重要性。本節即分述公務員的權利、義務與懲戒之意義、規範目的、類型及特徵等基本概念。

壹、公務員權利

一、公務員權利之意義

　　什麼是「權利」？學說不一。依據林紀東等編輯之《法律辭典》：通說認為，所謂「權利」是「可享受特定利益（即法益）的法律上之力」（林紀東等，1992：1341）。另依據劉青峰編著（1997：366）之《法律政治辭典》：關於「權利」的定義，學者間有所謂「自由說」、「範圍說」、「意思說」、「利益說」等，迄今似未有定論。但近代學者均認為：「權利者，為享受法律上的特定利益，法律對於吾人所賦予之力也。」換言之，即私人的利益，在法律上予以承認並予以保護，不許任何人侵害者之謂。因此，權利的特徵，即在特定人格者，得依法律上之力，積極地實現其利益、消極地排除他人的侵害。因此，一般而言，「權利」需具備法有明定、有請求權及有救濟的機會（可訴訟性）等三要件，且缺一不可。

　　基於上述「權利」的定義，可知公務員權利（right）係指依據法律規定，公務員可以享有的財產或非財產利益，也就是當事人在法律關係上，得合法主張的利益（劉昊洲，2001b：69）。

二、規範公務員權利之目的

　　主要有二項目的：
(一)係為明確地保障公務員的合法權益，使其無後顧之憂，於執行職務時，不致瞻前遲疑，能充分發揮潛能，戮力從公，為民服務，進而落實永業化制度（詳公務人員基準法草案總說明）。
(二)透過明確規範公務員各項權利，期能吸引更多優秀的人力，投入政府部門服務。

三、公務員權利之類型

有關公務員權利之類型，從不同的角度，可以得到不同的分類結果。例如：有依據權利內容、權利屬性、權利性質、權利來源、權利主張、權利資源、權利事實等區分（劉昊洲，2017：119）。

不同的學者與實務工作者，均曾提出他們的分類方式，例如：劉昊洲（2001a：134-137）認為公務員其實具有三種身分，第一種是國家的人民，依憲法第 7 條至第 18 條規定，依法享有生命權、財產權、平等權、自由權、參政權及受益權等權利；第二種是國家任用的人員，可享有包括俸給權、退休金權、撫卹金權、參加考績權、公保給付權等權利（詳後述第二節）；第三種是社會的個人，主要指可享有私法上的權利，例如繼承權等。基於不同的身分屬性，分別享有不同的權利。限於篇幅，以下僅呈現二種：

(一)基本人權：例如信仰宗教自由、集會結社自由、行政救濟權等。
(二)基於職位之權利：例如身分保障權、俸給權、退休金權、保險金權、撫卹權、費用請求權、參加公務員組織權等（張正編著，1998：320-328；許南雄，2012：287-288）。

四、公務員權利之特徵

有關公務員權利的特徵，依據劉昊洲（2017：116-118）的見解，有以下五項，可供吾人參考：

(一)來源：法律是主要依據，但不是唯一的依據。
(二)性質：有專屬領域，非一般人民所能享有。
(三)內容：權利事項種類繁多、內容龐雜，除法律明定者外，各機關仍有裁量空間。
(四)效力：少數權利可以放棄，例如：公保給付請求權；多數權利不能放棄。
(五)趨勢：原本不重視權利，其後重視實體權利，現則強調救濟性權利及程序權利。

貳、公務員義務

一、公務員義務之意義

「義務」一詞和「權利」一樣，是法律上重要的概念。什麼是「義務」呢？根據學者的通說，「義務」是法律所加於人們的行為或不行為的拘束，如不遵照這種規定，其應負擔法律上的責任而受某種的制裁（林紀東等，1992：1064）。

公務員的義務（obligations）係指身為公務員無可推諉、必須盡到的「職責」。換言之，義務是公務員本於身分與職務應有的承擔與作為（劉昊洲，2017：122、124）。其實，有關公務員的義務，基本上就是公務員的雇主（政府）對公務員的各種要求，包括作為與不作為的要求。

二、規範公務員義務之目的

歸納相關資料（劉昊洲，2017：125；陳新民，2020：199）可知，規範公務員義務的目的主要有二項：

(一) 維持行政紀律與效率達成國家目的

公務員對國家負有特別的服勤務及忠誠義務，即可由法律特別規定，其有異於一般人民的特別之權利義務，以達成國家目的，並維持行政紀律與效率，同時也應符合法治國原則，使得公務員之人權與尊嚴能獲得具體實踐。

(二) 治理國政與服務人民

由於國家設立政府的本意，就是治理與服務人民，如果公務員不盡其執行職務等各項義務，政府機關只是形同虛設的空殼子而已。

三、公務員義務之類型

公務員義務的分類，依據劉昊洲（2017：122-124）的研究，有許多種：

第一，依據「性質」區分，可分為一般義務與特別義務；第二，依據「業務來源」區分，可分為傳統範圍的義務與新增事項的義務；第三，就「業務對象」區分，可分為對國家的義務與對人民的義務；第四，就「義務屬性」區分，可分為概括義務與具體義務；第五，從「義務內容」區分，可分為品德義務與工作義務；第六，從「義務作為」區分，可分為作為義務與不作為義務。

　　一般而言，公務員擔負的義務，原則上可以分成兩大類（翁岳生，2020：424；陳新民，2020：209）：

(一)職務義務：擔任公務員基於「公職」，所產生之義務，包括服勤務、服從、保密、忠誠之義務等。

(二)身分義務（或職務外義務）：指基於公務員之身分，即使與職務無關，亦產生之義務，例如：保持行為端正之義務，以及屬於忠誠義務中的「政治行為節制」之義務等。

四、公務員義務之特徵

　　有許多文獻針對公務員義務之特徵表示看法，例如：黃錦堂（1994：273）認為公務員義務是一個規範性概念，以道德判斷為內涵，其中有傳統對文官期待的色彩，有對於政治經濟社會結構的參考而設定。有關公務員義務的特徵，張家洋曾提出四個：第一，為法律關係的一部分；第二，以一定的作為或不作為為內容；第三，具有法定的拘束力及範圍；第四，有特定履行義務的人員。此外，劉昊洲（2017：136-138）依據公務員義務主要內涵與種類，歸納出六項公務員義務的特徵：法律規範性、內容具概括性、服務客體不明確性、數量無限制性、效果強制性及倫理道德意味濃厚。

　　我國公務員的義務，主要規定於公務員服務法（以下簡稱服務法）中，其中倫理道德意味濃厚，依據劉昊洲（2014：106）的看法認為「公務員服務法多數條文規定，均是倫理道德意味十足濃厚的教條，甚至可以說其本質就是以法律包裝的倫理道德，不但模糊抽象、不夠具體，而且充滿訓示口氣，動輒處罰隨之，如果不看條次，說不定還有人會誤以為是誰擬的工作守則或生活公約，法律與倫理道德混淆在一起的情形，莫有超過此法者，亦堪稱為特色之一」。

劉文隆（1985：11-13）認為公務員義務之特徵，至少有以下三點：一、倫理性；二、不確定性；三、時代性，可供吾人參考。此外，尚有二項特徵亦值得吾人了解：「公法性」及「客觀性」，茲詳述如下：

(一) 倫理性

公務員之服務對象，不侷限於特定人，係全體人民，公務員所應擔負者為公法上義務，在法律或命令未有明確規定時，如何以最佳方法做出最有利於全體人民之處理，即為公務員義務所具倫理特性之具體表現。

(二) 不確定性

公務員所負執行職務之具體內容，常隨其職務之調動或工作指派之變化，而有所變動；各個不同機關，亦常本於其職權，對所屬公務員另行頒布各種單行法規，使其負擔各種特別義務；復就特定公務員言，初任公務員時，對其未來將從事之工作內容，未必事先真切明白，更遑論及日後，在實際執行職務時，亦不因該義務經一次執行而歸消滅等。均可看出公務員義務在質、量上所呈現之不確定性。

(三) 時代性

公務員亦為所處社會之成員，不同的時代與環境，有其不同的價值標準與取向，公務員義務也會部分反映出該時代之要求，如社會環境改變，公務員的義務亦會相對地發生變化。

(四) 公法性

國家對於違反義務之公務員，常以權力主體之地位，施以各種制裁，尤其在行政責任方面之行政懲處或移付司法懲戒，適用之法規，均具公法性質，故公務員義務，具有相當之「公法性」。

(五) 客觀性

另也有早期行政法學者陶天南認為公務員之義務均係由法律或行政規章所規定，法規之特性乃在其客觀性，故公務員義務又具「客觀性」。

參、公務員懲戒

一、公務員懲戒的意義

　　公務員懲戒為我國憲法所明定之制度。憲法第 24 條前段規定：「凡公務員違法侵害人民之自由或權利者，除依法律受懲戒外，應負刑事及民事責任。」同法第 77 條更將公務員懲戒之審理，獨立於民事、刑事與行政訴訟審判之外，劃歸司法院管轄。司法院因此設立公務員懲戒委員會（現已改為懲戒法院），專職掌理全國公務員之懲戒。由於公務員懲戒係由司法機關負責決定與審理，學理又稱為「司法懲戒」（李東穎，2017：8）。

　　對公務員的懲戒，基本上是一種處罰行為，原因是公務員有違法執行職務、怠於執行職務或其他失職行為，及非執行職務之違法行為，致嚴重損害政府之信譽。

二、規範公務員懲戒之目的

　　懲戒屬於處罰性質，其目的在維持官紀、促進效率，以利國政之推行。其作用一則在保障公務員服公職的權利，非依法律不受懲戒，以免墜入特別權力關係之濫權中；二則規範主管長官，防止恣意妄為，無端侵害公務員權利（徐有守、郭世良，2019：528）。

三、公務員懲戒的種類

　　依據新通過施行之公務員懲戒法第 9 條之規定，公務員懲戒處分有以下九種：免除職務、撤職、剝奪、減少退休（職、伍）金、休職、降級、減俸、罰款、記過、申誡（詳表 9-2-1）。

四、公務員懲戒之特徵

對公務員施以懲戒，係屬要求公務員肩負行政責任，因此，吾人可參考劉昊洲（2017：171-173）對公務員責任特徵的觀察，可知公務員懲戒的特徵，至少有下列六項：第一，就懲戒基礎言之，基於身分與職務而來；第二，就懲戒原因言之，係因違反義務而生；第三，就懲戒性質言之，係以處罰或不利益處分（例如降級或減薪）的型態出現；第四，就懲戒依據言之，係以專法「公務員懲戒法」為主；第五，就究責機關言之，專屬懲戒法院（舊稱公務員懲戒委員會）；第六，就懲戒結果言之，必然引起不利益及不愉快的後果。

第二節　公務員權利義務與懲戒法制說明

考量公務員之主體為公務人員，本節透過對公務人員人事法令的介紹，讓讀者對於公務員的權利義務及所負責任有所認識，也希望公務員重視應有權利、確實履行義務，並對違反義務應負的責任有所體悟，避免產生違法失職情事及影響民眾對政府之觀感。

壹、公務員權利

18歲以上之中華民國國民經國家考試錄取、訓練合格及分發任用後，成為正式公務人員，與國家產生「公法上職務關係」，國家對於公務人員有照顧其生活及保障其權益的義務，國家對公務人員權利事項雖訂有公務人員保障法（以下簡稱保障法）予以保障，實則散見於各種人事法令。而公務人員的權利可從身分與官等職等保障、經濟生活、參加考績、依法請假、權利救濟及集會結社等六個方面進行說明：

一、身分與官等職等保障

　　依保障法第 2 條規定，公務人員身分、官職等級、俸給、工作條件、管理措施等有關權益之保障，適用該法之規定。同法第 13 條規定，公務人員經銓敘審定之官等職等應予保障，非依法律不得變更。另公務員懲戒法第 1 條亦規定，公務員非依法不得懲戒。

二、經濟生活

　　主要為俸給、退離給與及保險給付等三類，說明如下：
(一)俸給：依保障法第 14 條規定，公務人員經銓敘審定之俸級應予保障，非依法律不得降級或減俸，而公務人員俸給依公務人員俸給法及公務人員加給給與辦法規定，分為本俸（年功俸）及加給，加給又分為職務加給、技術或專業加給及地域加給三種，至於各項獎金、工作費、生活津貼等其他給與及福利性給與，因係用行政規則方式處理，保障程度尚難與俸給相比。
(二)退離給與：公務人員如有退休、資遣或撫卹之情形時，依公務人員退休撫卹資遣法請領相關退離給與。
(三)保險給付：公務人員在保險有效期間，發生失能、養老、死亡、眷屬喪葬、生育或育嬰留職停薪之保險事故時，得依公教人員保險法請領相關現金給付。

三、參加考績

　　依公務人員考績法第 3 條規定，考績區分如下：
(一)年終考績：指各官等人員，於每年年終考核其當年 1 月至 12 月任職期間之成績。
(二)另予考績：指各官等人員，於同一考績年度內，任職不滿一年，而連續任職已達六個月者辦理之考績。
(三)專案考績：指各官等人員，平時有重大功過時，隨時辦理之考績。

又服務機關依公務人員考績法第 7 條、第 8 條、第 10 條及第 12 條規定，對於考績考列乙等以上者給予半個月至二個月的考績獎金，其中年終考績考列乙等以上者，除得領取考績獎金外，並應晉敘俸級。另對於一次記二大功者辦理之專案考績，亦給與考績獎金及晉敘俸級，以激勵士氣。另各機關參加考績人員任本職等年終考績，如二年列甲等或一年列甲等二年列乙等者，依該法第 11 條規定，取得同官等高一職等之任用資格。

四、依法請假

考試院與行政院依公務員服務法第 12 條規定會同發布公務員請假規則，依公務人員請假規則第 3 條規定，公務人員每年得請事假七日及病假二十八日。結婚者給婚假十四日，懷孕者分娩前給產前假八日，分娩後給娩假四十二日，因配偶分娩者給陪產假五日，因父母、配偶死亡者給喪假十五日，繼父母、配偶之父母、子女死亡者給喪假十日，曾祖父母、祖父母、配偶之祖父母、配偶之繼父母、兄弟姐妹死亡者給喪假五日，上開假別均得以時計。

另依前開請假規則第 7 條規定，公務人員至年終連續服務滿一年者，第二年起，每年應給休假七日；服務滿三年者，第四年起，每年應給休假十四日；滿六年者，第七年起，每年應給休假二十一日；滿九年者，第十年起，每年應給休假二十八日；滿十四年者，第十五年起，每年應給休假三十日。

五、權利救濟

憲法第 16 條規定：「人民有請願、訴願及訴訟之權。」惟早期公務人員因受特別權利關係理論支配，無法如同一般人民提起救濟以保障自身權益，迄自 85 年 6 月 1 日公務人員保障暨培訓委員會（以下簡稱保訓會）成立及保障法 85 年 10 月 16 日制定公布後，始進入保障制度化時期，並確立公務員與國家之關係為「公法上職務關係」。

依保障法第 4 條至第 6 條規定，公務人員權益之救濟，依該法所定復審、申訴、再申訴之程序行之，而保訓會對於保障事件，於復審人、再申訴人表示不服之範圍內，不得為更不利於該公務人員之決定，且各機關不得因公務人員

依本法提起救濟而予不利之行政處分、不合理之管理措施或有關工作條件之處置，又公務人員所提之保障事件，經保訓會決定撤銷者，自決定書送達之次日起三年內，該公務人員經他機關依法指名商調時，服務機關不得拒絕。

　　而提起復審或申訴、再申訴的區別在於標的不同，依保障法第 25 條及第 30 條規定，公務人員對於服務機關或人事主管機關（以下簡稱原處分機關）所為之行政處分，認為違法或顯然不當，致損害其權利或利益者，得繕具復審書於行政處分達到之次日起三十日內經由原處分機關向保訓會提起復審。至於公務人員對於服務機關所為之管理措施或有關工作條件之處置認為不當，致影響其權益者，依保障法第 77 條及第 78 條規定，應於管理措施或有關工作條件之處置達到之次日起三十日內，向服務機關提起申訴，對申訴函復如再有不服，得於復函送達之次日起三十日內向保訓會提起再申訴；公務人員離職後，接獲原服務機關之管理措施或處置者，亦得依上開規定提起申訴、再申訴。

　　又在司法院釋字第 785 號解釋[1]之前，以往依保障法提起復審之人事行政處分主要有三：

(一) 足以改變公務人員身分關係（釋 243；免職、一次記二大過專案考績免職、考績丁等）。

(二) 對公務人員權益有重大影響之處分（釋 323；停職、對擬任之公務人員任用審查不合格或降低原擬任之官等、將高職等之公務人員調任為較低官等或職等之職務）。

(三) 對公法上財產請求權遭受侵害等事項（釋 187、201、266、312；如遭否准退休金、考績獎金及福利互助金等事件）。

　　司法院釋字第 785 號解釋的出現，體現公務人員與國家間雖具有公法上職務關係，但其作為基本權主體之身分與一般人民並無不同，人民因其公務人員身分，與其服務機關或人事主管機關發生公法上爭議，認其權利遭受違法侵害，或有主張權利之必要，自得按相關措施與爭議之性質，依法提起相應之行

1　該號解釋文：「本於憲法第 16 條有權利即有救濟之意旨，人民因其公務人員身分，與其服務機關或人事主管機關發生公法上爭議，認其權利遭受違法侵害，或有主張權利之必要，自得按相關措施與爭議之性質，依法提起相應之行政訴訟，並不因其公務人員身分而異其公法上爭議之訴訟救濟途徑之保障。……。」

政訴訟，並不因其公務人員身分而異其公法上爭議之訴訟救濟途徑之保障。依該號解釋之意旨，保障法有關申訴、再申訴救濟之相關規定，既未排除公務人員認為其權利受違法侵害或有主張其權力之必要時，自得按相關措施之性質，依法提起相應之行政訴訟。

　　保訓會為確實保障公務人員權益，已盤點現行復審及申訴、再申訴標的類型，並於民國 109 年 10 月 5 日通函各主管機關人事機構，以調整保障法所定復審及申訴、再申訴救濟範圍，將保障法第 25 條「行政處分」之判斷，與行政程序法第 92 條規定「指行政機關就公法上具體事件所為之決定或其他公權力措施而對外直接發生法律效果之單方行政行為」為相同之認定，不再以權利侵害之嚴重與否為要件，所以日後依公務人員考績法規所為之獎懲、考績評定各等次因屬行政處分，公務人員均可循復審程序提起救濟。

六、集會結社

　　為保障公務人員之工作及組織結社權利，考試院制定公務人員協會法，於民國 91 年 7 月 10 日公布，並自民國 92 年 1 月 1 日起施行，並於民國 94 年及 95 年二度修正。依該法規定，公務人員得自由組織、加入公務人員協會。公務人員協會依該法第 6 條至第 8 條規定，對於公務人員之銓敘、保障、撫卹、退休、訓練進修與待遇調整之規劃及擬議、任免、考績、級俸、陞遷、褒獎之法制事項等事項得提出建議；對於辦公環境之改善、行政管理、服勤之方式及起訖時間得提出協商；亦得辦理會員福利、訓練進修、會員與機關間或會員間糾紛之調處與協助、接受政府機關或公私團體之委託等事項。

貳、公務員義務

一、沿革

　　公務員的義務主要規定於公務員服務法（以下簡稱服務法），服務法係民國 28 年由國民政府制定公布，歷經 32 年、36 年、85 年及 89 年四次小幅修正，

嗣銓敘部為應司法院釋字第 785 號解釋之意旨（就業務性質特殊之輪班輪休公務員針對其特殊性及差異性，設計符合憲法服公職權及健康權保障意旨之框架性規範，並要求主管機關訂定各類輪班輪休人員之勤休規範），以及公務員職務上行為義務、規範密度與其適用範圍，須契合時代需要及社會環境調整，於廣納各界意見後，擬具服務法修正草案，經考試院於 110 年 11 月 29 日函請立法院審議，嗣立法院 111 年 5 月 30 日三讀通過，並經總統 111 年 6 月 22 日令修正公布，並自 112 年 1 月 1 日施行，以下就修正後之服務法進行說明。

二、主要內容

目前服務法共有 27 條，主要規範適用對象、行為義務、請假權利、違反義務之處罰及施行日期（許道然、林文燦，2019：341），鑑於前二者為服務法之核心，主要就前二者說明如下：

(一) 適用對象（服務 §2）

服務法適用對象為受有俸給之文武職公務員及公營事業機構純勞工以外之人員，但不包括中央研究院未兼任行政職務之研究人員、研究技術人員。又所稱俸給依司法院 35 年 7 月 18 日院解字第 3159 號解釋不僅指現行文官官等官俸表所定級俸而言，亦包括其他法令所定國家公務員之俸給，爰服務法指涉之公務員屬廣義概念，又依相關釋例，聘僱人員及駐衛警為服務法適用對象，民意代表、臨時人員、技工及工友則非服務法適用對象。另依司法院釋字第 308 號解釋，公立學校聘任之教師不屬於服務法第 24 條所稱之公務員，惟兼任學校行政職務之教師，就其兼任之行政職務，則有服務法之適用。

(二) 行為義務

1. 忠實執行職務（服務 §§1、8、9、10、11、12、13）

服務法開宗明義規範公務員應恪守誓言，依法律、命令所定執行其職務，其中所稱誓言是指公務人員服務誓言，[2] 乃初任及再任之公務人員需要詳閱

---

[2] 目前誓言內容是銓敘部納入廉正、忠誠、專業、效能、關懷等五項文官核心價值，於

及簽名後，由服務機關併同其餘送審書表送銓敘部銓敘審定。另執行職務尚包括收受人事派令原則應於一個月內就職、奉派出差除天災或其他不可歸責之事由外，應於核准之期程內往返、未經機關（構）同意不得擅離職守、依法定時間辦公，不得遲到早退、因事、照顧家庭成員、婚喪、疾病、分娩或其他正當事由得請假等項。

2. 服從命令

　　韋伯理想型科層體制特徵之一是組織型態爲層級節制體系，而身處科層體制的公務員因代表機關行使公權力，受嚴密層級節制的管控，即依地位高低來規定人員間命令與服從關係（江岷欽、林鍾沂，1997：47），因此服務法第 3 條第 1 項規定：「公務員對於長官監督範圍內所發之命令有服從義務，如認爲該命令違法，應負報告之義務；該管長官如認其命令並未違法，而以書面署名下達時，公務員即應服從；其因此所生之責任，由該長官負之。但其命令有違反刑事法律者，公務員無服從之義務。」而當公務員對於兩級長官同時所發命令不一致時，按服務法第 4 條規定，需以上級長官之命令爲準；主管長官與兼管長官同時所發命令，以主管長官之命令爲準。然而公部門強調依法行政，如果公務人員認爲命令的內容跟法規有牴觸時，依保障法第 17 條及服務法第 3 條第 2 項規定，應先向長官報告，該管長官非以書面署名下達命令者，公務員得請求其以書面署名爲之，該管長官拒絕時，視爲撤回其命令。

3. 嚴守機密

　　服務法第 5 條規定：「（第 1 項）公務員有絕對保守政府機關（構）機密之義務，對於機密事件，無論是否主管事務，均不得洩漏；離職後亦同。（第 2 項）公務員未經機關（構）同意，不得以代表機關（構）名義或使用職稱，發表與其職務或服務機關（構）業務職掌有關之言論。（第 3 項）前項同意之條件、程序及其他應遵循事項之辦法，由考試院會同行政院定之。」蓋因政府

民國99年7月所修正的，內容爲「余誓以至誠，恪遵憲法與政府法令，以清廉、公正、忠誠及行政中立自持，關懷民眾，勇於任事，充實專業知能，創新改革，興利除弊，提昇政府效能，爲人民謀求最大福祉。如違誓言，願受最嚴屬處分。謹誓」。https://www.mocs.gov.tw/search.aspx?skey=%e5%85%ac%e5%8b%99%e4%ba%ba%e5%93%a1%e6%9c%8d%e5%8b%99%e8%aa%93%e8%a8%80（檢索日期：2020/8/12）。

所有決策都是以首長名義發布，所以從文官必須認清匿名的倫理要求出發（許道然、林文燦，2019：343），其立法意旨係考量公務員經國家選任代表國家執行公權力，其言行在合理範圍內受相關法律之規範，實屬必要，惟如何在不違反憲法第 11 條有關人民有言論自由規定之前提下，明確劃分與其職務或業務職掌有關之界線，有賴主管機關於「公務員發表職務言論同意辦法」予以明確規範。

4. 維持品操及廉潔

公務員某程度代表政府機關之形象，所以對品德操守及廉潔的要求高於一般民營企業員工，理應避免涉足有爭議的八大（特種）行業，[3]並應廉潔自持，不可隨意收受餽贈，相關規範如下（服務法 §§6、17、18）：

(1) 公務員應公正無私、誠信清廉，謹慎勤勉，不得有損害公務員名譽及政府信譽之行為。

(2) 公務員不得餽贈長官財物或於所辦事件收受任何餽贈。但符合廉政相關法令規定者，不在此限。

(3) 公務員不得利用視察、調查等機會，接受招待或餽贈。

又因前開條文過於抽象，恐使公務員無具體規範可資遵循，並為提升政府之清廉形象，行政院於民國 97 年 6 月訂定公務員廉政倫理規範，規定公務員正常社交禮俗標準為每次不超過新臺幣 3,000 元，且同一年度來自同一來源受贈財物以新臺幣 1 萬元為限，如以公務員配偶、直系血親、同財共居家屬之名義收受者或藉由第三人收受後轉交公務員本人或前款之人者，推定為公務員之受贈財物。

5. 不為一定行為（服務 §§7、14、15、20、21、22）

(1) 不得假借權力，以圖本身或他人之利益，並不得利用職務上之機會加損害於人。

---

[3] 指「視聽歌唱業」、「理髮業」、「三溫暖業」、「舞廳業」、「舞場業」、「酒家業」、「酒吧業」及「特種咖啡茶室業」等八種行業，因其略分為八大類，故俗稱「八大行業」，以上八種行業目前回歸由商業登記主管機關管理。http://www.ilcpb.gov.tw/main/news_in.aspx?siteid=&ver=&usid=&modid=625&mode=pc&nid=667&noframe=（檢索日期：2020/8/12）。

(2) 不得經營商業，又經營商業包括依公司法擔任公司發起人或公司負責人、依商業登記法擔任商業負責人，或依其他法令擔任以營利為目的之事業負責人、董事、監察人或相類似職務。但經公股股權管理機關（構）指派代表公股或遴薦兼任政府直接或間接投資事業之董事、監察人或相類似職務者，並經服務機關（構）事先核准或機關（構）首長經上級機關（構）事先核准者，不在此限。

(3) 所任職務對營利事業有直接監督或管理權限者，不得取得該營利事業之股份或出資額。

(4) 除法令規定外，不得兼任他項公職、領證職業及其他反覆從事同種類行為之業務。但於法定工作時間以外，從事社會公益性質之活動或其他非經常性、持續性之工作，且未影響本職工作者不在此限。至所稱法令包括法律、法規命令、組織法規、地方自治團體所定自治條例及與上開法規處於同等位階者。

(5) 除報經同意外，不得兼任教學或研究工作或非以營利為目的之事業或團體職務。但兼任無報酬且未影響本職工作者，不在此限。

(6) 非因職務之需要，不得動用行政資源。

(7) 對於職務上所管理之行政資源，應負善良管理人責任，不得毀損、變換、私用或借給他人使用。

(8) 公務員對於與其職務有關係者，不得私相借貸，訂定互利契約，或享受其他不正利益。至與其職務有關係者，包括承辦本機關（構）或所屬機關（構）之工程、經營本機關（構）或所屬事業來往款項之銀行、承辦本機關（構）或所屬事業公用物品之營利事業及受有政府機關（構）獎（補）助費等四項。

6. 利益迴避

依服務法第 19 條規定公務員執行職務時，遇有涉及本身或其親（家）屬之利害關係者，應行迴避。同法第 16 條規定，公務員於其離職後三年內，不得擔任與其離職前五年內之職務直接相關之營利事業董事、監察人、經理、執行業務之股東或顧問，這就是俗稱的「旋轉門條款」，又依服務法第 24 條規定，離職公務員違反旋轉門條款者，處二年以下有期徒刑，得併科新臺幣 100 萬元以下罰金。而行政程序法第 32 條及第 33 條分就自行迴避及當事人得申請

迴避之情形予以明文規範。[4]

　　另為促進廉能政治、端正政治風氣，建立公職人員利益衝突迴避之規範，有效遏阻貪污腐化及不當利益輸送，公職人員利益衝突迴避法於民國89年7月制定公布，並於民國103年11月及107年6月二度修正公布，適用對象依該法第2條規定除正副首長、正副幕僚長及辦理工務、建管、城鄉計畫、政風、會計、審計及採購業務主管外，尚包含「總統、副總統」、「政務人員」、「各級民意機關之民意代表」、「代表政府或公股出任其出資、捐助之私法人之董事、監察人與該等職務之人」、「公法人之董事、監察人、首長、執行長與該等職務之人」及「政府捐助之財團法人之董事長、執行長、秘書長與該等職務之人」等。又所稱利益依該法第4條規定，包括財產上利益及非財產上利益，如有違反利益衝突之行為，依該法第16條至第19條規定，除補助及交易行為係按其補助或交易金額級距處罰外，其餘依行為類型處2萬元以上600萬元以下罰鍰，並得按次處罰。

參、公務員懲戒

　　依憲法第24條規定：「凡公務員違法侵害人民之自由或權利者，除依法律受懲戒外，應負刑事及民事責任。被害人民就其所受損害，並得依法律向國家請求賠償。」可知公務員責任有行政責任、民事責任及刑事責任，其中行政

---

[4] 行政程序法第32條：「公務員在行政程序中，有下列各款情形之一者，應自行迴避：一、本人或其配偶、前配偶、四親等內之血親或三親等內之姻親或曾有此關係者為事件之當事人時。二、本人或其配偶、前配偶，就該事件與當事人有共同權利人或共同義務人之關係者。三、現為或曾為該事件當事人之代理人、輔佐人者。四、於該事件，曾為證人、鑑定人者。」第33條：「（第1項）公務員有下列各款情形之一者，當事人得申請迴避：一、有前條所定之情形而不自行迴避者。二、有具體事實，足認其執行職務有偏頗之虞者。（第2項）前項申請，應舉其原因及事實，向該公務員所屬機關為之，並應為適當之釋明；被申請迴避之公務員，對於該申請得提出意見書。……。（第5項）公務員有前條所定情形不自行迴避，而未經當事人申請迴避者，應由該公務員所屬機關依職權命其迴避。」

責任除依機關內部的考核獎懲規定外，主要是懲戒法院的懲戒判決，而懲戒性質上並非刑罰或行政罰，而是作為維持公務紀律及人民對於公務員體制信賴之措施，具有高度公益性，謹就公務員懲戒法（下稱懲戒法）進行介紹。

一、沿革

懲戒法自民國 26 年 6 月 8 日施行以來，歷經七次修正，迄至最後一次民國 109 年 6 月 10 日修正公布，同年 7 月 17 日施行，相關修正係以「懲戒實效化」、「組織法庭化」、「程序精緻化」為取向，期待透過懲戒案件審判之司法化，加強公務人員權利之制度性保障、增進審理案件效率、加速懲戒程序之進行，並配合公務員懲戒委員會更名為懲戒法院及新增上訴審級。

二、重要內容

(一) 懲戒的原因（懲戒 §2）

包括「違法執行職務、怠於執行職務或其他失職行為」及「非執行職務之違法行為，致嚴重損害政府之信譽」。

(二) 職務當然停止（懲戒 §4）

公務員有「依刑事訴訟程序被通緝或羈押」、「依刑事確定判決，受褫奪公權之宣告」及「依刑事確定判決，受徒刑之宣告，在監所執行中」等 3 種情形時，其職務當然停止。

(三) 職務先行停止（懲戒 §5）

懲戒法庭對於移送之懲戒案件，認為情節重大，有先行停止職務之必要者，得裁定先行停止被付懲戒人之職務，並通知被付懲戒人所屬主管機關，而主管機關對於所屬公務員，依第 24 條規定送請監察院審查或懲戒法院審理而認為有免除職務、撤職或休職等情節重大之虞者，亦得依職權先行停止其職務。

(四) 復職之俸給補發（懲戒 §7）

　　停止職務之公務員，於停止職務事由消滅後，未經懲戒法庭判決或經判決未受免除職務、撤職或休職處分，且未在監所執行徒刑中者，得依法申請復職。服務機關或其上級機關，除法律另有規定外，應許其復職，並補給其停職期間之本俸（年功俸）或相當之給與。

(五) 懲戒處分之種類及效力（懲戒 §§9、11～19）

　　懲戒處分種類之內容如表 9-2-1，其中「剝奪、減少退休（職、伍）金」係以退休（職、伍）或其他原因離職之公務員為限，又「罰款」得與「剝奪、減少退休（職、伍）金」、「減俸」以外之其餘種類併為處分。另「休職」、「降級」及「記過」之處分於政務人員不適用之。

表 9-2-1　懲戒處分種類之內容

種類	內容	不得晉敘、陞遷主管之期間限制
免職	免其現職，並不得再任用為公務員。	
撤職	撤其現職，並於一定期間停止任用；其期間為 1 年以上、5 年以下。	於停止任用期間屆滿，再任公務員者，自再任之日起，2 年內不得晉敘、陞任或遷調主管職務。
剝奪、減少退休（職、伍）金	剝奪或減少（10% 至 20%）受懲戒人離職前所有任職年資所計給之退休（職、伍），其已支領者，並應追回之。	
休職	休其現職，停發俸（薪）給，並不得申請退休、退伍或在其他機關任職；其期間為六個月以上、3 年以下。	休職期滿，許其回復原職務或相當之其他職務。自復職之日起，2 年內不得晉敘、陞任或遷調主管職務。
降級	依受懲戒人現職之俸（薪）級降 1 級或 2 級改敘，如無級可降者，按每級差額，減其月俸（薪）；其期間為 2 年。	自改敘之日起，2 年內不得晉敘、陞任或遷調主管職務。
減俸	依受懲戒人現職之月俸（薪）減 10% 至 20% 支給；其期間為六個月以上、3 年以下。	自減俸之日起，2 年內不得晉敘、陞任或遷調主管職務。
罰款	金額為 1 萬元以上、100 萬元以下。	

表 9-2-1 懲戒處分種類之內容（續）

種類	內容	不得晉敘、陞遷主管之期間限制
記過	得為記過 1 次或 2 次。1 年內記過累計 3 次者，依其現職之俸（薪）級降一級改敘；無級可降者，按每級差額，減其月俸（薪）。	自記過之日起 1 年內，不得晉敘、陞任或遷調主管職務。
申誡	以書面為之。	

資料來源：修改自張雅晶、蕭欣瑋（2016：48）。

(六) 送請監察院及懲戒法院之區別（懲戒 §24）

1. 簡任第 10 職等或相當於簡任第 10 職等以上之公務員：各院、部、會首長，省、直轄市、縣（市）行政首長或其他相當之主管機關首長，認為所屬上開人員有第 2 條所定情事者，應由其機關備文敘明事由，連同證據送請監察院審查。
2. 薦任第 9 職等或相當於薦任第 9 職等以下之公務員：得逕送懲戒法院審理。

(七) 多人涉案之移送（懲戒 §25）

同一違法失職案件，涉及之公務員有數人，其隸屬同一主管機關者，移送監察院審查或懲戒法院審理時，應全部移送；其隸屬不同主管機關者，由共同上級機關全部移送；無共同上級機關者，由各主管機關分別移送。

(八) 免議之判決（懲戒 §56）

如有「同一行為，已受懲戒法院之判決確定」、「受褫奪公權之宣告確定，認已無受懲戒處分之必要」及「已逾第 20 條規定之懲戒處分行使期間（休職為十年，減少退休（職、伍）金、降級、減俸、罰款、記過或申誡為五年）」。

三、懲戒流程

懲戒法的適用對象除一般公務員外，尚包括法官及檢察官，但二者之懲戒流程有所差異，基於本書探討對象為一般公務員，爰提供其懲戒流程如圖9-2-1。

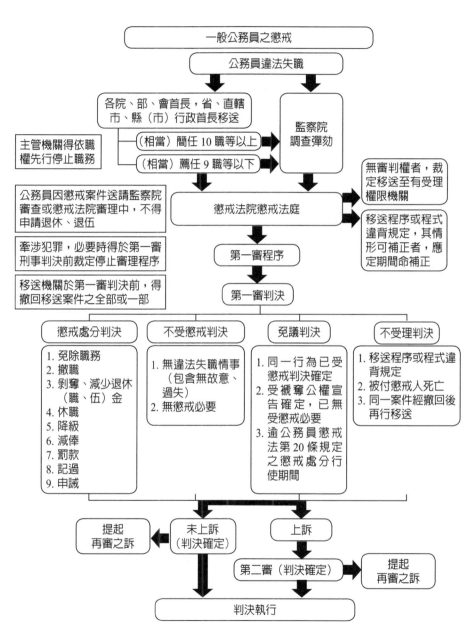

圖 9-2-1　一般公務員懲戒流程圖

資料來源：懲戒法院網站。

第三節　相關案例解析

　　透過上節對公務員權利、義務及懲戒之法制說明，我們雖可瞭解相關規定之重點規範內容，但如無佐以案例，恐難眞正明白其中的奧義。因此，本節將透過相關案例分析，讓讀者更瞭解制度設計的意涵，並考量服務法有關兼職部分之規定對公務人員影響更大，爰就義務部分再予深入探討。

壹、公務員權利篇

一、不服機關考績結果如何提起救濟 [5]

(一) 案例事實

　　小陳原係 F 總隊第一大隊（以下簡稱第一大隊）小隊長，於 108 年 12 月中旬調任該總隊第二大隊小隊長（現職）。其 108 年公務人員考績表經第一大隊大隊長按其實際工作狀況，評擬爲 80 分；嗣遞送 F 總隊考績委員會初核亦維持 80 分；惟送 F 總隊總隊長覆核時，認小陳欠缺服務熱忱，逕自將小陳考績更改爲乙等 79 分。小陳聽聞其 108 年考績爲乙等，尚未收受考績通知書，即逕向保訓會提起復審。請問小陳 108 年年終考績由第一大隊大隊長評擬是否合法？F 總隊總隊長逕行變更小陳之考績分數是否合法？小陳僅聽聞其乙等之考績結果，尚未收到考績通知書，得否逕行提起復審尋求救濟？

(二) 案例解析

1. 年終考績應由年終任職職務之單位主管爲評擬，始爲適法。
(1) 按公務人員考績法第 14 條第 1 項前段規定，各機關對於公務人員之考績，應由主管人員就考績表項目評擬。次按同法施行細則第 2 條第 2 項規定略以，公務人員調任現職，除 12 月 2 日以後由其他機關調任現職者，由原

5　修改自105公申決字第0236號。

任職機關以原職務辦理考績外，於年終最後任職機關參加考績時，應由考績機關向受考人原任職機關，調取平時考核紀錄及其他相關資料，評定成績。再按各機關辦理公務人員考績（成）作業要點第 2 點前段規定，公務人員應以年終任職之職務辦理考績（成）。據此，公務人員除於 12 月 2 日以後調任他機關，仍由原任職機關以原職務辦理考績外，其他人員應由年終任職職務之單位主管辦理考績（成）評擬。

(2) 本案小陳從 F 總隊第一大隊調至第二大隊，屬機關內部單位間之調動，並無上開考績法施行細則第 2 條第 2 項規定之適用，故其 108 年年終考績應由年終所任職務之主管人員，即第二大隊大隊長進行評擬，始為適法。如其 108 年考績係由前第一大隊大隊長評擬，即有法定程序之瑕疵。

2. 首長於覆核考績案件，對初核結果有意見時，除未變更考績等次之分數調整，得逕行為之外，應交考績委員會復議。

(1) 公務人員考績法施行細則第 19 條第 1 項規定：「機關長官覆核所屬公務人員考績案，如對初核結果有意見時，除未變更考績等次之分數調整，得逕行為之外，應交考績委員會復議。機關長官對復議結果，仍不同意時，得加註理由後變更之。」

(2) 本案 F 總隊總隊長逕自將小陳考績由甲等 80 分更改為乙等 79 分，已變更小陳考績等次，應再交考績委員會復議，其對復議結果，仍不同意時，始得加註理由後變更之。

3. 未收受考績通知書前，尚無行政處分存在，不得逕行提出復審尋求救濟。

(1) 機關依公務人員考績法規所為之考績評定等次，係有法律或法律授權訂定之規範，且經機關就構成要件予以判斷後，作成人事行政行為，已觸及公務人員服公職權等法律地位，對外直接發生法律效果，如公務人員對於服務機關或人事主管機關所為之行政處分，認為違法或顯然不當，致損害其權利或利益者，得依保障法第 25 條規定提起復審。

(2) 本案小陳尚未收到考績通知書，尚無行政處分存在，自不得逕行提起復審尋求救濟；縱使經由服務機關向保訓會提起復審，該會應依法為不受理之決定。

二、不服機關行政懲處如何提請救濟 [6]

(一) 案例事實

　　大華為 A 機關課員，承辦納骨塔室內設施更新工程案，於承包廠商進行施工時，即發現納骨塔內一樓走道不足原設計之寬度，卻任由廠商繼續施工，致驗收結果與工程契約不符，衍生履約爭議。A 機關審認大華執行職務疏於履約管理及行政作為不積極，導致履約爭議延宕，未能圓滿解決，經考績委員會決議核予其記過一次之懲處。請問機關得否據以懲處大華？又大華能否主張其無工程背景，均依契約及機關指示辦理，工程延宕應由廠商負責，請求撤銷懲處。

(二) 案例解析

1. A 機關得依規定經考績委員會決議核予大華行政懲處

　　A 機關依該機關平時獎懲標準表四、所定「有下列情形之一者，記過：……(十) 其他因執行職務疏失或違反規定，致生不良後果，情節較重者。」之規定，以大華發現廠商施工與契約書圖不符時，未依契約通知暫停執行，於情況改正後准恢復履約，執行職務顯有疏失，且致衍生履約爭議，有不良後果，情節較重之情形，爰提請考績委員會決議，依上開規定核予大華記過一次之懲處。

2. 懲處屬行政處分，應循程序透過服務機關向保訓會提起復審

　　機關依公務人員考績法規所為之獎懲及曠職核定等，均有法律或法律授權訂定之規範，且經機關就構成要件予以判斷後，作成人事行政行為，已觸及公務人員服公職權等法律地位，對外直接發生法律效果，大華如認 A 機關核予記過一次之懲處不當，致影響其權益者，得依保障法第 25 條及第 30 條規定，得於懲處令送達之次日起三十日內，繕具復審書，經由 A 機關向保訓會提起復審。

6　修改自105公申決字第0285號。

貳、公務員義務篇

一、公務人員將 APP 上架至應用程式商店公開銷售是否屬經營商業

(一) 案例事實

小王為 A 機關科員，有鑑於目前待遇難以完成其在臺北市購屋之夢想，遂利用其資訊專業於下班時間設計智慧手機之 APP，並自行將 APP 上架至應用程式商店公開銷售。請問小王是否違反服務法？

(二) 案例解析

依銓敘部 101 年 9 月 21 日函釋，小王行為屬經營商業之行為，有違服務法第 13 條（現為第 14 條）第 1 項有關「公務員不得經營商業[7]或投機事業之規定」。嗣該部考量以知識產能為基礎而形成之專利、商標及著作權等智慧財產權，係國家促進經濟發展、提升國際競爭力之利器，故公務員運用自身知識產能為基礎而形成之智慧財產所獲致之正常利潤，倘非涉及規度謀作之意，均非屬服務法第 13 條（現為第 14 條）經營商業之範疇，爰以 109 年 7 月 2 日令重新解釋公務員創作之專利、著作、藝術作品、應用程式、通訊軟體貼圖，得以自己名義運用或授權他人使用獲取報酬（包括透過網路平臺銷售而非主動嵌入廣告所獲取之廣告利潤），惟以自己名義運用者，不得設廠製售、與他人約定以自己名義從事商業宣傳及行銷。又公務員是否涉及規度謀作應由權責機關就個案事實而為綜合判斷。綜上，如 A 機關認定小王行為非屬規度謀作，且與其本職工作或尊嚴未有妨礙，則未違反服務法規定。

---

[7] 依銓敘部74年7月19日74台銓華參字第30064號函規定，服務法第13條（現為第14條）第1項所稱「經營」為規度謀作之意，經濟學上稱之為欲繼續經濟行為而設定作業上的組織，亦即指本人實際參加規度謀作業務之處理而言。

二、公務人員下班後兼職開計程車是否屬兼業

(一) 案例事實

　　豹哥為 A 機關書記，因工作無須加班，想起進入公職前自己是有牌的計程車駕駛，所以於下班後兼職開計程車。請問豹哥是否違反服務法？

(二) 案例解析

1. 依銓敘部部 75 年 4 月 8 日函略以，服務法第 14 條第 1 項（現為第 15 條第 2 項）所稱「業務」，係指須領證執業，且須受主管機關監督者；此外，其工作與本職的性質或尊嚴有妨礙者，均屬該條法律精神所不許。再依計程車駕駛人執業登記管理辦法第 2 條、第 5 條及第 7 條等相關規定，以從事計程車駕駛為業者，應向執業地直轄市、縣（市）警察局辦妥執業登記，始發給執業登記證及其副證。銓敘部爰以 105 年 2 月 24 日函，認定計程車駕駛為服務法第 14 條第 1 項（現為第 15 條第 2 項）所稱的「業務」，且須有執業事實，始得發給執業登記證，故無論是否為非上班時間，公務員均不得兼任計程車駕駛。

2. 茲以公務人員與勞工同屬受僱者，對照勞工可以身兼數職增加收入，公務人員可否兼職需受服務法規範，縱領證執業屬業務範疇，但依法令下班後不能於速食店、飲料店與便利商店打工，但如經服務機關許可後，卻可於學校或補習班授課賺取鐘點費。此種現象讓許多基層心生不滿，認為同樣是兼職賺錢的行為，法令與主管機關的認定卻不盡相同，不免讓人懷疑是否「職業有貴賤」，所以服務法有關經營商業及兼職規定，實有契合時代需要及社會環境變遷再予適度調整之必要。

三、銓敘部近年做法

　　為應審計部全面清查公務員兼任公司（商號）負責人、董事及監察人之情形，銓敘部業擬具違反服務法第 13 條（現為第 14 條）規定之認定標準、懲處原則與參考標準，將公務員兼任公司（商號）負責人、董事及監察人職務

分為態樣分為 8 種態樣，[8] 其中「兼任停業中公司（商號）負責人、董事及監察人」、「兼任未申請停業，惟查無營業事實之公司（商號）負責人、董事及監察人」、「知悉並掛名公司（商號）負責人、董事及監察人，惟未實際參與經營及未支領報酬」及「明知並兼任公司（商號）負責人、董事及監察人，且實際參與經營或領有報酬」者，不論係形式或實質違反服務法第 13 條不得經營商業之規定，均須移付懲戒，又為杜絕公務員違反服務法第 13 條公務員不得經營商業規定之情事一再發生，並節省各機關辦理查核兼職之人力與時間，提高查核資料之準確性，該部於 106 年 5 月 8 日啟用「公務員兼職查核平臺」辦理查核作業，並擬具服務法部分條文修正草案由考試院於 108 年 5 月 31 日函送立法院審議，[9] 雖因屆期不連續未獲通過，嗣該部再擬具服務法修正草案，經考試院函送後經立法院 111 年 5 月 30 日三讀通過，總統於同年 6 月 22 日修正公布全文。目前銓敘部對於兼職雖有放寬，並於第 15 條增訂「公務員得於法定工作時間以外，依個人才藝表現，獲取適當報酬，並得就其財產之處分、智慧財產權及肖像權之授權行使，獲取合理對價」之進步規定，惟又有「對公務員名譽、政府信譽、其本職性質有妨礙或有利益衝突者，不得為之」的但書規定，因該但書規定屬不確定法律概念，日後銓敘部實有透過函釋予以明確化之必要，避免各機關對同一兼職事由之同意與否認定標準不一，造成公務員莫衷一是，甚至遭到機關給予行政懲處。

---

[8] 參閱銓敘部104年8月6日部法一字第1044005116號函。

[9] 本次修正重點，係明定經營商業範圍，並適度修正公務員投資規定，同時就公務員於就（到）職時，違反經營商業及投資適法性要件者，給予合理緩衝時間以解除其違法狀態，以及修正公務員兼任教學、研究工作或非以營利為目的之事業或團體職務等許可程序規範等。

參、公務員懲戒篇

一、員警以登載不實公文書並行使之手段，剝奪他人之行動自由 [10]

(一) 案例事實

　　被付懲戒人方員及黃員爲係 A 分局某派出所警員，渠等於任職期間共同執行「第 2 次全國同步查緝詐欺車手專案行動」專案期間，方員於民國 107 年 3 月 8 日取得被通知人周嫌應到時日爲同年月 9 日 13 時到案通知書及寄存送達通知書後，與黃員於同年月 15 日前往周嫌住處後，在寄存送達通知書上登載及塗改登載不實之送達時間後，張貼於信箱拍照存證。復於同年月 16 日將上開不實文書資料陳報 A 分局偵查隊製作拘票聲請書，並由黃員持該拘票聲請書，向 B 地檢署聲請拘票，遂於同年月 19 日 6 時 5 分拘提周嫌到案。案經 B 地檢署檢察官於民國 108 年 2 月 19 日依公務員假借職務上之方法剝奪他人行動自由罪等案件，提起公訴。嗣經 C 地方法院刑事判決略以，方員及黃員共同犯公務員假借職務上之方法剝奪他人行動自由罪，各處有期徒刑壹年，均緩刑三年，並皆應向公庫支付新臺幣 5 萬元，二人雖已向公庫繳納完竣，但 A 分局以二人共同犯公務員假借職務上之方法剝奪他人行動自由罪等案件，違失情節重大，事證明確，審認有移付懲戒之必要，經 D 市政府移送公務員懲戒委員會（現爲懲戒法院，以下同）審議，該會於 109 年 7 月 9 日 109 年清字第○○○○○號公懲判決二人各降壹級改敘。

(二) 案例解析

　　被付懲戒人方員及黃員所爲，除觸犯刑罰法令外，並有違服務法第 5 條（現爲第 6 條）公務員應誠實清廉、謹愼勤勉之旨及第 6 條（現爲第 7 條）公務員不得利用職務上之機會，加損害於人等規定。其二人之違失行爲，破壞警察形象及司法文書公信力，爲維護公務紀律，D 市府依懲戒法第 2 條及第 24

---

10 修改自公務員懲戒委員會109年度清字第13399號公懲判決。

條第 1 項但書規定移懲戒尚屬妥適，又本件就移送機關提供之資料，已足認事證明確，故不經言詞辯論，逕為判決。又被付懲戒人身為執法人員，本當依法執行職務，竟為達成專案績效，以登載不實公文書並行使之手段，剝奪他人之行動自由，損及檢警之信賴關係及人民之司法觀感，惟事後均已表示知錯悔悟，經審酌懲戒法第 10 條所定各款事項等一切情狀，判決各降 1 級改敘，其效果依懲戒法第 15 條規定，係自改敘之日起，二年內不得晉敘、陞任或遷調主管職務，如在處分執行前或執行完畢前離職者，依同法第 21 條規定，於其再任職時，依其再任職之級俸執行或繼續執行之。

二、副縣長吳君向縣府不實請領特別費及縣政業務費 [11]

(一) 案例事實

　　某縣前副縣長吳君於 102 年及 103 年間，透過不詳方式取得並提供商店之不實免用統一發票收據與統一發票，並提供不實餐敘與贈禮對象等用途，透過不知情之同仁向縣政府不實請領特別費及縣政業務費共計新臺幣 98,679 元，違法事證明確，監察院爰依法提案彈劾。

(二) 案例解析

　　被付懲戒人所為，除觸犯刑事法律之外，並違反服務法第 5 條（現為第 6 條）公務員應誠實清廉之旨。其雖於擔任○○部○○署署長及某縣副縣長期間另涉貪污案件，經公務員懲戒委員會 104 年度鑑字第 13024 號議決撤職並停止任用五年在案。但其身為高階公務員，卻以不實之文書詐取公款，嚴重影響公務員清廉形象，為維護官箴及公務紀律，本件雖經 A 地方法院判處利用職務上機會詐取財物罪刑及褫奪公權，該會認仍有予以懲戒之必要。本件依移送機關提供之資料及上揭刑事判決，已足認事證明確，爰審酌懲戒法第 10 條各款所列一切情事，不經言詞辯論，判決撤職並停止任用二年。是以，政務人員是懲戒法之適用對象，且因吳君的懲戒處分牽涉犯罪是否成立，依懲戒法第 39

---

[11] 修改自公務員懲戒委員會109年度澄字第3568號公懲判決。

條規定，懲戒法庭得裁定於第一審刑事判決前，先停止審理程序，俟參酌刑事判決結果等相關資料再予懲戒，俾落實「刑懲並行」原則。

肆、小結

大體而言之，公務人員的權利、義務與懲戒均以公法規範，亦因其與國家間具公法上職務關係，爰憲法上所保障之權益受有相當之限制，如不得罷工、嚴守行政中立及旋轉門條款，又公務人員權利義務散見於相關人事法令，不若教師係於教師法第五章予以規範，鑑於公務人員基準法草案立法目的之一，係促使公務人員權利義務規定更加合宜明確（彭國華，2016：44），現雖基於部分爭議難有共識致改採修正服務法方式處理，而如何在兼顧公務人員投資理財權益及避免官商兩棲以私害公，適度放寬公務人員兼業及經營商業限制當為現階段修法亮點。長期而言，仍應加強政策論述，爭取朝野立委支持人事管理基準法律之制定。至於懲戒制度係作為維持公務紀律及人民對於公務員體制信賴之措施，也是公務人員犯錯具體體現責任的證明。

第四節　公務員權利義務與懲戒制度之問題與未來改進方向

壹、公務員權利義務與懲戒制度之問題

我國公務員法制施行迄今已近百年，[12] 隨著時代演進，不可能盡善盡美，雖在眾多主管人事法制工作者的努力下，仍不免存在問題。本節僅針對公務員

---

[12] 民國18年頒布考試法，民國19年考試院成立，因此，我國公務員法制施行迄今，可謂已近百年。詳「中華民國考試院史電子書」（頁59、67），https://www.exam.gov.tw/ebook/ebook/58/index.html（檢索日期：2020/9/6）。

權利、義務與懲戒制度之一般性問題加以陳述，特定權利制度之現存問題，例如：考績、退撫制度等，請詳閱本書各該章節的內容。

一、公務員權利制度的問題

有關公務員權利制度的問題，綜合整理相關文獻，可歸納出以下問題：

(一) 輕權利重義務

公務員之權利，一般可歸納為身分保障權、工作權、經濟受益權、集會結社權及其他權利等。我國對此雖多有規定，但往往散見於各種法令之中，且不盡周延，較諸以「服務法」詳定各種應盡義務之做法，頗有輕權利重義務之失（公務人員基準法草案總說明）。

(二) 現行公務員部分權利未均以法律明定

基於法治主義、明確性原則與權利的本質，公務員權利應以法律明定，目前多數公務員權利，雖皆以法律明定，但公務員權利並非皆以法律規定，少數權利仍係依法規命令而取得，少數甚至只有職權命令或一般法理的依據。例如：健康維護、因公涉訟輔助等，是法規命令之規定。其他權利，如生活津貼、住宅輔購、急難貸款、年終工作獎金等，係職權命令所規定，後者並無法律或法律授權命令為依據，故有人謂只是福利而非權利，至少不是法定權利。至於執行職務、使用官銜職稱等，甚至只是一般法理而已，並無法的依據（劉昊洲，2017：177）。

二、公務員義務制度的問題

歸納相關資料，可整理出以下五項：

(一) 部分義務規定較為抽象籠統概括不夠明確

法律是對社會事物為抽象規定，自無法鉅細靡遺地詳細規定。有關公務員權利與義務的規定，即是如此。雖然法律已為概括性、原則性的規定，但仍不

夠明確，具有隱藏性及延伸性，必須藉助行政命令與主管機關函釋，為進一步之補充規定，始較為明確具體，例如：服務法中部分義務規定，仍十分抽象，如公務員兼職須經服務機關「同意」抑或僅須「備查」之適用情形，還需賴行政院與考試院不斷函釋規定，公務員才能有所遵循（劉昊洲，2017：180）。

詳言之，服務法除僅有第 24 條，對違反該法第 16 條（旋轉門條款），定有處刑罰及罰金之具體規定，以及第 23 條有：「公務員違反本法規定者，應按情節輕重，分別予以懲戒或懲處，……。」此種籠統而不易執行之條文外，通篇無主管權責規定，及程序與標準之設定，亦無有關權利的規定。因此，曾有謂該法之抽象性、倫理性和宣示性太強，難謂符合立法技術之基本要求，更不易實現法治原則（徐有守、郭世良，2019：590）。

又如舊服務法第 5 條規定：「公務員應誠實清廉，謹慎勤勉，不得有驕恣貪惰，奢侈放蕩及冶遊……」其中有太多不確定法律概念，既不利於公務員，亦不利於依法行政原則的踐行。為避免此項缺失，本次修法已將本條條文（條次改為第 6 條）修改為：「公務員應公正無私、誠信清廉、謹慎勤勉，不得有損害公務員名譽及政府信譽之行為」。

(二) 公務員的權利與義務間既非相對亦不平等

在私法領域，相對人的權利義務間，大致是相對且平等的，但在公務員法領域，必須充分考量政府機關業務的推動，需適度尊重首長的用人權限及領導統禦效能，故公務員的義務，往往有意無意間被放大；而公務員的權利，則放在長官的權力之下，不是權利被限縮，就是變成附條件式的權利。顯然公務員權利與義務間，並非出於平等或平衡的狀態（劉昊洲，2017：178）。

誠如劉昊洲（2014：106）所言：「多數公務員人事法律在制定之際，均立於政府機關之立場，為管理公務員之需要與方便而制定，而非以照顧公務員為出發點，服務法自無例外。尤有進者，在早期絕對威權時期，公務員服務法的規定更為嚴苛，處處使用嚴峻與強制性的語句，似乎把公務員當成不懂事的小學生管理。比起其他法規的規定，顯然嚴苛許多。」

徐有守、郭世良（2019：590-591）也表示：「我國規範公務員行為之刑法、公務員懲戒法和服務法，係屬流行特別權力關係學說時期之產物，特徵是公務員無『法律保留原則』之適用，且須服不定量勤務，實與現代觀念對公務

員應有之基本權利保護原則不符，在民國 70 年代初期起，即面臨法學界激烈的檢討與批判。」民國 73 年，司法院公布釋字第 187 號解釋，認爲公務員本有憲法第 16 條之訴願、訴訟權，打破原來嚴格的「特別權力關係」封閉體系，首開一個小門縫，繼而各號解釋逐漸擴張此一門縫，甚至釋字第 395 號、第 396 號揭櫫「公法上職務關係」。因而，時至今日，公務員之權利義務，有必要基於公法上職務關係，重新檢討並整理建構權利義務對等與衡平的關係。

(三) 公務員的權利與義務未有統攝之規定

服務法自民國 28 年公布施行迄今，徐有守、郭世良（2019：589）認爲該法內容倫理性高，太過於抽象，且僅規定義務而爲無權利之規定。劉昊洲（2014：107-109）也認爲服務法存在許多問題，例如：體例不一、條次安排凌亂、服從規定與刑法不配合、義務之規定抽象，難以落實執行、適用對象不符合時代需要、處罰規定雖空泛但嚴苛等。再者，我國公務員權利之規定，多散見於各種法令，因此，實有必要在憲法與各公務員單項法律之間，制定一部統攝權利義務之基準規定，例如：類似勞動基準法的頒行。

(四) 應重新檢視國家高權侵犯公務員私權的合理性

有關舊服務法第 14 條限制兼職之規定，前大法官吳庚認爲是非常嚴苛的規定。如此嚴苛之規定，是否符合憲法保障人民自由選擇工作及職業之意旨，參照司法院釋字第 404 號解釋對憲法第 15 條工作權之闡釋，不無商榷之處。民國 97 年公布之釋字第 637 號解釋認爲服務法第 14 條之 1 規定，係對離職公務員選擇職業自由之限制，爲維護公益所必要，但在解釋理由書中亦加以非難，要求主管機關檢討修正（吳庚、盛子龍，2020：227）。

某位公務員曾在臉書上表達類似意見，作者認爲可供負責修法的機關參考。茲抄錄如下：「爭取公務員合理經商兼職的權利，一直是有識之士爭取的一個重要議題。在大環境變動下，重新檢視公務員和國家的合理關係，原本屬於公務員私權的領域，是否還要繼續用公法上職務關係的架構來框限？還是應該在不損傷公益前提下，合理歸還給公務員？爭議重點在服務法第 13 條（禁止經商）、第 14 條（限制兼職）。他們的訴求是檢討國家高權對待公務員私權的限制是否合理？他們建議應回歸到公益與公務員私權平衡。他們認爲只

要針對上班時間以及與自己業務職務有衝突事項（監督管理事項）予以禁制即可，不必干涉公務員不涉及公務、非上班時間的私領域。」即應配合時代發展，適度放寬公務員經營商業與兼職之規定。

公務員服務法自民國 28 年制定後，為配合時代發展需要及社會環境變遷，於民國 111 年 6 月 22 日首次全文修正公布，已適度放寬公務員經營商業、投資及兼職之限制，執行成效如何尚待觀察。

(五) 旋轉門條款的規定似過度擬制

我國服務法第 24 條係採「刑事立法」，且係採「抽象危險犯」以及「舉動犯」的立法模式，亦即公務員只要離職後三年內擔任與其離職前五年內之職務直接相關之營利事業董事、監察人、經理、執行業務之股東或顧問，不問有無利益輸送或助其任職之營利事業從事不正競爭情事，皆在禁止之列，均擬制為已犯罪，李惠宗（2008：321）批評此種法律上的擬制，顯然有過度擬制之現象。

三、公務員懲戒制度的問題

觀察相關文獻，有關我國公務員懲戒制度問題之商榷，主要有以下各項：

(一) 懲戒法上公務員之範圍有爭議

由於現行懲戒法中並無明文規定公務員之範圍，因此有關軍人、政務人員、民選首長、公營事業人員等，宜否納入懲戒法之懲戒對象，仍有爭議。懲戒法第 9 條第 4 項，公務員懲戒與政務官之司法制衡機制，是否違反政務官向民意直接負責之原理？是否缺乏民主正當性？皆值得吾人再加討論。蔡墩銘（1986：240-241）就曾提出不同看法，他認為政務官應由監察院加以撤職，而非由公懲會（現已改制為懲戒法院）處理。

(二) 懲戒權之歸屬應再討論

應歸屬於行政長官？還是應歸於司法的懲戒法院？懲戒係人事事項，還是應歸給我國制度特有之獨立於行政體系的考試院管轄？還是應歸給負責澄清吏

治與整飭官箴的監察體系負責？還是應歸給立法部門處置？例如：具政治性之官吏，如政務人員或其以上之官吏或民選首長之懲戒，由各該議會提出，促其去職。有關公務員懲戒權的歸屬，何者最適當，還有再討論的空間。

(三) 懲戒與彈劾制度混淆

現行的制度，有違失損譽行為，不區分政務官與常任文官，均由司法院懲戒法院懲戒。事實上，二者之任免條件與程序均不相同，因此，二者之處罰，不宜以同一方式處理。翁岳生認為彈劾為民意機關追究行政首長、高級行政人員或獨立行使職權之人的法律責任而設；而懲戒係行政首長規律所屬公務員之行政責任而定（翁岳生，2020：423）。學理上對於政務官及民選地方首長，宜否受懲戒，尚有爭論，反對者認為此乃混淆懲戒與彈劾制度（翁岳生，2020：439）。

(四) 現行懲戒懲處併行制梳不清理還亂

不難發現如有同一違失損譽之事實，即得由主管服務機關為考績懲處，亦得移送司法懲戒，可能產生二者競合的現象（徐有守、郭世良，2019：527-536）。

前大法官湯德宗（2000：47）在其文章〈論公務員不利人事處分的正當程序〉中，亦曾針對目前公務員懲戒與懲處制度併存的問題，表示看法，他認為：現行懲戒懲處併行制，是梳不清理還亂的併行制，而且現行懲戒與懲處事由混淆不清，致輒出現假懲處之名行懲戒之實的現象。

(五) 現行懲戒法重程序規定輕實體規定

針對我國公務員懲戒制度的問題，早期學者仲肇湘教授亦曾表示過看法，迄今似仍有參考價值：「現在的懲戒法，可說只是一種程序法，而非懲戒的實體法。懲戒法規定懲戒的事項僅違法與失職兩大項目，（現行懲戒法已將懲戒事項擴增為「違法執行職務、怠於執行職務或其他失職行為」及「非執行職務之違法行為，致嚴重損害政府之信譽」二項）至於違法失職的內容，則沒有著墨一字，所以懲戒的輕重，就沒有標準。」（徐有守、郭世良，2019：534）換言之，即懲戒法第 2 條處罰之實體構成要件不甚明確。

　　由於懲戒法的違法失職範圍實在太寬泛，所以懲戒法院與機關首長之間，對於同一個案件的處罰方式，可能會有很大的距離。原因就在只有程序規定，而沒有實體規定，如有懲戒的實體規定，作為行政機關懲處與懲戒機關懲戒的共同標準，就不會再有這種現象。因此，當前公務員懲戒制度的基本問題，實需要制定懲戒制度的實體規定（徐有守、郭世良，2019：534）。林明鏘及蔡茂寅亦認為懲戒法中之懲戒事由違反法律明確性原則（翁岳生，2020：438）。

貳、公務員的權利義務與懲戒制度未來改進方向

　　我國公務員的權利、義務與懲戒制度未來發展方向，以下將分為「法制面」與「執行面」提出相關建議如下：

一、法制面的建議

(一) 應儘速通過「公務員基準法」，以統攝公務員權利與義務的相關規定。
(二) 公務員權利與義務應重新整建為對等的與衡平的。例如：公務員的退休金業由恩給制改為儲金制，相關權益也逐漸受限（如停發交通費），在權利日趨減少之情形下，義務應該也要相對減少，始能取得衡平。
(三) 調整公務員權利義務解決貪腐危機：
　　依據林明鏘在其〈德國公務員制度之最新變革兼論我國文官制度的危機〉一文中，提出我國文官制度所面臨的制度性危機，共有四項：第一，效能危機；第二，彈性危機；第三，貪腐危機；第四，財政危機。其中與公務員權益及懲戒制度有關的部分，主要是貪腐危機。
　　為解決貪腐危機，林明鏘（2011：2072-2076）認為在法制上的努力方向有五個，但與本節主題有關者僅有二個，可供吾人參考：第一，合理提高公務員的俸給給與以及公務員退撫制度，使公務員在著手貪瀆行為時，對其成本效益有所顧忌；第二，增加機關首長及機關同事間的注意及檢舉義務，避免集團性的貪腐行為。

(四) 修正懲戒法內容，使規定更加明確具體。

(五) 懲戒與懲處的關係有所競合衝突，應藉修法予以釐清，以解決目前二制梳不清理還亂的現況問題。

(六) 未來懲戒法修法方向之建議：

　　懲戒法中宜有一條明文界定適用之「公務員」範圍，以杜爭議。此外，林明鏘（2016：13）曾提出下列修法建議，值得吾人參探：

1. 將政務人員的處罰，排除於司法懲戒範圍之外，改採國會追究責任的制度。

2. 與執行職務無關之私德不法行為，其懲戒事由應與職務行為做不同要件之規範，若有不適任的嚴重情事存在，始有啓動公務員懲戒程序之必要。

3. 各種懲戒處分可以併罰（懲戒 §9）的制度規定，可更彈性化。

4. 懲戒審判程序方面，仍有部分待未來修法改進，例如：宜大幅增加移送懲戒機關及監察院必要之舉證責任及辯論義務等。

5. 保全程序之要件及效果（如先行停職、限制涉案公務員離職等），宜明確規定並限制保全的期間，不宜太長。

6. 基於重要事項之規定，應符合法律保留原則，懲戒之執行程序宜明定於懲戒法中，不宜授權給「公務員懲戒判決執行辦法」加以補充。

7. 有關懲戒處分應以犯罪是否成立爲斷，懲戒法院認爲有必要時，得裁定於第一審刑事判決前，停止審議程序之規定，應予刪除，以加速懲戒案件之審理速度，並預防對被付懲戒的公務員產生難以回復之長期傷害。

二、執行面的建議

(一) 各機關應加強公務員的法制訓練與宣導。

(二) 各機關應編印權利義務及責任手冊提供公務員瞭解與使用。

(三) 應強化全國及各級機關公務人員協會的功能與運作，對公務員權益的爭取與維護，具有正面及積極的意義（劉昊洲，2017：182-187）。

　　綜合本章各節論述，公務員之權利、義務與懲戒制度設計，應強調依法行政原則，透過建立制度，激勵與激發公務員的能力與潛力，期能充分貢獻所長，戮力從公，主動積極爲民提供最佳服務。同時亦須配合時代需求及環境變

動，予以適度調整改進，期更臻時宜。

參考文獻

江岷欽、林鍾沂，1997，《公共組織理論》，五南圖書。

吳庚、盛子龍，2020，《行政法之理論與實用》，三民書局。

李東穎，2017，〈公務員懲戒處分審級救濟制度之研究報告書〉，司法院委託研
　　究計畫。

李惠宗，2008，〈推定、擬制與法律漏洞—從法學方法論簡評大法官釋字第 637
　　號解釋〉，《台灣本土法學》，104：315-327。

林明鏘，2011，〈德國公務員制度之最新變革兼論我國文官制度的危機〉，《臺
　　大法學論叢》，40（4）：2037-2085。

林明鏘，2016，〈評析公務員懲戒法 2015 之修正〉，《人事月刊》，58（8）：
　　17-29。

林紀東等編，1992，《法律辭典》，國立編譯館。

徐有守、郭世良，2019，《考銓制度》，五南圖書。

翁岳生，2020，《行政法（上）》，元照。

張正編著，1998，《行政法體系重點整理》，保成。

張雅晶、蕭欣瑋，2016，〈淺談公務員懲戒法新舊法之比較〉，《人事月刊》，
　　372：46-51。

許南雄，2012，《現行考銓制度—人事行政學—各國人事制度研究途徑》，商鼎
　　數位。

許道然、林文燦，2019，《考銓制度》（修訂再版），國立空中大學。

陳新民，2020，《行政法學總論》，三民書局。

彭國華，2016，〈試評公務人員基準法草案兼職限制之設計：以審計部查核公務
　　人員兼職情形為核心〉，《公務人員雙月刊》，226：36-44。

湯德宗，2000，〈論公務員不利人事處分的正當程序〉，《台灣本土法學》，
　　10：27-49。

黃錦堂，1994，〈公務員的義務〉，載於蕭全政、江大樹、蔡良文等著，《重建

文官體制》（頁 193-282），業強。

劉文隆，1985，《公務員義務之研究》，國立政治大學公共行政學系碩士論文。

劉昊洲，2001a，〈公務員義務與權利概述〉，《三民主義學報》，22：133-149。

劉昊洲，2001b，〈公務員權利析論〉，《考銓季刊》，25：69-84。

劉昊洲，2014，《公務員法專論》，五南圖書。

劉昊洲，2017，《公務人員權義論》，五南圖書。

劉青峰編著，1997，《法律政治辭典》（修訂6版），大學圖書供應社。

蔡墩銘，1986，《罪與罰：蔡墩銘博士評論集》，焦點。

第十章　培訓與學習

呂育誠、沈建中

摘要

在漫長工作生涯過程中，不斷學習以充實自我，並回應環境最新需求，應是所有組織管理者與被管理者的共識。而此議題對我國公務人力而言，尤顯重要。因為大部分公務員在參與國家考試及格到屆齡退休，將在政府體系中工作數十年，其間更可能會歷經不同類型的遷調，或從事不同性質的工作，因此持續接受各類訓練進修，可說是確保高素質公務人力的重要策略。本章將介紹訓練與相關概念內涵、我國法制規定、實際案例，以及公務人力培訓未來發展的挑戰與議題。

第一節　培育適格與達標的公務人力

　　人員歷經參加國家考試的激烈競爭，並通過重重考驗合格實授取得法定任用資格，固然可以證明其是「適格」，甚至於是優秀的。然而在實際從事工作過程，乃至於藉由遷調過程不斷轉換職責，直至退休或離開政府的漫長生涯過程中，所使用的工作技能自然要持續更新，以因應環境變動，或是落實機關政策與上級交付任務的要求，因此參加訓練、進修，以及相關教育學習活動，可說是證明公務人員「適任」的重要途徑。本節將先介紹相關概念，以及與人事行政的關聯性。

壹、訓練、進修與終身學習的區隔與整合

　　雖然訓練、進修在我國人事行政上是普遍使用的概念，但在一般英文人力

資源管理教科書中，卻沒有「進修」的相對用語，相對地，訓練（training）則有許多相關的概念。以下根據各家之言整理出相關概念如下（Buckley and Caple, 1990: 13; Kelingner and Nalbandian, 1998: 251; Berman et al., 2001: 234）：

一、訓練（training）：指透過一定方式以增進個人知識（knowledge）、技術（skills）、能力（abilities）（按：三者是同時併存的，簡稱 KSAs），以應用於工作，並能提升績效。

二、發展（development）：指增進個人工作潛能（potential），以使其能提升未來工作績效。

三、學習（learning）：指個人獲取 KSAs 的過程，例如經驗、思考（reflection）、研究，接受指導等。

四、教育（education）：指促使個人理解（assimilate）與發展知識、技能、價值、觀念之過程，同時教育目標不僅考慮個人行動，也關切更大範圍的問題界定、分析與解決。

上述四個概念定義或有差異，但卻可歸納出下兩大共同點：

一、都是指個人獲取特定知識的過程。雖然「知識」範圍可能不同；或是不一定與工作有直接關聯性，但卻都是個人所需要的，且透過一定管道或程序來取得。

二、都是目標導向或績效導向的。上述四項概念雖然最終受益者可能是個人、組織，或是個人與組織「雙贏」，但都需要達成特定目標，或是需要評估是否具有一定效用或利益。

至於區隔四個概念差異的基準，主要在於時間長度。其中訓練的時間長度較短，此處「較短」包含二個意義：

第一，訓練內容是較明確或階段性的，人員可以按步就班的取得所需知能。

第二，訓練成果或成效是較具體而可評估的。

相對於訓練，發展、學習、教育三者都較傾向於長期的，亦即需要長時間的進行或累積，同時所產生的績效或影響，也要在較長時間後，方能正確展現（Klingner and Nalbandian, 1998: 252; Berman et al., 2001: 234-235）。此外，Buckley 與 Caple 則是從性質與影響來區隔訓練與教育兩概念，如圖 10-1-1 所示：

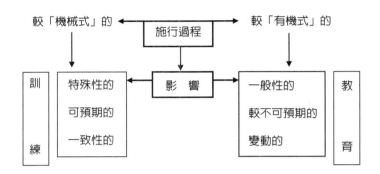

圖 10-1-1　訓練與教育的關係

資料來源：Buckley and Caple (1990: 15).

　　在圖 10-1-1 中，訓練的施行過程較機械式（mechanistic），連帶其影響也就較為特殊、可預期，並重視一致性，例如「學開車」、「學打字」等；相對地，教育施行過程則較有機（organic），故影響也較一般、不可預期與變動，例如「學習良好的駕駛習慣」、「學習運用文字之美」等。簡言之，訓練與教育在執行特性與關切焦點上是不同的。不過必須說明的是：概念的區隔主要在於強調執行時的重點，或是指引人員努力的方向，在實際運用上彼此常是重疊或重複運用的。例如要具備良好駕駛習慣，自然需要先學會開車即是。

　　就我國而言，基於「依法行政」原則，相關概念主要規定在「公務人員訓練進修法」（以下簡稱訓練進修法）與「公務人員訓練進修法施行細則」中：

一、訓練：指為因應業務需要，提升公務人員工作效能，由各機關（構）學校提供現職或未來職務所需知識與技能之過程（進修細§3Ⅰ）。

二、進修：指為配合組織發展或促進個人自我發展，由各機關（構）學校選送或由公務人員自行申請參加學術或其他機關（構）學校學習或研究，以增進學識及汲取經驗之過程（進修細§3Ⅱ）。

三、終身學習：各主管機關得視業務實際需要協調國內外學術或其他機構，提供公務人員終身學習之機會（進修§17）。

　　比較一般人事管理的國外概念，我國除了增加了進修與終身學習概念外，對訓練的界定則相對簡化。這其中差異可以比較如表 10-1-1：

表 10-1-1　我國人事行政訓練相關概念與一般人事管理的差異比較

我國	一般人事管理
兼顧機關需求與個人需求	以機關需求為核心
法律具體界定內容	多元內容與主張
設立中央主管機關（公務人員保障暨培訓委員會）	由各機關自行決定辦理
強調機關與人員應履行的權利義務	內容彈性多元

資料來源：作者自行整理。

貳、我國訓練進修機制

　　雖然憲法增修條文第 6 條並未規定訓練進修的職掌歸屬，但是基於我國人事行政體制的五權分立基礎，整個訓練進修業務乃形成了涵蓋考試院、行政院，以及各機關的分工系統。此論點可見訓練進修法第 2 條規定：

一、公務人員訓練進修法制之研擬，事關全國一致之性質者，由公務人員保障暨培訓委員會辦理之。

二、公務人員考試錄取人員訓練、升任官等訓練、高階公務人員中長期發展性訓練及行政中立訓練，由公務人員保障暨培訓委員會辦理或委託相關機關（構）、學校辦理之。

三、公務人員專業訓練、一般管理訓練、進用初任公務人員訓練及前項所定以外之公務人員在職訓練與進修事項，由各中央二級以上機關、直轄市政府或縣（市）政府（以下簡稱各主管機關）辦理或授權所屬機關辦理之。

四、各主管機關為執行本法規定事項，有另定辦法之必要者，由各該機關以命令定之。

　　根據上述規定，訓練進修與終身學習的關係，如圖 10-1-2 所示：

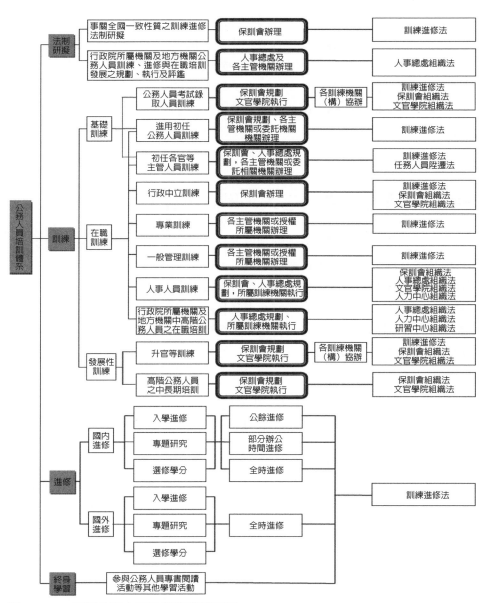

圖 10-1-2　我國公務人員培訓架構體系圖

資料來源：考試院（2000：29）。

　　除了上述分工體系，近年為鼓勵公務人員積極充實自我，行政院人事行政總處建置了「公務人員終身學習入口網」（https://lifelonglearn.dgpa.gov.tw/Default.aspx），利用網路資訊科技匯集產、官、學、研等機構之教育學習資訊與內容，提供給公務人員多元、自主、彈性、開放、活潑、效率、高品質的學習環境，期使增加公務人員參加學習與汲取新知的機會，以塑造優質的公務人力。

參、生涯發展之路：官大，學問也要大

　　不論一般人事行政概念或我國訓練進修體系，都是將訓練與相關概念進行整合性的設計與運用。此做法的理由在於，公務人員在長達數十年的生涯發展過程中，不論是職務或任職機關，乃至於承擔職責，都會持續變動。於是透過各種訓練或學習，方能確保其擁有的專業職能可以與時俱進，因此，一般「官大學問大」的諷刺說法，反而適合用來詮釋訓練進修的重要性：當「官」（官等職等）愈來愈大，「學問」（各項工作技能與個人素養）自然也要隨之擴大（更豐富而有深度）。

　　由上可知，訓練進修的整體設計基礎，乃是與公務人員生涯發展路徑緊密結合的。此觀點可以舉美國聯邦公務人員訓練概念圖來表說明，如圖 10-1-3 所示。

　　在圖 10-1-3 中，訓練主要分為監督者（第一層知能）、管理者（第二層知能）、高層執行者（高層知能），三層知能各包涵擔任相關職務應具備的特定能力，同時三層知能彼此的關係是循序漸進累加而成的：除此之外，三類人員都要共同具備「基本知能」，也就是擔任公務人員應有的基本能力或條件。

　　我國公務人員各項訓練進修制度設計，更常以官等作為為主要區隔條件，例如圖 10-1-2 中「發展性訓練」下的升官等訓練（包括委任升薦任、薦任升簡任），以及「在職訓練」下的初任各官等主管人員訓練，都是以概念下的具體例證。

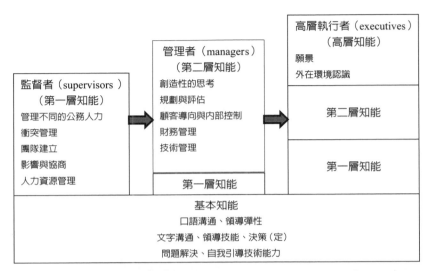

圖 10-1-3　美國聯邦公務人員訓練概念

資料來源：Van Wart et al. (1993: 48).

　　值得注意的是，個人需求雖然重要，但訓練與相關學習作為也不能「因人設事」，甚至「為訓練而訓練」，因此各項工作自然也要配合組織與工作需求，此關係可由圖 10-1-4 所示：

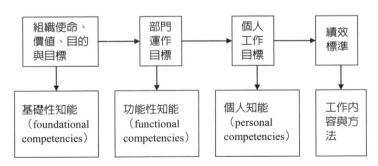

圖 10-1-4　個人知能與組織之關聯性

資料來源：Gangani (2006: 137).

　　圖 10-1-4 的上半部，顯示出組織從整體使命建立，經由部門目標設定、賦予個人工作目標，最後到產生績效標準的過程，四個階段除了區分出不同的

分工層次（組織、單位、個人）外，也包括不同工作項目（規劃整體使命、目標設定、工作分派、績效評估等），因此人員在各階段也要具備不同知能或技術，因此圖 10-1-4 中各項培訓項目，就是希望滿足下列需求：

第一，就公務人員而言，一方面賦予辦理當前業務所需具備的知能；另方面也提升適應未來環境挑戰，以及生涯發展的潛力。

第二，就用人機關而言，一方面勝任個人職務與各項工作的任務指派；另方面更希望能持續精進效能、效率，以及生產力等各項績效表現。

第三，就人事制度而言，一方面讓個別培訓需求能符合機關與公務人員需求；另方面也提供更多元而彈性的選擇組合。

肆、進修、學習與相關概念的配套設計

如前文所述，我國人事行政制度規範了一般國外政府人事管理教科書並沒有的兩個與訓練有關概念，也就是進修與終身學習，而訓練進修法施行細則並沒有終身學習的定義，只有「終身學習措施」（進修細 §24）：

本法第十七條所稱提供公務人員終身學習之機會，指各主管機關得主動或協調國內外學術或其他機構，提供以下終身學習措施：
一、建立學習型組織。
二、塑造組織終身學習文化。
三、結合公私部門辦理有關終身學習活動。
四、建立與充實終身學習資源網路。
五、其他有關終身學習活動。

由上述規定可知：終身學習不僅範圍跨越政府與民間部分，且內涵包括了組織建構、文化塑造，乃至於資源網路等各類活動。

從進修與終身學習相關內涵規定，除了顯示我國人事法制對提升公務人員知能的重視外，作者認為尚可推論出下列重要原因：

第一，在我國擔任公務人員乃是長時間（終身）的生涯發展過程，為了使其在不同階段中都能勝任工作內容與環境變動，故需持續要求其參加訓練、進

修與終身學習。

　　第二，我國公務人員生涯發展路徑可能跨越不同中央與地方機關，以及不同職系與官職等，故也需要訓練進修等活動來確認其適任性。

　　第三，承上，不同機關首長也可藉由訓練進修，以及各類學習成果，作為人員內陞或外補時的參考依據。

　　綜上分析，訓練進修以及各類學習作為，儘管並未明文規定訂於憲法增修條文中，但其對現代與未來公務人員的重要性，乃是毋庸置疑的。甚至於未來為因應機關內外在環境因素的快速變動，相關活動設計將更趨向於「量身訂作」，也就除了法定的、例行性的訓練業務（如行政中立訓練、升官等訓練……）外，各人事機構與用人機關應相互配合、共同設計出能同時滿足公務人員、機關，乃至於政府整體發展需求的整體性培訓策略，此概念可由圖 10-1-5 來理解：

		工作環境不確定性高	工作環境不確定性低
組織條件影響力高	人力資本需求具高度特殊性	基於彈性與需求規範組織治理方針。重視人與組織工作環境與條件之密切配合。設計高度專業性、團隊導向之訓練計畫。	基於夥伴合作原則規範組織治理方針。重視利潤共享、工作內容採中度規範。設計提升工作知能與生涯發展之訓練課程。
	人力資本需求具低度特殊性	基於與人員或工會協商結果規範組織治理方針。基於僱傭雙方需求制定並推動訓練作為。	基於法定標準或市場行情規範組織治理方針。基於僱傭雙方需求制定並推動訓練作為。
組織條件影響力低	人力資本需求具高度特殊性	基於中長期時程招募人力，並以低度限制原則制定工作契約內容。提供具有市場競爭力的報酬與管理措施，以建立緊密合作之僱用關係。	基於長期專任原則招募人力，並以低度限制原則制定工作契約內容。針對特定目標與需求制定人員訓練作為。
	人力資本需求具低度特殊性	基於市場導向招募短期契約人力，並提供相當報酬。基於成本效益考量提供人員所需訓練。	基於市場導向招募中、長期契約人力，並提供具合理報酬與管理措施。基於成本考量各項人事作為。

圖 10-1-5　組織情境與人力資本的配套組合

資料來源：Lajili (2015: 752).

　　圖 10-1-5 表示的，乃是機關設計各類訓練或學習活動時，應連帶考量的三類配套因素：

一、組織條件影響力：指機關特性、使命或政策的重要性，影響力高表示機關具有達成特定政策的強制性，例如打擊犯罪、確保治安良好是警察機關重要且不能妥協的政策。反之，影響力低表示機關較沒有特定政策堅持，例如文化局對於倡議優質表演文化的內涵，應是多元且包容的。

二、人力資本需求特殊性：指人力運用應基於資本（capital）概念，能持續再生甚至不斷增值。特殊性高表示人員需具備特殊專業技能；特殊性低則表示所需技能較為一般性或較有可替代性。

三、工作環境確定性：指組織與人員從事工作的環境因素。工作環境不確定性高，指人員與組織需時時回應環境要求，或接受來自環境的挑戰；反之，不確定性低，則指環境因素較固定或可預期。

　　上述三組考量因素共可組合出八類訓練設計策略，當然，各類策略可視需求彈性調整組合，也可以分別在不同階段中實施，綜言之，公務人員培訓不是「為培訓而培訓」，而是基於人員、機關，以及整體人事行政體制的綜合規劃。

第二節　相關法制介紹與運用

　　公務人員係指，依國家法令，管理公共事務與執行法律的人。為使渠等能具有競爭力與執行力，所以各國政府莫不關注有關公務人力訓練進修與發展。

　　公務人員是國家的人力資本，也是國家的磐石。觀之現今各國政府的發展可知，有一流的公務人員，就有一流的政府。如何擁有一流的公務人力，可從兩個途徑發展，一為在考選過程中，能讓優秀的人才參加國家考試；其次是在政府中的公務人員，就需使渠等能擁有前瞻的知能，使渠等政策擬定的過程中，能有前瞻的思維、與時並進的知能。對於後者，就需有一優質的訓練進修與發展機制，在民主國家就需有完善的培訓法制。

　　民國建立後，政府受到西方現代化公務人員培訓的理念，開始建構公務人員培訓機制。不過斯時公務人員培訓體制的發展，因軍閥內鬥、國共之爭及對

日戰爭。政府爲配合情勢需求，對於文官訓練皆以因應戰事需要爲主。

　　訓政時期，政府開始陸續頒訂各種法律，進行國家法制化的工程。民國32年6月10日由國民政府制定及35年5月25日修正公布的「公務員進修及考察選送條例」雖是我國首部培訓法典，但其立法意旨重於公務人員的自我學習。惟在考試錄取人員部分，則早有訓練的規範。可見早期我國的培訓理念，認爲考試錄取人員，應經由訓練使渠等具備公務知能，至於在職的公務人員則以自我學習充實本職學能。

　　政府來臺後，我國培訓體制先以具有政黨特色的革命實踐研究院爲開基發展，在訓練機構方面呈現多元化的趨勢，各部會皆配合本身需求而設有訓練機構。

　　而有關公務人員培訓主管機關，亦爲雙元發展，分由考試院掌理訓練進修之政策及法制事項、公務人員考試錄取人員訓練、行政中立訓練及其他有關訓練等事項；而行政院則掌理所屬公務人員之專業訓練、一般管理訓練、其他有關訓練及進修之執行事項。對於公務人員則並採訓練與進修，訓練兼採專業與通識、進修並與學校教育結合。

　　我國具有人力資源管理與人力資源發展概念而形成的訓練機制，以77年8月3日發布的「行政院暨所屬各機關公務人員國內訓練及進修要點」爲代表，其後並於91年制定爲「公務人員訓練進修法」。該法的制定對如何提升公務人力，成爲我國政府當今重要的思考議題。

　　對我國公務人員養成而言，係依循教、考、訓、用，亦即就考試錄取人員，將學校教育與政府的考、訓、用結合；就現職公務人員係結合訓與用。所以，就國家對公務人員培訓，依其訓練時點可分爲職前訓練（如考試錄取人員訓練）與在職訓練。就我國政府從訓練需求的觀點而言，又可分爲政府訓練的需求與個人訓練的需求，前者爲政府就優質的文官應具備的公務技能，其課程內容又可分爲專業訓練（如公務人員專業訓練等）、通識訓練（如升任官等訓練等）與行政倫理（如行政中立訓練）訓練；後者則爲公務人員終身學習。就我國訓練的體系，則是結合官職與官等，而採階梯式的訓練層次（如初任各官等主管人員訓練係就主管訓練，升任官等訓練係就官等訓練）。另在課程的規劃設計，我國從93年開始，建構以核心能力爲基礎的訓練（competency-based training）課程。

如下，將依序說明我國公務人員訓練進修與發展政策，接續說明公務人員訓練進修與發展的發展與相關法令。

壹、我國公務人員訓練進修與發展政策

一、「教、考、訓、用」的規劃與發展

所謂的「教、考、訓、用」是指，學校的教育、公務人員的考試、訓練與任用。教、考、訓、用理念的提出，主要是規劃一個現代公務人員的養成。因此，教、考、訓、用理念，形成現代公部門人力資源發展的策略，而教與訓成為重要的因素。從公務人力資源發展的「教、考、訓、用」配合制度而言，有其步驟與過程。這個步驟與過程就須從公務人員的考選開始，首先應對各個職系經由工作分析，確立各職系公務人員的核心工作知能，再據與學校教育結合，考選適才適所的公務人力，並培訓其公務專業知能，再分發至公務體系，以確保其能勝任工作。79 年於「全公司的培訓」論文中，提出從整個公司「集體培訓」的理論。該文認為培訓即是教育，是教與學的過程，學習是改變行為的過程，集體培訓是改變複雜組織的行為過程（MBA 核心課程編譯組，2004：233-234）。

依我國公務人員考試法第 20 條第 1 項前段規定：「公務人員各等級考試正額錄取者，按錄取類、科，接受訓練，訓練期滿成績及格者，發給證書，分發任用。」也就是說，訓練為考試的一環，訓練期滿成績及格者，發給證書，分發任用。因此，就「教、考、訓、用」配合制度而言，渠分析架構可歸納為：工作分析、考選（考試、教育與訓練）及任用。如圖 10-2-1 所示。

所謂工作分析，是指一種有系統地蒐集、分析有關工作的資訊，並且就工作職責與作為、工作環境的需求，以及工作條件（即知識、技能或能力）予以清楚描述的途徑與過程（黃英忠等，2001：65）。因此，透過工作分析，可獲知各職系工作所需的核心知識和能力，進而與學校教育結合擬定出甄拔的標準。至於教育與訓練，實際上，教與訓皆屬學習的一環，所謂學習是指

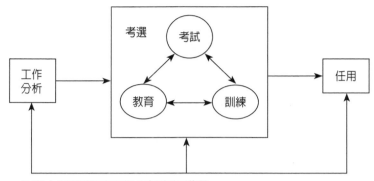

圖 10-2-1　公務人員教考訓用配合制度架構圖
資料來源：朱金池（2003：54）。

人的心理傾向和能力的變化，這種變化要能持續一段時間，而且不能把這種變化簡單地歸結於生長過程（Gagné, 1985）。從這觀點而言，教育是指促使個人理解與發展知識、技能、價值、觀念之過程。訓練則指透過一定方式以增進個人工作上知識、技術、能力，並提升工作績效（Buckley and Caple, 1990: 13; Klingner and Nalbandian, 1998: 251; Berman et al., 2001: 234）；也就是，短期間內有系統地獲得增進工作績效的技巧、規則、概念與態度（Goldstein, 1986: 3）。至於考試，係指公務人員的招募甄選，也就是用人機關所舉辦的考試。至而任用，則包括公務人員的職務與官職等，並經試用後，正式任用。

二、訓練、進修與終身學習合一的訓練體系思維

我國政府對公務人員訓練的定義，考試院分別於 82 年與 85 年有所界定。82 年考試院第 8 屆第 94 次會議審查通過之「考銓制度研究發展小組培訓分組」對於訓練內涵的界定為：「訓練係基於組織業務目標，由機關供給特定的知識與技能」（考試院考銓制度研究發展小組培訓分組，1993：17）。85 年考試院研究發展委員會曾對公務人員訓練定義更詳細規範其內涵為：(一) 訓練施行乃是對公務人員行為、知識、動機、態度等之增強或變革；(二) 上述增強或變革，必須以機關業務實際需求為基礎；(三) 整體訓練過程是一套有系統的過程；(四) 訓練之目的，不僅應滿足機關需求，亦應同時提升公務人員的觀念

與能力（考試院研究發展委員會，1996：4）。91 年 1 月 30 日我國制定公布的公務人員訓練進修法，與同年 7 月 16 日考試院會同行政院訂定發布的公務人員訓練進修法施行細則，在該細則第 3 條第 1 項明定訓練為：「本法所稱訓練，指為因應業務需要，提升公務人員工作效能，由各機關（構）學校主動提供特定知識與技能之過程。」依同施行細則第 3 條第 2 項：「本法所稱進修，指為配合組織發展或促進個人自我發展，由各機關（構）學校選送或由公務人員自行申請參加學術或其他機關（構）學校學習或研究，以增進學識及汲取經驗之過程。」我國於 91 年 1 月 30 日公布「公務人員訓練進修法」，標誌我國培訓體系建立。由於我國傳統人事行政體制是以「考銓法規」為主，故訓練進修法公布施行可說是人事行政體制融入人力資源管理與人力資源發展概念的一項創舉。依該法第 2 條與第 4 條將訓練分為：公務人員考試錄取人員訓練、升任官等訓練、行政中立訓練、公務人員專業訓練、一般管理訓練、進用初任公務人員訓練、初任各官等主管人員訓練等七種。依該法第 8 條將進修分為：入學進修、選修學分及專題研究。另該法第 17 條尚有終身學習的規定。因此，依公務人員訓練進修法，公務人員的培訓計有訓練、進修與終身學習。

三、我國高階公務人員的培訓政策

對於高階公務人員的發展，彭錦鵬指出：「1980 年代以前的整個世紀，世界各國政府的運作除了少數的政務人員外，主要依賴以年資、職涯為基礎的職涯制（career-based system）文官體制。1980 年代以後，先進民主國家陸續採用新公共管理的做法，朝向建立注重績效的文官體制，形成以職位為基礎的職位制（position-based system）人事制度。對於高階文官而言，這種人事制度改變的潮流，則逐漸形成以競爭性篩選為核心的獨特性文官體，即高級文官團（senior civil service）」（彭錦鵬，2009：52）。而對於高階公務人員的培訓，如經濟合作暨發展組織（OECD）會員國，將高階公務人員培訓制度區分為政府主導、與市場導向兩種策略。政府主導策略係由中央政府統一管理，以法國、日本及韓國為代表。市場導向策略，係以文官體系中的職位為核心，中央政府公布所有高級職位，讓符合資格者參與競爭。也就是說，政府對高階文官

的任用與培訓達到彈性與鬆綁，以英國、紐西蘭為代表。[1]

　　對我國而言，我國對於高階公務員的培訓係採雙元體系，分由行政院人事行政局與考試院公務人員保障暨培訓委員會負責。民國 91 年行政院與考試院，兩院協商制定「公務人員訓練進修法」，根據該法第 2 條的規定，始將訓練權責分工明確化，但是對於訓練資源共享與整合、高階文官培訓等事項，則無明文規範。其後考試院和行政院於 98 年 3 月 25 日進行兩院協商，有關高階公務人員中長期培訓之研究及執行事項，由考試院辦理。

　　依據「公務人員訓練進修法」、「國家文官學院組織法」及「公務人力發展中心組織條例」相關規定，訓練的權責規定如表 10-2-1。

貳、公務人員訓練進修與發展的發展與相關法令

　　自人類形成社會組織政府後，為配合君主統治的需要，乃有治理人員的產生即所謂的官吏。在東方儒家體系，對公務人員的甄選強調「君子不器。」（論語・為政篇），也就是說擔任官員者必須應該博學多能，是個通才，而非只限於一種能力或一種用途。所以孔子認為，欲擔任公務人員者，必須自己先修習禮樂的知識，如論語・先進篇孔子所說：「先進於禮樂，野人也。後進於禮樂，君子也。如用之，則吾從先進。」孔子並具體的說：「誦詩三百，授之以政，不達，使於四方，不能專對，雖多，亦奚以為？」（論語・子路篇）也就是說，學了詩經之後去當公務員，不能通達事理，代表國家與人交涉卻不能應對，如此這樣則此人念再多的書又有何用呢？上述儒家的理念，經由我國科舉制度的傳承，形成東方儒家文化文官形塑的內涵，也就是說，文官的公務知能，是由個人修習而來（沈建中，2008）。

　　在我國漢朝時，即有類似的制度稱為太學。漢朝太學每年舉行考試一次，選拔郎中、太子舍人和文學掌故。在太學就讀二年的學生，通過二科考試

---

[1] 蕭副總統萬長於98年12月16日行政院人事行政局舉辦之「98年度高級文官培訓制度國際學術研討會」上講話。

表 10-2-1　我國高階公務人員培訓相關法規彙整表

公務人員訓練進修法第 2 條（102.12.11）	公務人員保障暨培訓委員會組織法第 2 條（98.11.18）	國家文官學院組織法第 2 條（98.11.18）	行政院人事行政總處組織法第 2 條（100.11.14）	行政院人事行政總處公務人力發展學院組織法第 2 條（106.4.19）
公務人員訓練進修法制之研擬，事關全國一致之性質者，由公務人員保障暨培訓委員會辦理之。公務人員考試錄取人員訓練、升任官等訓練、高階公務人員中長期發展性訓練及行政中立訓練，由公務人員保障暨培訓委員會辦理或委託相關機關（構）、學校辦理之。公務人員專業訓練、一般管理訓練、進用初任公務人員訓練及前項所定以外之公務人員在職訓練與進修事項，由各中央二級以上機關、直轄市政府或縣（市）政府（以下簡稱各主管機關）辦理或授權所屬機關辦理之。各主管機關為執	公務人員保障暨培訓委員會掌理下列事項：一、關於公務人員保障與培訓政策、法制之研擬、訂定及其執行事項。二、關於公務人員身分、工作條件、官職等級、俸給與其他公法上財產權等有關權益保障之研議及建議事項。三、關於公務人員保障事件之審議、查證、調處及決定事項。四、關於公務人員保障業務之宣導、輔導及協調聯繫事項。五、關於高階公務人員之中長期培訓事項。六、關於公務人員考試錄取、升任官等、行政中立及其他有關訓練事項。七、關於人事人	國家文官學院隸屬公務人員保障暨培訓委員會，掌理下列事項：一、關於高階公務人員中長期培訓之研究及執行事項。二、關於公務人員考試錄取、升任官等、行政中立及其他有關訓練之執行事項。三、關於人事人員訓練、進修之執行事項。四、關於公務人員終身學習之研究及執行事項。五、關於公務人員培訓國際交流、與國內學術機構合作之執行事項。六、關於受訓學員研習輔導及訓後服務事項。七、關於公務人員培訓技術、方法與教材之研究發展及推廣事項。	總處掌理下列事項：一、人事法制之研究建議及行政院所屬機關人事行政之綜合規劃。二、行政院所屬機關及地方機關人事機構設置、人事人員管理、訓練、進修與人事資訊系統之研析、規劃及推動。三、行政院所屬機關組織結構功能與行政法人制度之研析及推動。四、機關員額管理之研析、規劃、監督、評鑑與有關法令之研擬及解釋。五、行政院所屬機關及地方機關公務人員考試分發、任免、級俸與陞遷之規劃、執行及國營事業機構負責人、經	本學院掌理下列事項：一、行政院所屬機關及地方機關中高階公務人員在職訓練發展之執行。二、行政院重要政策及法令研習之執行。三、行政院所屬機關及地方機關人事人員訓練之執行。四、行政院所屬機關與地方機關公務人力數位學習及終身學習之執行。五、國內外訓練發展相關組織交流合作之規劃及執行。六、公務人力資源管理及發展之研究。七、行政院所屬機關與地方機關公務人力訓練之諮詢與輔導。八、其他有關行政院所屬機關與

表 10-2-1　我國高階公務人員培訓相關法規彙整表（續）

公務人員訓練進修法第 2 條（102.12.11）	公務人員保障暨培訓委員會組織法第 2 條（98.11.18）	國家文官學院組織法第 2 條（98.11.18）	行政院人事行政總處組織法第 2 條（100.11.14）	行政院人事行政總處公務人力發展學院組織法第 2 條（106.4.19）
行本法規定事項，有另定辦法之必要者，由各該機關以命令定之。	員訓練、進修之研擬規劃及委託事項。 八、關於公務人員終身學習推動事項。 九、關於培訓機關（構）之資源共享、整合之協調事項。 十、關於公務人員訓練評鑑方法與技術之研發、各項培訓需求評析及績效評估事項。 十一、關於公務人員保障與培訓之國際交流合作事項。 十二、其他有關公務人員之保障及培訓事項。	八、關於公務人員數位學習與其他多元學習及圖書資訊之管理、發展事項。 九、關於培訓機關（構）數位學習網路平臺之推動事項。 十、關於接受委託辦理培訓事項。 十一、其他有關公務人員培訓之研究發展事項。	理人派免之審核。 六、行政院所屬機關及地方機關公務人員訓練、進修與在職培訓發展之規劃、執行及評鑑。 七、行政院所屬機關及地方機關公務人員服務、差勤之研究建議與辦公時間之規劃、擬議及考績、考核、考成與獎懲之規劃及執行。 八、員工給與之規劃及擬議。 九、行政院所屬機關及地方機關公務人員退休、撫卹之核轉、研究建議與保險、資遣、福利之規劃及執行。 十、其他有關人事行政之政策規劃、執行及發展業務。	地方機關公務人員之訓練及發展事項。

資料來源：作者自行整理。

及格者，即升為「文學掌故」。得文學掌故二年後，通過三科考試及格者，即升為「太子舍人」。為太子舍人二年，通過四科考試及格者，即升為「郎中」。這些都只是一種頭銜，並不分配任何官職，但為郎中二年後，如通過五經考試，則可被命擔任特定工作或有一定責任的官職（范煥之，1984：223-224）。至於作為官吏之術，載諸經典者，僅為原則之指示，並無實務範本可循，清高之輩恥於談論，飽學之士，亦不諱其作為，世有「文章不與政事同」之語。新任官吏，對行政事物之處理，必須從頭修習，實際體驗，修習方式，官與吏有別；官則參閱舊卷，或詢問老吏，自我訓練；吏則須投帖拜師，置身門下，此即人事行政學者所謂房書制，又名學徒制之個別訓練方式。隋唐以後，有國子監、翰林院之設置，為人才儲訓之所，科考中選人員，多集中於此，一面繼續從事學術研究，一面從事行政事務之習練（考試院研究發展委員會，1998：215）。

　　我國的傳統文化，對於公務人員的養成，認為渠等既然經由三榜及第，必然具有管理眾人的能力。因此，擔任文官者皆是從四書五經中，經由個人的智慧體驗出為官之道。也就是說在往昔對於「公務訓練」，並無一定制度，起使為官者只能憑其天賦體驗、或自我訓練，至隋唐以後方有訓練機構的設置；至於為吏者則以「學徒制」的方式習得公務技能。

參、我國人力資源管理的發展與培訓的沿革

　　我國公務人力培訓的發展，可分為五個階段：第一階段為民國元年到 17 年；第二階段為民國 17 年到 32 年；第三階段為民國 32 年到 56 年；第四階段為民國 56 年到 85 年；第五階段為民國 85 年到現在，現分述如下：

一、第一階段：民國元年到 17 年

　　孫中山先生於 1912 年建立中華民國，直到 1928 年國民革命軍北伐成功全國方乃統一，此時期稱之為軍政時期。

　　這時期重要的人事體制為，中央政府成立銓敘局。然各級政府並無人事

機構之設立。民國成立，政府亟需具有現代民主素養的公務人員。然因諸多因素，直至民國4年9月30日北京政府分別公布「文官高等考試令」與「文官普通考試令」。同年6月舉行第一次的文官高等考試，共錄取194人，均分發京外各官署學習，經二年學習期滿成績優良者，依規定任用（考試院考銓叢書指導委員會，1984：37）。民國6年4月在北京舉行第1次的文官普通考試，共錄取295人，亦均分發京外各官署學習，經一年學習期滿成績優良者，依規定任用（考試院考銓叢書指導委員會，1984：38）。這是我國公務人員考試錄取人員訓練之開始，也可以說明，在我國文官制度發展，考試錄取人員的訓練早於公務人員在職訓練，實際上對公務人員的訓練體制而言，慎乎始是非常重要的功能。

　　然這時期為配合軍政時期的發展，乃於民國13年建立的黃埔軍校中，以培養的軍事幹部於所收之地區，多由軍事幹部去管理地方行政工作，並自黃埔軍校第4期開始分為：步、砲、工、政治、經理五科，此時的政治部兼理民政，於軍事轉進後，即成正式公務員（考試院考銓叢書指導委員會，1983：105）。也就是說公務人員的培訓配合環境的需求，係由黃埔軍校為之。

二、第二階段：民國17年到32年

　　民國17年開始實施訓政，同年10月公布國民政府組織法，中山先生五權政府架構體現，政府定都南京，國民政府並公布「各縣現任地方行政人員訓練章程」，開始公務員培訓。並於民國18年10月29日公布公務員任用條例，[2]該條例第8條規定：「各官署遇薦任官，委任官出缺時，應將考試及格人員，儘先敘用」（考試院考銓叢書指導委員會，1990a：176）。民國19年1月考試院正式成立，民國24年考試院公布修正「公務員補習教育通則」。在該通則中，明訂公務員每週須接受四小時補習教育，補習教育分基本科與專門科兩科；如不能設班進行補習教育，得暫以讀書自修代之，另訂暫用讀書自修之辦

2　民國22年3月11日國民政府明令廢止公務員任用條例，並公布公務員任用法及其施行細則，仍維持考用合一制度。

法（考試院考銓叢書指導委員會，1990b：171）。這是政府有計畫的對公務員，進行在職訓練。

對於公務人員的在職訓練，則中央政府辦有「縣長訓練班」（考試院研究發展委員會，1998：216），與中央政治學校人事行政人員訓練班（考試院考銓叢書指導委員會，1990b：173）。省級政府辦有「區長訓練班」、「警察人員訓練班」（考試院研究發展委員會，1998：216）。

在考試錄取人員訓練部分，民國 20 年 7 月 15 日在南京舉行第 1 屆高等考試，民國 23 年 4 月 21 日舉行第 1 屆普通考試，係採分試淘汰制。依民國 18 年 8 月 1 日國民政府公布並於 24 年 7 月 31 日修正公布的考試法，在該法第 10 條第 1 款、第 2 款規定：高等考試分三試，第一試不及格者不得應第二試、第二試不及格者不得應第三試；普通考試分二試，第一試不及格者不得應第二試。另依民國 24 年 11 月 13 日，國民政府第 1 次修正公務員任用法，於該法第 9 條規定：「考試及格人員，得按其考試種類及科別，分發相當官署任用。前項人員對於擬任職務無相當資歷者，得先分發實習，其辦法由考試院定之」（考試院考銓叢書指導委員會，1990b：177-178）。亦即在這個時期，考試及格後發給證書任用，並無訓練程序。

民國 28 年 8 月 10 日國民政府公布「高等考試分為初試再試並加以訓練辦法」，公務人員考試實行考訓結合，分為初試及再試，初試及格者須經訓練，再試及格者一律分發任用。[3] 至於訓練係由中央政治學校負責，訓期一年（高等考試分為初試再試並加以訓練辦法第 3 條）。訓練期間供膳食、服裝、講義與津貼 30 元（高等考試分為初試再試並加以訓練辦法第 4 條）。訓練內容涵括操行、學科與實習，訓練成績與再試考試成績合併計算，決定及格與否（高等考試分為初試再試並加以訓練辦法第 5 條）。民國 30 年 11 月 1 日考試院公布「高等考試暨普通考試初試及格人員延期受訓辦法」，同年月 19 日考試院公布「高等考試暨普通考試初試及格人員受訓辦法」。上開辦法的制定，建立我

---

3 依民國28年8月6日國防最高委員會第12次常務會議通過之「高等考試分為初試再試並加以訓練辦法」第1條規定：「考試院規定若干種高等考試分為初試再試，初試及格人員經訓練期滿舉行再試，再試及格者方發給證書依法任用，其不及格者得補行訓練但以一次為限。」

國考試錄取人員訓練的根基。

　　這時期的公務人員在職訓練係配合環境所需，如在民國 22 年為配合軍事訓練的廬山訓練，配合政治訓練的星子訓練及特種訓練。民國 24 年的峨嵋訓練，民國 25 年舉辦的縣市行政講習班，民國 24 年的廬山暑期訓練。抗戰時期的武昌珞珈山戰時工作幹部訓練、中央幹部學校，重慶的中央訓練團及黨政班（考試院考銓叢書指導委員會，1983：105）。

三、第三階段：民國 32 年到 56 年

　　我國對公務員培訓完整的規範於民國 32 年 6 月 10 日由國民政府制定及民國 35 年 5 月 25 日修正公布的「公務員進修及考察選送條例」（業於 91.5.22 廢止），與民國 32 年 11 月 10 日發布施行「公務員進修及考察選送條例施行細則」（91.3.12 廢止）。民國 32 年 12 月 22 日並發布「公務人員進修規則」（91.3.12 廢止），民國 35 年 6 月 27 日考試院發布「考試院選派出國考察人員辦法」。公務員進修及考察選送條例是在訓政時期所公布，在該條例第 2 條中，將公務員培訓分為進修及考察，並分為國內國外二種。第 8 條第 1 項規定，考察期間：國內為半年，國外為一年。進修期間：國內外均為二年。第 13 條規定，進修成績優良者，得另調較高職務；但以具有法定資格者為限。

　　所謂「進修」係指：依「公務人員進修規則」第 2 條：「公務員之進修，採用左列方式：一、設班講習。二、自修。三、學術會議小組討論。四、集會演講。五、其他進修方式。」同規則第 3 條：「公務員應研究之學術如左：一、國父遺教及總裁言論。二、中央重要宣言及決議案。三、現行法令。四、與職務有關之學術。」

　　從上述公務員進修及考察選送條例、公務員進修及考察選送條例施行細則、公務人員進修規則可知，我國政府這一階段對公務人員的培訓只分為進修及考察兩大項。不過從公務人員進修規則第 2 條所規範的實施方式，實有包含訓練的意義。

　　政府來臺後，於民國 38 年 1 月 1 日廢止原公務員任用法，並於同日公布「公務人員任用法」，公務人員考試改為任用考試，考試及格後即分發任用，無訓練程序。

這時訓練機構有革命實踐研究院、國防研究院與各部會及各級政府的的訓練機構（考試院考銓叢書指導委員會，1983：106），至民國 59 年止計成立 30 所訓練機構（鮑正鋼，1988：40）。

四、第四階段：民國 56 年到 85 年

民國 56 年行政院人事行政局成立，於其組織規程中明定訓練進修事項。

政府來臺後，對訓練進修則增列相關的行政命令以為補充，民國 70 年 3 月 7 日發布加強公務人員進修業務要點。從民國 75 年後，將公務人員培訓分為國內、外訓練及進修，並分別以「行政院暨所屬各機關公務人員國內訓練及進修要點」（77.8.3 發布）、「公教人員出國進修研究實習要點」（76.4.2 發布）、「行政院暨所屬各機關公務人員知能補充訓練實施要點」（75.9.11 發布）、「行政院暨所屬各機關公務人員專長轉換訓練實施要點」（76.5.14 發布）為作業依據。

在「行政院暨所屬各機關公務人員國內訓練及進修要點」即規範公務人員訓練分為職前訓練與在職訓練。職前訓練為考試錄取人員訓練，在職訓練分下列四個階段實施：(一) 基礎訓練：以委任第 5 職等以下及相當職務人員為對象。使其熟悉工作技術和方法，公務人員應具有之品德操守及法治觀念；(二) 專業訓練：以薦任第 6 職等至第 8 職等及相當職務人員為對象。使其熟知專業及一般管理知能，以奠立發展業務之基礎；(三) 管理訓練：以薦任第 9 職等至簡任第 11 職等及相當職務人員為對象。以強化其綜合規劃、管理協調及處理事務之能力為目的；(四) 領導訓練：以簡任第 12 職等以上及相當職務人員為對象。以提升其領導統御及決策能為目的。公務人員進修，分為公餘進修、部分辦公時間進修及全時進修。這些範疇成為日後公務人員訓練進修法的範本。

民國 56 年 6 月 8 日[4]公布「分類職位公務人員考試法」（75.1.24 廢止），該法第 2 條規定：「分類職位之公務人員考試，應本為事擇人、考用合一之旨，以公開競爭方式行之。」並於同法第 12 條規範：「初任考試及格人員，

---

[4] 民國56年6月27日總統公布行政院人事行政局組織規程，成立人事行政局。

得視職等、職系之需要，予以實習或訓練；其辦法由考試院會同有關機關定之。」（考選部，1968：235-237）明訂實習或訓練之依據。並分別將上開意旨，分別落實於考試院與行政院會銜發布之民國58年12月18日「分類職位考試及格人員分發辦法」與民國59年8月14日「考試及格人員分發辦法」中。民國75年公務人員考試法配合官職併立的兩制合一之新人事制度，於同年1月24日制定公布，揭示公務人員考試係屬配合任用計畫，以為事擇人、考用合一為本旨所辦理之考試，並明定高等考試與普通考試及格者，應按錄取類、科接受訓練，訓練期滿成績及格後，始予以分發任用；其訓練辦法由考試院會同關係院訂定。至其他公務人員考試，亦得比照辦理訓練[5]。

　　據考試院研發會於民國85年完成之「國家文官訓練機關建制之研究」，隸屬於各級政府部門專責訓練的機關（構）已有65所，惟各訓練機關（構）彼此不相統屬，訓練機關間之協調與資源互補不易（考試院研究發展委員會，1998：220）。在這個時期為配合政府對公務人員的訓練，訓練機構係依公務人員職等分別辦理訓練：(一) 簡任第12職等以上訓練由革命實踐研究院辦理；(二) 薦任第9職等至簡任第11職等由政大公企中心辦理；(三) 薦任第8職等以下分由行政院人事行政局公務人員訓練班及各主管機關訓練班所辦理（鮑正鋼，1988：28）。

---

[5]　考試院並於民國75年6月27日會同行政院訂定發布「公務人員高等暨普通考試訓練辦法」，亦於各項特種考試規則中明定錄取人員訓練為完成考試之程序，並據以分訂各該考試錄取人員訓練（實習、學習）辦法，以為辦理各種訓練之準據。迨至保訓會於85年6月1日成立，又配合85年1月17日公務人員考試法之修正，研訂統合性之「公務人員考試錄取人員訓練辦法」，經考試院會同行政院、司法院於86年7月25日訂定發布。相關的訓練業務，在保訓會成立之前，考試錄取人員訓練相關業務，係由考選部主管，並設高普考訓練委員會負責訓練之協調、審議事項，經擬定訓練計畫、訓練課程、講授大綱，及遴聘講座後，即將訓練委託行政院人事行政局協調有關訓練機構與公立大學院校實施。85年6月1日保訓會成立，即統由保訓會規劃辦理。

五、第五階段：民國 85 年到現在

在我國憲法中並未規範公務人員的訓練，憲法增修條文亦未明列。爰考試院於 82 年 6 月及 84 年 1 月與行政院協商獲得共識，考試院掌理訓練進修之政策及法制事項、公務人員考試錄取人員訓練、行政中立訓練及其他有關訓練等事項；而行政院則掌理所屬公務人員之專業訓練、一般管理訓練、其他有關訓練及進修之執行事項。為求有效推動上述各項業務，83 年 7 月考試院組織法修正公布，通過設置公務人員保障暨培訓委員會，以作為公務人員訓練進修之專責機關。公務人員保障暨培訓委員會於 85 年 6 月 1 日成立，91 年 1 月 30 日公布「公務人員訓練進修法」，我國培訓體系建立。由於我國傳統人事行政體制是以「考銓法規」為主，故訓練進修法公布施行可說是人事行政體制融入人力資源管理與人力資源發展概念的一項創舉。

依該法第 2 條與第 4 條將訓練分為：公務人員考試錄取人員訓練、升任官等訓練、行政中立訓練、公務人員專業訓練、一般管理訓練、進用初任公務人員訓練、初任各官等主管人員訓練等七種。依該法第 8 條將進修分為：入學進修、選修學分及專題研究。另該法第 17 條尚有終身學習的規定。

表 10-2-2　我國公務人員訓練、進修與終身學習法律訂定 / 預算編列與執行表

項目	法規訂定 / 預算編列與執行
公務人員考試錄取人員訓練	中央政府 / 中央政府
升任官等訓練	中央政府 / 中央政府
高階公務人員中長期發展性訓練	中央政府 / 中央政府
行政中立訓練	中央政府 / 中央政府
公務人員專業訓練	中央政府 / 中央政府或地方政府
一般管理訓練	中央政府 / 中央政府或地方政府
進用初任公務人員訓練	中央政府 / 中央政府或地方政府
入學進修	中央政府 / 中央政府或地方政府
選修學分	中央政府 / 中央政府或地方政府
專題研究	中央政府 / 中央政府或地方政府
終身學習	中央政府 / 中央政府或地方政府

資料來源：作者自行整理。

　　因此，依公務人員訓練進修法，公務人員的培訓計有訓練、進修與終身學習，現說明如下：

(一) 訓練

1. 公務人員考試錄取人員訓練

　　依公務人員考試法第 20 條第 1 項前段：「公務人員各等級考試正額錄取者，按錄取類、科，接受訓練，訓練期滿成績及格者，發給證書，分發任用。」另依公務人員考試錄取人員訓練辦法第 3 條第 1 項、第 2 項、第 3 項：「（第 1 項）本訓練分爲基礎訓練與實務訓練。（第 2 項）基礎訓練以充實初任公務人員應具備之基本觀念、品德操守、服務態度及行政程序與技術爲重點。（第 3 項）實務訓練以增進有關工作所需知能及考核品德操守、服務態度爲重點。」

2. 升任官等訓練

　　依公務人員任用法第 17 條規定有，薦任公務人員晉升簡任官等與委任公務人員晉升薦任官等訓練。另依警察人員管理條例第 14 條規定有，警佐警察人員晉升警正官等訓練。及依警察人員人事條例第 14 條第 7 項規定訂定有，警正警察人員晉升警監官等訓練。並依交通事業人員任用條例第 5 條規定有，交通事業人員員級晉升高員級資位訓練。升任官等訓練依各該訓練辦法之規定，係以增進受訓人員晉升官等所需工作知能爲目的。

3. 高階公務人員中長期發展性訓練

　　依公務人員訓練進修法第 4 條第 2 項，高階公務人員接受中長期發展性訓練評鑑合格者，納入人才資料庫，提供機關用人之查詢。再依公務人員訓練進修法施行細則第 4 條第 1 項第 3 款，高階公務人員中長期發展性訓練：指爲增進簡任第 10 職等或相當職務以上公務人員未來職務發展所需知能之訓練。

4. 行政中立訓練

　　依公務人員訓練進修法第 5 條前段：「爲確保公務人員嚴守行政中立，貫徹依法行政、執法公正、不介入黨派紛爭，由公務人員保障暨培訓委員會辦理行政中立訓練及有關訓練，或於各機關學校辦理各項訓練時，列入公務人員行政中立相關課程。」

5. 公務人員專業訓練

依公務人員訓練進修法施行細則第 4 條第 1 款：「指為提升各機關（構）學校公務人員擔任現職或晉升職務時所需專業知能，以利業務發展之訓練，或為因應各機關（構）學校業務變動或組織調整，使現職人員具備適應新職所需之工作知能及取得新任工作專長，所施予之訓練。」

6. 一般管理訓練

依公務人員訓練進修法施行細則第 4 條第 2 款：「指為強化各機關（構）學校公務人員一般領導管理、綜合規劃、管理協調及處理事務之能力為目的之訓練。」

7. 進用初任公務人員訓練

依公務人員訓練進修法第 4 條第 2、3 項：「（第 2 項）各機關學校進用初任公務人員訓練，應由各主管機關於進用前或到職後四個月內實施之。（第 3 項）前項訓練以充實初任公務人員應具備之基本觀念、品德操守、服務態度、行政程序及技術暨有關工作所需知能為重點。」另依公務人員訓練進修法施行細則第 4 條第 3 款：「指對依公務人員任用有關法律規定進用或轉任，初次至各機關（構）學校任職人員所施予之訓練。」

8. 初任各官等主管人員訓練

依公務人員訓練進修法施行細則第 6 條第 3 款：「指依公務人員陞遷法第十四條第二項規定辦理之初任委任、薦任或簡任各官等主管職務之管理才能發展訓練。」

(二) 進修

依公務人員訓練進修法施行細則第 3 條第 2 項：「本法所稱進修，指為配合組織發展或促進個人自我發展，由各機關（構）學校選送或由公務人員自行申請參加學術或其他機關（構）學校學習或研究，以增進學識及汲取經驗之過程。」

1. 入學進修

依公務人員訓練進修法施行細則第 8 條第 1 項：「本法所稱入學進修，指由各機關（構）學校選送或公務人員自行申請至國內外政府立案之專科以上學校攻讀與業務有關之學位。」

2. 選修學分

依公務人員訓練進修法施行細則第 8 條第 2 項：「本法所稱選修學分，指由各機關（構）學校選送或公務人員自行申請至國內外政府立案之專科以上學校修習與業務有關之學科。」

3. 專題研究

依公務人員訓練進修法施行細則第 8 條第 3 項：「本法所稱專題研究，指由各機關（構）學校選送或公務人員自行申請至國內外機關或政府立案之機構、學校從事與業務有關之研究或實習。」

(三) 終身學習

依公務人員訓練進修法施行細則第 24 條：「本法第十七條所稱提供公務人員終身學習之機會，指各主管機關得主動或協調國內外學術或其他機構，提供以下終身學習措施：一、建立學習型組織。二、塑造組織終身學習文化。三、結合公私部門辦理有關終身學習活動。四、建立與充實終身學習資源網路。五、其他有關終身學習活動。」

肆、我國公務人員訓練進修與發展法制

於此，說明我國現行的培訓法制。對公務人員的培訓，一是由政府所提供的訓練進修，另一則是公務人員自己所參與的自我培訓，即終身學習。現先說明，訓練、進修與終身學習的定義。

所稱訓練，指為因應業務需要，提升公務人員工作效能，由各機關（構）學校提供現職或未來職務所需知識與技能之過程（進修細 §3 I）。所稱進修，指為配合組織發展或促進個人自我發展，由各機關（構）學校選送或由公務人員自行申請參加學術或其他機關（構）學校學習或研究，以增進學識及汲取經驗之過程（進修細 §3 II）。所稱終身學習，指個人在生命全程，從事之各類學習活動（終身學習 §3 ①）。三者的區別，前二者為政府有規劃各級公務員應接受的公務知能；後者則為公務人員的自主學習。

表 10-2-3　我國公務人員訓練進修與發展法規彙整表

	法規性質	法規名稱
訓練	考試錄取人員訓練	公務人員考試法
		公務人員考試法施行細則
		公務人員訓練進修法
		公務人員訓練進修法施行細則
		公務人員考試錄取人員訓練辦法
	升任官等訓練	公務人員任用法
		公務人員訓練進修法
		公務人員訓練進修法施行細則
		薦任公務人員晉升簡任官等訓練辦法
		委任公務人員晉升薦任官等訓練辦法
		警佐警察人員晉升警正官等訓練辦法
		交通事業人員員級晉升高員級資位訓練辦法
	高階公務人員中長期發展性訓練	公務人員訓練進修法
		公務人員訓練進修法施行細則
		高階公務人員中長期發展性訓練辦法
	行政中立訓練	公務人員訓練進修法
		公務人員訓練進修法施行細則
		公務人員行政中立法
	公務人員專業訓練	公務人員訓練進修法
		公務人員訓練進修法施行細則
	一般管理訓練	公務人員訓練進修法
		公務人員訓練進修法施行細則
	進用初任公務人員訓練	公務人員訓練進修法
		公務人員訓練進修法施行細則
	初任各官等主管人員訓練	公務人員訓練進修法
		公務人員訓練進修法施行細則

表 10-2-3　我國公務人員訓練進修與發展法規彙整表（續）

	法規性質	法規名稱
進修	入學進修	公務人員訓練進修法
		公務人員訓練進修法施行細則
	選修學分	公務人員訓練進修法
		公務人員訓練進修法施行細則
	專題研究	公務人員訓練進修法
		公務人員訓練進修法施行細則
終身學習		公務人員訓練進修法
		公務人員訓練進修法施行細則
		終身學習法

資料來源：作者自行整理。

　　從表 10-2-3 彙整現行公務人員訓練進修與發展法規可知，對公務人員的培訓，一是由政府所提供的訓練進修，係以公務人員訓練進修法為主，另一則是公務人員自己所參與的自我培訓，即終身學習則有終身學習法。現分別摘要說明相關法令如下：

一、公務人員訓練進修法

　　公務人員訓練進修法立法意旨為：

(一) 公務人員訓練進修法制，為考試院權責

　　公務人員訓練進修法制之研擬，事關全國一致之性質者，由公務人員保障暨培訓委員會辦理之（進修 §1Ⅰ）。

(二) 公務人員訓練採雙軌進行，分別由考訓院與行政院負責

1. 公務人員考試錄取人員訓練、升任官等訓練、高階公務人員中長期發展性訓練及行政中立訓練，由公務人員保障暨培訓委員會辦理或委託相關機關（構）、學校辦理之（進修 §1Ⅱ）。

2. 公務人員專業訓練、一般管理訓練、進用初任公務人員訓練及前項所定以外之公務人員在職訓練與進修事項，由各中央二級以上機關、直轄市政府或縣（市）政府辦理或授權所屬機關辦理之（進修 §1Ⅲ）。

(三) 考試院規劃辦理行政中立訓練

為確保公務人員嚴守行政中立，貫徹依法行政、執法公正、不介入黨派紛爭，由公務人員保障暨培訓委員會辦理行政中立訓練及有關訓練（練進 §6）。

(四) 公務人員進修分為入學進修、選修學分及專題研究

其方式如下（進修 §8）：
1. 國內外專科以上學校入學進修或選修學分。
2. 國內外機關（構）學校專題研究。
3. 國內外其他機關（構）進修。

(五) 各機關學校選送國內、外進修之公務人員，其進修期間（進修 §§10、11）

1. 入學進修或選修學分期間為一年以內。但經各主管機關核准延長者，延長期間最長為一年。
2. 專題研究期間為六個月以內。必要時，得依規定申請延長，延長期間最長為三個月。
3. 經中央一級機關專案核定國外進修人員，其進修期限最長為四年。
4. 各機關學校選送國內全時進修之公務人員，其進修期間為二年以內。但經各主管機關核准延長者，延長期間最長為一年。

(六) 各機關學校選送或自行申請進修之核定與補助規定（進修 §12）

1. 選送全時進修之公務人員，於核定進修期間，准予帶職帶薪並得給予相關補助。
2. 選送公餘或部分辦公時間進修之公務人員，於核定進修期間得給予相關補助。
3. 自行申請全時進修之公務人員，其進修項目經服務機關學校認定與業務有

關，並同意其前往進修者，得准予留職停薪，其期間為一年以內。但經各主
管機關核准延長者，延長時間最長為一年；其進修成績優良者，並得給予部
分費用補助。

4. 自行申請以公餘時間或部分辦公時間參加進修之公務人員，經服務機關學校
認定與業務有關，並同意其前往進修且成績優良者，得給予部分費用補助。

**(七) 各主管機關得視業務實際需要協調國內外學術或其他機構，提供公務
人員終身學習之機會（進修§17）。**

二、終身學習法

(一) 終身學習法立法意旨，為鼓勵終身學習，推動終身教育，強化社會教育，
增進學習機會，提升國民素質，特制定終身學習法（終身學習§1）。另
終身學習包含樂齡學習，樂齡學習是指終身學習機構所提供55歲以上人
民從事之學習活動（終身學習§3④）。

(二) 終身學習機構之種類：

1. 社會教育機構：(1) 社會教育館；(2) 圖書館；(3) 科學教育館或科學類博物
館；(4) 體育場館；(5) 兒童及青少年育樂場館；(6) 動物園；(7) 其他具社會
教育功能之機構。

2. 文化機構：(1) 文化類博物館或展覽場館；(2) 文化中心、藝術中心或表演場
館；(3) 生活美學館；(4) 其他具文化功能之機構。

3. 學校、政府機關、社區大學：與前二款以外提供人民多元學習之非營利機構
及團體。

(三) 終身學習之範圍如下（終身學習§5）：

1. 正規教育之學習：由國民教育至高等教育所提供，具有層級架構之學習體
制。

2. 非正規教育之學習：在正規教育之學習體制外，針對特定目的或對象所設計
有組織之學習活動。

3. 非正式教育之學習：在日常生活或環境中所進行非組織性之學習活動。

(四) 直轄市、縣（市）主管機關為推展終身學習，得辦理社區大學；其設立及

發展，另以法律定之（終身學習 §10）。

(五)各級學校在學習活動中應培養學生終身學習之理念、態度、能力及方法，
並建立其終身學習之習慣（終身學習 §11Ⅰ）。各級學校得開辦回流教
育，提供學習機會，以滿足國民終身學習需求（終身學習 §11Ⅱ）。前
項回流教育，指個人於學校畢業或肄業後，以全時或部分時間方式，再至
學校繼續進修，使教育、工作及休閒生活交替進行之教育型態（終身學習
§11Ⅲ）。

(六)中央主管機關為鼓勵國民參與終身學習意願，對非正規教育之學習，應建
立學習成就認證制度，並作為入學採認、學分抵免或升遷考核之參考（終
身學習 §13Ⅰ）。

(七)各級政府應寬列預算，推動終身學習活動（終身學習 §19Ⅰ）。為均衡
區域終身學習之發展，中央主管機關對離島、偏鄉、原住民族或特殊地
區，應優先予以經費補助（終身學習 §19Ⅱ）。

三、公務人員考試法

公務人員考試錄取人員訓練：指依公務人員考試法第 21 條規定辦理之訓
練。

公務人員考試法第 21 條第 1 項：「公務人員各等級考試正額錄取者，按
錄取類科，依序分配訓練，訓練期滿成績及格者，發給證書，依序分發任用。
列入候用名冊之增額錄取者，由分發機關或申請舉辦考試機關配合用人機關任
用需要依其考試成績定期依序分配訓練；其訓練及分發任用程序，與正額錄取
者之規定相同。」

四、行政院人事行政總處職員進修計畫

(一) 進修方式

總處職員進修分為入學進修、選修學分及專題研究，並得以公餘、部分辦
公時間或全時進修行之。

(二) 進修內容

1. 第一順位：修習與總處業務有關之企業管理、人力資源管理、法律、政治、公共行政、公共政策、公共事務、政府制度、人事行政、勞工行政、心理學、新聞傳播、社會學、社會工作、資訊、會計等相關課程或專題研究。
2. 第二順位：修習有助總處業務推展之中文、外文、歷史、哲學、外交及國際關係或經總處進修甄審委員會審議認定與業務有關之課程或專題研究。

(三) 進修處所

國內大專校院及研究機構。

第三節　相關案例與議題

壹、案例一

A 君高考及格後分發在某部會工作。A 君工作六年後，想至國外大學進修。A 君自行申請自 108 年 9 月 1 日至本（109）年 4 月 30 日（按：八個月）留職停薪赴美國○○大學○○學院全時進修進行研究。其進修項目經 A 君服務機關認定與業務有關，並同意其前往進修者，爰准予 A 君留職停薪。

A 君擬接續申請至不同國家之學校進行類似主題之研究，擬復於本（109）年 5 月 1 日至明（110）年 4 月 30 日（按：一年）申請留職停薪，赴英國○○大學○○學院全時進修。

請問，依訓練進修法本案 A 君服務機關應如何處理？

一、本案的相關法律條文與函釋

法規名稱	法規條文內容
公務人員訓練進修法	第 12 條 各機關學校選送或自行申請進修之核定與補助規定如下： 一、選送全時進修之公務人員，於核定進修期間，准予帶職帶薪並得給予相關補助。 二、選送公餘或部分辦公時間進修之公務人員，於核定進修期間得給予相關補助。 三、自行申請全時進修之公務人員，其進修項目經服務機關學校認定與業務有關，並同意其前往進修者，得准予留職停薪，其期間為 1 年以內。但經各主管機關核准延長者，延長時間最長為 1 年；其進修成績優良者，並得給予部分費用補助。 四、自行申請以公餘時間或部分辦公時間參加進修之公務人員，經服務機關學校認定與業務有關，並同意其前往進修且成績優良者，得給予部分費用補助。 前項第 1 款或第 3 款受補助之全時進修人員，應依規定向服務機關學校提出報告。
	第 14 條 各機關學校選送或自行申請全時進修之公務人員於進修期滿，或期滿前已依計畫完成進修，或因故無法完成者，應立即返回服務機關學校服務。
	第 15 條 公務人員帶職帶薪全時進修結束，其回原服務機關學校繼續服務之期間，應為進修期間之 2 倍，但不得少於六個月；留職停薪全時進修結束，其應繼續服務期間與留職停薪期間相同。 前項進修人員經各主管機關依法同意商調他機關服務者，其應繼續服務期間得合併計算。
公務人員訓練進修法施行細則	第 7 條 本法所稱選送，指各機關（構）學校基於業務需要，主動推薦或指派公務人員參加與職務有關之訓練或進修。 本法所稱自行申請，指公務人員主動向服務機關（構）學校申請參加與職務有關之訓練或進修。

法規名稱	法規條文內容
公務人員保障暨培訓委員會函釋	保訓會民國 92 年 10 月 13 日公訓字第 0920007214 號函釋略以，某甲擬自行申請留職停薪進修 4 年，依公務人員訓練進修法第 12 條第 1 項第 3 款的規定，其期間最長為 2 年（含延長期間），期滿後須立即返回服務機關學校服務滿 2 年，始得再次申請留職停薪進修。
	保訓會民國 96 年 6 月 20 日公訓字第 0960006032 號書函釋略以，原經服務機關同意留職停薪全時進修，復因進修需要擬變更進修項目（例如學校、系所等）者，應向服務機關申請變更進修項目，並由服務機關就其變更後之進修項目認定是否與業務有關及是否同意其前往進修。
	保訓會民國 106 年 6 月 22 日公訓字第 1062160437 號書函釋略以，公務人員以進修事由申請留職停薪者，分「兩階段」先後提出申請，包括第一階段經「服務機關」核准留職停薪期限「1 年以內」，以及第二階段經向服務機關提出申請並報經「主管機關」核准延長留職停薪期間「最長 1 年」，合計最長 2 年；至二個階段尚無次數之限制，端視前後加計之期間是否仍在第一階段 1 年以內，決定由服務機關或主管機關核准。

資料來源：作者整理。

二、本案需研討的部分

(一) 本案是否為進修項目之變更。
(二) 本案是否屬不同之進修案，由服務機關依相關規定本於權責卓處。

　　本案保訓會 107 年 4 月 18 日公訓字第 1070004388 號電子郵件，[6] 處理方式摘述如下：

(一) 本案是否為進修項目之變更

　　本案當事人自行申請自 108 年 9 月 1 日至本（109）年 4 月 30 日（按：八個月）赴○○大學○○學院全時進修進行研究。擬復於本（109）年 5 月 1 日至 110 年 4 月 30 日（按：一年）申請留職停薪，赴○○大學○○學院全時進修。按上開保訓會 96 年 6 月 20 日書函規定意旨，本案當事人如於上開 108 年 9 月

---

[6] 公務人員保障培訓委員會107.4.18公訓字第1070004388號電子郵件，https://www.csptc.gov.tw/News_Content.aspx?n=3641&s=18946（檢索日期：2020/6/26）。

1 日至本（109）年 4 月 30 日（按：八個月）在○○大學○○學院完成研究，尚難謂進修項目之變更。

(二) 本案是否屬不同之進修案，由服務機關依相關規定本於權責卓處

按上開訓練進修法第 12 條第 1 項第 3 款及保訓會 92 年 10 月 13 日函、106 年 6 月 22 日書函規定意旨，進修項目是否與業務有關，係由服務機關認定。

1. 倘本案當事人主張前後申請全時進修之研究項目係屬同一進修案之延伸，且提出相關佐證足資證明經服務機關認可，則得向服務機關提出申請留職停薪進修，經同意後期間最長為四個月〔按：即本（109）年 5 月 1 日至 8 月 31 日，與赴○○大學○○學院全時進修進行研究之八個月期間，得予併計後合計一年〕。並得經向服務機關提出申請，且再報經主管機關核准延長留職停薪進修期間八個月〔按：本（109）年 9 月 1 日至明（110）年 4 月 30 日〕。

2. 倘經服務機關認定非同一進修案之延伸，則須於上開 108 年 9 月 1 日至本（109）年 4 月 30 日之進修期滿後，立即返回服務機關學校履行服務義務期滿（按：八個月），始得再次申請留職停薪進修。

貳、案例二

B 君高考及格後分發至行政院某部會工作，B 君是鄉下小孩，從小就有出國讀書的想法，從事公職幾年後略有積蓄，出國讀書的想法益發強烈。正好有個機會她通過語言測試申請到與工作相關的國外學校研究所。

B 君於是向服務機關提出自行國外全時進修留職停薪十個月，其進修項目經服務機關認定與業務有關，並同意其前往進修者，爰准予留職停薪十個月。B 君赴國學校就讀後，對該研究所的課程頗有心得，乃再申請全時進修一年，並報經主管機關核准延長留職停薪期間一年。

現 B 君於一年十個月將屆之際，又再提出申請全時進修二個月。

請問，依訓練進修法本案 B 君服務機關應如何處理？

一、本案的相關法律條文與函釋

法規名稱	法規條文內容
公務人員訓練進修法	第 12 條 各機關學校選送或自行申請進修之核定與補助規定如下： 一、選送全時進修之公務人員，於核定進修期間，准予帶職帶薪並得給予相關補助。 二、選送公餘或部分辦公時間進修之公務人員，於核定進修期間得給予相關補助。 三、自行申請全時進修之公務人員，其進修項目經服務機關學校認定與業務有關，並同意其前往進修者，得准予留職停薪，其期間為 1 年以內。但經各主管機關核准延長者，延長時間最長為 1 年；其進修成績優良者，並得給予部分費用補助。 四、自行申請以公餘時間或部分辦公時間參加進修之公務人員，經服務機關學校認定與業務有關，並同意其前往進修且成績優良者，得給予部分費用補助。 前項第 1 款或第 3 款受補助之全時進修人員，應依規定向服務機關學校提出報告。
公務人員訓練進修法施行細則	第 7 條 本法所稱選送，指各機關（構）學校基於業務需要，主動推薦或指派公務人員參加與職務有關之訓練或進修。 本法所稱自行申請，指公務人員主動向服務機關（構）學校申請參加與職務有關之訓練或進修。
公務人員保障暨培訓委員會函釋	保訓會民國 95 年 1 月 24 日公訓字第 0950000645 號書函釋以：「……公務人員以進修事由向服務機關申請留職停薪者，應受前揭公務人員訓練進修法所定進修期限 1 年之規範，如於期限屆滿前預知尚無法完成進修，經向服務機關提出申請並報主管機關核准延長者，始得延長留職停薪期間最長 1 年。」

資料來源：作者自行整理。

二、本案需研討的部分

(一)公務人員進修留職停薪延長期間規定疑義
(二)訓練進修法第 12 條有否申請延長次數之相關規定

本案保訓會 106 年 6 月 22 日公訓字第 1062160437 號書函，[7]處理方式摘述如下：

本案有關公務人員訓練進修法第 12 條並無申請延長次數之相關規定，欲再申請延長進修留職停薪二個月一節，依上開訓練進修法第 12 條規定，公務人員以進修事由申請留職停薪者，分「兩階段」先後提出申請，包括第一階段經「服務機關」核准留職停薪期限「一年以內」，以及第二階段經向服務機關提出申請並報經「主管機關」核准延長留職停薪期間「最長一年」，合計最長二年。

公務人員訓練進修法第 12 條對二個階段尚無次數之限制，端視前後加計之期間是否仍在第一階段一年以內，決定由服務機關或主管機關核准。

本案業已分兩階段，分別經服務機關申請留職停薪十個月，並報經主管機關核准延長留職停薪期間一年，合計「一年十個月」。

本案現欲再行申請延長二個月，以本案已進入第二階段「延長一年」期間，且第二階段最長亦為一年，自無法再申請延長第二階段，或回溯申請第一階段留職停薪十個月再延長二個月。

第四節　小議題、大未來：做好 21 世紀公務人力培訓的重要課題

本章執筆時間為民國 109 年，21 世紀已經歷了五分之一！人類社會在科技上雖然發展到歷史的新顛峰（特別是資訊技術），但同時卻也正與前所未見的「新冠病毒」（COVID-19）持續對抗。然而，目前人類卻仍常常使用 20 世

---

[7] 公務人員保障暨培訓委員會106.6.22公訓字第1062160437號書函，https://www.csptc.gov.tw/News_Content.aspx?n=3642&s=18988（檢索日期：2020/6/26）。

紀的知能來因應這些問題。因而展望未來，政府及所屬公務人員實更需要藉由訓練與相關學習，持續自我充實與成長。不過儘管如此，培育在我國人事行政體系中，相較於任用、考績等議題，仍常受到忽視。例如根據公務人員保障培訓委員會民國 108（2019）年培訓年報，全國公務人員參與訓練進修平均時數雖然達到 114.4 小時（平均一個月有接近一天），然而若進一步檢視各官等，則委任平均為 160.7 小時、薦任平均 94.5 小時、簡任平均 60.8 小時，分配相當不均。[8]

　　基上理由，重新界定培訓的定位與應發揮的功能，對於未來人事行政發展實具有重要性，以下仍從人員、機關，以及人事體系三層面分別討論。

壹、未來公務人員需要具備什麼能力？通才或專才？

　　未來世界無疑是一個高度專業分化的環境，然而身為一位公務人員，到底是應朝通才化或專業化來培育？常是各界討論的課題。作者認為要解決此糾結，首先應該要釐清的問題是：「專業」（profession）到底是什麼？因為不論專才、通才或是跨域，訓練都是要塑造出具有專業形象與知能的公務人力，因此唯有先界定專業內涵，各項訓練執行才有指引及目標。

　　受到傳統教育及社會認知的影響，一般人常認為專業就是「專精於特定領域」，也就像前文「專才」的陳述。但是在 21 世紀的今日，各類事務常有交互影響、牽一髮動全身特性時，只專注特定領域反而可能有「掛一漏萬」的風險，處理公共事務特別是如此，因此，公共行政學者乃開始倡導應從更多元而宏觀的角度，重新界定專業的內容。此說法可以舉 Noordegraaf（2007: 779-780）的主張為例，他認為今日公務人所須具備的專業，不應是「純粹」（pure）的，而是「混合的」（hybrid）專業。所謂純粹的專業，主要指以理性、倫理（ethic）為原則的教育內容，目的在控制或規範特定的行動，例如制

8　請見保訓會公務人員培訓統計網站：https://www.csptc.gov.tw/cl.aspx?n=4022（檢索日期：2020/8/16）。

訂行為守則（code）就常是傳統專業的重要象徵；而所謂混合專業，則指能回應實務問題、與政府外界維持聯繫，甚至於能重塑社會規範的能力，具體如下：

第一，連結個人工作與組織行動。個人不只是為工作而工作，也不只是自以為是的工作，而是從事有意義的（meaningful）工作，亦即配合組織行動（action），並融入整體目標。

第二，建立工作的正當性（legitimating）。人員工作應能呼應社會重視的價值觀念，例如廉潔、獨立、服務導向等。

第三，取得外界對工作所屬社群的認同感（identity）。人員的工作表現應能取得外界的瞭解與認可，或是工作表現能產生具體有利的績效或成果。

作者贊同上述 Noordegraaf 的主張，亦即今日專業意涵除了不應只侷限於單一學科或領域，而是更要納入宏觀而整體性的視野，以及實際處理問題的能力。簡言之，重點不在於人員具備什麼知能，而是在於能運用知能解決問題！

貳、機關推動人員培訓的綜合權衡

今日訓練概念已從單純的技術執行問題，轉化為融入機關整體人力資源發展環節，然而囿於我國人事行政體制，各機關常以消極態度辦理相關業務，亦即配合保訓會（國家文官學院）或人事行政總處（公務人力發展學院）所設定的訓練計畫，指派人員參加。未來若機關期望讓有限人力發揮更佳效能，則更主動而積極地規劃本身人員培訓策略，將是最可行的途徑。必須說明的是，本書此一主張並非認為機關獨立作業，而是在現行公務人員訓練體系下，更精確的評估本身條件與需求，並更有效地運用各訓練機構提供的資源。至於具體考量因素，約有下列各項（Berman et al., 2001: 234-235; Shafritz et al., 2001: 304-306）：

一、可用經費

政府整體可用資源受限，因此難以完全滿足機關與人員訓練需求。同

時，基於資源排擠效應，當特定訓練措施獲得更多資源時，相對則將會影響其他訓練措施的可用資源，故適當籌措並配置資源，將是辦理人員培訓的最基本考量。

二、施行時程

由於今日政府內部人員類型多元，除了公務人員外，也包括定期聘用或臨時人員，因此規劃培訓計畫時自然應考量辦理時程：時程太短，不一定能授予人員足夠知能；時程太長，又可能因為人員離職或調職，而無法運用至工作，從而形成資源浪費。

三、培訓效益

培訓效益設定亦與時間有關，亦即訓練目標設定應著重即時可見的成果？或是長期的持續效益？就前者而言，雖然機關可立即解決機關問題，但可能會需要不斷持續辦理訓練；就後者而言，則顯然較有利於培育個人能力，但卻可能會淪為「為人作嫁」，徒然浪費機關資源。

四、培訓所涉及的範圍與複雜度

指培訓內容的廣度，若要容納廣泛的知能，將使培訓成為內容巨大且複雜的工程；反之，只針對有限主題或技術，則又可能形成人員未來的本位思考。

五、分權化與外包

由於政府業務更趨多元複雜，各機關對培訓需求也更分歧。為能獲致「因地制宜」效果，勢需由不同專長與規模機關來辦理訓練；甚至於政府也要與學校、私人企業、非營利組織建立合作關係，而將特定訓練業務外包。

參、訓練機構的引導與整合

　　如圖 10-1-2 所示，歷經多年發展，我國培訓體系已經相當成熟且完備，同時參與培訓也已成為機關與公務人員的共識，因此未來各訓練機除了在圖 10-1-2 的架構下進行分工外，或更應發揮本身特色，以提供更多樣化且「客製化」的選擇。以下提供各機構共同性的考量因素：

一、持續研發

　　指不斷在技術、策略，乃至於培訓目標上持續研究精進，包括發展培訓政策發展、法令增修、分析公務人力資源需求，乃至於改進現行技術或方法（如線上教學、虛擬實境……）等，各訓練機構應視為首要重點工作，因為如此除了能確保符合環境最新需求外，更可發揮引領各機關與人員新觀念的使命。

二、爭取資源

　　訓練機構要維持高品質的能量，除了需要寬裕經費外，更要有優良的師資。故本處所指資源不僅包括政府體系內部預算，更應爭取與企業、學校，乃至於民間團體或個別公民參與，以期擴大綜效與選擇。

三、經驗交流

　　承上項，持續且深度的與各部門交流，尋求合作的項目與方式，應是未來訓練機構的重要工作，不僅如此，基於「客製化」原則納入用人機關需求，或是強化與其他國家或國際訓練機構的交流，也可讓訓練機構獲得更多養分或啟發。

四、更彈性化、多元化的選擇

　　在資通訊科技高度發展的今日環境下，提供培訓更寬廣的空間，包括遠距

互動、自主學習、虛擬實境等，不僅可更活化培訓內容，更提供受訓者多樣化的選擇：時間、空間與每期可參訓人數將不再是障礙，人員與機關都可以在開放環境下，享受培訓帶來的樂趣，以及對工作實質的助益。

參考文獻

考試院，2000，《強化文官培訓功能規劃方案》（修正版）。

考試院考銓制度研究發展小組培訓分組，1993，《考試院訓練進修體制建立之研究》，考試院。

考試院考銓叢書指導委員會，1984，《考試制度》，正中書局。

考試院考銓叢書指導委員會，1983，《中華民國銓敘制度（下）》（初版），正中書局。

考試院考銓叢書指導委員會，1990a，《中華民國銓敘制度（上）》，正中書局。

考試院考銓叢書指導委員會，1990b，《中華民國銓敘制度（下）》（增訂版），正中書局。

考試院研究發展委員會，1996，《建立我國公務人員訓練制度之研究》，考試院。

考試院研究發展委員會，1998，〈國家文官訓練機構建制之研究〉，載於考試院研究發展委員會（編印），《考試院研究發展委員會專題研究報告彙編（二）》（頁 173-296），考試院研究發展委員會。

考選部，1968，《考選法規彙編》，考選部。

朱金池，2003，〈警察人員教考用配合制度之研究〉，《警政論叢》，2：51-74。

沈建中，2008，〈全球化下兩岸四地華人國家與地區公務人力資源培訓之探討〉，發表於「2008 年全球化與行政治理學術論文研討會」論文，桃園：開南管理大學，5 月 2 日。

范煥之，1984，《中華民國高普考試制度》，考試院考銓叢書指導委員會。

黃英忠，吳復新，趙必孝，2001，《人力資源管理》，國立空中大學。

彭錦鵬，2009，〈OECD 國家高級文官團之經驗〉，載於行政院人事行政局《98年度高級文官培訓制度國際學術研討會論文集》（頁 51-76）。

鮑正鋼，1988，《我國公務人員訓練績構績效評估之研究》，豪峰出版社。

MBA 核心課程編譯組，2004，《人力資源管理（下）》，讀品文化。

Berman, E. M., Bowman, J. S., West, J. P., and Wart, M. V. 2001. *Human Resource Management in Public Service: Paradoxes, Processes, and Problems*. Sage Publications, Inc.

Buckley, R. and Caple, J. 1990. *The Theory and Practice of Training*. University Associates, Inc.

Gangani, N., McLean, G. N., and Braden, R. A. 2006. "A Competency-based Human Resource Development Strategy." *Performance Improvement Quarterly*, 19(1): 127-139.

Gagné, R. M. 1985. *The Conditions of Learning and Theory of Instruction* (4th ed.). Harcourt Brace College Publishers.

Goldstein, I. L. 1986. *Training in Organizations: Needs Assessment, Development and Evaluation*. Brooks/Cole Publishing Co.

Klingner, D. E. and Nalbardian, J. 1998. *Public Personnel Management-Contexts and Strategies* (4th ed.). Prentice Hall.

Lajili, K. 2015. "Embedding Human Capital into Governance Design: A Conceptual Framework." *Journal of Management and Governance*, 19: 741-762.

Noordegraaf, M. 2007. "From Pure to HybridProfessionalism: Present-Day Professionalismin Ambiguous Public Domains." *Administration & Society*, 39(6): 761-785.

Shafritz, J. M., Rosenbloom, D. H., Riccucci, N. M., Naff, K. C., and Hyde, A. C. 2001. *Public Personnel Management in Government* (5th ed.). Marcel Dekker, Inc.

Van Wart, M., Cayer, N.J., and Cook, S. 1993. *Handbook of Training and Development for Public Sector: A Comprehensive Resource*. Jossey-Bass Publishers.

第十一章　行政中立

黃煥榮、莫永榮

摘要

近年來國內政治環境隨著民主化發展，社會日趨開放多元化，政黨之間的競爭亦日趨激烈。行政中立（administrative neutrality）從概念的探討到制度的建立與實踐，是臺灣近一、二十餘年來社會各界密切關注的行政改革理念，對於我國行政體制的發展具有深遠的影響。尤其每次屆臨公職人員選舉期間，行政中立即躍然成為權力競逐者操弄，及新聞媒體爭相報導的熱門議題。此因公務人員常成為各政黨及候選人拉攏、運用的對象，不僅造成公務人員之困擾，也引起社會大眾對國家文官體系是否公器私用，提出批判和質疑。本章共分為四節，第一節首先說明行政中立理念的緣起與發展，其次說明行政中立的概念與意義，並就我國行政中立法制化的沿革與重點加以說明。第二節是針對我國目前行政中立法令之內容的重點擇要分析說明。第三節是就我國近年較常發生之可能違反行政中立實務案例進行分析。最後第四節則對行政中立的爭議和挑戰加以檢視，包括行政中立的困境，行政不中立的原因和類型，行政中立的落實和配套，以及行政中立未來之展望。

第一節　行政中立的緣起與發展

壹、行政中立理念與各國推動經驗

　　公務人員為何要行政中立？中立是為了實踐什麼理念或價值？一般認為行政中立此一概念學理上的探討，與西方民主政治的發展密不可分，若就行政中

立的源起，可追朔至政治與行政的分合關係談起（Overman, 2005；彭錦鵬，2002；宋興洲，2010）。

一、政治與行政之分合關係

一般認為，行政中立此一概念學理上的探討，源起於美國 Woodrow Wilson 於 1887 年所發表的〈行政的研究〉（The Study of Administration）一文提出的「政治與行政」分立的主張是對行政中立重要的呼聲，此一主張也不時地引發政治與行政關係的爭議和討論。美國早期聯邦政府定期選舉後，不僅將主政決策者更換，甚連一般行政人員亦大批撤換，致形成「一黨勝選，雞犬升天」的分贓制度（spoils system），使政局易陷於不安定與腐敗。Wilson 為針貶此一弊端，率先提出政治應與行政分立理論，隨後，Frank Goodnow 更進一步補充前述觀念，主張「政治為國家意志之表現，行政為國家意志之執行」，明白區分政治與行政之差異。事實上，中立概念更早是由德國社會學家 Max Weber 所提出，其觀察 19 世紀末以來人類組織之發展，提出了工業社會中的理念類型（ideal type）——官僚體制（bureaucracy），是明示高效率的組織，須將政治與人情的因素祛除；他認為「中立能力」（neutral competence）是公務人員的一項特徵，他們是以能力為基礎而獲得選拔，經永業在職而升遷，並非考慮其社會地位及對政黨的忠誠。公務人員應以公平而無私的方法履行其職責，冷酷而中立，被視為是確保政府機關對待人民的唯一方法（許濱松，1996：154-156）。

宋興洲教授（2010）從認識論的角度探討政治與行政之間的關係，進而檢視行政中立的意義。第一種是「傳統模式」，或稱政治—行政二分法，強調政治與行政各自分離，如此行政不受政治干擾，行政中立才為可行。第二種為「政治模式」，認為政治與行政可融合為一體，如此行政可積極參與並發揮能力及專業技術，以提升民主社會的進步。在此模式下，沒有行政中立的問題。第三種為「互動模式」，強調政治與行政之間關係為互相依賴且相互影響。傳統模式訴求行政中立，但不切實際，因為其不考慮互動關係，卻只想要脫離關係。另外兩種模式中，只有在互補性的情勢下，行政中立才會受尊重並可執行。

二、美國行政中立制度與經驗

美國早期分贓實行制度，但此制度引發了許多明顯的缺失，而影響最大應屬於是在 1939 年通過的赫奇法案（The Hatch Act），以專法來規範公務人員的政治活動。赫奇法案既限制也保護聯邦公務員，一方面通過法律使文官在政治上保持中立，另一方面也保障文官個人的憲法權利。赫奇法案明文禁止公務員擔任大多數民選公職、參與政治競選活動、為政治候選人募捐，也不得將政治派別作為招聘公務員時的考慮因素，但同時也保護公務員不受政治脅迫（熊忠勇，2018）。是以，赫奇法案對於政務人員和事務人員在參與政治方面有明確的區隔。

此外，美國在 1978 年制定「文官改革法案」（The Civil Service Reform Act）中曾規定九項「功績制度原則」及九項「被禁止的人事措施」，舉其重要規定如（陳德禹，2006：337；黃臺生，2010：25）：

(一) 公務員應維持高標準的誠正、品行及關心公益。

(二) 應確保公務員不受專斷處分、偏私不公或政治壓迫，並禁止以職權或影響力干擾選舉的結果或提名。

(三) 禁止利用職權，強迫推展政治活動，要求政治捐獻，或對不照辦者施予報復。

(四) 禁止袒護重用親戚或家人。

(五) 禁止藉採取或不採取人事行動，作為對於行使申訴權、拒絕從事政治活動或合法揭露違反法規、管理不當、浪費公帑、濫用職權等行為之職責的報復手段。

三、英國行政中立制度與經驗

英國文官不介入政治紛爭之傳統，可回溯至 1701 年議會頒布法令禁止郵政人員參與選舉活動；1910 年，樞密院令禁止文官介入政治紛爭，1960 年復規定文官不得公開發表演說，或以公開之方式自行或透過第三者宣布自己為目前或未來選舉之候選人。有關文官政治活動之限制，主要規定在 1953 年財政部發表之白皮書；1996 年公布的「文官管理準則」（Civil Service Management

Code）則綜合以前的規範做最新的補充。其具體做法是將文官予以分類，規定不同程度的政治參與範圍，說明如下（許濱松，1996：159；鄧志松，1998：118-119）：

(一) 政治自由類（politically free category）

此類文官享有最大的政治參與自由度，主要包括工業部門人員（industrial staff）及非職等（non-office grades）人員組成，如搬運工之類，他們可以完全自由地從事全國性及地方性政治活動。

(二) 政治受限類（politically restricted category）

此類文官主要指高級文官（the senior civil service），或是其他位於高級文官之下較高職等之文官，及所有參與「快速晉升方案」（the fast stream development program）之文官。此類文官禁止參加全國性的政治活動，地方性政治活動則需獲得機關之許可。無法併入上開兩類之文官，除了不能成為國會或歐洲議會之候選人外，只要事先取得單位之許可，可參加全國性或地方性政治活動。

英國為使常任文官的管理，不受到政治的干涉，以保持常任文官的行政中立，規定各部會常任公務員，統歸常務次長（即文官長）負責管理。至於各部高級常任公務員，包括常務次長等，雖由各部部長任命，而實際上係由財政部推薦後辦理，是以財政部常務次長為英國「國內文官首長」。在 1987 年人事改革之後，則由內閣秘書長兼國內文官首長。文官首長是英國政治與行政的橋樑，當各部部長與其所屬高級文官之間發生歧見時，是透過首相與國內文官首長的居間協調，如此英國常任文官才得以完全的超然獨立（黃臺生，2010：24）。

相較於美國，從英國文官體制的傳統和歷史發展來看，英國的文官具有高度中立色彩，不積極參與政治性活動，也不會因為任何政治原因而去職，不因政權之更迭而有異動。反之，根據悠久之職業傳統，他們也以同樣忠誠地對負政治責任之首長服務，而不論任何政黨取得政權。這種高度中立的特色，實際上反應了政治回應的價值。因此，在英國的環境下，文官的政治中立制度，無形中與政治回應的目標結合（熊忠勇，2018）。

更進一步來說，英國文官主要植基於「政治效忠」、「無私建言」及「匿名性」三項傳統，說明如下（鄧志松，1998：111-114）：

1. 政治效忠

指文官必須以同樣的效忠方式服務不同的政府（即不同的執政黨），不管政府的立場如何，文官必須隨時調整自己之政治立場，效忠政府。故在此原則下，文官效忠的是執政的政府，而非在朝或在野的政黨，在執政黨與執政政府結合的前提下，文官自然無法公平地對待任何一個政黨。

2. 無私建言

指文官必須從實務的觀點告訴首長政策的利弊得失，不是一味討好部長。文官除了政治效忠之外，亦有其專業的特性，無私建言即代表此一特性，他們必須從專業的立場，告訴部長何者可為，何者不可為，從實務的觀點分析政策的利弊得失，使部長在完整的資訊條件下進行決策，使部長不致於做出離譜的政策，而不是一味討好部長。此與政治效忠本質上有制衡的作用，即一旦政策決定之後，不論是否與文官的專業立場相合，文官須全力以赴。

3. 匿名性

指文官對外沒有名字，政府所有的重要文件以部長名義對外發表，理論上，沒有人知道實際操作的文官是誰，也沒有人知道文官扮演多大之角色；在匿名性保護下，文官隱藏幕後，迴避政治紛爭。而且，文官對於各政黨保持小心謹慎的態度，不過度表達個人政治立場或支持某個政黨，即使文官各有其政治主張，但不輕易透露，默默發揮影響力，而非直接加入政治競逐的行列。

基本上，從上述可得知美、英兩國所言之中立概念係偏向於「政治中立」概念，即透過參與政治活動之限制，達到政府之公正、效率、效能；但其理論基礎仍有些差異，美國政治中立理論建立在功績制得以確保之目的上，英國則建立在對執政黨「政治忠誠」得以確保之目的上。但無論是英、美兩國或多數民主國家都試圖讓文官嚴守中立，不介入政治活動，歸納而言，最常用的方式有以下幾方面（陳德禹，2006：334-335）：

1. 界定公務人員之責任、角色與立場。
2. 保障公務人員的工作權，使他們不致因選舉結果而丟掉職務或受不利處分。
3. 限制公務人員參與政黨活動。
4. 限制公務人員參加競選或選舉活動。

四、臺灣行政中立制度與經驗

　　臺灣關於行政中立概念的討論與發展，學者也認為與 1980 年代民主化的進程有極為密切的關係。從政治上的發展而言，臺灣在 1990 年代初期，政治的情勢產生巨大的改變，從解除戒嚴、開放黨禁與報禁、國會全面改選、總統直選、地方自治的深化、政黨的輪替等一連串民主化的改革與鞏固，臺灣成功的民主轉型成為一個舉世聞名的典範。然臺灣早期為了因應統治的需求，透過組織技術官僚來促成國家意志的有效執行，在民主化的浪潮中，卻相對地呈現一種變化緩慢而穩定的組織力量，引發政黨輪替之後「新政府與舊官僚」間的治理衝突——新政府對於舊官僚的不信任，也造成行政中立此一改革的迫切需求（王光旭，2012：25）。而在當時國當時的政治環境，最大的問題是掌有行政權力與握有行政資源者，濫用權力與資源，因此排除利用行政機關資源優勢介入選舉成為當務之急。例如，時任考試院長關中（2009：510）即曾指出：

> 　　西方國家民主政治的發展較早，依法行政與執法公正是其基本的政治內涵，涉及的是基本的職務倫理，甚至是道德的要求，早已深植在其文化中，不待法律條文的規範。但在我國，由威權走向民主的過程中，這一部分較為欠缺，尤其是選舉的時候，經常見到若干政治人物利用法令上的漏洞，利用職務和行政資源輔選。因此我們才要特別立法，明確規範依法行政、執法公正和政治中立的具體要求。

　　大抵上，我國在民國 80 年代推動行政中立，主要是希望文官不再濫用行政權力與資源介入選舉。嚴格來說，主體是在規範官員的「行政行為」，而不是「政治行為（或稱政治活動）」，例如：租借辦公廳舍、借調人員、場地使用，甚至是利用行政權力影響他人投票行為等，因此，可以說中立法希望達成官員的行政行為不偏袒任何政黨、政治團體或個人，並相對藉此阻絕政治人物對常任文官的政治干擾。這與西方國家係限制政治活動有所區別，即便政治活動的限制也在該法的規範之內，但從相關的說明與系絡來看，顯然一開始的建制目的並非著重於此（熊忠勇，2018）。

　　事實上，在當時考試院研議中立法草案之總說明中，清楚闡述主要考量行

政中立是就行政之立場與態度而言，它至少包括三點意義：(一) 公務人員應盡忠職守推動政策；(二) 公務人員在處理公務上，立場公正一視同仁；(三) 公務人員在日常活動中不介入政治紛爭。換言之，採用行政中立一詞，旨在要求公務人員應依法行政、執行公正，並建立公務人員之政治活動規範。而政治中立一詞，僅及於公務人員政治行為之中立，未能涵括更為重要之依法行政、執行公正，並易遭誤解為要求公務人員應放棄其政治立場，及憲法所保障之集會結社等基本權利。加上公務人員保障暨培訓委員會組織法、公務人員訓練進修法即有行政中立訓練、嚴守行政中立之業已確立法定名詞，故而政治中立內涵較為狹隘，行政中立較審慎妥適（賴維堯，2018：7-8）。

我國目前行政中立法共計 20 條條文，其中規範政治中立（參與政治活動之規範）8 條、執行公正 2 條、依法行政 1 條、保障救濟 3 條、適（準）用人員 3 條、公布及施行（細則）2 條、立法目的 1 條，故以政治中立條文最多，規範較為細密。另外，第 1 條開宗明義規定「為確保公務人員依法行政、執行公正、政治中立，並適度規範公務人員參與政治活動，特制定本法。」由此可知公務人員行政中立之法制涵義（兼立法目的）有三「依法行政、執行公正、政治中立」，並以政治中立（參與政治活動之規範）為法制上之最重要意涵。

回顧中立法從法制構想、草案研擬到三讀完成過程，我國推動行政中立制度並不完全是以西方國家經驗或理論為參照基準，而是基於某些實務的需求（熊忠勇，2018）。蓋從我國目前法制的論點，是期許常任文官將中立價值內化，成為基本的行政倫理價值；期望每位常任文官能，而且會將公共利益置於個人利益之上，但此需要時間調適，且若公務人員若能無私的為公共利益服務，文官中立的問題是否就無解？更何況何謂「公正」、「超然」、「客觀」乃至於「依法行政」、「執法公正」都具有某種程度主觀判斷的成分在內。故公務人員執行公務時不受政黨及政治因素之干擾，仍應是行政中立最核心和關鍵的部分（楊戊龍，2005）。

貳、行政中立的概念與意義

一、行政中立的基本意涵

　　從前一小節對於行政中立理念的緣起，美、英及我國對於行政中立的相關法制及經驗可以瞭解，行政中立的定義具有各種不同的觀點。例如，在國內行政學者和行政法學者對於行政中立的界定就略有不同，本小節將依學者的見解進一步加以討論。

(一) 行政學界的定義

　　國內行政學者對於行政中立的界定較為寬廣，除參與政治活動應有一定的界限外，尚包括立場超然、執法公正、公平、不介入政爭等義涵。例如，陳德禹教授（1993：304-341）指出，行政中立應包括下列四項重點：第一，公務人員在職期間應盡忠職守推動由政府所制定的政策，造福社會大眾。第二，公務人員在處理公務上立場應超然、客觀、公正，一視同仁，無所偏愛或偏惡。第三，公務人員在執法或執行政務人員的政策上，應採取相同標準，公平對待任何個人、團體或黨派，既不徇私，也無輕重之別。第四，公務人員在日常活動中不介入政治紛爭，只盡心盡力為國為民服務，及本其所具有的專業知識、技能與經驗，於政務主管擬定政策時，提出有關資訊協助政務主管決策；並就主管的業務，隨時注意民意動向，而做適時適當的反應。

　　許濱松教授（1996）也有類似的見解：「行政中立乃指公務員是全體國民之服務者，並非部分國民之服務者，是以公務員處理事務，應公正衡平，並秉其中立能力，亦即對政府工作以專業方式處理的能力，處理其事務。而行政中立必須符合三項要求：第一，超然於個人政治理念之外，不偏袒某一政黨或政治團體；第二，不受利益團體影響，圖利某一利益團體；第三，不受個人價值理念的影響，以中立能力公平衡平處理事務。」

(二) 行政法學界的定義

　　公法學者對於行政中立的定義較狹義，更多從法制面的觀點來思考。例

如，許宗力教授（1996：10-11）認為，應該將考試院所提的行政中立法正名為政治中立法，且應該區分為公務員職務上之行為和職務外之行為。職務上的行為就是要依法行政，這部分不須要特別強調；真正需要特別規範的是公務員職務外的行為，上下班時間的任何職務外的行為都包括在內。規範其職務外行為，限制其政治活動，目的就在降低政治色彩，加強其政治中立性，如此才能維護人民對公務員中立性之信賴。

蔡震榮教授（1998：174）認為，行政中立之意涵應係指在依法行政之下，強調公平執法及政治活動中立二個重點，兩者相輔相成。行政中立應屬政治中立之上位概念，政治中立所涉及者應與政黨、政治團體、政治事務有關，行政中立尚包括非屬政黨、政治團體之一般行政事務。

蔡文斌教授（2000：392）則認為，行政中立與政治中立仍有不同，行政中立的適用對象較窄，較偏重面對顧客處理行政事務時的中立性，而政治中立的適用對象較廣，較偏重對政黨、政務官或政治活動的中立性。

由上述的討論可知，行政中立的概念大體以政治中立為主要內涵，但並不以政治中立為限，尤其行政學者更重視中立能力的建立，希望公務人員在落實行政中立時，從內心及行為上均有準則，以利無偏私的公正執法，處理公眾事務。

(三) 行政中立與政治中立的論辯

由於政治與行政的關係歷來存在各種爭議，究竟是政治中立或行政中立，學者有許多的爭議和討論（請參見楊戊龍，2005；宋興洲，2010；王光旭，2012；黃鉦堤，2016；熊忠勇，2018）。一般而言，政治中立是指公務員不受政黨之左右，獨立公平執行職務，乃透過對特定政治行為的限制，以促使公務人員秉持中立及公正之做法，較偏重於對政黨政務官或政治活動的中立；而行政中立除了不受政治干擾之外，如許濱松教授（1996）所指出，還要能夠超脫個人價值理念的影響，以「中立能力」公平衡平處理事務。故大體上，行政中立的範疇似乎比政治中立更廣，除了政治及黨派因素之外，還包括中立能力的建立。然而，在實務上，公務員免於受到政治威脅和干擾是行政中立最核心和重要部分，即事務官在執行政策與法令時，不應遭受政治因素的干擾，同時事務官某種程度上也不應涉足政黨政治，具體表現在二個方面（賴維堯，

2017；曾冠球，2018）：

1. 事務官參與政治和政黨活動的規範和界限

　　公務人員享有特殊的地位、機會及權力，設若在執行職務過程中，試圖偏袒某一政黨或派系，很容易對全體國民及社會造成傷害。因此，公務人員其參與政治及政黨之活動及行為，無法享有一般民眾之全部公民權利，須受適當程度的法令規範及限制。

2. 事務官不受政務官的干擾

　　政務官應秉持國家、政府、政黨上下位階觀念之黨政分際原則，公正行使職權，妥善運用行政資源，以及公允對待事務官。尤其不能因政治或政黨因素考量而利用職權或動用行政資源，恩惠政黨、政治團體、公職候選人、擬參選人或特定黨政人士，以及不公平對待或不利處分事務官，並以黨政分際為核心意涵。

二、行政中立的層面

　　上述行政中立的內涵已瞭解，對於行政中立的意義，可以從以下兩個層面配合考量更為周延（陳德禹，2006：334-335；黃臺生，2010：20-21；蔡良文，2010：343）：

(一) 行政系統整體層面

　　所謂行政中立，係指行政系統中的事務官對於政治事務保持超然的地位。換言之，公務人員不參與政黨政治，不受政治因素之影響，更不介入政治活動及政爭。進而免受政黨及政治之干預或壓迫。中立是針對事務官而言，政務官無須政治中立，因其能否在位是取決於其所屬黨派能否執政，亦即政治任命的政務官，是要與政黨同進退的。具體而言，政務官的角色具雙重性：

1. 在引導行政人員，如何執行政策是行政性，所以必須保持適度之行政中立。
2. 當其介入政治事務時，具政治性，但政務官不得利用行政系統之資源來圖利其所屬政黨，因為政務官應藉由施政績效向人民做保證，而不應利用行政資源，因行政資源非一黨專有，國家與政黨之分際須做明確之釐清。

(二) 公務人員個人層面

　　行政中立是指公務人員執行職務時，必須嚴守的一種責任、立場、態度或角色，其應包括下列四點意義：

1. 就責任而言：公務人員在職期間應盡忠職守，全心全力推動由政府制定的政策，造福社會大眾。

2. 就立場而言：公務人員在處理公務時，應秉持超然、客觀、公平的立場，嚴守依法行政的原則，一視同仁，無所偏愛或偏惡。

3. 就態度而言：公務人員在執行公權力時，應採取同一標準，大公無私地對待任何人、任何團體或任何黨派，而無所倚種倚輕之別。

4. 就角色而言：公務人員在日常活動中，應避免介入地方派系或政治紛爭，而以其學識經驗做好為民服務工作。且公務人員對所主管的業務，應隨時地掌握民意動向，並做適時適當的回應。

參、我國行政中立法制化的沿革及重點

一、行政中立法制定的理由

　　近幾十年來，行政中立在我國之所以成為政府及社會大眾所關切的議題，除了受民主先進國家的影響之外，也有我國特殊的系絡因素，歸納主要是基於以下的因素所促發而產生（黃臺生，2010：28）：

(一) 因應環境變遷的需要

　　在國家發展過程中，社會環境變遷急速，使整個社會呈現多元化局面，每個團體都為自己爭取利益，因而彼此之間可能造成衝突。在此情況下，政府須扮演「超越利害關係」的仲裁角色，依循「社會公正」的路徑。惟有公務人員嚴守行政中立，處於超然、公正的地位與立場，始能擔負地折衝、協調的重要角色。

(二) 因政治發展的需要

隨著臺灣民主化的進程和發展，以及歷經「政黨輪替」的衝擊，社會各界對公務人員「行政中立」的殷切要求日益迫切。我國多年來推行的民主憲政，其目的之一就是要實施政黨政治，而政黨政治係建立在行政中立的基礎上。為因應與配合政黨政治發展的需要，必須及早建立行政中立的制度和文化，以避免爾後朝野政黨做無謂的抗爭。

(三) 實現政治價值的需要

政治系統的和諧穩定，以及行政系統能對專業知識、效率及公平等價值促成實現，在相當程度方面都必須仰賴行政人員行政中立。其主要理由是行政中立才能提高政府的公信力和公權力；進而使行政能力持續地成長。

(四) 確保公務人員權益的需要

每逢各項選舉，公務人員已成為候選人或政黨競相爭取的對象。因為時常與民眾接觸的公務人員，具有相當強的吸票能力，對於一般民眾的影響力也相當大。因此，公務人員於選舉時或多或少或主動或被動參與競選活動的情事，便時有所聞，衡酌我國政治生態與社會條件，有必要立法規範公務人員政治活動，以確保公務人員的權益，即在消極方面使擁有公權力的人不至於明目張膽地破壞行政中立，在積極方面，使守法的公務人員可以理直氣壯地主張和維護其中立的立場，使公務人員在合法保障之下，公正客觀的執行職務。

二、我國行政中立法制化歷程

銓敘部於民國 80 年 8 月開始研議文官中立之規定及做法，於 83 年 11 月 10 日正式提出「公務人員行政中立法草案」經考試院審議通過，並經考試院於 93 年 12 月 30 日函請立法院審議。考試院最初版本之公務人員行政中立法草案共計 18 條條文，其主要立法原則如下（黃臺生，2010：30）：

(一) 採行單獨立法，以節省法制程序，並有效因應我國當前政治生態。

(二) 以公務人員（常任文官）為主要適用對象，至於憲法已有明文規範者，不適用本法。

(三) 以依法行政、執法公正及酌予限制政治活動為行政中立之三個基本要求。

(四) 規範限制與保障救濟兼顧併行。

(五) 規範限制之規定力求具體可行；保障救濟方式則求簡明合理。

(六) 對違反行政中立者，課以懲戒責任。

(七) 與行政中立相關事項，諸如建立完整之政務人員法制、行政程序如何使之法制化、透明化、如何規範壓力團體之活動等，則有賴各主管機關另行研擬政務人員法、行政程序法及遊說法等法案，於本法則不予涉及。

　　立法院第 3 屆第 2 會期法制委員會曾審查公務人員行政中立法草案，惟以本法草案具有高度政治性，復於民國 86 年至 90 年間共舉行七次朝野協商會議均未能達成共識，迄至立法院第 4 屆會期結束仍未能完成三讀程序。朝野之間雖認知行政中立的重要，但對於行政中立的內涵仍無法達成共識。基於法案屆期不繼續審議之規定，銓敘部爰依據本法建制之目的，配合現勢重擬「公務人員行政中立法」草案，並邀集學者專家及相關機關於民國 91 年 4 月至 7 月期間分別召開三次會議研商討論，以集思廣益通盤檢討。經參酌學者專家及各機關意見修正後，於民國 91 年 7 月 31 日函陳考試院審議，嗣民國 91 年 8 月 15 日考試院第 9 屆第 293 次會議決議：「本案請銓敘部通盤研議後再行報院」。銓敘部爰於 91 年 9 月 27 日邀請學者專家及相關機關召開座談會，就本草案之名稱、適用對象、可否兼任黨職、參選請假時間長短及對違反行政中立者之處罰規定等議題，廣泛聽取各界意見；民國 91 年 11 月 6 日提考試院考試委員座談會，請考試委員提供建議，為期更周延，並於 91 年 11 月 27 日再邀請各機關開會研商討論，經銓敘部參酌相關人員建議意見重新整理，於民國 91 年 12 月 26 日再函陳考試院，經院會交付銓敘組會同考選組、保障暨綜合組聯席審查，歷經四次審查會詳加討論，復提經民國 92 年 5 月 22 日考試院第 10 屆第 35 次會議審議通過，並於民國 92 年 9 月 19 日送請立法院審議，惟未能完成立法程序，爰經銓敘部再檢討後重新擬具「公務人員行政中立法草案」送考試院審議後送立法院審議並經三讀通過，總統公布施行之公務人員行政中立法共計 20 條，民國 98 年 6 月 10 日公布實施。

　　由上述可知，公務人員行政中立法歷經了十五年漫長時間，亦花費相當大的人力與物力，最後終於完成立法，使公務人員有關行政中立之行為分際、權利義務等事項，有明確法律遵循之依據。

三、行政中立之目的與內涵

　　我國行政中立法第 1 條即明確指出，行政中立之目的在於「確保公務人員依法行政、執行公正、政治中立，並適度規範公務人員參與政治活動之範圍。」根據該條文意旨，可以進一步理解行政中立的目的和內涵有以下四個方面：

(一) 依法行政

　　所謂依法行政是指公務人員依據法律執行公務之意。從本質而言，依法行政有「法律優位」與「法律保留」兩大內涵。前者係指法律對於行政權之優越地位，以法律指導並支配行政，行政作用與法律牴觸者無效，行政既受法之支配，得經訴願或行政訴訟，撤銷違法行政作用，即貫徹法律優位原則。而後者係將據以發動公權力的「法律」規範制定權，「保留」給具備直接民主正當性而較能有效整合並形成民意的立法者，是以法治確保民主精神並維護人民基本權利的重要憲政機制；換言之，在此一原則下，若無法律依據或法律具體明確授權，行政機關即不能合法的作成行政處分（李震山，2019：39-64）。是以，公務人員究應如何行政，才符合「中立」呢？惟有本於上述依法行政之原則，才是公務人員必須堅守的準則和立場。對此，前考試院長關中（1995）認為依法行政並不全然等同於行政中立，他曾提出如下見解：「依法行政只是民意立法機關控制行政的基本要求與當然結果。是故行政中立當然也要求依法行政，但依法行政卻未必可以達到行政中立的境地；蓋行政中立乃是充實民主政治的『原因』或『要素』，而依法則只是實現民主政治的結果之一。此從分贓制度下公務員亦應依法行政，但卻不是行政中立的文官體系例子，即可為行政中立與依法行政兩者不能等同。」

(二) 執行公正

　　公務人員本於職權，掌握重要行政資源，直接或間接代表國家執行公權力，其既然依人民意志所託付而組成，故在處理公務上，自應秉持客觀、公正之立場，以同一標準，一視同仁，無所偏愛或偏惡，公平對待任何個人、團體或黨派。因此，公務人員應依法公正執行職務，不得對任何團體或個人予以差

別待遇，並以誠信公正原則處理事務。這意味著公務人員在行使裁量權時，必須秉持不偏不倚、客觀公正的態度。

(三) 政治中立

政治中立指參與政治活動之限制，即公務員不宜過度涉入政治活動及政黨事務。或如學者指出，政治中立就是將公務人員「去政治化」（de-politicization）亦即排除公務人員主動或被動涉入政治活動，前者是指公務人員不應干預或參與政治事務，以獲取利益、干擾執政者之執政或政治選舉，除非他們脫離公務人員之身分；後者是指執政者或其他政治力量不應要求公務人員涉入政治工作，為某些政治利益服務（蘇偉業，2018：4-5）。是以，政治中立是指公務員不受政黨之左右，獨立公平執行職務，乃透過對特定政治行為的限制，以促使公務人員秉持中立及公正之做法。

(四) 規範公務人員參與政治活動

參政權是憲法賦予每位公民的基本權利，只要在法律許可的範圍內，就如同一般公民。然而公務人員與國家之間，具有與一般社會大眾不同的公法上職務關係，所以其行為須受到限制與拘束，因此，理論上只要領有國家待遇、涉及行政權力與資源者，除身分或職務屬性不宜而特別排除者外，均須受到行政中立之規範，其差別僅在於法令規範密度之不同。而行政中立中有關保障與言行的合理限制係相對的概念，該限制係為確保政府運作的效能及運結果符合公共利益，並保障公務人員權益。尤其公務人員依法行使公權力，並掌握一部分行政資源，如果公務人員不能保持中立能力，對於政黨公平競爭之原則，自有莫大之傷害。基於維持行政運作的穩定，避免公務人員捲入政黨的紛爭中，適度規範公務人員參與政治活動的範圍有其合理性和必要性。因此，我國參照先進民主國家之做法，於行政中立法第 5 條至第 9 條適度規範公務人員參與之政治活動。

四、行政中立的倫理意涵

行政中立及其內涵是先進國家公共服務的核心價值之一。經濟合作暨發

展組織（Organization for Economic Cooperation and Development, OECD）的國家，普遍訂有公共服務的核心價值或所謂的倫理守則，依其普遍性程度，優先遵守的價值分別是：公正無私（impartiality）、依法行政（legality）、廉潔誠實（integrity）、透明（transparency）、效率（efficiency）、平等（equality）、負責（responsibility）、公平正義（justice）。我國考試院公布文官應具備「廉正、忠誠、專業、效能、關懷」之核心價值，其中，「廉正」強調公務人員執行職務時，應以「清廉、公正、行政中立自持，自動利益迴避，公平執行公務，兼顧各方權益之均衡，營造全民良善之生存發展環境（曾冠球，2018：6-7）。

是以，行政中立必然會涉及倫理的意涵，行政中立與行政倫理具有許多共同點，主要包括以下四個層面（劉昊洲，2019：170-171）：

(一) 本質層面

兩者皆屬於一種深層的理念價值，雖形於外而影響公務人員的態度和行為，不過其核心是存在於價值體系之中，故行政中立和倫理價值理念的建立，必須將外在規範內化而成為公務人員價值體系的一部分，如此才能發揮其效用。

(二) 從影響層面

兩者均須面對快速變遷、複雜多元、民主開放、互動頻繁的大環境。而更直接的影響因素則是來自於政黨之間激烈競爭、民眾對公務體系要求日漸增加，以及公共問題「不可治理性」（ungovernability）等困境，而這些問題必須超越技術理性的範疇，而須藉由行政中立及倫理考量，才能有效處理，有所發展。

(三) 功能層面

兩者皆具有穩定公務人員、維繫行政運作、健全組織文化、促進國家發展的正面功能，使得公務人員態度和行為層面有遵循的依據。

(四) 趨勢層面

　　兩者都符合 1970 年代以來民主行政所重視的社會公平正義主張。而這也是當今社會日益重視的問題。

第二節　行政中立法制

　　我國公務人員行政中立制度主要奠基於「公務人員行政中立法」（以下簡稱行政中立法）之立法，追溯其立法起源係自民國 98 年 6 月 10 日總統華總一義字第 09800141571 號令制定公布全文 20 條，並自公布日施行；民國 103 年 11 月 26 日總統華總一義字第 10300177231 號令修正公布第 5 條、第 9 條、第 17 條條文。謹就此一法令之重點擇要分析如下：

一、行政中立法制定之目的及法律適用優先性

　　該法第 1 條規定，為確保公務人員依法行政、執行公正、政治中立，並適度規範公務人員參與政治活動，特制定本法。公務人員行政中立之規範，依本法之規定；本法未規定或其他法律另有嚴格規定者，適用其他有關之法律。

二、行政中立法對「公務人員」意涵之界定

　　該法第 2 條規定，本法所稱公務人員，指法定機關依法任用、派用之有給專任人員及公立學校依法任用之職員。

三、行政中立法對「執行職務」、「加入政黨」、「兼任公職候選人競選辦事處之職務」及「利用職務上之權力、機會或方法」等面向之規範

(一)該法第 4 條規定，公務人員應依法公正執行職務，不得對任何團體或個人

予以差別待遇。

(二)該法第 5 條規定，公務人員得加入政黨或其他政治團體。但不得兼任政黨或其他政治團體之職務。公務人員不得利用職務上之權力、機會或方法介入黨派紛爭。公務人員不得兼任公職候選人競選辦事處之職務。

(三)該法第 6 條規定，公務人員不得利用職務上之權力、機會或方法，使他人加入或不加入政黨或其他政治團體；亦不得要求他人參加或不參加政黨或其他政治團體有關之選舉活動。

四、行政中立法對「上班或勤務時間」之界定及從事政黨或其他政治團體之活動規範

該法第 7 條規定，公務人員不得於上班或勤務時間，從事政黨或其他政治團體之活動。但依其業務性質，執行職務之必要行為，不在此限。前項所稱上班或勤務時間，係指下列時間：(一) 法定上班時間；(二) 因業務狀況彈性調整上班時間；(三) 值班或加班時間；(四) 因公奉派訓練、出差或參加與其職務有關活動之時間。

另依行政中立法施行細則第 4 條規定，本法第 7 條第 1 項所稱政黨或其他政治團體之活動，係指由政黨或政治團體所召集之活動及與其他團體共同召集之活動，包括於政府機關內部，成立或運作政黨之黨團及從事各種黨務活動等；至於所稱依其業務性質，執行職務之必要行為，係指依相關法令規定執行職務所應為之行為。

五、行政中立法對公務人員為政黨、其他政治團體或擬參選人要求、期約或收受金錢、物品等捐助及依法募款活動等規範

該法第 8 條規定，公務人員不得利用職務上之權力、機會或方法，為政黨、其他政治團體或擬參選人要求、期約或收受金錢、物品或其他利益之捐助；亦不得阻止或妨礙他人為特定政黨、其他政治團體或擬參選人依法募款之活動。

六、行政中立法對公務人員爲支持或反對特定之政黨、其他政治團體或公職候選人，從事政治活動或行爲等相關規範及動用「行政資源」之界定

該法第9條規定，公務人員不得爲支持或反對特定之政黨、其他政治團體或公職候選人，從事下列政治活動或行爲：

(一) 動用行政資源編印製、散發、張貼文書、圖畫、其他宣傳品或辦理相關活動。

(二) 在辦公場所懸掛、張貼、穿戴或標示特定政黨、其他政治團體或公職候選人之旗幟、徽章或服飾。

(三) 主持集會、發起遊行或領導連署活動。

(四) 在大眾傳播媒體具銜或具名廣告。但公職候選人之配偶及二親等以內血親、姻親只具名不具銜者，不在此限。

(五) 對職務相關人員或其職務對象表達指示。

(六) 公開爲公職候選人站臺、助講、遊行或拜票。但公職候選人之配偶及二親等以內血親、姻親，不在此限。

前項第1款所稱行政資源，指行政上可支配運用之公物、公款、場所、房舍及人力等資源。

第1項第4款及第6款但書之行爲，不得涉及與該公務人員職務上有關之事項。

另依行政中立法施行細則第6條規定，本法第9條第1項第6款所稱公開爲公職候選人遊行，係指爲公職候選人帶領遊行或爲遊行活動具銜具名擔任相關職務。至於所稱公開爲公職候選人拜票，係指透過各種公開活動或具銜具名經由資訊傳播媒體，向特定或不特定人拜票之行爲。至本法第9條第3項所稱職務上有關之事項，指動用行政資源、行使職務權力、利用職務關係或使用職銜名器等。

七、行政中立法對公務人員針對公職人員之選舉、罷免或公民投票等規範

　　該法第 10 條規定，公務人員對於公職人員之選舉、罷免或公民投票，不得利用職務上之權力、機會或方法，要求他人不行使投票權或為一定之行使。

八、行政中立法對公務人員登記為公職候選人者之請假及長官因應規範

　　該法第 11 條規定，公務人員登記為公職候選人者，自候選人名單公告之日起至投票日止，應依規定請事假或休假。公務人員依前項規定請假時，長官不得拒絕。

九、行政中立法對公務人員職掌行政資源之裁量規範

　　該法第 12 條規定，公務人員於職務上掌管之行政資源，受理或不受理政黨、其他政治團體或公職候選人依法申請之事項，其裁量應秉持公正、公平之立場處理，不得有差別待遇。

十、行政中立法對各機關首長或主管人員於選舉期間候選人等造訪活動及競選活動之告示規範

　　該法第 13 條規定，各機關首長或主管人員於選舉委員會發布選舉公告日起至投票日止之選舉期間，應禁止政黨、公職候選人或其支持者之造訪活動；並應於辦公、活動場所之各出入口明顯處所張貼禁止競選活動之告示。

十一、行政中立法對長官要求部屬從事本法禁止行為規範及其救濟方式

　　該法第 14 條規定，長官不得要求公務人員從事本法禁止之行為。長官違

反前項規定者，公務人員得檢具相關事證向該長官之上級長官提出報告，並由上級長官依法處理；未依法處理者，以失職論，公務人員並得向監察院檢舉。

　　另該法第 15 條規定，公務人員依法享有之權益，不得因拒絕從事本法禁止之行為而遭受不公平對待或不利處分。公務人員遭受前項之不公平對待或不利處分時，得依公務人員保障法及其他有關法令之規定，請求救濟。

十二、行政中立法對公務人員違反本法之處置方式

　　該法第 16 條規定，公務人員違反本法，應按情節輕重，依公務員懲戒法、公務人員考績法或其他相關法規予以懲戒或懲處；其涉及其他法律責任者，依有關法律處理之。

十三、行政中立法對準用本法人員之規範

　　該法第 17 條規定，下列人員準用本法之規定：
(一) 公立學校校長及公立學校兼任行政職務之教師。
(二) 教育人員任用條例公布施行前已進用未納入銓敘之公立學校職員及私立學校改制為公立學校未具任用資格之留用職員。
(三) 公立社會教育機構專業人員及公立學術研究機構兼任行政職務之研究人員。
(四) 各級行政機關具軍職身分之人員及各級教育行政主管機關軍訓單位或各級學校之軍訓教官。
(五) 各機關及公立學校依法聘用、僱用人員。
(六) 公營事業對經營政策負有主要決策責任之人員。
(七) 經正式任用為公務人員前，實施學習或訓練人員。
(八) 行政法人有給專任人員。
(九) 代表政府或公股出任私法人之董事及監察人。
　　另依行政中立法施行細則第 9 條規定，本法第 17 條第 6 款所稱公營事業對經營政策負有主要決策責任之人員，係指公營事業機構董事長、總經理、代表公股之董事、監察人及其他對經營政策負有主要決策責任等人員；第 8 款所稱行政法人有給專任人員，係指行政法人有給專任之董（理）事長、首長、董

（理）事、監事、繼續任用人員及契約進用人員。

其次，該法第 18 條另規定，憲法或法律規定須超出黨派以外，依法獨立行使職權之政務人員（例如公平交易委員會委員、通訊傳播委員會委員等），亦為準用本法之規定。

第三節　行政中立個案分析

壹、違反行政中立法之例示

公務人員行政中立法（以下簡稱行政中立法）之主管機關銓敘部於 108 年 10 月 15 日針對易違反該法之規定及其施行細則，暨從實務角度舉例簡要說明違反該法之例示。對於從實務個案角度理解公務部門在法規範下，極具參考價值。謹就違反該法第 5 條、第 6 條、第 7 條、第 9 條、第 10 條、第 14 條條文之例示表列如表 11-3-1 所示。

表 11-3-1　違反公務人員行政中立法之例示

易違反之公務人員行政中立法規定		違反公務人員行政中立法之例示
第 5 條	公務人員得加入政黨或其他政治團體。但不得兼任政黨或其他政治團體之職務。 公務人員不得利用職務上之權力、機會或方法介入黨派紛爭。 公務人員不得兼任公職候選人競選辦事處之職務。	· 公務人員（含機要人員）兼任政黨副主席或區黨部主任委員。（§5 Ⅰ） · 公務人員兼任公職候選人競選辦事處職務（下班時間擔任志工不在此限）。（§5 Ⅲ）
第 6 條	公務人員不得利用職務上之權力、機會或方法，使他人加入或不加入政黨或其他政治團體；亦不得要求他人參加或不參加政黨或其他政治團體有關之選舉活動。 施行細則第 3 條 本法第 6 條所稱政黨或其他政治團體有關之選舉活動，其範圍如下： 一、總統副總統選舉罷免法及公職人員選舉罷免法規定之選舉、罷免活動。 二、推薦公職候選人所舉辦之活動。 三、內部各項職務之選舉活動。	· 單位主管要求同仁加入特定政黨。（§6 前段） · 單位主管動員機關同仁，參加公職候選人造勢活動。（§6 後段）

表 11-3-1　違反公務人員行政中立法之例示（續）

易違反之公務人員行政中立法規定	違反公務人員行政中立法之例示
第 7 條　公務人員不得於上班或勤務時間，從事政黨或其他政治團體之活動。但依其業務性質，執行職務之必要行為，不在此限。 前項所稱上班或勤務時間，指下列時間： 一、法定上班時間。 二、因業務狀況彈性調整上班時間。 三、值班或加班時間。 四、因公奉派訓練、出差或參加與其職務有關活動之時間。	・機關首長於上班時間，未辦理請假手續，前往參加政黨中央常務委員會。（亦違反公務員服務法及公務人員請假規則規定） ・公務人員利用出差期間，順道參加公職候選人競選總部成立大會或政黨舉辦之造勢活動。
第 9 條　公務人員不得為支持或反對特定之政黨、其他政治團體或公職候選人，從事下列政治活動或行為： 一、動用行政資源編印製、散發、張貼文書、圖畫、其他宣傳品或辦理相關活動。 二、在辦公場所懸掛、張貼、穿戴或標示特定政黨、其他政治團體或公職候選人之旗幟、徽章或服飾。 三、主持集會、發起遊行或領導連署活動。 四、在大眾傳播媒體具銜或具名廣告。但公職候選人之配偶及二親等以內血親、姻親只具名不具銜者，不在此限。 五、對職務相關人員或其職務對象表達指示。 六、公開為公職候選人站臺、助講、遊行或拜票。但公職候選人之配偶及二親等以內血親、姻親，不在此限。 前項第 1 款所稱行政資源，指行政上可支配運用之公物、公款、場所、房舍及人力等資源。 第 1 項第 4 款及第 6 款但書之行為，不得涉及與該公務人員職務上有關之事項。 施行細則第 6 條 本法第 9 條第 1 項第 6 款所稱公開為公職候選人遊行，指為公職候選人帶領遊行或為遊行活動具銜具名擔任相關職務。所稱公開為公職候選人拜票，指透過各種公開活動或具銜具名經由資訊傳播媒體，向特定或不特定人拜票之行為。 本法第 9 條第 3 項所稱職務上有關之事項，指動用行政資源、行使職務權力、利用職務關係或使用職銜名器等。	・機關首長將公職候選人選舉文宣及紀念品，於辦公場所交各單位主管轉發給機關同仁或民眾。（§9 I ①、§14 I） ・公務人員穿著公職候選人競選夾克到辦公室上班。（§9 I ②） ・機要人員於公職候選人競選總部成立時，上臺手持麥克風主持集會。（§9 I ③） ・公立學校校長於大眾傳播媒體具名具銜刊登廣告支持特定公職候選人。（§9 I ④） ・公務人員穿著制服、具名銜為其公職候選人之配偶廣告。（§9 I ④、§9 Ⅲ） ・公務人員於義工 LINE 群組中，要求義工同仁參加公職候選人競選總部成立大會或造勢活動。（§9 I ⑤） ・公務人員於假日陪同公職候選人掃街拜票。（§9 I ⑥） ・公務人員於下班時間參加公職候選人造勢活動，並應邀上臺致詞。（§9 I ⑥） ・公務人員於臉書具名轉貼特定公職候選人競選文宣，並留言請大家多加支持。（§9 I ⑥）
第 10 條　公務人員對於公職人員之選舉、罷免或公民投票，不得利用職務上之權力、機會或方法，要求他人不行使投票權或為一定之行使。 施行細則第 7 條 本法第 10 條公務人員對於公民投票，不得利用職務上之權力、機會或方法，要求他人不行使投票權或為一定行使之規定，包括提案或不提案、連署或不連署之行為。	・單位主管持某公投案連署表件，要求屬員踴躍參加連署。 ・機關首長要求屬員投票給特定公職候選人，並暗示將列入年終考績參考。

表 11-3-1　違反公務人員行政中立法之例示（續）

易違反之公務人員行政中立法規定	違反公務人員行政中立法之例示
第14條	長官不得要求公務人員從事本法禁止之行為。長官違反前項規定者，公務人員得檢具相關事證向該長官之上級長官提出報告，並由上級長官依法處理；未依法處理者，以失職論，公務人員並得向監察院檢舉。	· 民選首長要求所屬機關公務人員運用行政資源，為其印製參選文宣或辦理相關活動。（§14 I） · 政務人員要求陪同出差之公務人員，於出差途中趕赴某公職候選人造勢活動，並於現場穿上該候選人之競選背心。（§14 I） · 單位主管要求屬員於外出洽公時，順道發放某公職候選人競選宣傳品。（§14 I）

資料來源：轉引自銓敘部（2019a）。

貳、行政中立實務個案分析

　　銓敘部近年在《銓敘法規釋例彙編》、《公務人員行政中立法Q&A專輯》已針對行政中立法制事項整理分析相當多釋字及 Q&A 簡要式回應（銓敘部，2017；2018b）。另負責行政中立宣導事項之公務人員保障暨培訓委員會亦以活潑圖像、實務案例方式彙整分析《公務人員行政中立實務案例宣導手冊》，提供公務人員參考（保訓會，2019）。本章擬以近年較常發生或值得探討之實務案例，參考上述手冊體例，遴選以下案例做進一步分析：

一、個案一：民選地方行政首長在表揚大會中公開為公職候選人拉票案

　　個案情境說明：某民選地方行政首長在舉辦對同仁之公開表揚大會公開為特定候選人拉票活動，此舉是否違反行政中立？

【案例解析】

1. 目前行政中立法僅適用於常任文官，並不適用於民選地方行政首長。

2. 民選地方行政首長應遵守之行政中立事項，應準用目前尚在立法院審議之政務人員法草案第 13 條至第 20 條有關行政中立事項（依該法草案第 20 條規定，憲法或法律規定須超出黨派之外，依法獨立行使職權之政務人員，於任職期間，不得公開為公職候選人站臺、遊行或拉票）。因此，以現行行政中立法制，尚無違反之顧慮。

二、個案二：用 LINE 等通訊軟體傳送公職候選人動員、選舉或連署等相關活動案

　　個案情境說明：某地方政府常任文官屬性之一、二級機關首長或所屬區公所區長以 LINE 等通訊軟體，傳送特定公職候選人或政黨有關上述活動消息給公務聯絡群組，並要求渠等參加某政治團體舉辦特定公職人員相關活動，此一方式是否違反行政中立？

【案例解析】

1. 依據行政中立法第 6 條及其施行細則第 3 條第 1 款規定，公務人員不得利用職務上之權力、機會或方法，要求他人參加或不參加政黨、其他政治團體有關之選舉活動，亦涵蓋公職人員選舉罷免法之罷免活動。同法第 9 條第 1 項第 5 款及第 2 項亦規定，公務人員不得為支持或反對特定之政黨或公職候選人，動用行政上可支配運用之人力或公物等資源，亦不得對職務相關人員或其職務對象表達指示。

2. 地方政府常任文官屬性之一、二級機關首長及區長，均係行政中立法第 2 條規定之法定機關依法任用之有給專任人員，為該法之適用對象。因此，如上述首長或區長對職務對象或職務相關人員有表達指示，並要求所屬參加其他政治團體或政黨有關動員、選舉、罷免、連署等活動，亦或支持或反對特定政黨、政治團體或公職候選人之相關選舉資訊，均違反行政中立。

三、個案三：地方政府允許民間團體借用大禮堂舉辦相關活動案

　　個案情境說明：民間團體洽商地方政府借用大禮堂舉辦相關舞蹈及愛心捐發票活動。但活動過程中有人喊出 A 君當選及展示相關競選布條。惟地方政府秘書處表示，申請活動內容符合前訂定場地使用管理要點，是否有違反行政中立之顧慮？

【案例解析】

1. 依據行政中立法第 4 條規定，公務人員應依法公正執行職務，不得對任何團體或個人予以差別待遇。同法第 12 條規定，公務人員於職務上掌管之行政

資源，受理或不受理政黨、其他政治團體或公職候選人依法申請之事項，其裁量應秉持公正、公平之立場處理，不得有差別待遇。

2. 地方政府如前已依場地使用管理要點審核活動內容符合該要點規定；至於活動過程中，如有參與人員呼喊競選口號或展示布條等行為，除由秘書處立即至現場勸導外，並依管理要點規定加重記點、停權或沒收保證金等方式，並未違反行政中立之規範。

四、案例四：機要人員於上班期間，派遣公務車並陪同政務官前往參與某議員候選人動員造勢活動案

個案情境說明：地方政府機要人員，於上班期間，派遣公務車陪同政務官前往參加某議員候選人動員造勢活動，是否有違反行政中立相關規定？

【案例解析】

1. 鑑於機要人員係屬公務人員行政中立法第 2 條規定，公務人員係指法定機關依法任用、派用之有給專任人員及公立學校依法任用之職員。同法第 7 條規定，公務人員不得於上班或勤務（包括奉派出差）時間從事政黨或其他政治團體之活動；第 9 條規定，公務人員不得為支持或反對特定之政黨、其他政治團體或公職候選人，動用行政資源、公開站臺、助講、遊行或拜票。

2. 機要人員如於上班期間，有派遣公務車並陪同政務官出席民意代表候選人動員造勢活動，恐有違反行政中立規定之顧慮。

第四節　行政中立的爭議和挑戰

公務人員行政中立法的法制化已為文官制度的現代化工程邁開一大步。雖然行政中立一定程度限制文官的政治活動，但卻保障文官不受政治勢力的干擾，其身分地位不受到政治的壓迫，促進政府的效率與公共利益的表達，更是追求民主治理的必要基礎之一。

壹、干擾行政中立的因素

　　我國行政中立法雖已立法完成，但實務運作上仍有一些因素會產生干擾的作用，這些可能導致違反行政中立的源頭主要有幾個來源（林欣麗，2014：9-10）：

一、政黨

　　在民主國家政治體制下，政黨具有匯集民意、反映民意等功能，然而公務員在行政機關推展政務時，不論是執政黨或在野黨，均是公務員依法行政的壓力來源。

二、利益團體

　　利益團體是指具有相同利益並向社會或政府提出訴求，以爭取團體及其成員利益、影響公共政策。利益團體與政黨不同之處在於並非以取得政權為主要目標，而是透過影響政府決策來保障其自身利益。政府機關在政策制定與執行過程中，經常受到利益團體的遊說與影響，其對立法部門的關連多於一般行政部門，而實際上行政部門也同樣受到各式利益團體的衝擊，進而影響到文官執法的中立性。

三、機關首長

　　在官僚體系的組織結構下，機關首長對於部屬具有事權指揮之權、對政策決策有最後的決定之權，且亦會直接影響公務人員的任用、陞遷、考績等，尤其是民選地方行政首長，因個人鮮明之政黨派系屬性，而對部屬之權益，予以差別待遇，或為爭取連任，必須實現選舉承諾，其派任主管通常能與其配合，故基層公務人員為避免權益受損，難免介入選舉活動，不能確守行政中立。

四、民意代表

民意代表是經由人民選舉產生，為顧及其選票，經常介入政府的決策，而影響文官執法的行政中立性，尤其民意代表透過否決法律提案、預算案等來牽制、說服或施壓，讓行政機關做出影響行政中立的各項決策，而肉桶立法（pork barrel legislation）更是時有所聞，而影響民眾對於政府的信任。

五、個人意願及價值取向

公務人員是否遵循行政中立規範，執行公務及法律時，能否嚴守行政中立的立場，端視其個人的意願及價值取向。有人認為公務員在執行公務的過程中，要摒棄任何壓力團體的影響，甚至自己價值觀念的左右，這樣才能保持真正的行政中立，但要真正做到價值中立是有其困難。因為公務員總會將他的那一套價值與人生觀帶到其工作崗位上，這也使得公務員很難保持中立。

貳、行政不中立的原因和類型

學者歸納發現政務官行政不中立的問題和行為，主要是來自以下的原因和類型（邱華君，2009；賴維堯，2017）：

一、政務官不當利用職權，兼含動用行政資源，恩惠黨政團體人士

(一) 政務官公開活動之黨政分際不當：1. 上臺致詞夾帶拜票行為；2. 施壓事務官之動員助選行為；3. 有失職務身分之不當助選行為；4. 助選或以其他身分出席輔選活動可能有違行政中立；5. 政策行銷使用黨政平臺可能有違行政中立。

(二) 總統行政專機乘座人員黨政未分。

(三) 機要人員淪為黨派或私人恩惠之公器私用。

(四)公務人員年資採計國民黨黨職人員年資之黨國一體相通措施「黨政年資採計要點」（此舊制於民國 76 年 12 月廢止，至民國 95 年 4 月完全廢止）。

二、政務官不當利用職權，主要動用行政資源，恩惠黨政團體人士

(一)公辦活動黨政人士蒞臨致意兼拜票。

(二)機關空間堆置或展售選舉相關物品等。

(三)公營事業負責人刊登選舉廣告。

(四)行政機關及準官方機構半公開或間接支持黨政團體人士。

三、政務官裁量未盡公正公平之爭議

(一)行政機關會議廳等室內空間行政資源之外界借用裁量爭議。

(二)公園、學校操場等戶外公共空間行政資源之外界借用裁量爭議。

四、政務官黨政因素考量，不公平對待或不利處分事務官

(一)地方政府首長選後算帳不公平對待事務官。

(二)事務官參選公職人員選舉落敗遭到不利人事處分。

參、行政中立的落實和配套措施

　　徒法不足以自行，我國行政中立立法已超過十年，但至今仍有許多爭議尚待解決，故行政中立不只是法制的課題，更是文化與社會等不同層面的問題。故要有效執行行政中立，除堅守法制執行之外，仍需相關的配合措施才能落實，舉其重要說明如下（黃臺生，2010：33-37；劉昊洲，2019：218、276-278）：

一、政務官與事務官明確區分

　　在學理上政務官是負責決策，隨政黨進退，遵循政黨政治的遊戲規則；事務官則負責執行，係永業任職，嚴格遵守行政中立的法令規範，兩者明顯不同。然而在現實政治中，兩者之間的灰色地帶極大，仍舊是不明確，對於行政中立的落實與貫徹，難免帶來困擾，例如，有學者指出常見的有如下幾種類型，頗值得參考（黃臺生，2010：32）：

(一)行政院或內閣改組，往往看到常務次長、署長、司（處）長等也隨同辭退。

(二)內閣改組，雖名為某某政黨執政，而常常表現的是標榜社會賢達與無黨無派公正人士之入閣，或所謂的「全民政府」。

(三)政治責任與行政責任混淆不清，如發生純粹的行政事故時，竟然是部長遞辭呈，既已遞辭呈，又常有慰留之故事情結。

(四)大眾傳播媒體與社會上普遍存在下列錯誤的觀念：諸如常務次長「升任」政務次長、政務次長的職位「高於」常務次長，以及政務次長是常務次長的「長官」等。

(五)涉及政務官的政策事項，事務官不僅在解釋也在辯護；而涉及事務官執行的事項，也由政務官詳為仔細地說明，似乎政務官也在負責執行政策，兩者的角色相互混淆不清而無分際。

(六)常務次長和司（處）長常被看成是政務官，經常赴立法院各委員會備詢，表達各該部會的政策立場，而立法委員質詢他們的語調，卻也宛如是在質詢真正的政務官。

(七)地方政府的行政首長常在地方議會或大眾傳播媒體，公然發表或反對明顯屬於國家施政方針之意見或國家當前的政策。

　　因此嚴格區分政務官與事務官，並各自扮演其角色立場，在互信互賴的原則配合下，方能有效實施行政中立制度。

二、組織體系應權責分明

　　組織分工愈為明確，公務人員職責愈見清晰，賦予權力的同時也必課以責任，究係政策錯誤或執行不力的責任追究模式也可望建立，政務官濫用職權指

揮事務官從事不法行為的情形也才能避免，連帶的行政中立的目標才有實現的可能。

三、尊重事務官的專業與職責

政務官以民意為基礎，提出施政方針；事務官以其嫻熟的專業知能執行政策，因此，適度予以尊重及充分維護，方能提升行政效能、增進人民權益，以利行政中立目標的達成。

四、法令規範須明確可行

法令規範貴在合宜可行，行政中立的本質既是理念價值，化約成為具體條文規範，易產生認定困難，使得規定和執行之間產生嚴重的落差。因此，如何制定更為周延明確、合理可行的法規，使公務人員樂於接受並遵守，也是行政中立亟待突破的困境之一。

五、培養多元化的文化素養

多元的、民主的、法治的文化素養，有助於尊重公務人員的中立態度，使公務人員對於政黨競爭保持中立，也有更多管道可以監督公務人員是否中立，因此，國人是否普遍具有多元民主法治的文化素養，也關係著行政中立能否順利落實的重要因素。過去的社會民主法治的觀念極為模糊，行政中立的意識並未呈現，因此公務人員也無法真正做到行政中立；如今為應民主政治的發展及行政現代化的來臨，公務人員遵守行政中立文化的建立，實為當前的重要課題。

六、落實行政中立的教育與訓練

為使公務人員行政中立落實，應先讓公務人員體認行政中立之重要性，使公務人員對行政中立問題有正確的瞭解，進而遵守行政中立之原則。依公務人

員訓練進修法第 5 條規定：「為確保公務人員嚴守行政中立，貫徹依法行政、執法公正、不介入黨派紛爭，由公務人員保障暨培訓委員會辦理行政中立訓練及有關訓練，或於各機關學校辦理各項訓練時，列入公務人員行政中立相關課程；其訓練辦法，由考試院定之。」公務人員保障暨培訓委員是公務人員行政中立訓練研擬規劃、執行及委託的主管機關，應會同銓敘部製作行政不中立的類型與案例，以及宣導因行政中立受不利處分的救濟管道，以資因應未來該項訓練的需求，以利各機關有所遵循。而其他相關機關（構）均應透過各種方式，全面加強向全國民眾宣導行政中立的意義、重要性、具體做法，使全國同胞能有正確的認知，並成為日常生活的一部分。

七、明確具體的保障公務人員

事務官除有永業的保障，也應有身分、職務、工作條件等的保障。如果欠缺明確具體的法令用資保障公務人員，那麼處於弱勢的部屬便很難拒絕長官不中立的要求。因此相關的配套保障法規實施，也是攸關行政中立能否落實的重要因素。

八、公正的仲裁機制

仲裁機制主要指職司審判或檢察事務的司法機關，此外也包括準司法機關，如監察院，或行政機關內部具有仲裁功能的機關或單位，如行政院公平會、各機關訴願會等。這些仲裁機制具有貫徹公權力和安定社會人心的重要功能，若其能夠維持廉潔、公正及效率的作為，不偏袒任何政黨或執政人員，行政不中立問題才能有效地糾正，也才足以確保行政中立最低程度的達成。

肆、行政中立未來之展望

我國行政中立法在 98 年通過施行，雖然在行政中立的建制上，已成功地跨出第一步，然而，未來必定仍會有許多障礙尚待克服，值得學界與實務界進

一步去深思和探討。以下就這些爭點進一步討論。

一、行政中立與政治中立的複雜關係

　　行政中立法制所關切是如何透過制度設計讓文官能夠超越政治，並勇於具體實踐「中立知能」（neutral competence）的價值理念，藉以調和政治與行政間可能產生的模糊與衝突（王光旭，2010：3）。熊忠勇（2018）的研究發現，我國推動中立法的初始原因，是爲了確保文官能依法行政、執行公正，並保護文官不受政治干預，至於政治活動的規範反而不是首要考量。此與西方國家有明顯的差異，故我國推動行政中立制度，並不是以西方國家的經驗或理論爲參照基準，而是基於實務的需求。

　　事實上，行政中立最基本的意義，就引起相當多的爭議和論辯（黃鉦堤，2016），更不用說在實務運作所產生的扞格不入和難題，以及眾多行政不中立的類型（賴維堯，2017）。由於政治與行政糾結而複雜的關係，以美國的行政發展來看，此上百年爭議目前仍無解，是以行政與政治界限的紛擾，可能仍會延續下去。

二、公共行政價值理念的取捨

　　行政中立有其付諸實現的價值，然行政中立與現代的民主價值之間，卻存在有相當程度的弔詭性，兩者間既要相輔相成卻又經常矛盾衝突（宋興洲，2010；王光旭，2012）。中立能力是公務人員執行公務重要價值，但並非唯一的價值。試想若一位公務人員擔心涉入政治的紛爭和困擾，處處而採取消極保守的立場，不願意積極的作爲，這會是社會大眾所希望的結果嗎？所以，行政中立概念若進一步深入探討，必然會涉及各種價值理念的衝突。例如，有國內學者認爲公務人員維持行政中立所產生價值衝突的來源，是源自於必須同時平衡三種不同的價值理念，即回應（responsiveness）、責任（responsibility），以及課責（accountability），分述如下（陳敦源，2009：45-47）：

(一) 回應

指民眾希望行政體系對於其需求要有快速與確實的回應能力，而回應價值達到的前提是一個具備有效整合意見的民主體制；而公務人員在民主體制中是擔負公僕的角色，而非追求自我利益的主人，必須回應各種不同利害關係人對於公共利益的需求。

(二) 責任

指行政體系滿足某種政策與行政的標準。實務上，公務人員必須依據客觀的法律與專業倫理執行政策，故對於民眾不合法的請求，公務人員不能就這樣遂其要求，而必須堅守法律與專業之底線。

(三) 課責

指公務人員應該聽命於上級的指揮，尤其是應該聽命於上級的指揮，尤其是民選首長和政務人員的行政領導。課責價值同時包含了某種程度的回應與責任的意涵。

由此可知，行政中立包含了多元的價值觀念，然而，在實務上要同時滿足上述之價值理念有其困難，甚至有衝突的情況，有學者認為，在民主制度下，當課責與回應產生衝突時，回應價值的優先性應該高於課責，公務人員的中立能力應該要為維護公益的目的服務（王光旭，2012：128）。然而，在實務上仍有相當之困難，因為課責的標準是比回應的標準是不能相比，畢竟行政首長的指示會比較明確，畢竟要滿足回應的標準就非易事，因為不同利害關係人有各種不同的想法，公務人員未必有能力逐項去蒐集和匯整，故遵循行政首長的意見，顯然比要回應眾多利害關係人的意見要直接且容易得多。是以，如何突破價值衝突的困境，仍是學術界和實務界必須共同突破的難題。

三、行政中立與民主政治的平衡

前述行政中立涉及價值理念的衝突，進一步研析，可以思考行政中立對民主政治運作可能產生的影響。行政中立所提供的制度性保障，固然要使公務人

員在執行公務時不受政務人員的不當或不必要干擾，然而亦要避免公務人員淪為消極行政、不作為的藉口。換言之，行政中立可以確保公務人員中立能力，但若過度的保障，也可能傷害民主政治的運作和發展。畢竟就一般大眾的角度，就是希望政府官員（不論是政務官或事務官）都能積極任事、有所作為，若擔心落入行政不中立的指控、瞻前顧後，不敢積極作為，使得公務人員專業毫無發揮餘地，決策品質必然低落，民眾對政府的尚待無法獲得彰顯（曾冠球，2018）。

四、行政中立法之禁止行為對公務人員基本權利之影響

現代民主政治就是保障所有國民不因身分、地位等緣故而在政治上受有差別待遇，況且政治上的表現行動更是受憲法的言論自由所保障。身為公民的公務人員當然也擁有政治的表現自由，只是如何要求行政在政治中立的同時，也能保障身為公民之公務人員的政治表現自由，常是一項爭論的議題（蘇俊斌，2018）。

行政中立法對於公務人員的權益建立其保障，但也限制公務人員參與政治活動。其對人民享有的基本權利、人格權及人性尊嚴的價值，仍有保障不足之處。因此，在憲法保障與法律限制兩者之間要有合理的界線，以保障公務人員的權益，及落實行政中立法的實踐。此方面主要的爭議可能有以下幾個部分（林全發，2010）：

(一) 行政中立法禁止行為認定標準之疑義

依行政中立法第 7 條規定，公務人員於上班或執行職務時，有不得參與政黨活動的限制；而第 9 條第 1 項則規定不得為支持或反對特定政黨或公職候選人，為公開站臺、遊行或拜票、主持集會、發起遊行或連署等活動，並無上班、下班或執行職務與非執行職務之區別。因此，公務人員可否參加政黨與支持或反對政黨之活動等規定，仍有其疑義之處。

(二) 非執行職務時應受保障之權益

行政中立法形式上是保障公務人員部分行為，但對公務人員在下班、請假

或非執行職務時限制的行為，應考量是否侵犯憲法上保障的言論自由權、集會結社權，或屬憲法價值秩序中根本原則之人性尊嚴。

　　近年來就發生許多案例。例如：公務人員加入參選人臉書粉絲團與按「讚」，是否違反中立法？允許參選公職卻禁止助選，參選應是最強的政治性活動，助選的政治性顯然較低，兩相對照，豈不矛盾？公務人員下班時間，在公開場合的政治活動界限何在？這些難解的問題顯露了目前的行政中立法欠缺周延性（熊忠勇，2018）。

五、行政中立的適用對象的議題

　　關於誰該中立的問題，依中立法第 2 條規定，適用對象是法定機關依法任用、派用之有給專任人員及公立學校依法任用之職員。原第 17 條另有九款準用對象，包括：公立學校校長及公立學校兼任行政職務之教師、公立學校未具任用資格之留用職員、聘用與僱用人員、公營事業對經營政策負有主要決策責任之人員等，第 18 條同時規定憲法或法律規定須超出黨派以外，依法獨立行使職權之政務人員（如考試委員、監察委員、大法官等），亦準用之。綜合上述適用與準用對象，可知中立法欲規範的對象，主要是掌有行政權力或資源的行政人員。但是政務人員、軍人、教師等，既未列為適用或準用對象，是否就表示無需行政中立呢？對於各類人員的中立規範，理當建制明確規範，但可惜的是，政務人員法草案在立法院延宕多年，至今尚未完成立法，有關政務人員行政中立規範事項法制化之問題，需要吾人投注更多心思精力。推動政務人員法草案或於現行法律增納政務人員行政中立規範條文之完成法制化是未來努力的重要課題至於教師和軍人的中立規範，則始終未見法律建構，使得我國行政中立的完整法制，仍屬缺漏，這些未來都需要各界進一步的努力和推動（賴維堯，2017；熊忠勇，2018）。

六、其他相關法規的完備

　　行政中立理念的落實，並非僅由行政中立法即能完整，其尚須其他公法的支撐才算完備。至於所涉及的法規，在依法行政及執法公正部分，包括中立

法、國家機密保護法、遊說法、政府採購法、行政程序法、政府資訊公開法
及公務人員基準法草案和政務人員法草案。在政治活動規範，包括中立法、總
統、副總統選舉罷免法、公職人員選舉罷免法。在行政倫理規範部分，涉及公
務員服務法、公職人員財產申報法、公職人員利益衝突迴避法、中立法及公務
人員基準法草案和政務人員法草案（熊忠勇，2018）。

參考文獻

王光旭，2010，〈行政中立的過去、現在與未來〉，《T&D 飛訊》，107：1-19。
王光旭，2012，〈文官政治認知是否與行政中立行為衝突？2008 年臺灣政府文
　官調查的初探性分析〉，《政治科學論叢》，52：117-170。
考試院，2002，《考試院研究發展委員會專題研究報告彙編（四）》，考試院。
宋興洲，2010，〈行政中立的弔詭〉，《T&D 飛訊》，107：1-21。
李震山，2018，《行政法導論》（修訂 11 版），三民書局。
邱華君，2009，〈行政中立〉，《T&D 飛訊》，86，1-25。
林全發，2010，〈評估公務人員行政中立法之禁止行為對公務人員基本權利之影
　響〉，《文官制度季刊》，2（4）：123-148。
林欣麗，2014，〈從「理性與感性」的角度淺談公務人員行政中立〉，《人事月
　刊》，56（3）：5-12。
保訓會，2019，《公務人員行政中立實務案例宣導手冊》，公務人保障暨培訓委
　員會。
許立一，2013，〈第七章行政中立〉，載於許立一、張世杰合著，《公務倫理》
　（頁 253-280），國立空中大學。
許宗力，1996，〈建立行政中立法制座談會紀錄〉，《月旦法學雜誌》，10：
　10-11。
許濱松，1996，〈英美公務員政治中立之研究〉，載於彭錦鵬編，《文官體制之
　比較研究》（頁 151-171），中央研究院歐美研究所。
黃鉦堤，2016，〈從德里達解構理論探討〔行政中立〕的認知弔詭〉，《空大行
　政學報》，30：1-36。
黃臺生，2010，〈公務人員行政中立法制化相關問題之研析〉，《國會月刊》，
　38（4）：18-39。

曾冠球，2018，〈論行政中立的障礙及其對民主治理的啟示〉，《T&D飛訊》，240：1-23。

陳敦源，2009，《民主治理：公共行政與民主政治的制度性調和》，五南圖書。

陳德禹，2001，〈行政中立的省思與建言〉，《公務人員月刊》，64：16-25。

陳德禹，2006，〈第八章行政倫理與中立〉，載於吳定、張潤書、陳德禹、賴維堯、許立一合著，《行政學（上）》（頁309-350），國立空中大學。

銓敘部，2017，《銓敘法規釋例彙編》，銓敘部。

銓敘部，2018a，《違反公務人員行政中立法之例示》，銓敘部。

銓敘部，2018b，《公務人員行政中立法Q&A專輯》，銓敘部。

楊戊龍，2005，〈論我國文官中立法制化及其規範效果〉，《高大法學論叢》，1（1）：139-166。

蔡良文，2010，《人事行政學—論現行考銓制度》（第5版），五南圖書。

蔡文斌，2000，《考銓行政與正當法律程序》，學林。

彭錦鵬，2002，〈政治行政之虛擬分際：從「兩分說」到「理想型」〉，《政治科學論叢》，16：89-118。

蔡震榮，1998，《行政法導論》，三民書局。

鄧志松，1998，《英國文官政治中立之研究》，國立臺灣大學三民主義研究所博士論文。

熊忠勇，2018，〈再談政治中立還是行政中立？過去的選擇與未來的發展〉，《文官制度季刊》，10（1）：93-120。

劉昊洲，2019，《行政中立專論》，五南圖書。

賴維堯，2017，〈政務官行政不中立類型建構暨精典個案析論〉，《中國地方自治》，70（6）：3-25。

賴維堯，2018，〈行政中立：涵義系絡、法制規範及續階任務〉，《T&D飛訊》，240：1-33。

蘇俊斌，2018，〈日本對公務員政治活動的限制〉，《文官制度季刊》，10（4）：61-84。

蘇偉業，2018，〈我國行政中立概念與實踐之回顧〉，《T&D飛訊》，240：1-21。

關中，1995，〈行政中立與政黨政治〉，《銓敘與公保月刊》，4（9）：3-10。

關中，2009，《繼往開來，贏得信賴：考試院與文官制度的興革》，考試院。

Overeem, P. 2005. "The value of the dichotomy: Politics, Administration, and the Political Neutrality of Administrators." *Administrative Theory & Praxis*, 27(2): 311-329.

第十二章　特種人事制度

王俊元、白佳慧

摘要

公務人員任用法第32條、第33條規定多項特種人事任用另以法律定之，例如司法人員、審計人員、主計人員、關務人員、外交領事人員及警察人員，顯示出我國特種人事制度的重要與繁複性。然而，我國目前僅有「特種考試」之法律名詞，對於特種人事制度尚缺明確定義。因此，本章首先介紹特種人事制度的基本概念與發展，並以警察人員、醫事人員、法官（檢察官）人事制度與他國經驗略作說明。其次，本章亦介紹我國特種人事制度的種類，並就警察人員、醫事人員、法官（檢察官）之任用、陞遷、俸給、考績及其他較爲重要之法規內容予以說明。再次，本章就警察人員、醫事人員、法官（檢察官）討論度較高之案例舉例說明實務上運作的爭議與挑戰之處。最後本章點出我國特種人事制度之未來發展方向，並以一般途徑或專技途徑之議題提出討論。

第一節　特種人事制度的意涵與發展

壹、特種人事制度的概念

公務人員任用法第 32 條、第 33 條規定司法、主計、外交、警察等各項人員「另以法律定之」係爲特種人事制度基礎之一，根據銓敘部所出版的《108年公務人員特種人事法規彙編》共計有 13 大類的對象，並收錄 187 種法規、相關重要令（函）釋 36 則，顯見我國特種人事制度的重要與繁複性。徐有守（2007：95）指出：「在任用制度中，只有少數幾種定有特別任用法律的人

員，才能在任用上也表現出這種類別的運用價值，這幾種人員是：司法人員、關務人員、政風人員、主計人員、審計人員、駐外外交領事人員、警察人員、教育人員等」。此外，「特種人員一詞原來只是銓敘部工作同仁在實務中為省便而形成的習慣用語，概指適用公務人員任用法以外的各種特種任用法規任用的人員，民國 76 年銓敘部組織法修正施行成立特審司之後，才成為法定用語」（徐有守，2007：287）。不同於日本在二戰之後即分別訂有「國家公務員法」與「地方公務員法」，兩者對於公務員的基準與規範均有一般職與特別職公務員之區分，其公務員的定義與範圍，均在法律中明確訂定（歐育誠，2013：2）；在我國人事制度中，關於特種人事制度的任用、升遷、俸給、考績等議題之討論，相對來說是較新的發展。

就我國而言，特種人事制度的概念可從法制面及實務面來加以界定（歐育誠，2013：2-3）：

一、法制面

現行人事法律明定特種一詞者，僅專門職業及技術人員考試法與公務人員考試法定有特種考試，其屬於考試用人途徑之一，係因特殊性質機關之需要以及照顧身心障礙者、原住民之就業權益舉辦，並以限制轉調、應考資格特殊等條件，與全國性、常態性的公務人員高普初等考試作為區隔。

二、實務面

我國目前現行僅有「特種考試」為法律名詞，而「特種人事制度」尚缺明確定義。實務上從不同角度切入，範圍亦有廣狹之別。例如，民國 99 年 9 月銓敘部編印之「公務人員特種人事法規彙編」例言敘述中，點出「另以法律定之」之特種人事法律及其相關法規命令之適用對象分為：司法人員、關務人員、醫事人員、主計人員、政風人員、審計人員、外交領事人員、警察及消防人員等 12 大類。此外，銓敘部在民國 101 年 6 月撰擬之《簡併特種人事法律之研究報告》中，總共列有 16 種特種人員作為檢討之範圍。

表 12-1-1 呈現我國目前特種人事制度的法律名稱以及適用之人事制度：

表 12-1-1　各特種人事法律適用之人事制度一覽表

法律名稱	適用之人事制度
司法人員人事條例	官等職等併立制（部分職務另定資格）
審計人員任用條例	官等職等併立制（部分職務另定資格）
主計機構人員設置管理條例	官等職等併立制（部分職務另定資格）
關務人員人事條例	官稱職務分立制
駐外外交領事人員任用條例	官等職等併立制（部分職務另定資格）
警察人員人事條例	官職分立制
醫事人員人事條例	級別職務制
交通事業人員任用條件	資位職務分立制
政風機構人員設置管理條例	官等職等併立制

資料來源：劉昊洲（2013：13）。

　　我國現行公務人員特種人事制度之特色大致可歸納有下列五點（劉昊洲，2013：14）：

一、種類繁多：其界定的範圍不論是從銓敘部特審司審定的 9 種公務人員、或是公務人員任用法的 14 種人事制度，再加上人事人員、政風人員共有 16 種，均顯示此特種人事制度有許多類型的實情。

二、來源複雜：上述的特種人事制度各有不同的法律規範，不論是基於歷史背景、業務特殊需求、主管機關本位思考，或其他政治考量因素，可見證此制度多元之來源。

三、性質迥異：各特種人事制度有允許任用資格為特別規定者，有不允許任用資格為特別規定者，亦有限制特殊地區任用者，以及排除常任文官任用體系之外者，其核心精神均有所不同。

四、主管有別：一般公務人員人事制度從憲政精神來講係屬考試院銓敘部之職掌，然而特種人事制度卻由業務主管機關主導，會同銓敘部研修法案。

五、偏重任用：所謂人事制度原指從任用、俸給以至退休、撫卹等，然而我國目前特種人事制度大致仍侷限在任用或俸給的特別規定，其餘事項原則上回歸一般公務人員體制，僅部分有些許特別規定。

　　從任用考試的觀點來看，民國 51 年考試法修正，規定高普考試人員不足

或不能適應需要時，始得舉行特種考試。當時區分為甲、乙、丙、丁四等，惟民國 84 年修法刪除甲等特考，公務人員特種考試分為乙、丙、丁三等。至民國 85 年再次修法明定得比照公務人員高等、普通及初等考試等級，舉行一、二、三、四、五等之特種考試。公務人員考試法第 6 條第 2 項中規定，「為因應特殊性質機關之需要及保障身心障礙者、原住民族之就業權益，得比照前項考試之等級舉行一、二、三、四、五等之特種考試」。關於考試類科及科目之設置，則以特殊性質機關之需要為原則；而錄取名額及標準則以任用機關之需要及成績為準。由於特種考試為視需求才舉辦，因此每年報考、錄取人數起伏波動相當大（考選部，2020：18）。表 12-1-2 顯示近十年我國公務人員特種考試報考、到考及錄取的情況：

表 12-1-2　我國近十年特種考試報考、到考及錄取人數

年別	報考人數			到考人數			錄取人數			到考率			錄取率		
	小計	男	女	小計	男	女	小計	男	女	小計	男	女	小計	男	女
99 年	301,975	150,417	151,558	202,157	99,439	102,718	7,104	4,353	2,751	66.94	66.11	67.77	3.51	4.38	2.68
100 年	285,557	132,003	153,554	190,045	87,144	102,901	7,576	4,689	2,887	66.55	66.02	67.01	3.99	5.38	2.81
101 年	284,664	134,579	150,085	188,621	88,447	100,174	7,998	4,782	3,216	66.26	65.72	66.74	4.24	5.41	3.21
102 年	227,007	108,769	118,238	150,947	72,147	78,800	8,704	5,253	3,451	66.49	66.33	66.65	5.77	7.28	4.38
103 年	182,975	90,903	92,072	125,670	62,313	63,357	9,309	6,250	3,059	68.68	68.55	68.81	7.41	10.03	4.83
104 年	170,956	85,937	85,019	117,772	58,982	58,790	10,448	7,181	3,267	68.89	68.63	69.15	8.87	12.17	5.56
105 年	167,521	86,886	80,635	117,475	60,999	56,476	11,490	8,070	3,420	70.13	70.21	70.04	9.78	13.23	6.06
106 年	162,545	85,045	77,500	115,504	60,591	54,913	10,837	7,554	3,283	71.06	71.25	70.86	9.38	12.47	5.98
107 年	147,463	77,262	70,201	102,434	54,237	48,197	10,723	7,714	3,009	69.46	70.20	68.66	10.47	14.22	6.24
108 年	146,667	75,133	71,534	100,143	51,596	48,547	8,473	5,975	2,498	68.28	68.67	67.87	8.46	11.58	5.15

資料來源：考選部（2020：19）。

　　檢視近十年的特種考試，除地方特考之外，報考人數較多的為警察人員考試、司法人員（司法官）考試等，每年幾乎均有 2 萬人以上報考。此外，由於醫事人員制度近年在我國也是受到矚目，因此下文將針對此三類特種人事制度及法規進一步說明。

貳、警察人員、醫事人員、法官（檢察官）人事制度與他國經驗

一、警察人員

　　關於警察工作，翁萃芳（2002）曾歸納警察人員八項「工作情境特性」如下：(一) 直屬長官領導作為影響大；(二) 工作時間較長及輪值不固定；(三) 工作量繁重；(四) 定期在職教育的機會多；(五) 工作結構、內容、組織及作業方式明確而繁瑣；(六) 警察工作經常面臨危險情境，危險程度高；(七) 執法時，會受到內部如長官、同事，外部如民意代表、記者、親朋好友、檢調單位干擾程度大；(八) 警察人員執行職務時，要擔任干涉、取締性質的執法者，亦要扮演為民服務的人民公僕角色，容易造成角色衝突。於是乎警察人員之招募、考選及教育訓練等環節格外重要，必須力求予以專業化及制度化（朱金池、洪光平，2014）。

　　世界各國警察人員的考選與教育訓練制度，大抵可粗分為「先考後訓」、「先考後教」，以及「先教後考」等三種模式。

(一) 考、訓、用模式：以美國、英國為例

　　這種模式是先經過用人機關的甄試，再施予短期的職前訓練後，給予任用，此模式以美國及英國警察人員之甄補制度為代表。此種模式的特色為（朱金池，2002：57-60；趙永茂，2015：83-85）：

1. 職前訓練的期間較短：而且用人機關的規模愈小，其訓練期間愈短。例如美國威斯康辛州麥迪遜警察局（Madison Police Department, City of Madison, Wisconsin）警察的招募訓練時數為 420 小時；美國芝加哥市警察局警察的招募訓練時數為 1,040 小時。
2. 結訓後一律從基層幹起：基層及中階幹部採內升制，當逐級陞遷時，再逐級接受訓練。
3. 由各警察機關自行負責訓練：招考、訓練、實習、任用連續一貫，均由同一警察機關辦理。

　　美國警察人事權是多元且分權的，聯邦與州、地方政府間的警察機關彼此之間沒有隸屬關係，因此每個警察局之間有高度自主權（章光明，2018：186-187；張瓊玲，2015：29）。美國警察人員的職務結構大略分為局長、副局長、分局長、上尉、中尉、巡佐、刑警與警員，由於分權制度，各警察機關之間較少相互遷調流動。警察學歷需在高中以上，任何學系的學士或副學士均可報考警職，考試包括筆試、體檢、體適能和敏捷測試。錄取者需要再經過訓練，1980 年代後美國警察職前訓練平均已超過 1,100 小時（朱金池，2001：458-459；張瓊玲，2015：29）。

　　英國在 1961 年於漢普郡的布雷蒙希爾（Bramshill, Hampshire）即設有警察學院（The Police Staff College），惟其餘各警察局也設有訓練學校，七個警察局也聯合成立地區警察訓練中心，作為新進警察人員養成、在職教育及聯合訓練之專業訓練場所。該警察學院當時並未發揮應有之功能，直至 1980 年代英國治安有轉壞之跡象才開始重視警察升職教育與高級警察人員之教育。英國有六個地區警察訓練中心，另倫敦大都會警察局（The Metropolitan Police）新進人員之訓練則於漢登警察訓練中心（Hendon Police Training Centre）辦理。英國基層警察因地方分權，訓練其中一個特色為三明治式，亦即在訓練學校、地區警察訓練中心、警察局、分局、派出所來回數次，並在分局及派出所教育中，由資深警員採取一對一個別指導，以達到理論與實務之結合（吳學燕，1997：118、143、150）。

　　值得注意的是，近年來英國政府認為由於警察並須做出艱難決定並影響著公眾。他們面臨著複雜的問題，通常在危險的情況下，數字調查和弱勢群體的需求也在不斷增長。過去針對警察人員職業生涯的培訓計畫並不是在考慮這些需求的情況下設計的，因此現職警察不需特別具有學位。英國的新計畫瞭解到警員的工作是在複雜、不可預測的環境中對決策負有責任，因此與許多機關合作並制定了新的招募人員培訓計畫，使試用人員有最大的機會達到在職人員的專業水平。目前有三種方法可以成為具有學位的英國警察：1. 學徒制（Apprenticeship）：以警員身分（Constable）加入，並在專業警務實踐中遵循學徒制。這條路線通常需要三年的時間進行在線和離線學習。成功完成課程後就可以通過試用並獲得學位；2. 學位持有者管道（Degree-holder Entry）：如果申請者擁有任何學科的學位，則可以加入和遵循以工作為基礎的計畫，

並在課外學習的支持下進行學習。這方式通常需要兩年時間，完成試用後會獲得專業警務實踐的研究生文憑所認可的學習經驗；3. 預加入學位（pre-join degree）：如果申請者想預先學習，可以自費獲得三年專業警務學位，然後申請相關實務單位並參加較短的在職培訓課程（College of Policing, 2017）。

(二) 考、教、用制度：以日本、德國為例

這種模式是先經過用人機關的甄試後，再施予較為長期的職前教育和訓練後，給予任用，此模式以日本及德國警察人員之甄補制度為代表。此種模式的特色為（朱金池，2002：61-63；趙永茂，2015：87-89）：

1. 通過國家考試或警察專業考試及格後，安排受訓。
2. 受訓期間較長：例如德國參加二階段國家司法考試及格之大學法律系畢業生，須至警察指揮參謀學院，接受為期二年的理論和實務課程之教育和訓練。
3. 受訓內容涵蓋學科及實習，兼具教育與訓練的本質。
4. 高級警察人員之招訓對象以優秀大學畢業生為主，受訓完成後，給予快速陞遷的機會。

以日本警察人員考選制度為例，是先經過用人機關考試通過後，在施予教長的訓練，此為長期的職前訓練，而非受與學業的專業養成教育。日本警察的教育訓練，主要在三級警察學校內實施。原則上都道府縣警察學校負責基層警官之教育訓練；管區警察學校負責中階警官之教育訓練；日本的中央警察大學則負責高階警官之教育訓練，各級警察學校之經費，均由中央負擔。亦有論者認為，嚴格來說日本的模式是「加長型的考、訓、用模式」（內政部警政署，1998：33-36；張瓊玲，2015：30）。此外，日本警察為地方分權，考試區分為「國家警察組織」與「地方警察組織」（張瓊玲，2015：30）；從水平的角度來看，日本警察機關為處理日益複雜的犯罪案件，也進用具有財經、化學、鑑識、外語及直升機駕駛等特殊專長人才，原則上以警視或警部補之警察官資格任用，俾強化警察執法能力，此類人員又稱為「中途採用者」（內政部警政署，1998：16）。

德國警察新進人員原則上先擔任初級警察人員（die mittleren polizei-vollzugsdienst），其訓練為期三年，第一年是基層訓練，通常在保安機關中實

施，然後爲職業實習與專業訓練，最後經六個月課程與考試及格即結業。初級
警察人員依其卓越實習成績與課程或見習之結業，可能升級爲中級或高級警
察人員（die gehobenen und die hoheren polizei-vollzugsdienst）（升級原則），
亦能以優異之訓練成績直接被安排中級或高級職務（升級例外）。中級警察人
員之訓練在德國邦之專業高等學校，爲期三年，包含理論與實務課程及畢業
考試，成績及格之畢業生取得專科高等學校文憑。高級警察人員之訓練期爲二
年，第一年一致性課程在邦修業完畢，第二年進入位於 Munster-Hiltrup 之警
政領導學院學習（許文義譯，1993：25）。1960 年代中期，德西警察掀起警
察教育改革之熱烈討論，具體成果呈現在 1972 年聯邦與各邦簽訂「統一高級
警察教育之協定」，由警察領導學院統一訓練聯邦及各邦之高級警察人員。在
此改革計畫中，既未改變升遷一貫性原則，但亦不禁止高學歷者直接受訓後，
進入中階或高階警察陣營，惟後者之改革方向也引起正、反兩面不同意見的廣
泛討論（李震山，1996：99-100）。

(三) 教、考、用模式：以我國及韓國為例

這種模式是先經過警察養成教育，再通過國家考試後予以任用，或養成教
育畢業後即予以任用，此模式以我國及韓國的警察人員任用制度爲代表。此種
模式的特色爲（朱金池，2002：63-64；趙永茂，2015：89-92）：

1. 提供公費及免服兵役待遇，招收優秀高中畢業生進入警察大學，接受大學部
   四年的警察養成教育。
2. 此種養成教育的學生不僅素質整齊，且易培養其對警察組織的革命情感，富
   有可塑性及發展潛能。
3. 學生畢業後若需再通過國家考試才准任用，易造成教育資源的浪費。

我國分別由中央警察大學（85 年之前爲中央警官學校，以下簡稱警大）
及臺灣警察專科學校（以下簡稱警專）二校，致力培育警察幹部及基層警員。
民國 41 年 10 月考試院發布公務人員特種考試警察人員考試規則，至民國 93
年之間，五十餘年的應考資格僅限警大各科系及警專各科畢業生報考，經錄取
後始予任用。民國 93 年起，配合行政院「警察機關缺額快速補足計畫」，考
試院辦理公務人員特種考試基層警察人員考試，開放一般高中生與大學生報考
四等與三等考試，至民國 95 年特考資格全面開放，制度上偏向考、訓、用模

式。惟此模式亦引起諸多討論，至民國 100 年時考試院開始實施雙軌分流考試，其精神為「進用雙軌、考選分流、先考後訓與先考後教再考並行制」（馬傳鎮、黃富源，2010；潘靜怡，2014）。

民國 100 年推動之警察人員考試雙軌分流新制，此次政策改革深具創新的意義，不僅警察考試制度的結構有更精細的配置、亦讓警察教育邁向了新的里程碑。所謂的警察人員考試雙軌分流，係源於考試院自 99 年 9 月 9 日第 11 屆第 102 次會議通過修正「公務人員特種考試警察人員考試規則」及「公務人員特種考試一般警察人員考試規則」二項考試規則後，我國警察選任制度正式劃分為二，其一係由中央警察大學、臺灣警察專科學校二校畢（結）業生得報名之「公務人員特種考試警察人員考試」；其二為前述二校畢（結）業生以外，擁有碩士學位、獨立學院學位以上、高級中學以上或視同高級中學學歷證明者之應考人，得報名之「公務人員特種考試一般警察人員考試」。該次會議同時決議「三等考試一般生與警校生之員額錄取比例為 14% 與 86%；四等考試一般生與警校生為 30% 與 70%，三年後重新檢討分流比例」（蕭文生、黃彥翔，2015）。

此次雙軌分流考試的突破程度，意義上已從早期「警察考試是對警察養成教育的認可」，邁向「警察考試採開放競爭的市場機制」，訴求以考試本位、齊頭平等的警察供應機制；最新演進至「警察考試依人力來源採主從性供應策略」，維持警察教育體制兼顧多元取才效益，並伴隨著考試性能技術的逐步提升（蘇志強、吳斯茜，2011：66）。新制上路，所涉及的層面當然也包含很多，諸如考試方式、應考科目、限制轉調規定，亦或訓練淘汰機制，更細究各項議題，包含一般警察特考之設置等別與類科問題、雙軌之名額比例問題、雙軌之考試科目設計與多元評量問題等，皆引起許多討論（蘇志強、吳斯茜，2011：73-79）。

韓國採取國家警察制度，沒有自治體警察的存在。其於 1945 年創設內政部警察廳，直接指揮各地警察機關（邱華君，2000：169）。關於韓國警察的教育訓練，其設有警察大學、警察綜合學校，以及中央警察學校（又稱忠州警察學校），警察大學入學資格為高中畢業、資質優異，經選拔後使得入學。在學期間的學費、制服、飲食等由國家支出，畢業後授予法學士或行政學士學位。在為期四年的幹部養成教育畢業後經國家考試及格，便以「警衛」（inspector）之職任用（金璇惠，1996：165）。

二、醫事人員

根據憲法第 86 條明定，專門職業及技術人員執業資格，應經考試院依法考銓定之。而憲法第 86 條第 2 款所稱之專門職業及技術人員並參考司法院大法官釋字第 352 號與第 453 號解釋，係指具備由現代教育或訓練之培養過程，獲得特殊學識或技能，而其從事之業務與公共利益或人民之生命、身體財產等權利有密切關係者而言。因此在專門職業及技術人員考試法第 2 條規定之本法所稱專門職業及技術人員，係依法規應經考試及格領有證書始能執業之人員。自民國 96 年起，為精進專技人員考試制度時期，專技人員考試中，醫事人員考試共有 13 類科，其中高等考試除醫師外，包括牙醫師、藥師、醫事檢驗師、醫事放射師、護理師、助產師、物理治療師、職能治療師等九類科。普通考試則有護士、助產士、物理治療生、職能治療生等四類科，後三種士級考試於 100 年起停辦，護士考試則於 102 年停辦。其他另有中醫師及法醫師的高等考試（高明見，2012）。

英國通用醫學委員會（General Medical Council, GMC, UK）具有許多監管職能，並以通過規範醫生的醫學教育和培訓的各個階段以及隨後的專業發展來做到維護英國公眾的健康和安全之任務。GMC 的存在是為了確保所有獲准在英國（UK）執業的醫生均具有最高標準。在日益全球化的世界中，醫生的短缺、經濟誘因和旅行的便捷性，鼓勵醫生勞動力的流動性和促進移民。這使得監管任務變得更加複雜，因為很難確定在 GMC 管轄範圍之外受過培訓的醫生的素質和能力。GMC 能夠完成其維護公眾健康和安全的任務的一種方式，則是通過使用許可考試（Archer et al., 2015）。

換言之，不同於警察或法官（檢察官）等司法人員之性質，醫事人員在全球化影響之下，具有人才跨境、跨國流動之能力與特性。Price 等人（2018）的研究也指出，許多已開發國家要求所有準醫生，無論是來自國家司法管轄區還是國際醫學畢業生，都必須通過國家執照考試才能在該司法管轄區執業；如果國際醫學畢業生的學歷不被承認與本國司法管轄區的學生相當，則需要通過執照考試。

三、司法人員

　　現今由犯罪之懲處與紛爭（人民間或國家與人民間）之裁斷所構成的「司法事務」，在中國兩千餘年的帝制裡，並未與其他統治事務分離而單獨設官處理之。但直到清朝的統治晚期，才在西潮東來的局勢下，出現了將近代西方所謂「司法」所指涉的事務，交由專門設置的官員來處理的提議。清朝最終是參考日本明治維新後引進西方法制而設置司法省與大審院之例，於 1906 年（光緒 32 年）設置掌司法行政的「法部」、掌司法審判的「大理院」。其於 1907 年（光緒 33 年）編成、1910 年（宣統 2 年）頒行的「法院編制法」，即係仿效自採行歐陸法制的日本「裁判所構成法」，除首次用「法院」指稱司法審判機關外，並以「推事及檢察官」稱呼承辦審判、檢察事務的官員，後來兩者亦被合稱爲專門處理「司法事務」的「司法官」（王泰升，2014：5-6）。

　　觀諸其他國家的司法官及律師考試制度，德國大學法科畢業生參加第一次國家司法考試及格，及以「司法實習生」身分分發至法院、檢察廳、行政官署及有規模之律師事務所或國際機構，接受二年至三年之連續實習。日本司法官與律師合併考訓，稱爲「司法試驗」（司法考試），考試及格後派至最高裁判所設立的「司法研修院」接受二年之訓練。日本自 1999 年開始進行全面性司法制度的改革以來，2004 年 4 月開辦的「法科大學院」與 2006 年 5 月實施的「新司法試驗」，是「法曹養成制度」的重大變動，2006 年 4 月設立、同年 10 月開辦業務的「日本司法支援センター」，乃至 2009 年 5 月 21 日施行的「裁判員制度」等，都是日本政府逐項推動的具體措施。美國雖然沒有司法官考試制度，但有完善之律師考試訓練，而法官多來自於優秀的律師群當中。其規定律師應考人須在大學法學院畢業取得 J. D. 學位（多譯爲法學博士，爲職業學位，一般大學各系畢業生再考入法學院接受三年基礎法律專業教育）後，或曾在全國律師公會認可之法學院受三年以上法律專業訓練者，始可應考律師（耿雲卿，1991）。

第二節　警察人員、醫事人員、法官（檢察官）之人事法制

　　公務人員任用法為一般公務人員任用之基本法。另為因應性質特殊之機關或公務人員之業務需要，爰有特種人事法律之制定。其中依公務人員任用法第32條、第33條、第34條及第36條授權另以法律定之者，包括司法人員、審計人員、主計人員、關務人員、外交領事人員、警察人員、教育人員、醫事人員、交通事業人員、公營事業人員、專門職業及技術人員轉任公務人員及聘用人員，目前除公營事業人員尚未制定任用法律外，其他人員均已另行制定專用之特別任用法律。此外，尚有公務人員任用法並未授權，而屬一條鞭管理性質者，如人事人員、政風人員，亦分別就機構設置及人員管理另行制定法律，亦屬特種人事法律之一環。茲因各特種人事法律係肆應各機關業務需要及人員工作屬性，於不同時空背景下分別制定，其規範內容亦繁簡不同，本節爰就業務性質之專業性及特殊性較為顯著之警察人員、醫事人員及法官（檢察官）適用之人事制度簡介如次。

壹、警察人員人事制度

　　警察人員人事事項，依警察人員人事條例（以下簡稱警察條例）及其施行細則等規定辦理，其未規定者，適用有關法律之規定。適用之人事制度為「官職分立制」，官受保障，職得調任，非依法不得免官或免職。所稱警察人員，係指依警察條例任官、授階，執行警察任務之人員。其職稱，依各級警察機關組織法規之規定。警察官等分為警監、警正、警佐。警監官等分為特、一、二、三、四階，以特階為最高階；警正及警佐官等各分一、二、三、四階，均以第一階為最高階。

　　海岸巡防機關及消防機關列警察官人員之人事事項，由各該主管機關依警察條例之規定辦理。

一、任用

　　警察官任官資格如下：警察人員考試及格者；曾任警察官，經依法升官等任用者；警察條例施行前曾任警察官，依法銓敘合格者。除具備上開任官資格之一外，其任職係與教育或訓練相扣合，職務等階最高列警正三階以上，應經警察大學或警官學校畢業或訓練合格；職務等階最高列警正四階以下，應經警察大學、警官學校、警察專科學校或警察學校畢業或訓練合格。初任警佐、警正、警監官等，分別不得超過40歲、45歲、50歲。但升官等任用者不受上開限制。

　　擬任警察官前，擬任機關、學校應就其個人品德、忠誠、素行經歷及身心健康狀況實施查核。經查核結果有警察條例第10條之1所列七款情形之一者，不得任用。

　　警察人員官階之晉升，準用公務人員考績升職等之規定。官等之晉升，須經升官等考試及格或升官等訓練合格。參加升官等訓練須符合相關考試或學歷、考績、年資、俸級之規定。另警察、消防、海岸巡防機關中具警察官任用資格之一般行政人員及技術人員，其相當警正一階、警佐一階之年資、考績，始得併計作為警察人員升官等訓練所需之年資、考績。

二、陞遷

　　警察人員之陞遷，應本人與事適切配合之旨，考量機關、學校特性與職務需要，依資績並重、內陞與外補兼顧原則，並與教育訓練及考核相配合，採公開、公平、公正方式，擇優陞任或遷調歷練，以拔擢及培育人才。

　　內政部依警察條例第20條第4項授權，訂有警察人員陞遷辦法，作為規範警察人員陞遷實施範圍、辦理方式、限制條件及其他相關事項之依據，爰警察人員之陞遷不適用公務人員陞遷法之規定。海岸巡防機關及消防機關列警察官人員則適用公務人員陞遷法之規定。

三、俸給

　　警察人員之俸給，分本俸（年功俸）及加給，均以月計之。本俸、年功俸之俸級及俸額，依警察人員俸表之規定。加給分勤務加給、技術加給、專業加給、職務加給、地域加給。

　　高等考試一級（二級、三級）考試或特種考試警察人員考試一等（二等、三等）考試及格，以警正一階（警正三階、警正四階）任用，自一階三級（三階三級、四階三級）起敘。普通考試或特種考試警察人員考試四等考試及格，以警佐三階任用，自三階三級起敘。初等考試或特種考試警察人員考試五等考試及格，以警佐四階六級起敘。本俸及年功俸之晉級，則依公務人員考績法第7條規定，於年終考績考列乙等以上時，予以晉敘。至於曾任公務年資之提敘，則依公務人員俸給法及其施行細則等相關規定辦理。

　　晉階之警察官，核敘所晉官階本俸最低級；原敘俸級高於所晉官階本俸最低級者，換敘同數額之本俸或年功俸。升任高一官等警察官，自所升官等最低官階本俸最低級起敘；原敘俸級高於起敘俸級者，換敘同數額之本俸或年功俸。調任同官等低官階職務之警察官，仍以原官階任用並敘原俸級。

　　警察人員與一般行政人員與技術人員相互轉任時，除依警察條例規定外，適用公務人員任用法、公務人員俸給法之規定；其相當官等、官階（職等）及俸級之對照換敘，依「警察人員與一般行政人員與技術人員相互轉任官等官階（職等）及相當俸級之俸額俸點換敘對照表」辦理。

四、考績

　　警察人員之考績，除依警察條例規定者外，適用公務人員考績法之規定。其平時考核之功過，依公務人員考績法第12條規定抵銷後，尚有記一大功二次人員，考績不得列乙等以下；記一大功以上人員，考績不得列丙等以下；記一大過以上人員，考績不得列乙等以上。另警察人員尚有優惠考績規定，任本官階職務滿十年未能晉階或升官等任用，而已晉至本官階職務最高俸級，未達年功俸最高俸級者，年終考績考列甲等或乙等時，均加發半個月俸給總額之考績獎金。

依警察條例第 29 條第 1 項所定停職原因計有六款事由。至於其他違法情節重大，有具體事實者，得予以停職。另警察人員有警察條例第 31 條第 1 項所定 12 款情形之一者，應予以免職。其中該條項第 6 款至第 11 款免職處分於確定後執行，未確定前應先行停職。此外，警察人員有公務人員考績法所定一次記二大過情事之一，係依警察條例第 31 條第 1 項第 6 款規定予以免職，尚非辦理一次記二大過專案考績免職。

五、其他重要規定

警察人員在執行職務中遭受暴力或意外危害，致身心障礙，不堪勝任職務並依公務人員退休資遣撫卹法命令退休者，其退休金除按因公傷病標準給與外，另加發 5 個至 15 個基數。基數內涵均依所任職務最高等階年功俸最高俸級計算。領有勳章、獎章者，得加發退休金。

警察人員在執行勤務中殉職者，其撫卹金基數內涵依所任職務最高等階年功俸最高俸級計算，並比照戰地殉職人員加發撫卹金。領有勳章、獎章者，得加發撫卹金。

貳、醫事人員人事制度

醫事人員人事事項，依醫事人員人事條例（以下簡稱醫事條例）及其施行細則等規定辦理，其未規定者，適用有關法律之規定。適用之人事制度為「級別職務制」，級別依各該醫事法規規定，區分為師級及士（生）級，師級又區分為師（一）級、師（二）級及師（三）級，以師（一）級為最高級，共有四級。所稱醫事人員，指依法領有經中央衛生主管機關核發醫事專門職業證書（以下簡稱醫事證書），並擔任公立醫療機構、政府機關或公立學校組織法規所定醫事職務之人員。其範圍依「各機關適用醫事人員人事條例職務一覽表」之規定辦理。

一、任用

　　醫事人員採證照用人制度，經公務人員考試或專門職業及技術人員考試醫事相關類科考試及格並取得中央衛生主管機關核發之師類、士（生）類醫事證書者，分別取得各類別醫事職務師（三）級、士（生）級醫事人員任用資格。醫事人員已達師（二）級、師（一）級最低俸級或領有師類醫事證書後，實際從事四年、十二年以上相關專業工作，並符合相關學歷、經歷及專業訓練規定者，取得師（二）級、師（一）級相關醫事職務之任用資格。

　　為落實公立醫療機構住院醫師之訓練制度，並解決住院醫師久任，影響新進住院醫師之訓練問題，爰醫事條例第 9 條規定公立醫療機構住院醫師依聘用人員進用之法律（按：聘用人員聘用條例）規定聘用之。

二、陞遷

　　公務人員陞遷法於民國 98 年 4 月 22 日修正公布後，業將醫事人員列入適用對象。新進醫事人員原則上應依公務人員陞遷法外補程序規定，就具有任用資格人員以公開競爭方式甄選之。惟考試及格分發任用者、擔任各機關首長、副首長及一級單位主管者、政府機關培育之醫事公費生經分發履行服務義務者，免經公開甄選。

三、俸給

　　醫事人員之俸給，分本俸、年功俸及加給，均以月計之。本俸、年功俸之級數及俸點，依醫事人員俸級表之規定。同一級別醫事人員之俸級原則上均相同，惟考量師（一）級醫師、中醫師、牙醫師及擔任政府機關列簡任第 12 職等以上職務者，職責程度較為繁重，爰規範上開人員之俸級，得敘至師（一）級年功俸 1 級，其餘師（一）級人員僅得敘至師（一）級年功俸 2 級。

　　初任醫事人員，依所任職務級別之最低俸級起敘。但領有師類醫事證書以士（生）級任用者，以師（三）級最低俸級起敘。曾依醫事條例審定有案者，以審定有案之較高俸級起敘。但以敘至擬任職務級別年功俸最高級為止。如有

超過之俸級，調任低級別職務人員，仍予照支；再任低級別職務人員，仍予保留，俟將來調任相當級別職務時，再予回復。依公務人員任用法、專門職業及技術人員轉任公務人員條例及 91 年 1 月 29 日廢止前之技術人員任用條例銓敘審定合格人員，於擔任醫事人員時，其核敘俸級得比照上開規定辦理。

　　醫事人員曾任與現任職務級別相當、性質相近且服務成績優良之職務年資，除業依其他任用法律審定有案之俸級予以核敘或已採計為任用資格之年資外，如尚有積餘年資，得依公務人員俸給法規之規定，按年核計加級。領有師類醫事證書擔任士（生）級職務，業以較高俸級核敘者，其曾任較所敘俸級為低之年資，不得再依上開規定按年核計加級。

四、考績

　　醫事人員考績獎懲，除本俸、年功俸之晉級以醫事職務級別為準外，餘均適用公務人員考績法規定。

五、其他重要規定

　　醫事條例之制定係為解決醫事人員之任用問題，而醫事人員為公立醫療機構之主體，爰醫事條例第 14 條規定，醫事人員得兼任公立醫療機構首長、副首長或醫事單位主管、副主管職務。上開職務之任期及遴用資格，由各主管機關會商中央衛生主管機關定之。

參、法官（檢察官）人事制度

　　法官（檢察官）人事事項，依法官法及其施行細則等規定辦理，其未規定者，適用有關法律之規定。自法官法施行後，現行法律中有關法官、檢察官之相關規定，與該法牴觸者，不適用之。適用之人事制度為「職務職稱制」，職稱分實任法官（檢察官）、試署法官（檢察官）及候補法官（檢察官）。所稱法官指司法院大法官、懲戒法院法官、各法院法官。所稱檢察官，指最高檢察

署檢察總長、主任檢察官、檢察官；高等檢察署以下各級檢察署及其檢察分署檢察長、主任檢察官、檢察官。上開法官、檢察官，除有特別規定外，包含試署法官（檢察官）、候補法官（檢察官）。

一、任用

法官採多元方式進用，法官法第 5 條分別就高等法院以下各法院法官、高等行政法院高等行政訴訟庭與地方行政訴訟庭法官以及最高法院、最高行政法院、懲戒法院法官之任用資格予以規範，除經法官、檢察官考試及格、曾任實任法官、實任檢察官外，曾任公設辯護人、律師、教育人員、中央研究院研究人員或簡任公務人員並符合一定資格條件、曾任司法院大法官並具擬任職務任用資格、曾任懲戒法院法官者，分別取得上開法院法官之任用資格。至於專業法院之法官任用資格另以法律定之。另法官法第 87 條分別就地方檢察署及其檢察分署、高等檢察署及其檢察分署、最高檢察署檢察官之任用資格予以規範，除經法官、檢察官考試及格、曾任法官、檢察官外，曾任公設辯護人、律師、教育人員或檢察事務官並符合一定資格條件者，分別取得上開檢察署檢察官之任用資格。

具有公務人員任用法規定不得任用情形、因故意犯罪受有期徒刑以上刑之宣告，有損法官尊嚴、曾任公務員受撤職以上處分或免職處分確定、受破產宣告尚未復權、曾任民選公職人員離職後未滿三年，均不得任用為法官、檢察官。

二、陞遷

法官、檢察官之陞遷，係依法官法相關規定及該法授權訂定之司法院人事審議委員會審議規則、法務部檢察官人事審議委員會審議規則辦理。

依法官法第 4 條規定，司法院設人事審議委員會，依法審議法官之任免、轉任、解職、遷調、考核、獎懲、專業法官資格認定或授與、延任事項及其他法律規定應由司法院人事審議委員會審議之事項。法務部則依法官法第 90 條規定，設檢察官人事審議委員會，審議高等檢察署以下各級檢察署及其檢察分

署主任檢察官、檢察官之任免、轉任、停止職務、解職、陞遷、考核及獎懲事項。爰法官、檢察官之調任、司法行政人員回任法官、檢察官，以及法官、檢察官轉任司法行政人員，如屬法官法施行細則第 4 條所定司法院人事審議委員會之審議事項或屬法務部檢察官人事審議委員會審議規則規範之審議事項，即須經司法院人事審議委員會或法務部檢察官人事審議委員會審議通過；非屬上開規定規範之審議事項則免經審議，亦不再適用公務人員陞遷法相關規定。

法官、檢察官轉調一般公務人員、或轉任司法行政人員後，再調任其他司法行政人員或一般公務人員之職務，以該等職務須依公務人員任用法規定辦理派代及辦理銓敘審定，係屬公務人員陞遷法適用範圍，如擬遞補人員，除有得免經甄審（選）之情形以外，仍應依公務人員陞遷法規定辦理陞遷。

另實任法官、檢察官除法律規定或經本人同意外，不得將其轉任法官、檢察官以外職務；除經本人同意外，非有法官法第 45 條及第 46 條所列各款原因，不得為地區、審級之調動。

三、俸給

法官、檢察官之俸給，分本俸、專業加給、職務加給及地域加給，均以月計之。本俸之級數及俸點，依法官俸表之規定。

法官、檢察官之俸級，係依所任實任、試署、候補法官（檢察官）職務予以區分。初任各職務，依所任職務最低俸級起敘。但律師、教育人員、中央研究院研究人員轉任法官者，依其執業、任教或服務年資多寡，有不同起敘俸級之規定。曾任公務年資，如與現任職務等級相當、性質相近且服務成績優良者，得按年核計加級至所任職務最高俸級為止。

法官、檢察官曾任公務年資採計提敘，係依據法官法授權訂定之「法官曾任公務年資採計提敘俸級認定辦法」及「現職法官改任換敘及行政教育研究人員轉任法官提敘辦法」規定辦理。

司法院院長、副院長之俸給，分別準用政務人員院長級、副院長級標準支給；司法院大法官、最高法院院長、最高行政法院院長及懲戒法院院長準用政務人員部長級標準支給。上開人員均給與法官專業加給。

法務部部長由法官、檢察官轉任者及最高檢察署檢察總長準用政務人員部

長級標準支給；法務部政務次長由法官、檢察官轉任者，準用政務人員次長級標準支給。上開人員均給與前述專業加給。

四、考績

　　法官、檢察官係於每年年終辦理職務評定取代考績，按職務評定之結果晉級及給與獎金。司法院及法務部依法官法之授權，分別訂定法官職務評定辦法及檢察官職務評定辦法，作為法官、檢察官辦理職務評定之依據。

　　法官（檢察官）職務評定項目包括學識能力、品德操守、敬業精神及裁判（辦案）品質；職務評定為良好，且未受有刑事處罰、懲戒處分者，晉一級，並給與一個月俸給總額之獎金；已達所敘職務最高俸級者，給與二個月俸給總額之獎金。但任職不滿一年已達六個月，未受有刑事處罰、懲戒處分者，獎金折半發給。連續四年職務評定良好，且未受有刑事處罰、懲戒處分者，除給與前述之獎金外，晉二級。職務評定為未達良好，不晉級，不給與獎金。

　　司法院應每三年一次進行各級法院之團體績效評比，結果應公開，並作為各級法院首長職務評定之參考。

五、其他重要規定

(一) 轉任司法行政人員

　　司法行政人員，指於司法院及法官學院辦理行政事項之人員。茲因司法行政事務係以支援審判、提升裁判公信力為重心，且任重事繁，有借調實任法官參與之必要，爰法官法第 76 條規定實任法官轉任司法行政人員者，視同法官，其年資及待遇，依相當職務之法官規定列計，並得不受公務人員任用法有關職系調任及晉升簡任官等訓練合格之限制。其達司法行政人員屆齡退休年齡 3 個月前，應予回任法官。上開有關司法院、法官學院之規定，於法務部、法務部司法官學院準用之。

　　另現職法官、檢察官日後轉任司法行政人員俸級核敘，係依據法官法授權訂定之「實任法官轉任司法行政人員及回任實任法官換敘辦法」之規定辦理。

(二) 懲戒處分及程序

　　法官之懲戒採雙軌制，除由司法院依據法官評鑑委員會所爲決議逕送職務法庭審理外，其他法官懲戒均由監察院彈劾後移送職務法庭審理。其懲戒處分種類如下：

1. 免除法官職務，並不得再任用爲公務員。
2. 撤職：除撤其現職外，並於一定期間停止任用，其期間爲一年以上五年以下。
3. 免除法官職務，轉任法官以外之其他職務。
4. 剝奪退休金及退養金，或剝奪退養金。
5. 減少退休金及退養金 10% 至 20%。
6. 罰款：其數額爲現職月俸給總額或任職時最後月俸給總額一個月以上一年以下。
7. 申誡。

　　依應受懲戒之具體情事足認已不適任法官者，應予前述第一種至第三種懲戒處分；受前述第一種及第二種懲戒處分者，不得充律師，其已充任律師者，停止其執行職務；受前述第二種及第三種懲戒處分者，並不得回任法官職務。職務法庭爲前述第三種懲戒處分，關於轉任職務應徵詢司法院意見後定之。前述第四種及第五種之懲戒處分，以退休或其他原因離職之法官爲限。

　　檢察官之懲戒處分種類、移送及審理程序準用法官相關規定。

(三) 退休金及退養金

　　法官、檢察官自願退休時，除依公務人員退休資遣撫卹法給與一次退休金或月退休金外，其爲實任法官、檢察官者另按法官法第 78 條所定標準給與一次退養金或月退養金。

(四) 優遇

　　實任法官任職十五年以上年滿 70 歲者，應停止辦理審判案件，得從事研究、調解或其他司法行政工作；滿 65 歲者，得申請調任地方法院辦理簡易案件。實任法官任職十五年以上年滿 65 歲，經中央衛生主管機關評鑑合格之醫

院證明身體衰弱，難以勝任職務者，得申請停止辦理審判案件。

　　停止辦理審判案件法官，仍為現職法官，但不計入該機關所定員額內，支領俸給總額之三分之二，並得依公務人員退休資遣撫卹法辦理自願退休及撫卹。

　　前開規定於檢察官準用之。

　　上述各項內容重點整理如表 12-2-1 所示：

表 12-2-1　警察人員、醫事人員及法官（檢察官）人事事項重點整理

	警察人員	醫事人員	法官（檢察官）
適用人事法律	警察人員人事條例	醫事人員人事條例	法官法
適用之人事制度	・官職分立制。 ・官等分為警監、警正、警佐。警監官等分為特、一、二、三、四階，以特階為最高階；警正及警佐官等各分一、二、三、四階，均以第一階為最高階。	・級別職務制。 ・級別分為士（生）級、師（一）級、師（二）級及師（三）級，以師（一）級為最高級。	・職務職稱制。 ・職稱分實任法官（檢察官）、試署法官（檢察官）及候補法官（檢察官）。
任用	・需符合任官資格及任職資格，任職係與教育或訓練相扣合。 ・初任各官等尚有年齡限制。 ・擬任警察官前，擬任機關、學校應實施查核。經查核結果有警察條例第10條之1所列七款情形之一者，不得任用。 ・官階之晉升，準用公務人員考績升職等之規定。官等之晉升，須經升官等考試及格或升官等訓練合格。	・採證照用人制度。 ・經醫事相關類科考試及格並取得中央衛生主管機關核發之師類、士（生）類醫事證書者，分別取得相關醫事職務之任用資格。 ・已達師（二）級、師（一）級最低俸級或領有師類醫事證書後，實際從事4年、12年以上相關專業工作，並符合相關學歷、經歷及專業訓練規定者，取得高一級別相關醫事職務之任用資格。	・採多元方式進用。 ・除經法官、檢察官考試及格、曾任（實任）法官、（實任）檢察官外，曾任公設辯護人、律師、教育人員、中央研究院研究人員（本項僅限法官）或檢察事務官（本項僅限檢察官）並符合一定資格條件者，亦分別取得相關法院法官、檢察署檢察官之任用資格。 ・專業法院之法官任用資格另以法律定之。

表 12-2-1　警察人員、醫事人員及法官（檢察官）人事事項重點整理（續）

	警察人員	醫事人員	法官（檢察官）
俸給	·依警察人員俸級表核敘俸級，並分本俸（年功俸）及加給。 ·警察人員與一般行政人員與技術人員相互轉任時，其相當官等、官階（職等）及俸級之對照換敘，依「警察人員與一般行政人員與技術人員相互轉任官等官階（職等）及相當俸級之俸額俸點換敘對照表」辦理。	·依醫事人員俸級表核敘俸級，並分本俸、年功俸及加給。 ·同一級別醫事人員之俸級原則上均相同，惟師（一）級醫師、中醫師、牙醫師及擔任政府機關列簡任第 12 職等以上職務者，得敘至師（一）級年功俸 1 級，其餘師（一）級人員僅得敘至師（一）級年功俸 2 級。 ·初任人員依所任職務級別之最低俸級起敘。但領有師類醫事證書以士（生）級任用者，以師（三）級最低俸級起敘。	·依法官俸表核敘俸級，並分本俸、專業加給、職務加給及地域加給。 ·初任各職務，依所任職務最低俸級起敘。但律師、教育人員、中央研究院研究人員轉任法官者，依其任職年資多寡，有不同起敘規定。 ·曾任公務年資採計提敘，依「法官曾任公務年資採計提敘俸級認定辦法」及「現職法官改任換敘及行政教育研究人員轉任法官提敘辦法」規定辦理。
陞遷	依警察人員陞遷辦法辦理。	·原則上依公務人員陞遷法辦理。 ·考試及格分發任用者、擔任各機關首長、副首長及一級單位主管者、政府機關培育之醫事公費生經分發履行服務義務者，免經公開甄選。	依法官法相關規定及該法授權訂定之司法院人事審議委員會審議規則、法務部檢察官人事審議委員會審議規則辦理。
考績	·除依警察人員人事條例規定者外，適用公務人員考績法之規定。 ·另有 10 年優惠考績之規定。	除晉級以醫事職務級別為準外，餘均適用公務人員考績法規定。	·每年年終辦理職務評定取代考績。 ·連續 4 年職務評定良好且未受有刑事處罰、懲戒處分者，除給與獎金外晉 2 級。 ·每 3 年一次進行各級法院之團體績效評比。

表 12-2-1　警察人員、醫事人員及法官（檢察官）人事事項重點整理（續）

	警察人員	醫事人員	法官（檢察官）
其他特別規定	・在執行職務中遭受暴力或意外危害，致身心障礙，不堪勝任職務並依公務人員退休資遣撫卹法命令退休者，以及在執行勤務中殉職者，其退休金、撫卹金之基數內涵均依所任職務最高等階年功俸最高俸級計算。 ・領有勳章、獎章者，得加發退休金、撫卹金。	醫事人員得兼任公立醫療機構首長、副首長或醫事單位主管、副主管職務。	・轉任司法行政人員者：視同法官，其年資及待遇，依相當職務之法官規定列計。 ・懲戒採雙軌制：由司法院或監察院移送職務法庭審理。 ・退養金：自願退休時，除給與退休金外，其為實任法官、檢察官者另給與退養金。 ・優遇：任職 15 年以上年滿 70 歲者，應停止辦理審判案件；任職 15 年以上年滿 65 歲，經醫院證明身體衰弱，難以勝任職務者，得申請停止辦理審判案件。停止辦理審判案件法官，仍為現職法官，但不計入該機關所定員額內，支領俸給總額之三分之二。

第三節　相關案例與議題

　　各特種人事法律係各主管機關基於業務特性或人員管理之需要而制定，惟其實際運作情形是否符合立法原意，容有討論空間。本節爰就警察人員、醫事人員及法官（檢察官）之人事法制於實務運作上產生之爭議舉例說明，使讀者對於相關規定有進一步瞭解。

壹、警察人員特種考試三等考試及格人員任用及陞遷之間接性差別待遇

一、事實經過

依警察條例第 11 條第 2 項規定，警察官之任用，職務等階最高列警正三階以上，應經警察大學畢業或訓練合格；職務等階最高列警正四階以下，應經警察大學、警察專科學校畢業或訓練合格。惟民國 99 年以前未具中央警察大學（以下簡稱警大）學歷者應警察人員特種考試三等考試（以下簡稱警察特考三等考試）筆試錄取後，均經內政部警政署（以下簡稱警政署）安排至臺灣警察專科學校（以下簡稱警專）接受考試錄取人員訓練，以完成考試程序。因渠等僅經警專訓練合格，嗣後分發任用時，僅能以職務等階最高為警正四階之警員任用，而應相同考試且具警大學歷者一律派任職務等階最高為警正三階之巡官，形成任用與陞遷之差別待遇。其中林姓聲請人等 13 人向警政署申請至警大受訓四個月後派任巡官遭否准，黃姓聲請人等四人在警大受訓四個月後，向警政署申請改分發巡官或相當序列職務亦遭否准，其等先後提請訴願（復審）、行政訴訟，均經最高行政法院判決以上訴無理由駁回確定，爰聲請釋憲（釋 760）。

案經司法院於民國 107 年 1 月 26 日公布釋字第 760 號解釋略以，警察條例第 11 條第 2 項未明確規範考試訓練機構，致實務上警政署得將警察特考三等考試筆試錄取之未具警察教育體系學歷之人員，一律安排至警專受考試錄取人員訓練，以完足該考試程序，使民國 99 年以前上開考試及格之未具警察教育體系學歷之人員無從取得職務等階最高列警正三階以上職務之任用資格，致其等應考試服公職權遭受系統性之不利差別待遇，就此範圍內，與憲法第 7 條保障平等權之意旨不符。行政院應會同考試院，於該解釋公布之日起六個月內，採取適當措施，除去聲請人所遭受之不利差別待遇（釋 760）。

二、內政部因應措施

　　嗣內政部邀集法學專家學者及相關機關組成專案小組並密集召開多次會議後，提出計畫略以：(一) 本案訓練性質定位為「警察教育條例」之進修教育，於警大警佐班增開第四類班期受訓四個月，其自民國 107 年至民國 110 年分梯次完訓；(二) 依據解釋文擇優任用、用人唯才精神，完訓人員將採「原機關候缺派補、擇優陞任」，警察人員則考量個人意願及因部分機關職缺有限，得於現職機關候補他機關職缺方式派補，以兼顧其派任權益及家庭生活之穩定；(三) 積極推動以適時、適度增加地方警察機關巡官員額方式，改善基層員警陞遷體制及職務結構，增加員警陞遷機會，並持續與相關部會溝通以尋求支持，朝修改地方警察機關組織編制方向努力。另該案除就釋憲聲請人外，餘民國 99 年以前通過警察特考三等考試及格之未具警大學歷之現職人員均併入考量處理，經調查統計符合調訓資格者（含警察、消防及海巡人員）計有 6,936 人。[1]

三、問題與策進

　　民國 99 年以前，警察特考係採單軌制，由警校生與一般生一同應考，自民國 100 年起，警察特考改採雙軌制，通過一般警察考試或特種警察考試者，均至警大受訓後派任巡官等職務，故類此情形不會再發生。惟應警正升官等考試及格或經晉升警正官等訓練合格升任警正官等者，亦應受系爭規定之限制，爰上開人員雖取得警正四階任官資格，惟因所受教育或訓練不同，日後亦有不同任用及陞遷情形，是否應併同考量，有待斟酌。

　　經查原警察人員管理條例（按：民國 96 年 7 月 11 日修正名稱為「警察人員人事條例」）於民國 65 年 1 月 17 日制定公布時，係基於警察人員執行職務，行使職權，須具備專業技能與學識，爰規範警察官之任官資格，採考試及格與教育訓練並重之規定；另以警官學校（按：中央警官學校，民國 84 年更名為

---

[1]　2018，〈保障99年以前三等警察特考人員權益 葉俊榮：110年前分梯次訓練補齊升遷資格〉，https://www.moi.gov.tw/News_Content.aspx?n=2&s=11513（檢索日期：2020/5/1）。

「中央警察大學」）與警察學校培植對象有別，所受教育內容及教育期間均不同，爰差別規定其任官資格，以符訓用合一精神。據此，警察條例第 11 條第 2 項規定以教育訓練作爲警察人員任用及陞遷之區別，有其歷史沿革與背景，司法院釋字第 760 號解釋雖未宣告違憲，僅要求有關機關採取適當措施消除既存之不利差別待遇，惟對於警察教育與人事制度仍產生相當衝擊。或有謂警察制度有其特殊性與系統性，並非僅以警察特考相同，而排除其他系統性之差異，遽認違反平等權保障（中華警政研究學會，2018：5）；另早有論者表示警察條例第 11 條第 2 項規定應予修正或刪除（簡浣渝，2016：156）。爰上開規定是否具有公平性與合理性？是否須因應時代變遷予以調整？未來如何在警察制度之特殊性及系統性，與平等權保障之間取得衡平？仍有待深入探討。

貳、醫事人員領有師類醫事證書擔任士（生）級醫事職務之高資低用問題

一、事實經過

　　依醫事條例第 3 條及第 4 條規定，各類醫事人員依各該醫事法規規定分爲師級及士（生）級；各機關醫事職務之級別及員額，應依其職責程度及所需專業知能，列入組織法規或編制表；領有師類醫事證書者，取得師（三）級醫事職務之任用資格。茲因部分醫事人員，例如：藥事人員、醫事放射人員、醫事檢驗人員、護理人員、助產人員、物理治療人員、職能治療人員等，依各該醫事法規規定分別置有師級及士（生）級醫事職務，且各公立醫療機構受限於組織編制及用人成本，爰領有師類醫事證書者時有以士（生）級醫事職務任用之高資低用情形。復因公立醫療機構醫事人員以護理人員人數最多，高資低用情形亦最爲普遍，是類人員雖依醫事條例第 11 條第 1 款規定，業以較高俸級核敘，惟其等因所領醫事證書與所任醫事職務不符，影響專業形象，爰屢有提出正名及回歸醫事條例證照用人精神之訴求。

　　嗣銓敘部於民國 99 年間成立醫事人員人事制度改進專案小組，針對醫事

人員相關任用問題召開會議討論並獲致共識後，全案於民國 100 年 7 月函陳考試院審議。其中高資低用問題，續經民國 100 年 12 月 8 日考試院第 11 屆第 166 次會議決議，採行原行政院衛生署（現為衛生福利部，以下分別簡稱原衛生署、衛福部）建議「具師類醫事證書者以師（三）級任用，並得搭配其他醫事職務師級與士（生）級共用員額」方案，以逐年漸進方式解決。亦即，將各公立醫療機構編制表內，除醫師、中醫師、牙醫師以外之其他醫事職務師級與士（生）級以共用員額方式規範，俟各機構修正組織編制後進用，並逐年降低高資低用人數。

二、執行成果

前開共用員額方案自考試院於民國 100 年 12 月間函請行政院移由原衛生署邀集相關機關研擬配套措施後，期間經銓敘部函請衛福部多次協洽相關主管機關積極爭取充足人事預算及修正員額編制，儘速落實專業證照任用，而在多數公立醫療機構主管機關陸續修正組織編制（按：採行共用員額方案或減列士（生）級醫事職務員額改置其他師級醫事職務）之情形下，公立醫院醫事人員高資低用人數業自民國 100 年 9 月間之 5,019 人，下降至民國 108 年 11 月間之 621 人；衛生所、防治所及健康服務中心醫事人員高資低用人數業自民國 106 年 11 月間之 1,502 人，下降至民國 108 年 11 月間之 63 人，顯見高資低用問題已大幅改善（銓敘部，2020：4-5）。

三、問題與策進

醫事條例制定之初，原係依照各該醫事法規規定，將各類醫事人員區分為師級及士（生）級，並就高資低用者之俸級核敘予以從優規範，爰醫事人員高資低用情形並無違反醫事條例規定。嗣因醫事科技發展及教育制度變革，醫事技職院校陸續改制，從而專門職業及技術人員考試醫事相關類科考試政策亦隨之調整。以護理人員為例，教育部自民國 94 年停辦護理職校招生，考選部亦自民國 102 年起停辦護士證照之考試。爰在多數醫事人員皆具有專門職業及技術人員考試醫事相關類科高等考試及格資格並領有師類醫事證書，且尚非所有

醫事人員均置有士（生）級醫事職務之情形下，高資低用之問題益形突顯。

　　茲因目前尚存有高資低用情形之公立醫療機構，主要係基於用人成本、內部陞遷、考核作業與首長用人權責等考量（銓敘部，2020：6），爰為兼顧公立醫療機構之經營管理及用人成本，本案以倡議各公立醫療機構主管機關修正組織編制方式以改善醫事人員高資低用問題，確為平和且有效之方法。惟各類醫事人員是否置有士（生）級醫事職務係依各該醫事法規規定，未來各該醫事人員證照如確定朝無士（生）級證照之方向發展，允宜配合修正相關醫事法規，期能根本解決醫事人員高資低用問題。

參、法官免除職務後轉任法官以外職務之懲戒處分執行問題

一、事實經過

　　本案緣係某高等行政法院陳姓法官因言行失檢，且損及職位尊嚴，情節重大，經法官評鑑委員會報由司法院移送監察院彈劾後，移送職務法庭審理，嗣該法庭民國 105 年 10 月 17 日 104 年度懲字第 2 號判決「免除法官職務，轉任法官以外之其他職務」。司法院爰以民國 105 年 10 月 20 日院台人二字第 1050026578 號令調派代陳姓法官為某地方法院薦任第 7 職等至第 9 職等司法行政職系司法事務官，並溯至民國 105 年 10 月 17 日判決宣示之日生效。陳姓法官不服上開派令，經由司法院向公務人員保障暨培訓委員會（以下簡稱保訓會）提起復審。因本案係法官法施行後，法官經判決「免除法官職務，轉任法官以外之其他職務」之首例，而上開派令之屬性究屬職務處分或懲戒判決之一部，以及後續應循何種途徑提出救濟，當時相關規定未盡明確，且有關機關看法亦有不同，幾經周折，終經保訓會以民國 106 年 12 月 19 日公審決字第 0291 號復審決定駁回。[2]

2　整理自保訓會106年12月19日106公審決字第0291號復審決定書。

　　另陳姓法官不服職務法庭民國 105 年 10 月 17 日判決，聲請再審，經該法庭民國 107 年 3 月 8 日 105 年度懲再字第 1 號判決：廢棄原判決，改判罰款，其數額為任職時最後月俸給總額一年。其後監察院以職務法庭第 2 次合議庭之組成違法，針對罰俸一年之再審判決提出再審，經該法庭民國 108 年 2 月 14 日 107 年度懲再字第 1 號判決：廢棄再審判決，改判再審之訴駁回確定（按：即回復第 1 次判決之免除法官職務，轉任法官以外之其他職務）。[3] 由於陳姓法官業申請自民國 105 年 10 月 25 日自願退休生效，爰此次被判決免職後，陳姓法官確定係以司法事務官職務辦理退休，而非以原法官職務辦理退休。

二、各方看法

　　依法官法第 47 條、第 53 條及第 54 條等規定，對職務法庭之裁判，不得提起行政訴訟；法官不服司法院所為轉任法官以外職務處分，係依序循向司法院提出異議、向職務法庭起訴之程序處理。本案保訓會於審理過程中，曾審認前開司法院民國 105 年 10 月 20 日令不論係懲戒處分（判決）之一部分，亦或僅係執行前開職務法庭民國 105 年 10 月 17 日判決之執行行為，均非該會依法所得審議之事項，爰以民國 106 年 1 月 18 日公保字第 1050017251 號函移請司法院依法辦理。[4]

　　嗣司法院民國 106 年 2 月 6 日院台人議決字第 1060002254 號異議決定，以司法院民國 105 年 10 月 20 日派令非屬法官法第 47 條第 1 項第 2 款及第 53 條第 1 項所稱之職務處分，並非法官法所定提起異議救濟事項，決定不受理。陳姓法官續向職務法庭提起訴訟，經該法庭審認司法院民國 105 年 10 月 20 日令係司法院為執行該法庭之判決，而作成人事派令之行政行為，並非行使法官法所定職務處分權限，故非屬職務法庭審理事項，爰以民國 106 年 4 月 24 日 106 年度訴字第 2 號裁定，移送至臺北高等行政法院審理。[5]

　　其後臺北高等行政法院以司法院民國 105 年 10 月 20 日令足以重大改變公

---

[3]　整理自保訓會108年5月21日108公審決字第000094號復審決定書。

[4]　參照保訓會106年12月19日106公審決字第0291號復審決定書。

[5]　參照保訓會106年12月19日106公審決字第0291號復審決定書。

務人員身分關係及基於公務人員身分所產生之公法上財產請求權，核屬得提起復審之標的，且職務法庭懲戒權之行使，係以裁判形式作成，其判決確定後之執行，並非職務法庭懲戒處分判決之一部，亦非司法院之職務處分，而為別一執行行為，三者並不相同，[6]爰以保訓會復審程序顯有瑕疵，撤銷前開該會民國106年1月18日函，由該會另為適法之決定，嗣經該會作成前開民國106年12月19日復審決定。

三、問題與策進

　　茲依民國108年7月17日修正公布並自民國109年7月17日生效之法官法第50條第5項規定：「職務法庭為第一項第三款之懲戒處分，關於轉任之職務應徵詢司法院之意見後定之。」揆其修正意旨略以，該條第1項第3款「免除法官職務，轉任法官以外之其他職務」處分，須由司法院對受懲戒轉任他職之法官，另為可爭訟之轉職人事處分，爭訟期間職務關係不確定，無法即時發揮懲戒效果，並非妥適，爰增訂第5項，明定職務法庭為該款處分，關於轉任之職務（含該職務之職缺所屬機關）應徵詢司法院之意見後定之，俾使職務法庭判決時即確定轉任之職務，以收即時懲戒之效。復依民國109年7月10日修正發布之法官法施行細則第29條規定略以，職務法庭為上開懲戒處分，應於判決主文中記載轉任之職務所屬機關、職稱及職務編號。

　　依前開規定，日後受該懲戒處分者，係於判決主文載明轉任職務相關資訊之方式取代派令，以利後續辦理銓敘審定。惟依公務人員任用法第24條規定，各機關擬任公務人員，須依職權規定先派代理，並於實際代理之日起三個月內送請銓敘部銓敘審定。且依法官法第12條規定，法官之任用，係準用公務人員相關規定先派代理。故實務上公務人員（含法官）之調任及後續之銓敘審定，均係以權責機關核布之派令為依據。然按上開法官法相關規定，日後經判決該懲戒處分者，已無須另行核發派令，以該等處理方式係於施行細則之位階予以規範，且係突破公務人員任用法之規定，實務上銓敘部於辦理該懲戒處

分登記時將如何處理？有待進一步觀察。

又陳姓法官於前述復審案中，認為其曾敘至簡任第十四職等，司法院將其調派為薦任官等之司法事務官職務，不符比例原則及信賴保護原則。雖保訓會以法官法第101條有關該法施行後，現行法律中有關法官、檢察官之相關規定與該法牴觸者不適用之規定，以及法官法施行後，法官不列官等、職等，認為其未違反公務人員任用法等相關規定。惟該懲戒處分是否凌駕公務人員保障之範圍？是否均無須考量轉任職務與原任法官職務之衡平性？宜否訂定通案處理原則？似有討論空間。茲因司法人員之職務結構係屬單一職務屬性，以司法事務官為例，其係配置於法院之職務，按司法人員人事條例第20條之1規定有其進用之特殊資格要件，且流動性較低，與一般公務人員之工作性質，有其本職上之差異，故轉任職務似應由權責機關通盤考量後，擬具通案性處理原則，俾使日後執行有較明確之標準可循。

第四節　特種人事制度未來之展望

特種人事考試在我國公務人員考選占有相當重要的比例，而觀諸相關的制度、法規與實務運作，均可看出此議題的複雜與繁瑣，以本章之篇幅實難兼容並包，因此在前面的各小節中，僅以警察人員、醫事人員，及法官（檢察官）之人事制度為範疇。民國80年3月間，考選部提出公務人員考試法修正案，包括：公開競爭原則、特考特用限制轉調、任用考及資格考雙軌併行、全面建立考試程序的訓練制度等，獲得考試院全院審查會同意（考試院，2020：147）。近年來，有關我國特種人事制度之發展更加受到考試院的重視，例如考試院第11屆第39次會議通過文官制度興革規劃方案，其中「簡併其他不合時宜之專業人事制度」為興革建議重點之一，隨後銓敘部也研議「簡併特種人事法律之研究報告」函陳考試院（蔡耀鋒，2013：18）。細究興革的方向與內容，前考試委員歐育誠（2013：6-7）認為原則上並非欲將人事制度推向集權化，而是在現行一般公務人員人事法制已有規範的情況下，減少不必要之重複規定，其進一步指出相關的發展可從短期與長期兩個階段來思考：

一、就短期而言

以公務人員任用法第32條[7]之六種人員為主要檢討標的。例如關務與警察人員雖自成一套人事制度，但因其任用資格不得牴觸公務人員任用法，故在解決立法時差造成法條規範之衝突，可將銓審實務認屬一般性「任用資格」（或任用之基本條件）部分，於任用法、俸給法、考績法修正時，明定該二類人員適用相關法規，以求統一、一致。此外，適用官職等併立之司法（不含法官及檢察官）、審計、主計、外交人員等，可鬆綁法規並由各主管機關依權責自行決定，藉以落實責任政治及彈性運用人力之目的。

二、就長期而言

特種人事制度之走向仍受考試權及公平正義原則之影響；換言之，我國未來人事制度是否考量一體適用官等職等併立制，如同日本公務員法之清晰體系，期能簡化人事法制及平衡各類人員權益，均是可進一步思考之議題。

上述的思考方向點出幾個特種人事制度的重要議題：首先，特種人事的任用應採一般化或專技化途徑？針對第一個議題，前文的說明可發現特種人事的任用制度相當多元分歧，例如警察之任用係透過國家公務員考試，醫事人員則採證照用人制度，經公務人員考試或專門職業及技術人員考試醫事相關類科考試及格並取得中央衛生主管機關核發之師類、士（生）類醫事證書者取得任用資格。法官則採多元方式進用，除經法官、檢察官考試及格任用者外，曾任法官、檢察官、公設辯護人、律師、教育人員、中央研究院研究人員並符合一定資格條件可取得法院法官之任用資格。換言之，究竟特種人事的任用要像高普考一般化的取材，亦或將這些特種人士視為具有某種專門技術的專技化、證照化取材為宜？在目前10餘種人事的任用下，應該仔細考量一般化或專技化二種制度之優缺點，以利未來制度改革設計的周全性。

---

[7] 公務人員任用法第32條：「司法人員、審計人員、主計人員、關務人員、外交領事人員及警察人員之任用，均另以法律定之。但有關任用資格之規定，不得與本法牴觸。」

　　此外，特考應該特用，或是應該要基於保障人民工作權及公平性等因素來放寬特種轉調限制？近三十年來也受到相當重視。公務人員考試法歷次修正中，特考舉辦時機雖多次調整，但特考及格人員的任用，與高普初等考試及格人員相同，原來並無任何轉調上的限制，惟兩種考試應考人數、錄取人數、錄取率及試題難易度、錄取標準等都有不同，不限制轉調確也造成不平。考選部遂在民國 81 年 9 月 30 日，向考試院提出公務人員考試法修正案，第 3 條規定「……特種考試。其錄取人員，僅取得申請舉辦特種考試機關及其所屬機關有關職務任用資格，不得轉調其他機關。」該案並經考試院及立法院相繼通過，總統在民國 85 年 1 月 17 日修正公布。民國 90 年 12 月 26 日，總統修正公布公務人員考試法，其中公務人員特考及格人員限制轉調期限，由永久限制放寬為六年限制。相較於公務人員高等普通及初等考試，原對任用後的轉調無任何限制，為提升該等考試分發任用的安定性，民國 97 年 1 月 16 日修法先增加一年限制轉調，民國 103 年 1 月 22 日再修法增加至三年限制轉調。論者認為目前制度維持適度轉調年限差距，符合公平正義原則；對用人機關而言，亦可維持新進人員適度穩定與久任（考試院，2020：310）。中長期來看，轉調限制與年限等議題在特種人事制度上仍會是討論的焦點。

　　最後，特種人事任用與教育訓練應該採取什麼模式呢？所謂的特種人事主要係因應特殊性質機關之需要，通常專業需求較其他行政機關來得高一些。因此，在本章第一節中可發現國內外對於警察、醫事人員及法官之教育或訓練之要求也來得較為嚴謹。換言之，所謂的「考、訓、用」、「考、教、用」，或「教、考、用」等模式能否符合或滿足這些特種人事專業用人的需求，值得深思。基此，近來在制度改革的上有「教、考、訓、用」模式。第一階段的教著重「基本知識和素養」的養成教育，待考試及格後，再強化專業領域的訓練，通過訓練後予以任用。藉由養成階段的教育，有助於將服務於特種人事的公務人員從重視技術技能的層次，提升到具有職業精神的層次。此外，公正辦理考試的考試權與配合用人機關的行政權若能配合併相輔相成，在特種人事制度的人力資源管理上，也將具有提升與加乘的重要效果。

參考文獻

王泰升，2014，〈臺灣司法官社群文化中的中國因素—從清末民國時代中國追溯起〉，《政大法學評論》，142：1-46。

中華警政研究學會，2018，「大法官釋字 760 號警察三等特考職務任用資格差別待遇案評析會議紀錄（蔡庭榕發言）」，中華警政研究學會。

內政部，2020，「為什麼考中央警察大學要有身高限制？（常見問答）」，https://www.moi.gov.tw/News_toggle3.aspx?n=8364&sms=9015&_Query=9fa4ffae-f934-4972-a7e3-8deb9c0cfc02（檢索日期：2020/8/20）。

內政部警政署，1998a，內政部警政署考察日本警政工作報告。

內政部警政署，1998b，內政部警政署考察德國警政工作報告。

朱金池，2001，《比較警察制度》，載於中央警察大學教師合著，《警察學總論》，五南圖書。

朱金池，2002，〈警察人員教考用配合制度之研究〉，《中央警察大學警政論叢》，2：51-74。

朱金池、洪光平，2014，〈我國警察人員雙軌分流考選制度構建之研究〉，《國家菁英》，10（4）：123-150。

考試院，2020，《考試院院史》，考試院。

考選部，2020，《中華民國 108 年考選統計》，考選部。

李純如，2009，〈有關司法考試之日本立法例〉，《月旦法學教室》，81：101-111。

李震山，1996，《德國警察制度》，中央警察大學。

吳學燕，1997，《英國警察制度》（再版），中央警察大學。

邱華君，2000，《各國警察制度概論》（再版），中央警察大學。

金璇惠，1996，〈韓國警察制度〉，載於陳明傳等編著，《各國警察制度》，中央警察大學。

徐有守，2007，《考銓制度》（增修 2 版），臺灣商務。

高明見，2012，〈我國醫師考試制度沿革概況〉，《臺灣醫界》，55（5）：38-49。

耿雲卿，1991，〈德法日各國司法官律師考試及訓練制度（上）〉，《法令月刊》，42（3）：7-8。

翁萃芳，2002，〈台灣地區警察人員的工作壓力〉，《警學叢刊》，32（5）：33-66。

許文義譯，Semerak, A. F. 與 Kratz, G. 著，1993，《西歐各國警察制度》，中央警官學校。

馬傳鎮、黃富源，2010，〈心理測驗在警察人員甄選上之應用—兼論我國警察人員考選制度之興革〉，《國家菁英季刊》，6（1）：135-164。

張淵菘、楊永基，2015，〈我國警察三等特考制度的探討與展望〉，《中央警察大學學報》，52：163-179。

張瓊玲，2015，〈警察教育考試任用制度研析〉，《人事行政》，190：28-35。

章光明，2018，《警察政策》（3 版），三民書局。

趙永茂，2015，〈警察人員職能與工作表現之研究—以警察特考分流制度為例〉，內政部警政署委託研究報告，內政部警政署。

銓敘部，2018，《公務人員特種人事法規彙編》，銓敘部。

銓敘部，2020，〈公立醫療機構醫事人員高資低用問題之後續處理情形〉，考試院第 12 屆第 268 次會議銓敘部重要業務報告，頁 4-5。

監察院，2016，〈警察特考雙軌制爭議監察委員包宗和、王美玉提出調查報告考試院及行政院應督促所屬檢討改進〉，https://www.cy.gov.tw/News_Content.aspx?n=213&s=7774（檢索日期：2020/8/20）。

歐育誠，2013，〈特種人事制度走向之政策思考〉，《公務人員月刊》，201：2-7。

蔡耀鋒，2013，〈簡併特種人事法律之芻議〉，《公務人員月刊》，201：18-31。

劉昊洲，2013，〈特種人事制度及相關問題之探討〉，《公務人員月刊》，201：8-17。

潘靜怡，2014，《警察人員考選制度之研究》，臺灣大學政治學系碩士論文，未出版。

蕭文生、黃彥翔，2015，〈論警察人員考試雙軌制之憲法爭議〉，《中正大學法學集刊》，47：163-217。

簡浼渝，2016，警察人員考試任用問題之研究。中央警察大學警察政策研究所碩士論文，未出版。

蘇志強、吳斯茜，2011，〈警察人員考試雙軌分流新制之探討從警察教育觀點論之〉，《國家菁英季刊》，7（3）：63-86。

Archer, J., Lynn, N., Roberts, M., Coombes, L., Gale, T., and de Regand Bere, S. 2015. "A Systematic Review on the Impact of Licensing Examinations for Doctors in Countries Comparable to the UK." *Final report to the GMC. Collaboration for the Advancement of Medical Education Research. Plymouth, England: Plymouth University Peninsula.*

College of Policing (UK) 2017. Entry Routes for Police Constables. Website: https://www.college.police.uk/What-we-do/Learning/Policing-Education-Qualifications-Framework/Entry-routes-for-police-constables/Pages/Entry-routes-for-police-constables.aspx. Retrieved: Setp. 10, 2020.

Price, T., Lynn, N., Coombes, L., Roberts, M., Gale, T., de Bere, S. R., and Archer, J. 2018. "The International Landscape of Medical Licensing Examinations: A Typology Derived from a Systematic Review." *International Journal of Health Policy and Management*, 7(9): 782.

第十三章 轉型中公共人力資源管理的重要議題

林文燦

摘要

本章探討轉型中公共人力資源管理的重要議題，探討的重點依次為：第一節人力資源管理論辯、轉型與新趨勢，聚焦於探討公私人力資源管理角色與功能的論辯與轉型及人力資源管理的新趨勢；第二節轉型中公共人力資源管理浮現的三個重要議題，多元主義下的公共人力資管理議題、新公共服務下的人事行政議題及數據驅動下的人事行政議題；第三節轉型中公共人力資源管理待重視的問題，公共人力資源管理研究途徑問題——由分立到聚合、公共人力資源管理功能轉型問題——由法規管制者到策略夥伴及中央人事主管機關功能轉型問題——由權力統治到專業服務。最後一節有關轉型中公共人力資源管理案例與議題，探討二個案例：案例與議題一：策略如何與人才管理結合；以及案例與議題二：鬆綁人事法規，考量機關在地業務需求成為策略夥伴。

第一節　人力資源管理論辯、轉型與新趨勢

壹、公私人力資源管理角色與功能的論辯與轉型

一、私部門人力資源管理的論辯與轉型

(一)Thomas Stewart 的觀點

1996 年 Thomas Stewart 在《財富》，發表〈與最後官僚體制一戰〉一文，針對人力資源部門的負評，用語尖酸刻薄，令人瞠目結舌，因而激起美國人力資源管理學界與實務界的一番爭論，茲摘述如下：

在你的公司中有個部門，其所屬員工幾乎有 80% 的時間花在例行性的行政事務之上，幾乎它每一項職能，其他部門可以用更少的時間，更專業地方式執行。更諷刺的是，該部門的領導人無法描述出對增進公司的價值，有何具體貢獻，充其量，只會喊一些時尚、無法量化及空幻的口號而已。該部門就如同毒蛇不受本身毒液影響一般（like a serpent unaffected by its own venom），即「己之肉，彼之毒也」。本身無害，卻會毒害他人。綜上，我給人力資源管理部門一個中肯的描述，「何不將這些混蛋炸掉？」（Why not blow the sucker up?）我真正的意義，不是要改善人力資源，而是要廢除它。

美國華盛頓特區「公司領導協會」針對 500 名以上員工公司的人力資源部門角色轉變，做了個問卷調查，該調查報告指出：人力資源業務中的四大區塊，都可以完全外包。可撙節人事成本，減輕責任，規避風險。這四大區塊分別是，員工福利的設計與管理、人事資訊系統與人事資料的維護、一些員工的服務項目包含退休諮詢業務、離職、輪調及員工的健康與保險（包括員工補助、健康計畫、毒品測試）。

（更有甚者）公司內養了一群訓練有術專務監控著規定是否被遵

守者（人事人員），他們的語言中從來沒有出現「顧客」的字眼。如此，公司再也沒有比這種情況更危險了。

(二)Ram Charan 的觀點

2014 年 Ram Charan 在《在哈佛企管評論》專欄發表〈是時候拆解人力資源了〉一文，也嚴厲批判人力資源管理部門。茲將該短文重點摘述如下：

此時，是與人力資源管理部門道別的時候，但他明確表達他的態度，不是撤銷人力資源部門的職能，而是拆解人力資源部門。因為，人力資源管部門從未真正將人力資源管理與企業的需求結合起來。我的主張：「將人力資源解拆解成二部分。」（My proposal is radical but grounded in practicality.）雖很激進，卻植根於務實之中，非無的放矢。我的主張是裁撤首席人力資源官職位（chief human resource officer, CHRO），將人力資源部門一分為二，一部分稱之為 HR-A（作為行政管理一環），主責薪酬、福利的管理，向首席財務官（CFO）負責。如此一來，企業將待遇管理提升而定位為人才管理範疇，而不再僅僅是主要的成本。另一部分稱之 HR-LO（作為領導與組織一環），專注於提升企業的員工能力，直接向 CEO 負責。

企業可以從自營運部門或財務部門內，拔擢出具有高度潛能的幹部負責 HR-LO 業務；經過歷練之後，這些幹部一旦兼具營運專業知識及人際技能之後，會使得他們有更多的機會，能在組織的二個升遷體系內晉升。

領導 HR-LO 業務的運作，一方面，能使之建立識人、培養人才的經驗，評估公司內在的工作情境；另一方面，能將與員工的互動形成的社會網絡與財務績效結合。當然，企業也可以從業務部門延攬人才到 HR-LO 部門歷練。幾年後，這些具有高度潛力的主管就能平調或擢升其他業務管理職務。在任何情形之下，他們都可能會繼續升遷，因此，這些有潛力的員工在 HR-LO 工作期間，就會被視為職涯發展的腳步，而不是過水的性質。

(三)Dave Ulrich 的觀點

　　Dave Uirich 針對 Ram Charan 在《在哈佛企管評論》專欄所發表〈是時候拆解人力資源了〉一文，頗不以為然，乃回之以〈不要拆解人力資源——至少不用 Ram Charan 的方式〉一文。這二位大師級的筆戰，提供我們對於人力資源管理的內涵及發展，有著更深刻瞭解的素材，茲摘述如次：

　　　Ram Charan 最近的專欄〈是時候拆解人力資源了〉，激起不小波瀾。我雖然非常尊重 Ram Chara 的智慧，但我個人仍堅信，首席人力資源官們在不拆解人力資源的前提下，也可以提供 CEO 們更多、更深思熟慮的人力資源策略。Charan 的專欄多以組織與員工個人為標題，我相信 Charan 的觀點，反而反映出許多企業領袖日益側重營造競爭優勢的組織能力。隨著企業領導者對組織的需求增加，使得他們尋求顧問來創立更具競爭力的組織，因而提高了人力資源標準。實際上，Charan 最近的專欄，反而肯定了人力資源對持續競爭力的價值。

　　　如今 HR 的專業人士更受倚重了，Charan（無論有心或無意）已激起整個 HR 領域（「是時候對人力資源部說再見了」）的公憤，他的評述既不公允，也過於簡化。當人力資源專業人士與企業領袖致力於創造價值之時，則雙方對話不可侷限才幹（Talent）。今天位居頂端的 20% 人才（我希望明天是更懂 60% 的人）只關注三件事：人才管理才幹、領導力和作業能力：1. 才幹：展現職能（正確的人、正確的位置、正確時機及正確的技能）；組織承諾（工作投入）；貢獻（成長的心智、意義及幸福狀態）。2. 領導力：確保各個層級領導者所思、所感及所行之上，都能夠秉持永續性市場價值觀，並將之傳遞給員工、顧客、投資者和社群。3. 能力：標誌公司能力（含文化、體系、過程、資源等），是使組織常勝永存。這些能力雖因策略有別，但會包含服務、資訊（預測性分析、績效評量結構）、創新、合作、風險、效率、變革（適應力、彈性）、文化變革、學習、策略聚焦等。

　　　我深信在才幹、領導力和能力等方面的卓越表現，是源自「由

外而內而非由內而外」（outside-in not inside out）的觀點。就才幹而論，所謂由外而內觀點，係指雇用者的決定是依據員工顧客角度做成的，而非從雇用者角度自行決定。這意味著卓有成效的領導力是經由對顧客的品牌承諾（brand promise）、無形的領導力及資本投資者價值等所產生的。這就是我一再強調的，以由外而內人力資源角度來強化現行策略[1]性人力資源的觀點。

　　而且 Charan 把人力資源拆解為二的建議，會導致二個問題。第一，他竟然對人力資源增進商業價值的這個根本性挑戰時，提出一個非常簡陋的結構面解決方案。我對於一位以整合性策略取著名於業界的 Charan，居然把人力資源的挑戰弱化為治理，感到有些訝異。我認為若要提升人力資源的境界，就必須更審慎地重新定義 HR 如何傳遞價值，如何發展其專業，以及重新思考整個人力資源系統。

　　第二，倡導人力資源功能割裂為二，並無法全然涵蓋人力資源治理的問題。人力資源結構應緊密結合企業結構（一個中央集權的企業就不該割裂人力資源治理職掌）。在一個多元化的組織之中，人力資源部門更應該像專業服務機構般運作。此一取向提供了兼具集權化（效率、經濟規模）和分權化（效能、回應在地個別需要）的效益。

　　實務上，為數不少的多元化大企業已經把人力資源管理，劃歸 3 個單位：1. 共伴式人力資源通才（embedded HR generalist）：他們在才幹、領導力及組織能力等方面為企業領導階層籌謀劃策。2. 人力資源專家中心（centers of expertise）：在人力資源領域內提供洞見及專業分析。3. 服務中心（service centers）：辦理例行性的人事行政業務。

　　我提出一個整體性途徑（holistic approach）人力資源提升建議，包含：重新界定策略（由外而內），人力資源成效導向（才幹、領導力及組織能力），重新設計組織（部門的結構），再造人力資源實務

---

[1] Strategy在大陸地區翻譯為「戰略」，臺灣則翻譯為「策略」，因此，在引用大陸地區譯著時，為讀者閱讀方便，均逕改為「策略性人力資源管理」，敬請參考。

（人員、績效、資訊科技及工作），提升人力資源專家的職能，聚焦
於分析、預測的人事決策而非資料的處理。

二、公共人力資源管理角色與功能的論辯與轉型

(一) 美國聯邦政府的經驗

2009 年 3 月美國總統任命 John Berry 為人事管理局局長時，朝野學者專
家針對人事管理局功能與角色的評論，與我國中央、地方行政機關對人事機構
的功能，竟然十分神似，令人心有戚戚焉，其評論略為：

> 希望人事管理局（OPM）從慣於回答：「No, you can't.」轉變為：
> 「Yes, we can.」其使命是在使聯邦政府擁有具效能的公務人力，而
> 成功扮演此一角色的不二法門，就是做一個有效的協同作業者。然
> 而，實際上，OPM 卻比較像是一位喋喋不休的雙親，原因之一是，
> OPM 總是「自是其是」。OPM 應該是建構有效公務人力的「手段」，
> 但它卻自詡本身為「目的」。當部會提出業務需求時，OPM 總是先
> 說：「No!」，而不是說：「我來協助解決！」

臺灣常見的 Lloyd G. Nigro、Felix A. Nigro 與 J. Edward Kellough（2007）
所著之《新公共人事行政》（*The New Public Personnel Administration*），是
以法規制度、程序正義、權利保障為核心的人事行政。另一本臺灣也常用的
教科書，《公共人力資源管理》（*Public Personnel Management—Context and
Strategies*, 2015），作者為 Donald E. Klingner、John Nalbandian 與 Jared J.
Llorens，雖然是以策略性人力資源管理為框架，將 HR 分為規劃、徵才、發
展與懲戒等四個階段，管理的核心已經不同於傳統的 HR，但背後的邏輯依然
是程序與任務導向，與 Battaglio 的結構性變革有很大的差異。如果 Nigro、
Nigro 與 Kellough（2007）代表美國人力資源管理發展的第一階段「人事行政
時期」，Klingner、Nalbandian 與 Llorens（2015）代表的就是第二階段「傳統
人力資源管理時期」，而 Battaglio（2015）可以代表第三階段「新人力資源管
理時期」（轉引自林俞君，2017）。

　　作者認為，若以美國政府人事行政實務發展階段，來比擬我國政府人事行政發展階段，那麼，我國尚處於第一階段，是以法規制度、程序正義、權利保障為核心的人事行政，銓敘部汲汲於文官法制的建構及保訓會營營於文官權益之保障。至於，第二階段及第三階段均在努力之中。

(二)OECD 會員國經驗

　　OECD 在官方網頁是有一篇名〈人力資源專業〉（Human Resources Profession）的短文，言簡意賅地敘述了 OECD 會員國中央人事主管機關角色與功能轉變的情形（OECD, 2020）：

> 　　多數的 OECD 國家設有中央人力資源管理機構，而其角色與功能在轉變中。目前還有些國家仍負責一些主要的人力資源管理功能外，而部分國家的中央人力資源管理機構只扮演跨部會協調的角色，不再正式地負責人力資源功能。政府將人力資源管理授權給各部會時，中央人力資源管理機構的角色也從執行人力資源政策，轉變為只從事發展政策及設定最低規範標準。

> 　　OECD 國家經歷林林總總的公共服務改革之後，累積了許多寶貴的經驗，及處理各種挑戰的豐富資訊，值得一提的是學習到了一課，那就是人力資源管理改革不該是一個單獨作業的現代化方案，而應該是思考如何與政府以整體方式去運作，俾能與政府服務價值以及其他改革方案協同一致。策略性人力資源管理改革應該由中央政府來主導，而此種改革應該建立在人力資源管理系統中的各種人事措施（如人員甄補、組織結構及激勵措施）與公共服務目標及其優先順序間，有明晰願景的聯結之上。

> 　　為建構策略性人力資源管理的能力，公部門必須發展人力資源專家團隊，這群人力資源專家團隊不再只是處理例行性人事業務，要扮演更專業的角色。例如，英國內閣辦公室已經為公部門的人力資源專家建立一套標準、準則，讓各機關得以遵循之，進而協助各個機關達成其目標。這些標準、準則包括，使人力資源專家得藉以瞭解組織，以及人力資源如何能促成其成功；瞭解及提供最適合組織

的人力資源實務；帶動組織變革；示範、宣揚組織價值；建立組織內成員的信任及促成組織成功。

貳、人力資源管理的新趨勢

人才管理的重要性，不言可喻。管理學大師 Peter F. Drucker 在 1954 年《管理實踐》一書中，率先把員工當成「資源」看待，因而激起理論與實務界對人力資源研究的重視，於是研究人才管理成為一門學科，內容日益增華，名稱迭有轉變。在我國的教科書中也出現了「人事行政」、「人事管理」、「人力資源管理」、「策略性人力資源管理」、「人力資本」、「智慧資本」及最近最熱門的「人才管理」等，名稱或有不同、內容或有不同、定義或有不同，但相同的是在「組織」的框架下，研究人才管理。

本書以「公共人力資源管理」為名，而實質內容則隨著政府特有的管理系絡而持續轉型中。它的內涵也可涵括 Dave Ulrich 策略夥伴（strategic partner）及 Edward Lawler 人才管理（talent management）等時下最火紅的概念。人力資源管理領域中的大師級人物 Edward Lawler III 在《重塑人才管理》一書指出，如果人力資源職能不以策略為導向，重視標準化而不重視個體化，也不以現代先進的資訊技術為依託，那麼它就根本不可能設計出符合新的工作型態要求的人才管理原則和實踐（何纓等譯，2019）。人力資源管理概念時時刻刻在轉型中，茲將最能代表人力資源管理轉型的論述，摘要如次：

一、Dave Ulrich 的人力資源新模式

1990 年代 Dave Ulrich 主張 HR 應當由「人力資源專家」轉型為業務之「策略夥伴」，他被譽為現代人力資源管理之父，是開「策略人力資源管理」（strategic human resources management, SHRM）風氣之先的拓荒者。在《變革的 HR：從外到內的 HR 新模式》一書中，提出「人力資源部如何才能真正創造價值」。真正的策略性業務夥伴，必須從「管理和專業視角」轉變為「業務和經營視角」，才是人力資源工作的真正起點（錢峰譯，2016）。作者認為

此一論點可作爲針砭我國政府人事部門當下弊病的千金藥方。Dave Ulrich 在策略人力資源管理的主要建樹有二：(一) 從個體而論，提出 SHRM 職能[2] 模型（HRM Competency Mode）；(二) 從總體而論，提出人力資源管理部門應扮演角色與活動，已在第二章討論過，不再贅述。

　　Dave Ulrich 持續關注 HR 職能的演變、發展和未來趨勢。他早自 1987 年起，就開始建立 HR 職能模型，該模型由三大類組成：業務知識、HR 實踐交付及變革管理，其間分別在 1992 年、1997 年、2002 年、2007 年，到 2012 年的可信任的活動家、策略定位的核心參與者、組織能力的建構者、成功變革的助推者、HR 創新與整合者、資訊技術支持者（錢峰譯，2016）。最近，Dave Ulrich 又在 2019 年的新書《贏在組織——從人才爭奪到組織發展》，提出新的人力資源專業人士應當具備的核心職能爲：矛盾疏導者、值得信賴的行動派、策略定位者、文化變革宣導者以及技術和媒體整合者。該書中的論點是基於對人力資源三十年，至目前爲止共七輪的研究，最近一輪（2016 年）面對全球超過 3 萬份人力資源業內外人士的問卷調研。這些職能中有三項屬於核心驅動力，其要點如下（孫冰、范海鴻譯，2019）：

(一) 策略定位者：能夠爲業務定位並贏得市場。
(二) 值得信賴的行動派：能夠積極主動地建立信任的關係。
(三) 矛盾疏導者：能夠管理內在的衝突，促使變革發生。
　　另外三項職能歸到策略推動力的領域中，它們幫助人力資源創造策略價值。
(四) 文化和變革宣導者：能夠促成變化，將變革活動納入文化變革。
(五) 人力資本管理者：能夠透過發展員工和領導者來管理人才流動，推動個人績效的提升，打造技術型人才。
(六) 全面薪酬總管：能夠透過財務或非財務手段來管理員工的幸福感。
　　將最後三項職能歸納爲人力資源的基礎推動力的類別。
(七) 技術和媒體整合者：能夠使用技術和社交媒體來提高組織績效。
(八) 資料設計和解讀者：能夠運用資料分析來提升決策品質。

---

[2]　Competency 在大陸地區翻譯爲「勝任力」，臺灣則翻譯爲「職能」，因此，在引用大陸地區譯著時，爲讀者閱讀方便，均逕改爲「職能」，敬請參考。

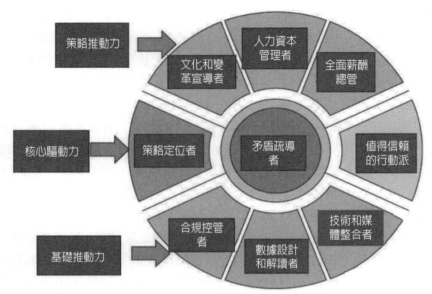

圖 13-1-1　2016 年人力資源模型：第七輪
資料來源：孫冰、范海鴻譯（2019）。

(九) 合規管控者：能夠遵守政策法規，管理相應的合規流程。
　　這九項人力資源職能中的每一項都對人力資源專業人士的業績至關重要。

二、Edward Lawler III 的人才管理新模式

　　Edward Lawler III 是組織與策略人力資源領域的權威，在《重塑人才管理》一書，揭示在 VUCA 時代之下人才管理的六大原則，Lawler 特別提到為何要用「人才」一詞呢？他說為組織工作的那些人通常被稱為組織「雇員」、「員工」抑或「人力資源」，但我更傾向於使用「人才」這個詞來稱呼他們，因為我認為這個詞更能突出這些人具有的角色特點，以及組織應該如何管理他們。這些人是組織的高價值資產，而且通常是最高價值的資產，因為組織運作的有效程度是由這些人具備的能力和能夠完成的工作決定的。我們所說的「組織擁有的人才」，並非指那些僅僅按照預期完成工作的員工。組織中的「人才」

由這樣一類人構成：他們能夠完成的工作、能夠學會的技能以及他們想做的事情，與其他人有明顯不同。本書內容新穎，其中六大原則更勾勒出有效人力資源管理領域新趨勢，在理論與實務均具有高度參考價值，故作者做較多的引用，也試著舉出一些政府人事行政實務運作案例及可能做法，使理論與實務得以相互印證。本書要點如下（何縕等譯，2019）：

(一) 原則一：策略與人才雙向驅動

　　人才管理工作是由組織的「策略」，以及使該策略成功實施所需要的「能力」這兩個因素驅動的。組織的策略能否成功，取決於組織的策略實施能力，而策略能否順利實施則取決於組織中「人才」的執行能力。因此，組織需要確保自己在人才管理方面的舉措，能夠滿足自己在策略能力方面的需求。如果策略實施能力方面的需求不能得到人才管理的支援，那麼組織就應該對其策略做出調整。

　　每一個組織在制定策略之前都必須問一些問題：什麼樣的人是組織需要的「正確的」人才？組織是否擁有這樣的人才？如果沒有，組織是否能夠招聘到或者發展出實施策略所需要的人才？組織能否構建人才管理體系、設計人才管理舉措，從而使組織所需要的人才能夠得到有效激勵，並願意對提升組織的有效性做出承諾？如果最後兩個問題的答案中有一個是否定的，那就意味著此項策略將無法被有效實施，因此組織不應該予以採納。

(二) 原則二：以技能和職能為基礎

　　傳統的組織是以職位為導向（按：就是建立在職位分類制度上的設計），以層級結構思維為基礎建立的。因此，員工接受的待遇和管理方式更多取決於他們所在的職位（從事的工作），而不是他們的績效表現、技能、職能及個人需求。這樣的做法在過去那些傳統的官僚組織中可能無可厚非，但在今天的工作場景中卻已不大合適，遑論未來。當今的人才管理體系要想確保組織能夠有效運作，並能應對外部環境的不斷變化，最為重要的事情就是聚焦於個人的需求、技能和工作職能進行體系設計。這就意味著，組織既要聚焦於個人已有的技能，也要聚焦於組織為保持自身有效性所需要的技能，並以敏捷、契合策略的方式發展。

(三) 原則三：聚焦個人績效對組織績效與競爭優勢的影響

　　組織中的人才管理體系係聚焦於要成功實現策略，它的人才需要創造出怎樣的優異績效。這裡的「優異績效」既包括個人的卓越表現，也包括團隊、業務單元或整個組織的優秀績效。大部分層級制的人才管理體系都沒有考慮組織中不同種類的績效表現出的複雜性和重要性差異。這類組織通常會承諾對「績效最優者」給予晉升、增加基於個人特質的獎金等激勵，但對「績效」優劣的衡量則基於工作年資，這並不是正確的做法，尤其是當組織在選擇晉升時，以及在建立一套能夠支援組織效能的人才管理體系時。因為這種做法忽略了或者沒能聚焦於那些保證組織效能所需要的關鍵績效行為，以及能夠激發人才發展動力的激勵因素，而它們才是人才管理體系應該關注的重點。

　　創建一種高績效的個體與組織的混合體，它能夠產出足夠好的績效以使組織與眾不同。要實現這一點，人才管理體系就必須聚焦於「職能」、「對績效的影響力」以及「競爭優勢」等要素，而不是去關注「公平性」、「資歷」以及「職位等級」等問題。

(四) 原則四：保持組織敏捷性

　　那麼，人才敏捷性的要求是什麼呢？首先，人才管理體系要能夠從策略的角度，快速地對不斷變化的勞動力市場和經營策略情境做出回應。這不是實施一兩個提升敏捷性的舉措就可以解決的問題，它要求整體的人才管理體系，能夠使組織可以應對持續且快速的變化，同時在變化中能夠有效調整所需人才的種類、數量以及對這些人才的行為要求。

(五) 原則五：個性化與區別化管理

　　大部分組織的人才管理流程和措施都遵循著「標準化和平等待遇」原則（按：就是同工同酬原則），傾向於給予類似的員工相同的待遇。「標準化」是保證公平的關鍵，而「公平」是判斷人才管理是否算「好」的關鍵。同質化管理也會給組織帶來規模效應，給予所有人相同的待遇能夠使培訓、人事紀錄保存以及其他很多人才管理舉措更簡單、更經濟。

　　勞動力多元化已成為必然趨勢，那種認為「給予員工相似或者完全一樣待

遇的管理實踐是最佳實踐」的想法，已被宣告無效。對 75 歲的老人有用的，對 25 歲的年輕人未必同樣有用，即使這兩個人可能從事著相似的工作，或者同在一個職能部門或業務單位裡工作；同樣地，對於擁有組織所需關鍵技能的員工，適合他們的職業生涯模型，未必就適合所擁有的技能不屬於組織競爭優勢來源的那些員工；擁有稀缺能力、在人才市場上大受歡迎的員工，與那些具備的能力可輕易在勞動力市場獲取的員工相比，適用的人才管理舉措也是有差異的。在人才管理方面，「標準化」的管理模式需要由更為合理的「區別化」及「個性化」的管理模式取代。

(六) 原則六：以證據及資料為基礎

基於證據進行人才管理，有助於我們利用數據做出更優的決策、設計出更好的舉措，從而實現組織和員工的雙贏。我們有愈來愈多的理由相信，個人和組織必然更仰賴數據做決策。在一個工作變化快速的世界中，個人和組織需要不斷做出關鍵性的人才管理決策，而這些決策將對個人、組織和社會都產生影響，在這種情況下，基於數據進行決策就成了人才管理體系的必要條件。

第二節　轉型中公共人力資源管理浮現的重要議題

壹、多元主義下的公共人力資源管理議題

多元化管理（diversity management）在歐美國家公私部門人力資源管理領域之中已成為重要議題。如同 Gary Dessler 於其《人力資源管理》一書所提及，白人男性不再是勞動力的主力，女性和少數族裔勞動者將在不遠的未來成為勞動力隊伍增長的最主要部分。因此，今天的企業之所以常常為了多元化而努力，不僅是因為法律規定它們必須這樣做，還出於自我利益的動機。多元化（diversity）意味著變得不同或多樣化，其在工作中的含義是企業的勞動力隊伍由來自兩個或兩個以上群體的員工組成，這些員工在種族、民族、性別、文化、國籍來源、殘障狀況、年齡以及宗教背景等方面存在多樣性（劉昕譯，

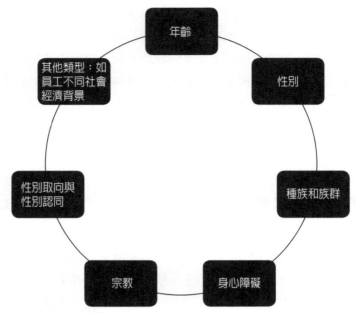

圖 13-2-1　職場中多元化類型

資料來源：趙晶媛譯（2020）。

2017）。職場中多元化類型，如圖 13-2-1。

　　當今各國政府面臨的經濟、環境等諸多挑戰的壓力，需要由高效能的公部門提出創新解決方案，並使之成功地付諸執行。公部門是否能有效因應挑戰，將影響人民對於公部門、決策者和公務人員，作為可信賴的公共政策交付者的信心。這將需要改變許多歐洲公部門的文化——從技術效率到創造公共價值，在此過程中，公務人員旨在為所有人提供更好的公共服務，並增強公民對公部門這個公共服務機構的合法性與信心。當以公部門能率先以具包融性的方式管理時，多元化的勞動力將有助於創新、組織績效及對於公部門之信任。OECD在面對政府公務人力組成的多元化趨勢時，期建構「多元勞動力」（diversity workforce）、「包融性勞動力」（inclusive workforce）[3]及具有「包融性職場環

---

[3]　inclusive中文為「包容性」，是以，inclusive workforce直接譯為「包容性勞動力」，但

境」（inclusive environment），以促成政府組織內創新、提升績效及信任；藉著具有代表性的公共服務團隊重視多元勞動人力趨勢，傳達出政府部門以身作則的「強烈包融訊息」，代表公部門組織會認眞看待社會中所存在的多元公民的事實；換言之，社會各界就可以期待公務人員會以愛烏及屋的同理心，有效執行促進多元包融性社會政策及公共服務。是以，多元管理措施在公部門變得愈來愈重（OECD, 2105）。

回過頭來，審視一下我國政府的人事行政部門如何面多元工作人力及多元管理的世界潮流。依據銓敘部統計年報，原住民族任公務人員人數爲全國原住民族 57 萬 1,427 人之 1.16%，民國 108 年底原住民族任公務人員現有人數計 6,608 人，占全國公務人員人數之比率爲 1.83%。又以就銓敘部統計年報的公務人員年齡統計分析，公務人員年齡已呈現老化的趨勢，以 50 歲至 54 歲而論，民國 100 年占公務人員總數爲 14.46%，民國 108 年提高爲 16.02%；以 55 歲至 59 歲而論，民國 100 年占公務人員總數爲 8.95%，民國 108 年提高爲 9.78%；以 60 歲以上而論，民國 100 年占公務人員總數爲 4.87%，108 年提高爲 5.88%。

可見，我國公務體系亦呈現多元人力的狀況，因此，人事主管機關如何規劃友善的多元化職場環境，刻不容緩，目前考試院已採取一些相對應的人事措施，如考試院第 12 屆施政綱領之行動方案列有「精進身心障礙人員特種考試之效能」管考方案。另依據「身心障礙者權利公約」（CRPD）第 27 條文的指涉內容，我國政府部門對於身心障礙者進入政府部門工作，採取一些相對應的做法，依據「身心障礙者權益保障法」，各級政府機關、公立學校及公營事業機構員工總人數 34 人以上者，進用具有就業能力之身心障礙者人數，不得低於員工總人數 3%。考試院爲達成上開規定意旨，現行應身心障礙特考及格人員，自取得考試及格資格之日起，即得於各機關間轉調，相較於其他特種考試限制轉調機關範圍及年限等規定，有助於身心障礙者考量自身情況就近任

作者認爲翻譯爲「包容」，仍有主客之意味，亦即性別、身心障礙等是客居的地位。從人力資源管理的人文途徑來看，這些人員與其他員工都是組織的成員，並無差異，理應融爲一體。是以，包容性勞動力係指「包容而融爲一體的勞動力」，簡稱爲「包融性勞動力」；公部門應形塑成爲「包融性的職場環境」。

職，維護其任職權益。

　　「他山之石，可以攻玉。」OECD 在 2015 年發表報告，取名為〈管理多元公共行政，以有效地回應更多元工作人力的需求〉（Managing a Diverse Public Administration and Effectively Responding to the Needs of a More Diverse Workforce）針對 26 個國家（不含英國及羅馬尼亞）的問卷調查結果，有以下主要發現，可以作為我國政府部門在面對多元管理的人事行政政策的參考：

一、多數歐盟國家僅針對性別議題及身心障礙的公務人力都訂有法律、策略及政策；但只有少數國家從更廣的多元人力管理面向著手。

二、大多數歐盟國家的多元管理策略著重在性別及身心障礙等二個人力議題。然而一些歐盟國家擴充到更廣泛的多元人力管理議題，其他如高齡工作者、跨性別者、具移民背景者及特定宗教團體等多元管理，以期更有效回應更多元公務人力的需求。

三、大多數的多元管理策略著眼於提供平等工作機會、避免歧視；只有一些國家更積極地改善決策及服務提供方式。

四、多數歐盟國家的多元管理策略是一體兩面：提供多元團體就業平等機會及避免歧視措施。少數國家透過多元策略達成其他目標，如擴大人才庫、依服務人口代表性建構提供公共服務之工作人力，改善決策過程及服務提供方式及強化價值導向文化。

五、歸納而言，傳統的歐盟國家中央政府都訂有多元管理策略，以確保平等機會及避免對女性及身心障礙者歧視。但應該進一步要求訂定行動方案、計畫及課責高階文官。然而，這些人事管理措施都尚在起步階段。

六、少數歐盟國家正更加利用多元管理來制定更好的政策、提供服務及發揮創意，包括澳洲、比利時、法國、瑞典及荷蘭。這些國家從更廣的面向著手，投資更多在發展職能、促進工作及職涯彈性，利用統計資料及調查衡量執行的成果。

七、提供彈性工作安排及職涯模式，以確保員工在工作與生活間維持平衡。

　　公部門人力資源管理面臨人口結構多元化趨勢下，形成公務人力多元化的議題，多元化的公務人員並不是政府的選擇，而是個沛然莫之能禦的現象及趨勢。就人力資源管理的領域而言，人力資源的多元管理政策具有二個意涵：管理多樣化（managing diversity）及管理差異化（managing difference），其真

諦在於正視員工個體間的差異，並予以公平的對待；更進一步言，由於整個社會勞動力缺乏，爲了保證必要的公務人力，特別是優秀的人才，政府部門必須創造出一個讓任何年齡和性別的優秀的人才友善的工作職場環境（林文燦，2015）。

貳、新公共服務下的人事行政議題

Denhardt 與 Denhardt（2000）在論述「珍視公共服務的人，而不僅僅是生產力」（value people, not just productivity）原則時，特別指出，新公共服務學派強調研究組織與管理時「因人管理」（managing through people）認爲，提升生產力、流程再造及績效評估等改善，都是設計管理制度的重要工具，這些控制人類行爲的理性嘗試，若改革的同時未能關注組織個別成員的價值及利益，就長期而言，終將失敗。退一步言，縱使上述措施也會有些成效，但終歸無法培養有責任感、獻身及具有公民胸懷的公共服務人員。

如果我們期待所有公務人員以尊重態度對待所有公民，那麼，管理公務人員的政府機關就必須同樣以尊重的態度對待公務人員。在新公共服務的觀點之下，公務人員所從事的公共服務事務複雜而富有挑戰性，是不容置疑的。但他們既不是僅汲汲於追求工作穩定及升遷者（老公共行政論點），也不是僅營營於市場機制得參與者（新公共管理論點）；能夠激勵公務人員的或使得公務人員得到回報者，不是待遇或工作保障，而是公務人員希望自己的生命與生活能夠與眾不同。

Denhardt 與 Denhardt（2000）提及，美國著名的前審計官 Elmer Staats 曾說，公共服務絕非是職業而已，它更是「一種態度、一種責任感，乃至一種公共道德意識」。人們之所以被吸引而投身公共服務行列，是因爲被公共服務價值觀所感召，受到服務他人，讓世界美好、更加安全，使民主發揮作用等公共價值的鼓舞。

從國內公部門的海關貪瀆事件、私部門的理律法律事務所事件及國際著名的美國恩隆公司造假帳事件等引起學界與實務界熱議的話題。我們發現，公私部門的組織或員工個人在執行公務或處理業務的過程中，經常面臨「該爲或不

該為」的抉擇，及如何抉擇的問題，這就是「倫理」的議題。連唯利是圖的私部門都愈來愈重視「企業倫理」，更何況一向重視公共性的政府部門。因此，「公務倫理」議題自然應該是政府考銓制度的核心議題。在我國文官法制的實務面，公務倫理或行政倫理則展現在公務員服務法（以下簡稱服務法）、公務人員行政中立法（以下簡稱中立法）、公職人員利益衝突迴避法（以下簡稱迴避法）等法規之中（許道然、林文燦，2020）。綜而言之，在新公共服務典範之下，行政倫理概念及法制將風雲再起，再受關注。

參、數據驅動下的公共人力資源管理議題

Herbert A. Simon 認為決策行為是組織管理的核心。雖然他主張組織的決策行為基礎是有限理性的（bounded rationality）。在 1970 年代資訊科技尚處萌芽階段，他竟能以先知者之洞見，預見透過資訊科技輔助決策的可能性，且主張可以藉著資訊科技的精進，擴大人類的理性範圍，提升組織決策的品質。值此以第三代資訊科技革命為基礎的大數據時代，資訊科技之發展及成熟度自不可同日而語，再次重讀 Herbert A. Simon 1976 年的巨著《行政行為》，益發印證 Simon 的主張（林文燦，2018）。然而，過去我國公部門人力管理管實務上的循證運用案例，可謂鳳毛麟角，人事行政資訊業務更是冷門，向不為以考銓正宗的業務單位所重視，一般教科書也鮮少著墨。

一、人事行政業務資訊化

作者公務生涯充滿意外與驚奇，也因而收穫豐盛。作者雖然是民國 74 年高考人事行政類科及格，但民國 75 年初任公職在原行政院人事行政局（以下簡稱原人事局）服務的第一個工作，卻是從事人事行政資訊化的業務，在現行行政院人事行政總處（以下簡稱人事總處）「資訊處」的前身——原人事局第四處第三科人事資料科。當年作者作為原人事局第四處第三科人事資料科科長時，因人事局改制又擔任人事局資訊室第一任科長。現行我國中央地方各機關運用非常順暢的 WebHR 公務人力資訊系統，是建立在 PC 版公務人力資訊系

統基礎之上，而該系統在民國 83 年是由作者主責開發完成的「DOS 版人事管理資訊系統」，當時除推廣至行政院所屬中央機關之外，更重要的是基於資源共享，並擴及銓敘部所主管的其他四院所屬機關，將全國公務人員資料由人工作業方式改由電腦處理。從此，全國公務人力資料庫開始蒐集全國公務人員資料，經過二十餘年大家的努力，公務人力資訊已趨完備，人事資料已臻正確、新穎的境界。因此，WebHR 公務人力資訊系統已成為全國公務機關處理日常人事業務不可或缺的工具，更重要的是也成為人事決策的重要依據。

綜而言之，隨著資訊科技變遷，我國人事資料及人事管理資訊系統的發展，從早期主機集中式（主計總處大型主機）、單機 DOS 版、Pemis2K（視窗版 Client-Server 架構）、演進到 WebHR（網際網路雲端版），爾後更賡續開發各種應用系統，如生活津貼資訊系統、待遇管理資訊系統；而在民國 103 年開發的公教人員退撫整合平臺，更因全盤掌握公教人員退撫所有資訊，得以開創數據或循證決策，推動人事政策的首例，使得此次年改政策決策過程中，得以極大化專業考量。

就人力資源管理專業領域而言，將研訂人事管理政策的決策基礎建立在科學分析、理性決策的基礎上，這就是所謂循證化人力資源管理（evidence based HR management）。當下更面對大數據浪潮強力壓境，中央人事主管機關更應善用資訊科技，因應落實數據導向決策的潮流，堅定體認人事政策再也不能全靠經驗或直覺；日後，須仰仗更多正確的數據及其統計分析結果，做出最適的決策，亦即「根據循證，做最適決策」。

總之「循證」將為研究人力資源管理政策的主流方法之一，殆無疑義，當更體會「理性決策事實前提」在於資訊系統的完備與資訊的嫻熟運用。年金改革可以從政治、社會及專業等諸多面向分析，作者認為最值得分享給讀者的是，這次年金改革宣告「從事人事政策的決策不再以長官經驗或直覺為基礎，而代之能以資訊科技結合數據為決策基礎」之時代的來臨。它「透過公教退撫整合平臺，有效發揮資訊科技所具蒐集、儲存及運算之功能，進而開創數據決策導向（data-driven policy making）之理性人事決策新猷」（林文燦，2018）。

二、數據驅動的公共人力資源管理決策

　　Steve Lohr 主張大數據主義，認爲所有決策都應當逐漸摒棄經驗與直覺，並加大對數據與分析的倚重（胡小銳、朱勝超譯，2015）。人事政策不能再單靠經驗或直覺，而是輔以更多用正確的數據及其統計分析結果，做出最適的決策。亦即「根據循證，做最適決策」，「循證」爲研究人力資源管理政策的主流方法之一（林文燦，2018）。

　　舉一個實務案例，讀者在研讀公務人員任用制度時，一定會接觸職務列等調整的議題。銓敘部民國 84 年及 85 年推動二階段修正職務列等政策，透過職務列等表修正，將科員職務列等由「原委任第 5 職等、薦任第 6 職等至第 7 職等二組列等，整併爲委任第 5 職等或薦任第 6 職等至第 7 職等。」依據銓敘部民國 82 年 11 月 19 日「人事制度研究改進委員會委員會議紀錄」所記錄之修正理由爲：「高考或乙等特考及格取得薦任任用資格，機關於委任第 5 職等任用之後，歷經數年未獲升遷機會之現象普遍存在，甚至以委任第 5 職等退休者大有人在，嚴重影響工作士氣，以致造成人員流動性大，留不住優秀人才，故其服務品質常爲人所詬病，影響政府形象甚鉅。」此爲當時所期待的抒解升遷遲滯的預期性政策效果。

　　然而，數據赤裸裸呈現政策始料未及的政策後果，我們想當然爾公務人力結構呈現金字塔的常規，自民國 91 年起職務結構產生變化，開始出現橢圓型態，薦任員額數占總員額數比率爲 48.86%，以些微的差距超過委任員額數占總員額數比率爲 47.36%，到了民國 105 年薦任員額數占總員額數比率爲 61.09%，遠超過委任員額數占總員額數比率爲 35.07%。職務結構益發呈現橢圓形或者更像橄欖球形狀。殊不知，此一解決公務人員升遷問題，卻造成今日退撫基金財務無法永健全的主因之一。因爲確定給付年金制度之財務運作邏輯，是建立在金字塔的職務結構之上，靠著相對數量龐大的委任層級公務人員長期繳付退休經費；憑藉著「繳費者眾，退休用之者寡」的財務邏輯，彌補財務收支不對稱缺口，然而一旦職務結構由金字塔轉變爲橢圓型後，無法彌補收支缺口，入不敷出，退休金財務負擔乃日趨嚴重（林文燦，2019）。這樣非預期的政策效果，是作者透過公務人力資訊系統所儲存的人事資訊，結合商業智能（business intelligence）技術所發現的。這些都不是傳統文官法制途徑所能

探究的。

　　再舉一案例——「支領一次退休金人員是否該列爲年金改革的對象呢？」這是個政策抉擇的議題。如果按照「直覺」作爲理性決策的基礎，所謂支領一次退休金人員自不該「不該列入」年改範圍。因爲「支領一次退休金」的語意，往往轉化成「『早期』支領一次退休金」描述之後，更會更進一步質變爲「『早期』支領一次退休金人員『生活困苦』」。如此一來，依據「經驗或直覺上」自然不該將支領一次退休金人員列入年金改革的範圍；而在年改實務上也理所當然。因此，從民國 95 年第 1 次年改以來，從未列入年金改革的對象。但若根據公教人員退撫整合平臺所蒐集的統計資料顯示，公務人員支領一次退休金人員共有 9,752 人，而其中按月支領 18% 的利息達新臺幣（以下同）5 萬元以上者，累計達 3,009 人。要知，一次退休金 300 萬元本金，依法以 18% 利率存入臺灣銀行，每月利息可領 4 萬 5,000 元。如依據退撫平臺所呈現的統計資料的事實前提，將其列入年改範圍，應屬理性之決策（林文燦，2019）。

　　質言之，就人力資源管理專業領域而言，將研訂人事管理政策的決策基礎建立在科學分析、理性決策的基礎上，這就是所謂循證化人力資源管理，是數據驅動下的人事行政議題。

肆、後年金時代下的公共人力資源管理議題

　　107 年 7 月 1 日實施的年金改革措施之一，將退休公務人員支領月退休金年齡延後至 65 歲。極大多數的學者專家都將之視爲造成公務人員新陳代謝及組織老化的元凶。作者認爲一這種簡化因果關係的直線思考，無助於問題的解決。這種陳述值得商榷，至少有以下二個理由：第一，延後支領月退休金年齡是世界各國政府高度共事的手段；第二，各國公務人員高齡化，造成組織高齡化，形成人力新陳代謝問題是事實，也是個共同的現象。作者將這種組織高齡化所造成人力資源管理的各種問題，稱之爲「組織高齡化的代謝症候群」。然而造成組織高齡化的現象是時間累積所致。此次年改將公務人員支領月退休金年齡延後至 65 歲，直覺上會加劇我國政府公務人力高齡化進程，惟仍待數據證明之。而作者認爲，在後年金時代將公共人力資源管理議題設定，在如何抒

解組織或公務人力高齡化所造成的代謝症候群問題？探索其他國家政府在面臨相同議題時，如何所提出的抒解政策措施，是否有值得借鏡之處？恐怕才是當務之急！

作者在民國 94 年即觀察到我國政府部門已呈現高齡化的現象，為求實證研究，曾運用公務人力資料庫，透過資料探勘（data-mining）相關技術，結合時間序列分析法，發表〈政府公務人力老化問題──高齡化組織概念初探〉，這是一篇有關公務人力老化的先驅性數理統計研究，在研究中作者將高齡組織的態樣定義為：55 歲以上公務人員人數占公務人員總人數超過 7% 的機關，稱為「高齡化組織」（ageing organization）、達 14% 稱為「高齡組織」（aged organization）、達 20% 稱之為「超高齡組織」（super-aged organization），據以評估公部門的高齡化程度，並作為公務人力規劃之循證決策參考。研究初步發現，我國政府部門 55 歲以上公務人員數占總公務人員數之比率在 93 年前即已達 7%，預測將於 105 年超過 14%，而於 116 年超過 20%；亦即公部門在 93 年前即已進入高齡化組織，而將分別於 105 年與 116 年邁入高齡組織及超高齡組織。

政府人力資源主管機關面臨高齡化組織的新現實，至少須面對三個問題：一、人事升遷管道變緩的代謝症後群；二、應營造友善之高齡職場環境，如檢討公共空間及設施（如走道、廁所設置相關輔助器材、購置大螢幕電腦等），以及考量資深人員狀況，定期評估設計適合高齡人力之工作內容；並及早啟動知識管理機制，有計畫地將關鍵人員的專業隱性知識予以外顯化，透過資訊科技予以有效的儲存與加值運用；三、此外必須及早規劃關鍵性人才接班人計畫，避免人力資源之運用及經驗知識之傳承產生斷層之現象。

關於紓解人事新陳代謝的代謝症後群的問題，瑞典、德國、加拿大等國，近年已提出一些措施，例如漸進式退休、部分工作的部分退休，亦即如原本屆齡退休，係直接從職場轉入退休階段，若採取漸進式退休機制，則是改鼓勵屆齡退休者繼續工作，但大幅降低工時，例如只上半天班、一週只上幾天班，兼顧政府退撫負擔外，也可創造一部分職缺以助新血注入（林文燦，2015）。

依據 2020 年 2 月間日本共同社報導，日本安倍首相宣布分階段將公務人員退休年齡延至 65 歲。此外，也將提出「管理職務退休制」確保年輕和中堅

職員的晉升機會。還將引進達到 60 歲的局長等管理職務人員降級；超過 60 歲的次年度起工資降至七成左右。作者辦理我國軍公教人員待遇制度二十五年有餘，在擔任原人事局給與處處長時，曾經為解決現行科長升任簡任官時，俸給減少 4,000 餘元的問題，另考慮到組織高齡化造成簡任以上高階主管久任一職，影響簡任以上高階公務人員的培育升遷及士氣問題，曾構想在不修法的前提下，依據公務人員俸給法第 5 條第 1 項第 1 款有關職務加給的規定，授權由機關首長依據所在機關的人事任使情形，讓簡任非主管以上人員，按現行簡任第 10 職等以上主管職務給支給數額半數以內支給「簡任非主管職責繁重職務加給」，此一構想，除了解決資優科長升任簡任第 10 職等減薪的不合理問題，因為現行簡任第 10 職等主管職務加給為 12,110 元，折半為 6,055 元，使得簡任第 10 職等俸給會高出科長千餘元；更重要地，因應後年金時代，可作為疏通人事代謝症候群所造成升遷管道堵塞之療劑，機關首長可基於人事任使，或培育人才，或為暢通升遷管道之需要，將久任現職之主管調任非主管職務，而不致影響當事人的薪水會太多。例如，我國政府機關最重要的高階文官職位是簡任第 12 職等司（處）長，機關首長如經業務需要或為抒解人事代謝症候群症狀，可將司（處長）調為簡任第 12 職等參事，其本俸、專業加給不變，而按 12 職等主管職務給支給數額 27,280 元折半，月支簡任第 12 職等非主管職責繁重職務加給 13,640 元。上述構想可作為抒解我國高齡組織或高齡公務人力的代謝症候群之參考。因這種構想係依據我國國情而設計，較諸日本的「管理職務退休制」達到 60 歲的局長等管理職務人員降級；超過 60 歲的次年度起工資降至七成左右，有異曲同工之妙。

又配合及早規劃關鍵性人才接班人計畫，避免人力資源之運用及經驗知識之傳承，產生斷層之現象，高階主管轉任非主管負責專案或諮詢職務，可以從事經驗的傳承及知識的分享。Peter F. Drucker 說：「公司老闆應該訂定一項政策，用以規範 60 歲以上擔任主管職務。公司應該建立明確的基本規則，並且嚴格執行。這項基本規則就是，60 餘歲的人應該減少擔任主要的管理職務。年紀較長的高階主管應該轉而擔任獨立運作的職務，而不應該擔任必須管理屬下的『主管』職務。如此一來，他就可以專門負責某個重要的領域，做出貢獻。他可以提供建議、教導員工、制定標準、解決紛爭，而不是擔任『管理者』的角色。」（胡瑋珊等譯，2005：296）

　　此外，為解決中高階職務缺額與輪動彈性減少之現象，政府似宜建立快速升遷體制，給予優秀人才優先陞任之機會以激勵士氣，並參考新加坡政府採用跨類科或跨部會方式，積極鼓勵公務人員跨部門、跨機關職務歷練或中央與地方公務人員交流歷練，以增加工作的深度與廣度，落實工作豐富化並提升公務人員能力。

第三節　轉型中公共人力資源管理待重視的問題

壹、公共人力資源管理研究途徑問題：由分立化轉型到整體性

　　有一句常為多數人所引用的話，即 Peter F. Drucker 說：「員工是組織最珍貴的資源。」用以稱其為第一位將員工當成資源的管理學者。然孟子曰：「盡信書，不如無書。」彭文賢老師也要求我們要治原典，於是作者查閱《管理實務》，有著更饒富深意的發現。Drucker 在該書中有幾段關於「人力資源」的描述，作者認為對於確定「政府人事行政」的研究途徑，很有價值。作者發現學術界及實務界在研究「人事行政」這門學科往往「非歸楊，則歸墨」。亦即若非採取「法制途徑」，就是採取「管理途徑」，而且壁壘分明，少有對話。但作者認為應該還有一個途徑，那就是「人文途逕」，公共人事資源管理的研究應該是整體，而非分立的，應該加強的學科對話與科技整合，如圖 13-3-1 公共人力資源管理研究模組。因為員工除了是工具價值的「資源」外，員工本身是具有主體價值的「人」。作者試將 Drucker 在《管理實務》一書中關於人力資源的說法，彙整如下：

　　　　第一段文字，「人力資源」是所有經濟資源中使用率最低的資源，提升經濟績效最大的契機，完全在於能否提高員工的工作效能。

　　　　第二段文字，企業僱用的員工是「整個人」，而不是他的任何部分。這說明了為何改善員工工作成效是提升企業經營績效的最佳方

圖 13-3-1　公共人力資源管理研究途徑模組
資料來源：作者自行繪製。

法。人力資源是所有資源中最有生產力，最多才多藝，也是最豐富的資源。

　　第三段文字，如果我們只把員工當成資源，認爲這個資源除了是「人」以外，和其他資源沒有兩樣，那麼我們必須找出運用人力資源的最佳方式。人力資源有一種其他資源所沒有的特性：具有協調、整合、判斷和想像的能力。事實上，這是人力資源唯一的特殊優越性；因爲在其他方面，無論是體力、手藝和感知能力，機器都勝過人。

　　第四段文字（作者認爲最重要的），但我們也必須把工作中的人力當「人」來看待。換句話說我們必須重視「人性面」，強調人是有道德感和社會性的動物，設法讓工作的設計安排，符合人的特質。作爲一種資源，人力能爲企業所「使用」；然而作爲人，唯有這個人本身才能充分自我利用，發揮所長。這是人力資源和其他資源最大的分別。

Drucker 認爲管理是一門「人文學科」，將其直接與人文學科關聯起來。

那麼管理學作為一門人文學科，也許會給建設一個更加人性化、更符合道德標準的社會帶來一些希望。Drucker 的管理哲學是以倫理學和德性理念作為驅動力的，由管理學作為一門人文學科所引發的關於價值觀、品格和倫理的一系列問題。正如人文教育自古以來就一直在強調塑造有德性之人，作為人文學科的管理學也不可能無視這些概念（顧潔、王茁譯，2019）。

Drucker 認為管理是一種行善的力量，是一種道德的力量，而不僅僅是一個服務於非道德之市場工具，把管理視為人文科學，就是要探討價值觀、品格和倫理的一系列問題。從事公共服務的公務人員更需要有人文素養，因此，人力資源是個「管理」學科，同時也應該是個「人文」學科，二者不可分立，更視為整體。因此，行政倫理絕非不合時宜的教條，應重獲重視，它是公務人員在宦海浮沉中，判斷「何者是？何者非？何者福國利民？何者禍國殃民？」的行為準則。當社會厭惡欺世盜名政客時，公務人員更應肩負起福國淑世的責任，替社會點一盞燈，所謂「一燈照隅，萬燈照國」。身為公務人員更應恪遵服務法、迴避法、公務員懲戒法（以下簡稱懲戒法）、中立法及核心價值等行政倫理規範及法制，形成一種發之內心，成為一種養成習慣的行政倫理（許道然、林文燦，2020）。

一般而言，從組織績效的角度來看待員工，是把員工當成一種「資源」，加以「管理」，謂之「人力資源管理」，將員工「工具化」了；但從把員工當成是「人」的角度論之，員工本身是一個有道德、有倫理、有價值的「人」，員工有其「主體性」。在道德經濟時代下連唯利是圖的企業界，也日益重視「企業理倫」，因此在政府的系絡下，更重視公平正義，更需要從人文科學的角度，重視公務人員行政倫理研究的「人文途逕」，與文官法制的「法制途逕」及人力資源的「管理途逕」，並列為政府人事行政理論與實務研究的三大途逕，俾求完備。

從整體的角度來觀照公共人力資源管理，在理論研究的必要性自不待言，從實務上來看，更攸關人事政策的長遠影響。舉「多元管理」為例，Chester I. Barnard 把組織視為人類活動的合作系統（viewed organizations as systems of cooperation of human activity）。而人類為何需要合作呢？荀子一段話最為傳神，荀子曰：「力不若牛，走不若馬，而牛馬為用（牛馬卻被人們役使），何也？曰：人能群（合作，組織），彼不能群也（牛馬動物不能合群

分工）。」當前世界各國公私部門人口組成都非常多元化，也帶來多元化管理的課題。從人力資源管理角度來看，它至少涉及二個重要人事議題：一、如何建立一個具有包融性的友善職場環境，培育具有包融性人文思想的公務人力；二、截長補短，發揮綜效，建立一個高度分工合作的高效組織。如此一來，政府部門由高包融性公務人員所組成，才能保證公務人員為民服務，執行公權力時，才能落實「公務人員行政中立法」第 4 條公務人員應依法公正執行職務，不得對任何團體或個人予以差別待遇；才能更積極的照顧社會上的弱勢，包融社會上多元人口結構的差異，公正而施予無差別之待遇。

　　政府部門多元人力結構的形成，非一朝一夕之積。Peter F. Drucker 指出，在所有的外在變化中，人口統計數字（人口數量變化、人口多寡、年齡結構、組成、就業、教育狀況、收入等）的變化或許是最明確的。這些數字一清二楚，最能預測影響結果，人口統計的轉變在本質上或許無法預測，但是在它發揮影響力之前，卻有一段很長的前置期，而且這段前置期是可以預測的（胡瑋珊等譯，2005：228）。作者在民國 102 年間擔任行政院人事行政總處（以下簡稱人事總處）主任秘書時，因黃人事長富源的支持，以 WebHR 的全國公務人員人事資料庫及人事倉儲系統，建立一個「動態公務人力規劃儀表板雛型」，其中關於「性別多元人力動態分析」，女性公務人員將於 110 年首度超過男性公務人員，如圖 13-3-2。由於這個動態分析模型是個雛型，是以，預測結果是否正確是其次，重要的是，公務人力統計分析不能再停留在男女性別各占百分比的靜態呈現方式之上。因為多元管理不只是個現象，更是一個政策前提，是一個透過運用資訊及數據的結合，前瞻式規劃一個具有包融性及友善的職場環境的策略性思維，亦即，設若政府公務職場之中，女性公務人員人數在「不遠的將來」將超越男性，這又是一種不可逆的職場多元結構，那麼，包含哺乳室、女生如廁等硬體設備是不是要及早建立；現行傾向女性的性別平等人事措施，是不是也有重新思考的必要呢？

　　綜合言之，要對多元管理這項人力資源管理政策做良善治理，必須採取整體的系統性思考，一方面從法制途徑重視權益保障，保障弱勢權益；一方面從管理途徑重視管理效能，截長補短，發揮綜效；另一方面還要從人文途徑重視公務人員行為規範，恪遵行政中立，執行公正，無差別待遇。

　　更要特列注意的是，當代一切公共人力資源管理政策前提須前瞻性規

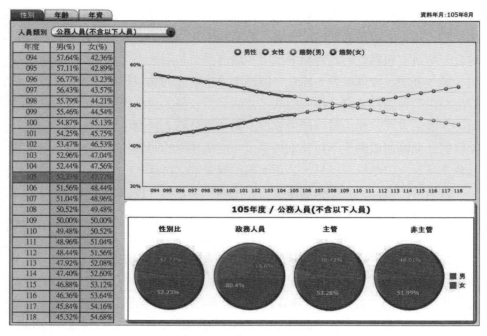

圖 13-3-2　動態公務人力規劃儀表板雛型之性別趨勢分析

資料來源：人事行政總處（2013）未公布資料。

劃，不可再建立在經驗及直覺的基礎上，而是要建立在資訊性及數據的循證人力規劃及人事決策的基礎之上，因此，公共人力資源管理研究途徑問題——由分立化轉型到整體性。

貳、公共人力資源管理功能轉型問題：由人事警察轉型為策略夥伴

　　作者在第二章時曾指出，人事法規屬於絕對法律保留事項部分，自應於法律明確規定，以保障公務人員權益；至於屬於相對法律保留事項部分，則得由法律授權於法規命令加以規範。惟經檢視現行相關人事法規屬於相對法律保留事項者，部分仍有非常綿密之規範，例如「各機關職稱及官等職等員額配置

準則」、「職組暨職系名稱一覽表」等各機關於辦理職務設置、人員進用、升遷、調任等日常人事管理措施，所遵循的職位分類標準或基準，而銓敘部如同美國聯邦政府人事管理局般扮演「職位分類警察」的角色，各機關於人事管理事項必須嚴格遵守上述準則，不可越雷池一步，如被發現者，就會被撤銷，情節嚴重者人事主管還要受行政懲處。其實宜可考量對於僅涉及細節性、技術性、執行性，尤其是因地制宜事項，審慎分析，逐步鬆綁，讓地方機關得視其用人需求及業務需要，保留較大之彈性，使機關業務運作順暢，賦予人事管理部門扮演策略夥伴的契機，俾發揮最大的行政效能。

　　Battaglio（2015）認為當代的人事資源管理的變革有下列五大趨勢：「分權化」（decentralization）、「績效基礎薪酬」（performance-based pay）、「去分類制」（declassification）、「解除管制」（deregulation），以及「民營化」（privatization）。簡而言之，這五大趨勢標榜的就是將人事權從中央下放至地方，賦予各單位主管更多的人事決定權，使得各用人單位不再是聽命於中央人事主管機關的決策，而是能實際地掌握人事主導權，同時也縮減人事流程的法規限制與時間，使行政程序更有效率（林俞君，2017）。

　　作者要請讀者特別關注「去分類制」這個概念，理由有二：一、除了「去分類化」這個概念外，論者對其他的概念著墨多矣，毋庸再議；二、而「去分類化」這個概念與探討我國人事法制過度集權化的成因有關，因此特別閱讀了原著。Battaglio 所謂 declassification，係指放寬（easing）按每一特定職務說明書界定職等薪級的相關規定。持這種論述者咸認，愈開放式的徵才途徑，愈能擴大招攬「適格」人才的園地，這是因為人事管理局不再規定各機關應徵者的履歷表須與職務說明書完全符合所致。因此，以「放寬職位分類」一詞，代替「去分類化」，或許更貼進作者原意，及符合美國自 1993 年以來，依據高爾副總統報告所做的各種鬆綁職位分類標準的做法。而「放寬職位分類」的具體措施，就是「寬幅制」（broadbanding），讓各部會有更大的權限，個別性地延攬業務需求人才（Battaglio, 2015）。

　　「他山之石，可以攻玉。」美國聯邦政府「放寬職位分類」的具體做法，作者認為對於抒緩我國人事法制高度集權化問題，具有高度示範作用，值得深入介紹，而其主要改革舉措可見諸於 1993 年美國高爾副總統向柯林頓總統所提的專案報告《從官樣文章到結果：創造一個做的更好且成本更少

的政府》（*From Red Tape to Results: Creating a Government That Works Better & Costs Less*），其中《重塑人力資源管理》（*Reinventing Human Resources Management*）的子報告。該報告在「改革一般俸表和基本薪資制度」部分，探討與職位分類制度有關的措施，包括：一、雖仍保留 15 個職等的職務結構，但將法律中所有的職等分類基準全部廢止（按：所謂職等分類基準，等同於我國公務人員任用法第 3 條規定，所稱之職等標準）；二、授權聯邦政府所屬機關自行決定職位分類相關實務作業，同時廢止聯邦政府人事管理局對各機關職位分類作業查核與核定權（eliminate OPM's review and compliance authority），自此而後，美國聯邦政府人事管理局不再是職位分類警察（按：以我國銓敘作業實務來比擬，那就是中央機關及地方政府用人時，若涉及職系的選用或職系的變更，只要依據銓敘部所頒訂的各種規定辦理後，不須報奉銓敘部核定，例如，各機關新任用的主任秘書時，到底要選用行政類職系，或技術類職系，由各機關首長依其業務需要，依據適格人選所歸列之職系決定之。實際案例請參考本章第四節）；三、人事管理局角色功能轉變為負責開發和維護職位分類的基準及工具，供各機關使用。亦即，人事管理局應頒布主要的分類標準，訂定出基本評估標準，頒布職位分類的各種行政指導，讓各機關用以決定所有職位分類決策；四、此次改革職位分類系統之目的，是希望大幅度簡化職位分類的程序，讓業務單位主管得以擁有做正確的行政作為時，所需的更大彈性及課責性。

參、中央人事主管機關功能轉型問題：由權力統治轉型為專業服務

　　我們如果誠懇地反躬自省，那麼中央人事主管機關要提供如民間領先企業般的專業人力資源管理措施，要走的路還很長？不論「舉重以明輕」或「舉輕以明重」，作者試引徐有守先生這位我國人事制度園丁的看法，讓讀者可對我國公共人力資源管理是否「事業」，或「專業程度」如何？自我評斷。徐有守（2001）在〈建議改進的五件事〉一文中可獲瞭解。該文在主張廢除職等部分，指出職等結構並未遵循職位評價的專業規範設計，用一句較直接的話來

說，建立在專業分工考量上的職位分類制度，在制度推動之初，其最基本的職等標準、職務結構，就不是用工作評價法這種科學方法來產製，其餘就不必多言了。茲略引徐先生言論述：

> 職等是美國在 20 世紀初發明製造出來的，是職位分類制度兩大建構支柱之一（另一爲職系），是依職位上「工作」（我們國人説是「事」）的責任輕重和難易程度所區分的高低等次。職等結構的建立。只是採用職位評價，評價方法有許多套，但都是由人來評定。只要稍加仔細檢討，就必定會發現，沒有一套可以令人深信其爲客觀公正和準確。

> 辦理職位歸級列等時，雖然法定有所謂八大因素作爲列等標準，但由於執行困難，所以事實上並未眞正使用職位評價方法，對每一職位辦理列等，只是採用我們實務工作人員所稱的「排排坐」方法列等，也就是按職稱等次高低來列等。

如前所述，1997 年美國學者 Dave Ulrich 提出人力資源三支柱模型的核心理念，他把人力資源管理分成三個中心：一、專家中心（centre of expertise, COE）；二、共享服務中心（shared service center, SSC）；三、人力資源業務夥伴（HR business partner, HRBP）。三個中心的角色與功能爲：一、專家中心：主要職責是爲各機關提供人力資源管理的專業諮詢，包括公務人力規劃、訓練需求調查、訓練方案設計及訓練成效評估、考績實施中的績效管理面談及團體績效評量的設計等專業程度高的人事業務。二、共享服務中心將各機關日常人事工作統一處理，例如人事總處所推動的 WebHR 資訊系統、生活津貼系統、公教人員退撫整合平臺、差勤系統等；銓敘部所推動的銓審系統、公務人員退撫資訊系統等，對於全國各機關日常性人事作業，助益甚大。這二個中心角色與功能必然植基於「專業」之上，自不待言。至於，人力資源業務夥伴看似與人事專業無關，其逐行策略夥伴角色，更需要「專業」之發揮。否則如何從結合組織策略的角度，提出人力資源管理的專業建議或諮詢。要言之，如果一定要做區隔，那麼，專家中心及共享服務中心是從人力資源管理本身講究專業，由內而外；而人力資源業務夥伴是從業務單位角度談論專業，由外而內。三個角色協同一致相得益彰，三者協作成就人力資源管理部門專業威望。

　　讀者還記得在第二章談到，在我國特有環境系絡下設置一條鞭人事管理制度的理由嗎？一是，將之作為專業幕僚；另一，將之作為中央統治機構。為進一步分析，我們將之視為組織間影響力來源的連續體，連續體的左端是「權力」，連續體的右端是「專業」；那麼我們期待中央人事主管機關有關人力資源管理業務的影響力，從法定賦予的「權力維護者」轉型為以專業提供機關在地業務需求的「專業服務者」。就實務言之，銓敘部、人事行政總處各依其組織法規定所頒布的各種人事法規、人事政策及行政指導能夠提供「專業服務」嗎？舉例而言，銓敘部多年所推動的公務人員考績法草案，多次進出立法院，尚未能完成立法，但其中強調「績效面談」、「團體績效評量機制」等與民間企業同步的專業措施，終將立法實施。但問題是，在立法通過正式實施前，銓敘部、人事總處等中央主管機關是否已好整以暇地？已經可以提供推動先進人力資源管理措施必要的專業服務嗎？已提供必要的訓練課程嗎？參考作業手冊有了嗎？

第四節　轉型中公共人力資源管理案例與議題

壹、案例與議題一：策略如何與人才管理結合

　　公務人員年金改革制度於民國 107 年 7 月 1 日實施，原應塵埃落定，然因退撫經費係以基金方式籌措，其財務呈現流動狀態，目前學理上所謂的退撫基金財務永續性，是維持是一個世代（二十五年到三十年）退撫基金用盡年度。此次年改的結果，公務人員退撫基金存量達到民國 141 年。此次年改主要的政策工具偏重於「節流」，勢必影響公務人員退休所得；而「開源」工具呢？如何增加「公務人員退撫基金的收益」，是健全退撫基金財務永續性，必須面對的政策議題。

一、策略性人力資源管理思維

　　理論或實務界一直有個懸念，那就是退撫基金如果能增加收益！但事實上，退撫基金經營一直績效不彰，其受限於各種政治社會因素雖難以梳理，但若就人力資源管理領域論，綜合 Edward Lawler III、Dave Ulrich 的論述：組織的策略能否成功，取決於組織的策略實施能力，而策略能否順利實施則取決於組織中是能否構建「人才管理」體系。我們要自我省思：現行基金管理委員會人員的任用、待遇制度等人事制度，能延攬、留用及激勵提高基金經營績效所需要的人才嗎？他們能為組織策略的落實做出有效的承諾嗎？

二、情境分析

　　公務人員年金改革制度業因民國 107 年 7 月 1 日實施而底定，原應塵埃落定，然因退撫經費以基金方式籌措，其財務呈現流動狀態，目前學理上所謂的退撫基金財務永續性，是維持是一個世代（二十五年到三十年）退撫基金用盡年度。此次年改的結果，公務人員退撫基金存量達到民國 141 年，這個系統存量是由公務人員退撫基金流入流量及流出流量的「差額」產生。如果年金改革決策機關在政策上把「公務人員退撫基金存量可以延到民國 141 年」當成「合適而穩健」的目標存量，這個存量是建立在幾個前提之上：(一) 繳多：提撥率由 12% 逐年調整至 18%；(二) 領少：退休所得替代率以十年為過渡期，逐年調降其替代率，並按所具不同年資，給予層次性的調降結果，以公務人員平均退休年資三十五年者為例，在改革方案所規劃的循序漸進改革期程（十年過渡期）後，由 75% 調降至 60%；(三) 投資收益率為 4%。

　　復查 108 年公務人員退撫基金管理委員會委託辦理基金第 7 次精算報告，在現行退休制度、給付條件及提撥率維持 12% 等所有條件假設都不變的前提下。以公務人員退撫基金為例，投資報酬率的績效達到 8.1%，則無須提高費率，降低給付，財務破產的風險；或者不攤提過去未提存負債的前提下，只要長期投資報酬率的績效達 6%，未來五十年的基金狀況，可以達到平衡（林文燦，2020）。

三、策略性方案：建立評估基管會人才管理策略基準

(一) 基管會需要的「正確的」人才是什麼？

基管會要延攬並激勵退撫基金投資運用的「正確」人力，以處理退撫基金操作、投資運用、風險管理、稽核內控、收支管理及財務精算等業務具高度複雜性及專業性，此外，還須仰賴相關資訊系統正常運作。

(二) 基管會是否擁有這樣的人才？

基管會編制內人員有關退撫基金操作、投資運用、風險管理、稽核內控、收支管理及財務精算等專業人才不足，需在勞動市場上與民間企業競逐上述人才。

(三) 若無，則基管會是否能夠延攬到、留用及激勵提高基金經營績效策略所需要的人才？

如何透過活化退撫基金管理委員組織，設計彈性用人制度；如何設計具有市場競爭力的薪資制度，以延攬、留用及激勵擁有基金投資、操作及管理職能的人才；如設計具有績效導向的薪資制度，使得基金收益率能夠由給定 4% 水準，提高至 5% 或 5% 以上當對落實「公務人員退休所得適足性」政策理念，產生重大的效益。

(四) 基管會能否構建人才管理體系、設計人才管理措施，從而使基管會所需要的人才能夠得到有效激勵，並願意對有效提升基金績效做出承諾？

作者公務生涯中結合理論與實務經驗，曾無償協助許多機關設計人事制度，舉其犖犖大端者如：臺灣港務公司建構雙元升遷體系的人事制度、臺大醫院作業基金彈性約用人制度、阿里山森林鐵路約用人員制度等。是以，為研議中的基管會人事制度，量身訂製一套配合提高退撫基金經營績效組織策略的「策略性人才管理人事制度」，要點如次：

1. 建立約用人員制度，以彈性用人

在基金安全與收益衡平之前提下，作者建議一套是用約用專業人才的

彈性任用與薪資制度，參考臺大醫院、榮總、臺北市立聯合醫院（林文燦，2009），用以延攬、留用及激勵高績效之基金管理與投資的約用人員制度，賦予人事彈性。於「公務人員退休撫卹基金管理條例修正草案」規定，前項第 3 款所需費用，指用人費用及其他投資、稽核所需之必要支出；其支用辦法經基金監理會審議通過後，由考試院定之。而所稱用人費用指編制員額以外之約用人力所需之薪酬，將明定支用額度、範圍及相關人員之進用、考核、獎懲及淘汰機制。此一規定，賦予基管會得彈性進用落實其策略目標所需的人才，這種做法就是 Edward Lawler III 所鼓吹的人才管理六大原則。

2. 建立策略性薪資制度，以吸引、留用及激勵人才

在理論方面，員工待遇的給薪基礎，可歸納並簡稱為 3P，分別為：第一個 P 是職務薪（position-based pay）：依據員工所擔任的職務給薪，它就是建立在工作分析、職務說明書及職務評價制度上的職位分類制度。第二個 P 是績效薪（performance-based pay）：依據員工績效給薪，是一種依據員工個人績效表現而不論年資的給薪制度。第三個 P 是個人薪（person-based pay）：依據知識工作者（knowledge-worker）所擁有的個人專業價值及技術價值來給薪，如技術薪或知識薪（skill- or knowledge-based pay）。待遇制度就是這 3P 的組合，而策略性待遇制度就是根據組織特性，將這 3P 做最適組合的待遇管理設計（許道然、林文燦，2020）。

在實務方面：將上述薪資理論運用實務上，依據 Edward Lawler III 的原則，組織策略能否落實關鍵在於其策略能否與人才的策略能力結合，因此，基管會提升基金績效的策略目標，想能夠延攬到或者發展出實施策略所需要的人才，作者綜合理論與實務建議：(1) 薪資結構：可擬採「寬幅薪資制度」（broadbanding pay system）概念，能接近勞動市場薪資水準，俾利彈性進用勞動市場上具備績效實績之基金投資人才；(2) 薪資組合：為契合本會兼顧安全與收益之概念，將上述薪資數額，依策略思維分配為固定薪（職務薪）與變動薪，而變動薪的支薪方式：A. 按所擁有專業證照來給薪的技術薪以確保所延攬之約用人員的專業性；B. 按基金經營投資績效來給薪的績效獎金，以確保退撫基金經營績效的提升，依據基管會策略目標，訂定 KPI 達成率，按其 KPI 的達成度發給績效獎金。

貳、案例與議題二：鬆綁人事法規，考量機關在地業務需求成為策略夥伴

一、情境分析

一個經常而重複在政府機關上演的人事戲碼：(一) 機關首長因業務需要或人才管理，須要拔擢他認為「適格」的人才；(二) 但與中央人事主管機關（銓敘部或人事總處）的人事作用法規不合；(三) 人事主管銜機關首長命令到中央主管機關協調，於是，面臨雙重隸屬困局；(四) 機關首長在課責的壓力下，有彈性及個別化業務之策略性需求；(五) 人事主管機關牢不可破的「標準化、一致性」集體盲思，堅不可摧「防浮濫、杜弊端」主管機關心態。

二、方案解析

茲以科管局爭取該局主任秘書可歸列技術類職系案為例，就個案的爭點、相關規定、業務需求、最後處理結果及其在學理上、實務上的意涵綜合分析，如表 13-4-1，其處理結果也意謂著，銓敘部因應策略性人力資源管理發展趨勢之具體作為，亦值肯定。

表 13-4-1　科管局主任秘書職務列職系案處理情形一覽表

案由	科管局函，為建請同意該局主任秘書職務得歸入工業工程職系案。
爭點	銓敘部規定：各機關各級主管職務，原則上歸屬行政職稱，應歸行政類職系。 科管局請釋：為建請同意該局主任秘書職務得歸入工業工程職系，於是產生爭點。
銓敘部通案性、一致性規定	原則上：主任秘書是主管職務，應歸列行政類職系（一般多歸經建行政職系或一般行政職性）理由： 「各機關職稱及官等職等員額配置準則」第 4 條第 3 項所定「訂有官等職等職稱屬性區分表」及「職務歸系辦法」第 3 條第 2 項所定「各機關（構）、學校職稱屬性一覽表」（以下簡稱職稱屬性一覽表）等規定，係將主任秘書定位為行政性幕僚長職稱。查民國 89 年 8 月 5 日修正發布之職務歸系辦法第 3 條第 1 項規定，職務所歸職系類別應與其職稱性質相當。行政性職稱應歸入行政類職系，技術性職稱應歸入技術類職系，行政性、技術性通用職稱，依職務之工作性質，歸入行政類或技術類職系。

表 13-4-1　科管局主任秘書職務列職系案處理情形一覽表（續）

	次查依上開辦法同條第 2 項所定「各機關（構）、學校職稱屬性一覽表」附註四規定，各機關（構）、學校各級主管職務，原則上歸屬行政性職稱，如有應業務需要須歸入技術類職系者，得依職務歸系辦法第 5 條規定，敘明理由或檢附相關資料，連同職務說明書送本部辦理。 綜上，主管職務係認屬行政性職稱（通案），惟得依職掌事項應業務需要歸入技術類職系（例外）。
科管局個別性業務需求	配合政府「亞洲・矽谷」、「智慧機械」、「綠能科技」及「生技醫藥」等政策與施政方針，推動「ICT 技術發展智慧園區計畫」，分別由不同業務單位主政，惟各業務單位間需相互配合，整體計畫才得順利推動並發揮政策之綜效，是該局主任秘書現階段工作重點主要係督導並協調各組室涉及工業工程事項業務，目前主要工作事項係統籌前開各該計畫推動與執行之任務，除從事偏重工業工程工作內容之相關核稿事宜外，尚需協調各單位之橫向聯繫，並主持及督導籌辦上開重大工業工程計畫會議，以提供充分之資訊與客觀分析，供首長決策參考，爰擬將前揭 A010010 主任秘書歸入工業工程。
最終處理結果	1. 通函規定同意因業務需要，主任秘書可暫歸技術類職系。 　至其他未符上開偏重技術性情形之機關，其主任秘書經理之幕僚事務，如現階段業務重點確有偏重技術性情形者，得暫予同意其主任秘書職務歸入技術類職系，惟日後重點業務變動時，該主任秘書職務應即依其所定職掌事項，調整歸入其他適當職系。 2. 函復科管局同意，主任秘書可暫歸工業工程職系（技術類職系）。
綜合分析	1. 學理上的意涵：Edward Lawler III 前面所提原則五：個性化與區別化管理，是我國人事行政實務上一個很大的爭議──「人事行政實務之法制集權化」，又從 Dave Ulrich 的策略性人力資源管理觀點而論，在人才管理方面，「標準化」的管理模式，將由更為合理的「區別化」及「個性化」（按：滿足在地化人力資源管理需來，這也是策略性人力資源管理的精髓所在）的管理模式取代。 2. 實務上的意涵：類似「各機關職稱及官等職等員額配置準則」等，宜考量對於僅涉及細節性、技術性、執行性，尤其是因地制宜事項，審慎分析，逐步鬆綁，讓地方機關得視其用人需求及業務需要，保留較大之彈性，使機關業務運作順暢，賦予人事管理部門扮演策略夥伴的契機，俾發揮最大的行政效能。

資料來源：作者自行整理。

參考文獻

丁煌譯，2004，《新公共服務：服務，而不是掌舵》，中國人民大學出版社。譯自 Robert B. Denhardt. *The New Public Service: Not Steering*. M. E. Sharpe, 2003.

何纓、談茜婧、張潔敏譯，2019，《重塑人才管理》，機械工業出版社。譯自 Edward E. Lawler III. *Reinventing Talent Management*. Berrett-Koehler Publishers, 2017.

林文燦，2009，《公部門待遇管理─策略、制度、績效》，元照。

林文燦，2015，〈政府公務人力老化問題─高齡化組織概念初探〉，《人事月刊》，358：18-27。

林文燦，2018，〈我國公務人員年金改革核心問題成因之探討─路徑依賴分析〉，《人事行政》，203：56-73。

林文燦，2018，〈公務人員年金制度改革決策基礎之探討（一）─資訊科技運用實例分析〉，《人事行政》，206：31-43。

林文燦，2019，〈公務人員年金制度改革決策基礎之探討（二）─數據導向決策（Data-driven decision making）案例研析〉，《人事行政》，209：60-81。

林文燦，2020，〈司法院釋字第 782 號解釋有關公務人員年金改革「適當調整措施」機制之建構─系統思維的運用（上）〉，《人事行政》，211：76-81。

林文燦，2020，〈司法院釋字第 782 號解釋有關公務人員年金改革「適當調整措施」機制之建構─系統思維的運用（下）〉，《人事行政》，212：55-69。

林俞君，2017，〈新公共人力資源管理：比管理更重要的事〉，《公共行政學報》，52：121-130。

胡小銳、朱勝超譯，2015，《大數據主義》，中信出版社。譯自 Steve Lohr. *Data Ism: The Revolution Transforming Decision Making, Consumer Behavior, and Almost Everything Else*. Harper Collins Publishing and Blackstone Audio, 2015.

胡瑋珊、張元菁、張玉文譯，2005，《每日遇見杜拉克：世紀管理大師 366 篇智慧精選》，天下文化。譯自 Peter F. Drucker. *The Daily Drucker: 366 days of insight and motivation for getting the right things done*. Jim Collins, 2004.

徐有守，2001，〈建議改進的五件事〉，《公務人員月刊》，56：34-40。

孫冰、范海鴻譯，2019，《贏在組織─從人才爭奪到組織發展》，機械工業出版社。譯自 Ulrich, D. *Victory Through Organization*. McGraw-Hill Education, 2017.

許道然、林文燦，2020，《考銓制度》，五南圖書。

陳麗芳譯，2014，《變革的 HR：從外到內的 HR 新模式》，中國電力出版社。譯自 Ulrich, D. *HR Transformation: Building Human Resources from The Outside In*. McGraw-Hill Education, 2014.

齊若蘭譯，2019，《管理的實踐》，機械工業出版社。譯自 Peter F. Drucker. *The Practice of Management*. Big Apple Tuttle-Mori Agency, Inc., 2018.

趙晶媛譯，2020，《管理的常識》，後浪出版公司。譯自 Robbins, Stephen P., David A. Decenzo, and Mary Coulter. *Fundamentals of Management*. Pearson Education, Ltd., 2015.

劉昕譯，2017，《人力資源管理》，中國人民大學。譯自 Gary Dessler. Human Resource Management. Pearson Education, Ltd., 2015.

遲力耕、張璇譯，2013，《工業管理與一般管理》，機械工業出版社。譯自 Fayol, H. 1925. *Administration Industrielle Et Generale*. DuNord Press, 1925.

錢峰譯，2016，《高績效的 HR：未來 HR 的六項修煉》，中國電力出版社。譯自 Ulrich, D. *HR From the Outside in: Six Competencies for The Future of Human Resources*. McGraw-Hill Education and China Electric Power Press, 2015.

顧潔、王茁譯，2019，《失落的管理藝術：德魯克思想的人文之光》，機械工業出版社。譯自 Joseph A. Maciariello and Karen E. Linkletter. *Drucker's Lost Art of Management*. McGraw-Hill Education, 2011.

Albert Jr. Gore and National Performance Review. 2001. *From Red Tape to Results: Creating a Government That Works Better and Costs Less*. Fredonia Books (NL).

Battaglio, Jr. R. P. 2015. *Public Human Resource Management: Strategies and Practices in the 21st Century*. Sage.

Charan, R. 2014. "It's Time to Split HR." Harvard Business Review.

Denhardt, Robert B. and Denhardt, Janet Vinzant. 2000. "The New Public Service: Serving Rather Than Steering." *Public Administration Review*, 60(6): 549-559.

Gary Dessler. 2019. *Human Resource Management* (Global/ 16 ed.). Pearson Education, Ltd.

Herbert A. Simon. 1997. *Behavior: A Study of Decision-making Processes in Administrative Organizations*. Free Press.

Klingner, D., J. Nalbandian, and J. J. Llorens. 2015. *Public Personnel Management: Context and Strategies* (6th ed.). Routledge.

Nigro, L. G., F. A. Nigro, and J. E. Kellough. 2007. *The New Public Personnel*

Administration (6th eds.). Thomson Wadsworth.

OECD. 2015. *Managing a Diverse Public Administration and Effectively Responding to The Needs of a More Diverse Workforce.* https://www.eupan.eu/wp-content/uploads/2019/02/2015_2_LU_Managing_a_Diverse_Public_Administration_and_Effectively_Responding_to_the_Needs_of_a_more_Diverse_Workforce.pdf.

OECD. 2020. *The Human Resources Profession.* https://www.oecd.org/gov/pem/humanresources.htm.

Stewart, T. A. 1996. "Taking on the Last Bureaucracy People Need People-But Do They Need Personnel? It's Time for Human Resources Departments to Put Up or Shut Up." *Fortune Magazine.*

Ulrich, D. 2014. "Do Not Split HR. At Least Not Ram Charan's Way." *Harvard Business Review.*

國家圖書館出版品預行編目資料

公共人力資源管理：理論與實務／詹中原等著；
　詹中原，林文燦，呂育誠主編.--二版.--臺北
市：五南圖書出版股份有限公司, 2023.09
　　面；　公分
　ISBN 978-626-366-576-7（平裝）

1.CST：人事制度　2.CST：人力資源管理

572.4　　　　　　　　　　112014666

1PTN

公共人力資源管理：理論與實務

總 策 劃 —	中國行政學會
主　　　編 —	詹中原（326）、林文燦、呂育誠
執 行 編 輯 —	王俊元
作　　　者 —	詹中原、熊忠勇、黃煥榮、林文燦、黃榮源、 程挽華、呂育誠、林怡君、蘇偉業、呂易芝、 胡至沛、葉俊麟、趙達瑜、沈建中、莫永榮、 王俊元、白佳慧
發 行 人 —	楊榮川
總 經 理 —	楊士清
總 編 輯 —	楊秀麗
副總編輯 —	劉靜芬
責 任 編 輯 —	黃郁婷、邱敏芳
封 面 設 計 —	姚孝慈
出 版 者 —	五南圖書出版股份有限公司
地　　　址：	106台北市大安區和平東路二段339號4樓
電　　　話：	(02)2705-5066　　傳　真：(02)2706-6100
網　　　址：	https://www.wunan.com.tw
電子郵件：	wunan@wunan.com.tw
劃撥帳號：	01068953
戶　　　名：	五南圖書出版股份有限公司
法 律 顧 問	林勝安律師
出 版 日 期	2020年11月初版一刷 2023年9月二版一刷
定　　　價	新臺幣620元

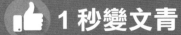